新课标新读物

简明世界史

CONCISE HISTORY OF WORLD

第一册

U0039110

图书在版编目(CIP)数据

简明世界史：珍藏版／朱汉国主编． —北京：北京教育出版社．2004
ISBN 7-5303-3153-1

Ⅰ. 简… Ⅱ. 朱… Ⅲ. 世界史—青少年读物
Ⅳ. K109
中国版本图书馆CIP数据核字 (2003)第115613号

顾　　问	柳　斌	（全国人大常委会委员　中国教育国际交流协会会长　原国家教委副主任）
主　　编	朱汉国	（国家历史课程标准组组长　北京师范大学历史系教授、博士生导师）
选题策划	李胜兵	

执行主编	程　栋　刘树勇　霍用灵　杜红卫
撰　　稿	白　琳　苗华妮　胡小梅
编辑统筹	白　琳
资料协助	孟笑宇　曹秀珍　蔡艳丽　程　新　姚　莉
设计制作	北京时代印象图文制作有限公司
封面设计	传　世　刘　玮
营销策划	传世文化

责任编辑	袁　昕　马　南　李雪洁　陈大铭
责任印制	柴晓勇

简明世界史

北京教育出版社出版（北京北三环中路六号）
邮政编码：100011
北京出版社出版集团总发行
新华书店经销
北京外文印刷厂印刷
2004年5月第一版　2004年5月第一次印刷
ISBN 7-5303-3153-1/G·3182

定　　价：398.00元（全四册）

XU 序言
YAN

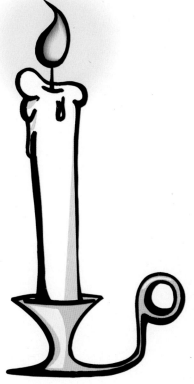

2001 年教育部颁布的《基础教育课程改革纲要（试行）》，提出了新一轮基础教育课程改革的总体框架和目标。其中一个重要目标，即是要通过课程改革，切实有效地转变学生的学习方式。要求学习方式由单一性转向多样性，让学生在读中学、玩中学、做中学、听中学，在思考中学、游戏中学、合作中学，让学生了解和掌握更多的学习方式，充分发挥学生的主观能动性，从而获得学习中的乐趣与全面和谐的发展。

新课程自 2001 年秋季进入实验区以来，各实验区以新课程理念为导向，在课程改革方面进行了扎实具体的探索，取得了卓有成效的进展。在转变学生的学习方式方面也取得了实质性的阶段性成果。其成果突出地表现在以下几方面：一是学习方式变得多样化、个性化；二是学生变得爱学习了；三是学生自主学习、搜集信息和处理信息的能力提高了。

但也应该看到，由于客观条件等因素的限制，在倡导学生自主学习的过程中，各地为学生提供的课程资源远远满足不了学生的需要。课程资源的相对缺乏在一定程度上影响了学生学习方式的有效转变，影响了课程改革的顺利推进。各地教育行政部门、学校、教师和出版机构为满足学生学习的需求，正在加大力度开发和利用各类课程资源。

我们编写的这套"新课标新读物"历史读本，即是为满足学生自主学习需求的一种历史课程资源。这套丛书分为简明中国史、简明世界史两部分。全书从栏目设计、内容选择到行文风格，力求坚持以下原则：紧扣历史课程标准的学习主题，切实有效地落实课程改革精神；反映时代特点和历史学科研究成果；尽可能地符合初中学生的阅读心理和习惯。我希望这套丛书能得到学生们和广大读者的喜爱。

朱汉国
（北京师范大学历史学系教授、博士生导师）

目录

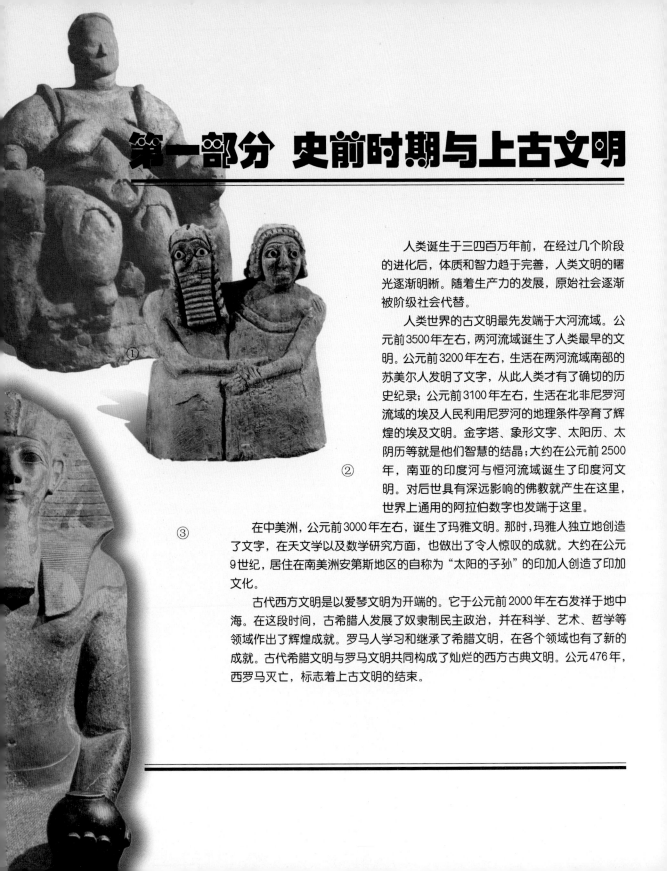

第一部分 史前时期与上古文明

①

②

③

人类诞生于三四百万年前，在经过几个阶段的进化后，体质和智力趋于完善，人类文明的曙光逐渐明晰。随着生产力的发展，原始社会逐渐被阶级社会代替。

人类世界的古文明最先发端于大河流域。公元前3500年左右，两河流域诞生了人类最早的文明。公元前3200年左右，生活在两河流域南部的苏美尔人发明了文字，从此人类才有了确切的历史纪录；公元前3100年左右，生活在北非尼罗河流域的埃及人民利用尼罗河的地理条件孕育了辉煌的埃及文明。金字塔、象形文字、太阳历、太阴历等就是他们智慧的结晶；大约在公元前2500年，南亚的印度河与恒河流域诞生了印度河文明。对后世具有深远影响的佛教就产生在这里，世界上通用的阿拉伯数字也发端于这里。

在中美洲，公元前3000年左右，诞生了玛雅文明。那时，玛雅人独立地创造了文字，在天文学以及数学研究方面，也做出了令人惊叹的成就。大约在公元9世纪，居住在南美洲安第斯地区的自称为"太阳的子孙"的印加人创造了印加文化。

古代西方文明是以爱琴文明为开端的。它于公元前2000年左右发祥于地中海。在这段时间，古希腊人发展了奴隶制民主政治，并在科学、艺术、哲学等领域作出了辉煌成就。罗马人学习和继承了希腊文明，在各个领域也有了新的成就。古代希腊文明与罗马文明共同构成了灿烂的西方古典文明。公元476年，西罗马灭亡，标志着上古文明的结束。

1．史前时期的母神雕像。
2．一对亲密的苏美尔夫妇。
3．埃及第十八王朝女王哈特谢普苏特。
4．美洲玛雅国王。
5．印度河文明时期的母亲神雕像。
6．爱琴文明时期的大理石女性雕像。

<h1 style="text-align:center">专题一：　史前人类</h1>

✚ 人类的出现

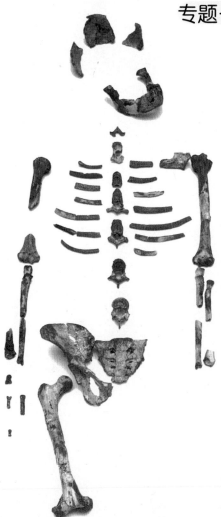

　　人类学家研究表明，古猿是现代猿类和现代人类的共同祖先。用两足行走是区分人和猿的重要标志。根据猿向人演变过程中体质的变化，把人类的早期时代分为早期猿人、晚期猿人、早期智人和晚期智人四个发展阶段。

　　世界大多数人类学家都承认生活于 500 万年—100 万年前的非洲的南方古猿是人类的始祖。大约在 250 万年前，东非古人类不仅能使用工具而且已能制造工具，因而进化到一个新的阶段即"能人"阶段，这一时期的代表猿人有发现于坦桑尼亚的奥都威峡谷的坦桑尼亚"能人"和发现于肯尼亚的图尔卡纳湖畔的肯尼亚 1470 号人。"能人"的脑子大约比猿脑大 50%，是人属的最早成员，但并不是所有能人都完全用两足行走，所以并不是完全形成的人。由于早期猿人化石都是出现于非洲，因此很多人认为，人类的祖先可能来自非洲。

　　在 150 万年前—50 万年前，能人已演化为"直立人"即晚期猿人，其主要特点是完全用两足行走。"手斧"是直立人文化的代表作品。直立人在思维和语言上比能人均大为进步。直立人的脑容量已大大超过南方古猿和能人。直立人进化发展的另一大突破是火的使用。由于有了火，人类不仅可以御寒，而且可以煮食、自卫和狩猎。在直立人形成后，不仅人类的分布区域扩大到亚、非、欧各洲，而且人类的生活方式也发生了很大的变化，食物的来源也更丰富多样了。但直立人并未完全脱离动物的范畴，还保留着食人习惯，实行"族内婚"制。这一阶段的猿人代表主要有印度尼西亚的爪哇中部的"爪哇猿人"、德国海德堡的"海德堡人"、中国"蓝田猿人"及北京周口店的"北京猿人"。

　　约 20 万年—10 万年前，人类的进化达到新的水平。脑容量已达到 1400 毫升～1500 毫升左右，与现代人相差无

　　1970 年在埃塞俄比亚的哈达尔发现的非洲南方古猿女性骨骼。它被认为生活在 320 万年前。它的骨盆表明它直立行走，身高 1.2 米。

右图为蓝田猿人的头骨和下颚的复原品。

几，因而获得了"智人"的称呼。此时人类不仅能制造工具，而且工具的专业化更为明显，并且有了地区性差异。此外，原始群开始向人类社会过渡。在智人中已有了氏族生活和制度的萌芽，而崇拜不同对象的宗教已开始成为氏族存在的精神纽带。早期智人的主要代表有德国杜塞尔多夫的尼安德特人以及中国山西丁村人。

晚期智人是猿人向人类演变的最后一个阶段，各方面的特征已经基本上接近于现代人。晚期智人主要代表有生活在三四万年前的法国克罗马人和生活在距今大约 2 万年前的中国山顶洞人。山顶洞人的体质已经有很大进步，特征和现代人极为相似。山顶洞遗址发现的骨角器比较多，有些是工具，骨针是发现的最有代表性的器具，这是中国最早发现的旧石器时代的缝纫工具。除了会制造一些简单的装饰品外，山顶洞人还知道用赤铁矿的粉末染色，使装饰品更加鲜艳美观。钻孔、磨制和染色技术等新技术的运用说明人类生产能力的提高，人类的生活内容也更加丰富。

黄色人种。

✠ 人种的出现

考古发现，晚期猿人已遍及亚欧大陆各地，约在 5 万年前开始移民大洋洲，约 2 万年—1.4 万年前进入美洲。由于混血和地球各区域地理条件差别造成的巨大影响，人类经遗传而造成的肤色、毛发、鼻唇等也存在很大差异，最终形成了黄、白、黑三大人种，即蒙古利亚人种、欧罗巴人种和尼格罗人种。

黑色人种。

但人种间只是外貌特征的差异，各人种均可通婚而且在体质和智力上并无优劣之分。人种的划分是人类起源后，在迁徙过程中随着环境的变化逐步形成的。黄种人主要生活于亚洲大陆和美洲，白种人主要生活于欧洲大陆，黑种人起源于撒哈拉沙漠以南。今天，各人种混居现象越来越普遍，但其主要集中区域并没改变。

除上述三大人种之外，人类还有俾格米人、布希曼人及澳大利亚人三种稀有的人种。在漫长的演化过程中这三种稀有的人种逐渐衰落了，在今天，只有很少的人还生活在非洲、澳大利亚、印度及东南亚边远地区。据专家分析，它们之所以衰落是因为长期以来与其他种族隔绝，以及生产力的落后，经济停留在原始狩猎采集阶段。

白色人种。

旧石器时代后期的精刻而成的骨制渔叉（左2）与燧石。

旧石器时代

使用工具并能制造工具是区别人与猿的重要依据。人类早期社会分为旧石器时代和新石器时代。由于体质与智力的限制，人类使用石制工具，主要采用打制方法的时代被称为旧石器时代。在旧石器时代，人类还没有完全脱离动物界，生活资料主要靠狩猎和采集获取，食物也主要是野生动、植物。

最早期的石器中典型的是砍砸器，它有拳头大小，以卵形砾石为原料制成，所以也被称为"砾石文化"。原始人在制造这些工具时已经开始考虑其功能和作用。当早期猿人进化到晚期猿人后，石器制作中的文化因素更加明显和丰富，手斧是常见的石器。

当人类由晚期猿人进化到早期智人，旧石器文化发展到新阶段，石器在制作和使用方法及类型都更加复杂和先进。这时期的代表工具有矛和经过细致修整的尖状器和刮削器。另外宗教观念也在这一时期诞生。

在晚期智人时期，石器文化达到新的高度。出现了标枪、长矛、骨针、骨叉等新工具。另外还产生了洞穴壁画、雕刻等艺术品，艺术在此时期萌芽。

在旧石器时代晚期，人类还发明了弓箭，也开始使用火并逐渐掌握了钻木取火或击燧取火的方法，实现了人类历史上的一项伟大创造。在使用火的过程中，陶器也诞生了。

体态丰满、乳房小的女性小雕像，是旧石器时期雕刻艺术的典型形象，研究者把它们称为希腊文化中的"维纳斯"（右图）。

氏族制度的起源与演变

人是社会的动物，人与动物的根本区别就在于其社会性，而氏族制度便是人类第一个正式的社会组织形式。氏族是由类人猿的群体转化而来的。氏族是按同一祖先

该亚

希腊神话中讲到，大地女神该亚首先生下了天神乌拉诺斯，后来又生下了众多的神和巨人。

因乌拉诺斯害怕该亚生下的其他孩子会推翻他的统治，就囚禁了该亚和她的孩子，但该亚和她的子女并不甘于承受他的压迫，经过奋起反抗，该亚与她最小的儿子克洛诺斯推翻了乌拉诺斯的统治。希腊神话中的主神宙斯就是克洛诺斯的最小的儿子。该亚是传说中具有重要地位的众神之母。

这个故事反映了在人类母系氏族公社中女人的权力高于男人的权力。

的亲属关系结合在一起的社会集团，它是原始人的社会组织和经济组织的基本单位，几个有共同血缘关系的氏族，往往联合成为一个大氏族，即胞族，几个大氏族又常常联合成一个部落，这就构成了所谓的氏族制度。

人类的祖先是南方古猿，但在当时还不存在氏族或氏族制度。当古猿进化到早期猿人阶段后，原始人的生活方式和社会形式发生变化，开始倾向于群居。

150万年—20万年前的旧石器时代中期，是氏族制度形成的关键时期，氏族制度处于萌芽阶段。手斧和火的普遍使用，使原始人获得了新的征服自然和获取生活资料的能力。狩猎在当时取得了很大的成功，说明了一种典型的"狩猎—采集"经济形式正在原始人中趋于形成。在这种情况下，原始人的生活和活动，不能不采取某种有组织的形式。

人类学家研究指出，人类第一个"社会组织形式"是血缘家族。血缘家族的主要特点，就是在族群内实行群婚，只按辈分设立限制，即同辈之间皆可通婚，而长辈与子辈之间不可通婚。这种婚姻制度，既要求族群生活相对集中，又要求在族群之内设立一定限制。在原始的条件下，原始群要想在竞争中处于不败之地，就要组成联盟，扩大本种群的力量，争取数量上的优势。而实现联盟的方式，不外乎建立经济上的或血缘上的联系这两条渠道。但原始群当时还处于狩猎采集时代，不可能存在以一定生产为前提的经济活动，因此这种联盟最初只能通过联姻来实现。为了使联盟获得稳定，联姻就必须制度化，具体表现即禁止"族内婚"，而以"族外婚"取而代之。

到了4万—1万年前，当石器时代进入晚期时，一系列妇女雕像的出现，既是人类进化的必然结果，也是氏族制度形成的标志。晚期智人阶段的中国山顶洞人和法国的克罗马农人已经进入了母系氏族社会。当时，男人主要从事渔猎活动，收获很不稳定，妇女则从事采集和原始农业，对氏族的生存起重要作用，成为氏族的主体，氏族的血统自然按母系划分，氏族首领也由妇女担任。

右图描绘的是直立人在使用火。

厄瑞斯忒

希腊神话中有这样一段小故事：迈锡尼国王阿伽门农为了攻打特洛伊城曾杀死自己的女儿为舰队祭祀，由此遭到王后克吕泰涅斯特拉的忌恨。

阿伽门农在攻打特洛伊城期间，王后与其情人勾结篡夺了王位。几年之后，两人谋害了胜利归来的阿伽门农。

寄养在别国的阿伽门农的小儿子厄瑞斯忒长大后回国，在太阳神阿波罗的支持下杀死了母亲及其情人替父亲报了仇。但由此遭到复仇女神的追杀。

厄瑞斯忒请求智慧女神雅典娜的裁判。雅典娜招来了城里所有最睿智最纯良的法官来解决这个困难的问题。结果法官们投的有罪与无罪的票数相等。雅典娜最后投了关键一票，表态她拥护父亲与儿子的权力，反对母亲的权力。厄瑞斯忒被宣布无罪。

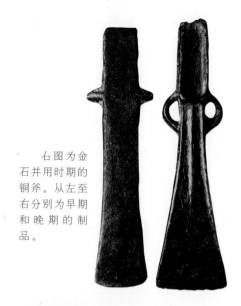

左图为金石并用时期的铜斧。从左至右分别为早期和晚期的制品。

✠ "农业革命"

公元前9000年左右，人类由狩猎和采集时代过渡到定居和农业时代，这一转折在历史上称为"农业革命"。在这个时期，旧石器时代过渡到新石器时代，磨光石器和陶器相继出现。

农业和畜牧业的出现是新石器时代到来的标志。人类走进农业社会经历了作物的栽培、野生动物的家养、生活方式的定居三个过程。作物的栽培和动物的养殖，意味着人类开始用自己生产的食品来代替自然提供的野生食物，从而结束了狩猎和采集时代，开创了农业时代。

农业革命并不是突然到来的，人类对作物和动物品种有一个认识和选择过程，这个过程即农业和畜牧业发生的过程。据测定，农业文明的首发之地可能是在西亚。至迟在公元前5000年左右，中国的一些地方已经出现了农业，并开始向东亚其他地方扩展。

农业和畜牧业的兴起，对人类最终摆脱野蛮状态起了决定性的作用。它一方面标志着人类迈出了支配自然的决定性步骤，另一方面推动了人类自身在各方面的进化。在支配自然方面，人类通过自己的生产活动，优化了作物品种，提高了单位面积产量，并通过种植冬季和夏季作物以及贮藏的办法，保证一年四季食品供应的稳定；因生产劳动而日益增强的社会关系，推动了语言乃至文字的产生；农业生产首先要了解和遵守季节时令，这导致了最早的天文历法的产生，科学很可能就是从这里开始萌芽的；农业对人类社会的发展影响更大。随着定居生活方式的确立，旧石器中后期形成的氏族制度得以巩固和发展。

随着农业的出现，人类开始由攫取经济走向生产经济。由于自然条件的不同，不同地方出现了不同的经济类型，有的从狩猎和采集发展为游牧部落，有的则发展为农业部落。人类的第一次社会大分工，就是指从事生产经济的游牧部落或农业部落从其他继续从事攫取经济（采集和狩猎）的野蛮人群中分离出来。后来，人们在烧制陶器的过程中，学会了控制火候的技术，于是，冶炼业出现了。人们在生产石器的过程中，发现了自然铜。不久，学会了炼铜，从此，人们开始制造和使用金属工具。这样，人类

此石片是在西撒哈拉发现的。上面雕刻了各种各样的动物，这为野生动物从被捕杀到被畜养这一过程提供了证据。

社会便进入金石并用时期即金属器具和石器并用的时期。

随着农业和畜牧业的发展，身强力壮的男子逐渐转入农牧业生产领域，而制陶和冶铜也常常需要强壮的男子，于是男子逐渐取代女子成为主要劳动力，母系氏族逐渐过渡到父系氏族。在父系氏族公社时期，男耕女织已经相当普遍，女子已经脱离了主要的社会生产部门，转而从事家务劳动。在父系氏族内，往往有若干个父系大家族，父系大家族是由同一父亲所生的几代人及其个体家庭所组成。当家族关系逐步向一夫一妻制的个体家庭过渡后，婚姻制度更加完善，使人们"既知其母，又知其父"。氏族社会就逐渐走向解体了。在此期间，手工业也逐渐从农业中分离出来，出现了人类历史上第二次社会大分工。

上图为新石器时代早期的陶器，带有明显的地中海文化的特征。

原始社会的瓦解和国家的产生

随着生产力的进一步提高，人们生产出的产品除去生活必需品外，开始有了富余，以家庭为单位的个体劳动逐渐发展起来。剩余产品和个体劳动为私有制的产生打开了大门。生产工具、牲畜、农产品、部分土地逐渐变为家庭私产。甚至公用财产也被家族长和氏族首领掠为私产，集体所有制开始遭到破坏。为了减轻自己的劳动强度，并能生产更多的剩余产品，人们便不再处死战俘，而是把他们变为奴隶替自己劳动。

私有制度和奴隶制度的不断发展，使人类社会中出现了贫富分化，阶级差别不断扩大。到原始社会末期，奴隶主和奴隶之间、富人和穷人之间、氏族贵族和普通氏族成员间都出现了矛盾。同时，为掠夺邻人的财产、土地和人口，战争日益频繁和重要。一些近亲的部落组成了部落联盟。在部落联盟中，领导军事、行政和宗教事务的贵族们地位日益显赫，发展成为统治阶级。

当阶级矛盾激化到无法调和的程度时，奴隶主贵族阶级为加强自己的统治，开始设置了一系列机构、组织和设施，如军队、警察、法庭、监狱和城墙等国家机器，利用国家机器来巩固自己的剥削地位。它们的出现，标志着原始社会的瓦解和国家的产生。

据认为，制篮始于新石器时代的最后阶段。下面这些保存完好的新石器时代草篮发现于西班牙。

专题二： 大河流域的文明古国

萨尔贡

萨尔贡，阿卡德城邦国王。传说他是个私生子，刚一出生就被母亲扔到河滩，后来被一个花匠领养。

萨尔贡长大后成了基什国王乌尔扎巴的花匠和厨师，他聪明能干，颇得国王的喜欢，很快被国王提拔为近臣，并掌管宫廷卫队。

公元前24世纪中期，基什国王乌尔扎巴在与南部乌玛国王卢伽尔萨吉的战斗中大败，萨尔贡趁危杀了乌尔扎巴，并宣布自己为新国王。

萨尔贡执政期间招兵买马，发动几十次大规模对外战争，为统一两河流域打下了基础。他还建立了新城——阿卡德王国，并打败卢伽尔萨吉的军队。接着，他一鼓作气，挥师南下，将苏美尔各城市都收为己有。他还夺取了波斯湾中的底尔蒙岛，控制了从美索不达米亚到印度和阿拉伯的海上商路，从而完成了两河流域的第一次统一。

此图为公元前2340年的阿卡德国王萨尔贡的铜铸头像。

位于美索不达米亚东北部的这片草木繁盛、土壤肥沃的山谷曾是原始农业的中心之一。

✠ 两河流域

底格里斯河和幼发拉底河流域是人类文明发祥地之一。古希腊人称这一地区为"美索不达米亚"，意即两河之间的土地。这一地区的文明被称为美索不达米亚文明。

两河发源于土耳其境内，流经伊拉克后进入波斯湾。两河流域大致以今日的巴格达城为界线，分为南北两部分。它的北部为亚述，南部为巴比伦。巴比伦也划分为阿卡德和苏美尔两部分。苏美尔人是两河流域南部的主要居民，公元前5000年左右，他们结成氏族公社，主要从事农业，还饲养绵羊、猪、牛、驴等牲畜。公元前3000年左右起，苏美尔人先后建立起一些奴隶制城邦国家，著名的有乌尔、拉尔萨、乌玛等。不久，从叙利亚草原迁来一支游牧部落阿卡德人，他们在国王萨尔贡带领下，在苏美尔城邦的北面，也建立起阿卡德等奴隶制城邦。

在以后几百年时间里，苏美尔人和阿卡德人不断打仗，两河流域南部时而统一，时而分裂，直到汉谟拉比时，古巴比伦王国才真正统一了两河流域。

✠ 苏美尔人

幼发拉底河和底格里斯河的下游平原的南部，古代称为苏美尔，大约在公元前4000年，苏美尔人就生活在这里，并逐渐形成较大规模的村落。由于水利灌溉的发达、长途贸易的进行和农牧业的分工，这里的社会文明得以发展起来。

公元前3200年左右，苏美尔人发明了文字，至此人类有文字记载的历史开始。此时，车辆也被发明出来，历史学家们把轮子的发明和应用作为苏美尔文明时代的象征。

公元前3000年时，苏美尔人在金银工艺品、铜器和青铜器的制作方面都达到很高的工艺水平。在这段时期，灌溉设施、土木工程等技术也有了明显进步。除此之外，苏美尔人还发明了太阳历。

公元前3000年左右，苏美尔人在两河流域的南部建立了一系列城邦国家。公元前2900年以后，苏美尔人进入奴隶制城邦的全盛时期。这一时期，苏美尔地区城邦林立，每个城市连同周围的一些农村公社就是一个国家。这些城邦国家以神庙为中心，有自己的国王，城里有王宫建筑，也有城墙。苏美尔人建立的这些城邦国家是目前世界上公认的最早的城市。苏美尔各城邦之间为了争夺土地、财富和奴隶，进行了旷日持久的战争，但始终没有建立起统一的苏美尔政权。公元前2320年左右，阿卡德城邦的萨尔贡国王带领军队征服了整个苏美尔地区。

大约在2130年前后，苏美尔人重新获得了独立。

根据考古资料显示，苏美尔人的外貌特点是圆颅直鼻，且不留须发。这一座苏美尔人的雕像，就表现了一个剃了光头的男性形象。他身着长羊皮裙，是苏美尔人的典型服装。

《汉谟拉比法典》

图为法典石柱顶部的浮雕部分。

汉谟拉比是古巴比伦的国王。为了巩固奴隶主的统治，他制定了一部全国统用的法典，即《汉谟拉比法典》。

他将法典的全部内容刻在一根高2.25米，底部圆周1.90米，顶部圆周1.65米的黑色大石柱上。石柱分为浮雕和文字两部分。浮雕为太阳神沙马什端坐在宝座上，正把象征帝王权力的权标授予面前的汉谟拉比，体现了君权神授的思想。该法典共约8000字，是用楔形文字书写的。正文共282条，其中包括诉讼手续、盗窃处理、军人份地、租佃、雇佣、商业高利贷和债务奴隶、继承权、伤害和赔偿、奴隶地位等内容。《汉谟拉比法典》严格保护奴隶主阶级的私有财产所有权；保护奴隶主对农民的剥削；保护商人、高利贷者的利益。

《汉谟拉比法典》说明了古巴比伦王国奴隶主专政的实质。它是迄今所发现的人类历史上第一部比较完备的成文法典。

尼罗河河谷在沙漠的中间形成了一条狭长的绿洲。

法老

在埃及的新王国时期（公元前1539年—公元前1075年），"法老"这个名称才被用来特指国王。在此之前，它表示国王的宫殿朝廷。

法老是全国的最高统治者，也是最大的奴隶主。代表整个奴隶主阶级掌握着政治、经济、军事和司法等大权。他把自己称为神的化身，太阳的儿子，所以他的话就是法律，对其臣民拥有至高无上的权力。法老之下设各种官吏，每年派人清查全国的人口、土地、牲畜和财产，以确定租税数额。法老还掌握着全国土地，在全国各地都有法老的农庄，农庄上有耕地、葡萄园、手工作坊。法老把大量的土地赏赐给大臣和寺庙。为了掠夺土地、奴隶和财富，法老还经常发动对外战争。

从图特摩斯三世开始，法老把自己视为神圣不可侵犯的。从此以后，大臣见法老时都要说一番颂词，必须匍匐前进，上胸贴地，吻着法老脚前的尘土，不能随便抬头。

尼罗河

古代埃及与尼罗河息息相关。埃及位于非洲的东北部，是非洲大干旱地区的一部分，终年雨量稀少，尼罗河成了惟一的水源。由于尼罗河定期泛滥，河水既灌溉了两岸的土地，又给地面铺上了一层肥沃的淤泥，这为农业生产提供了良好的条件。河水退却后，埃及人民依靠集体的力量，清除荆棘莽丛，排干沼泽，开沟筑坝，兴修水利，辛勤地耕耘。古代埃及成为了世界古代文明的摇篮之一。

尼罗河位于非洲东北部，南北走向。它发源于乌干达，经苏丹、埃及注入地中海，全长6671千米，河谷宽3～16千米，是世界四大河流之一。尼罗河的主流称白尼罗河，与源于埃塞俄比亚的青尼罗河汇合在喀土穆。尼罗河每年均有泛滥，总是7月开始涨水，10月达到高潮，而11月退水，但水量差别不大，泛滥而不成灾。这给古埃及人掌握尼罗河的规律，利用尼罗河流域提供了有利条件。但尼罗河环境过于特殊，东有西奈沙漠，而西临利比亚沙漠，河谷两岸不断地遭到沙漠侵吞，于是河流宽度变窄，整个流域宛如一条丝带，仅河口三角洲宽阔一点。

20世纪70年代以来，在埃及阿斯旺地区陆续发现了一些属于公元前1.5万年—公元前1万年的旧石器文化遗址，经考古推断，古代埃及文明与两河流域的苏美尔文明有着不可割断的联系。

两次大分裂

埃及历史上的两次大分裂按照西方一些著名历史学家的推算，第一次大分裂大约开始于公元前2181年，结束于公元前2040年。第二次大分裂大约从公元前1786年延续到公元前1567年。

两次分裂期间，王权衰落，国家分裂，地方争霸，社会动荡。公元前18世纪末，正值埃及处于第二次大分裂时期，西亚的游牧部落——喜克索斯人大量进入埃及，定居下来。公元前1674年，他们在北部三角洲建立起自己的王朝。他们破坏城市，奴役人民。

埃及人民经过长期斗争，到公元前1567年前后，终于在以底比斯为中心的新王朝的率领下，彻底打败喜克索斯人，并把他们逐出埃及。

这是第四王朝的一位法老齐夫林的金字塔。它是吉萨地区仅存的古埃及金字塔，其表层脱落得只剩下顶部的一小部分。

金字塔

　　埃及金字塔是法老们的陵墓。法老们死后，尸体被制成木乃伊，存放在金字塔里。

　　埃及金字塔的建筑群，散布在尼罗河下游西岸的基萨和萨卡拉一带，位于开罗以南10多千米处。金字塔的底座呈四方形，每面均以三角形的形状向上砌筑，建成后则成为一个角锥体式的石塔。因为它的四面都形似汉字的"金"字，所以汉语译作"金字塔"。

　　据统计，古埃及各王朝法老的金字塔有9群，共70多座。其中，第四王朝法老胡夫（约公元前2589年—公元前2566年）修建的金字塔规模最大。它高146.5米（现在比初建时已下沉9米），每边底长230米，由230万块（每块平均重约2.5吨）巨石搭成。建塔石块的砌缝据说紧密得连一根头发都伸不进去。塔内有阶梯、走廊、通风道和墓室，并且都装饰有精美的绘画和雕刻等艺术品。

　　建筑这些金字塔，耗费了大量的人力和物力。以建筑胡夫的大金字塔为例，据说有10万人头顶烈日在监工的皮鞭之下劳动，用了10年时间修筑运石道路和地下墓室，又用了20年时间才砌成塔身，整个工程历时30年。

狮身人面像

　　狮身人面像，希腊人称之为"斯芬克斯"。它是古代埃及国王威严的象征。法老们死后，建造狮身人面像为其守护陵墓，彰显其权势。埃及吉萨附近哈佛拉的狮身人面像是埃及历史上最早也是最大的一个狮身人面像。

　　该雕像至今已有4500多年的历史。除了狮爪之外，整个雕像是用一块天然巨石雕成的。雕像的面部是按哈佛拉的相貌塑造的，它面向东方，高达20米，长约73米，一只耳朵就有2米长。原先雕像的面部前额还雕刻有神蛇，下巴还有个10米长的胡须，如今这两件文物早已失落国外。

　　1798年拿破仑率军远征埃及时，曾用大炮轰击狮身人面像，希望打开通往内部的入口。结果雕像的面部被破坏，鼻子崩落，眉目模糊，形成一种奇特的"笑容"。

这就是法老哈佛拉的狮身人面像。

✠ 腓尼基人

腓尼基人是历史上一个古老的民族，生活在今天地中海东岸，相当于今天的黎巴嫩和叙利亚沿海一带。腓尼基境内多山，雨量丰富，沿海的土地适合精耕细作，园林里种植有橄榄、椰枣、葡萄等经济作物。

"腓尼基"是古代希腊语，意思是"绛紫色的国度"。腓尼基人居住的地方特产是紫红色染料。他们潜入海底捞取海蚌，从中提取鲜艳而牢固的颜料，然后用紫红色染成花色的布匹运销到地中海各国。

腓尼基人大力发展了手工业和商业。他们不仅贩卖自己制作的各种精美的手工艺品，也销售来自各个地方的特产。随着商业的发达，腓尼基人在地中海沿岸建立了许多商站和殖民地，这些商站都成了当地经济最繁华的地方，很多商站后来成了著名的商业城市，如今天法国的马赛。在殖民地中，非洲北部迦太基（今突尼斯境内）是它最大的殖民地。

腓尼基人的造船技术在古代地中海世界长期居于领先地位，所制造的双层桨并装有冲角的兵船，是后来的希腊兵船的前驱。勇敢的腓尼基人踏波地中海，还经常出没于波涛汹涌的大西洋，今天，直布罗陀海峡的两个坐标就是用腓尼基人的神来命名的，被称为"美尔卡尔塔"。

腓尼基人抽取了象形文字和楔形文字的一些简单的符号，组成了22个字母，这就是腓尼基字母。腓尼基字母是今天欧洲许多文字的共同祖先。

腓尼基人并没有建立一个统一的国家，公元前3000年代末，腓尼基产生了一些小奴隶制城邦。各个城邦国家政权掌握在各自大奴隶主手中。公元前10世纪—公元前8世纪是腓尼基城邦的繁荣时期，但公元前8世纪以后，腓尼基就相继附属于亚述、新巴比伦、波斯、马其顿等国。

腓尼基人擅长做精美的的手工艺品。上图为腓尼基人的赤陶像；右图为腓尼基马钟式粗口瓶。

✠ 希伯来人

希伯来人（犹太人古称）的先祖起源于苏美尔。希伯来人大致在公元前1900年—公元前1500年，由美索不达米亚迁入叙利亚，随后迁入埃及。公元前13世纪，希伯来人战胜了巴勒斯坦的迦南人，把迦南人变为他们的奴隶，同时也接受迦南人的影响，转入定居的农业。

约公元前11世纪，希伯来人建立国家，第一个国王是扫罗。他的儿子大卫统治时期，建立了统一的以色列—犹太国家，定都大卫城（今耶路撒冷）。

大卫之子所罗门统治时期，国力达到鼎盛时期。所罗门死后，约公元前935年，以色列—犹太王国分裂，北部为以色列王国，定都撒马利亚，南部为犹太王国，定都耶路撒冷。公元前722年，以色列王国被亚述所灭，当地居民被掠往亚述，在长期共同生活中被同化。

公元前586年，新巴比伦国王尼布甲尼撒二世攻占耶路撒冷，犹太王国被新巴比伦所灭，大批犹太人被掠往巴比伦为奴，史称"巴比伦之囚"。约在公元前539年，波斯攻占巴比伦，释放犹太囚徒，当时约5万犹太人重返巴勒斯坦的耶路撒冷。

公元前63年，巴勒斯坦并入罗马帝国版图，绝大多数犹太人被贩卖为奴。在公元66年—公元70年和公元131年—公元135年，犹太人两次反抗罗马大起义均被镇压，几十万犹太人被杀，一些领袖被钉死在十字架上。幸存的犹太人再次被逐出巴勒斯坦，散居世界各地，他们就是今天犹太人的祖先。中世纪以后，阿拉伯人长期占据了巴勒斯坦。

1947年在美国操纵下，联合国通过了巴勒斯坦分治决议。1948年5月14日以色列国家成立，把巴勒斯坦的100多万阿拉伯人赶走，造成了巴勒斯坦难民问题。

所罗门

《圣经》中描绘的希伯来统治者。

所罗门是古代以色列—犹太王国的国王，约公元前973年—公元前933年在位。《旧约·列王纪》称他有超人的智慧。

所罗门在位期间，把首都耶路撒冷建成圣城。耶路撒冷成为犹太教的膜拜中心，后来也被基督教、伊斯兰教奉为圣地。

所罗门时代是古代希伯来文化发展的重要阶段，许多文学作品都以他的名字命名，并在以后成为《旧约全书》的重要组成部分。

根据《圣经》中的详细描绘，耶路撒冷的所罗门神殿是一座长形的建筑，在其末端是放有方舟盟约的圣殿。这座神殿没有留下任何遗迹。

这张石制棋盘是在今巴基斯坦北部哈拉巴的一座古城中发现的。

印度河文明

古代印度是人类文明的发祥地之一。印度的名称起源于印度河，中国古代称它为"身毒"或"天竺"。古代印度文明在历史上称为"印度河文明"，由于这一文明最早发现于哈拉巴，所以又叫"哈拉巴文明"。印度河文明发源于印度河流域，位于南亚次大陆核心地区的西北边陲，是印度与巴基斯坦两国文明的共同起源。

1925年，考古学家在印度河流域发现了巨大的城市遗址，其文化大约兴起于公元前3000年，到公元前3000年代中后期进入了繁盛时期，大约在公元前2500年前后，这里出现了一些奴隶制小国家。不久考古学家又证实了，这些散落各地的古印度奴隶制国家于公元前1750年前后结束。此后，考古学家又在印度河中下游和西部沿海发现大小城镇遗址200余处，其范围从西边的伊朗边境至东边今天印度的德里，从喜马拉雅山麓到南部的阿拉伯海，总面积达130万平方千米。这一古代文明的代表性遗址就是哈拉巴和摩亨·佐达罗。前者位于北部旁遮普印度河主要支流拉维河畔，后者位于南部信德境内的印度河畔。此外，还有一些小遗址，如卡利班根、洛塔尔、苏尔戈德，都在今天的印度境内。这些发现，以哈拉巴文化命名。

在哈拉巴文化时期已经有了私有制的存在和贫富的分化，并产生了阶级对立。这段时期，古印度人还处于铜石并用时代，遗址中发掘出来的工具和武器，大部分

在哈拉巴发现了数千枚小方印章。这些印章主要由皂石制成，大多刻有动物图像和铭文。虽然发现的铭文大约有2000个，但这些铭文至今未被释读。

为铜、石制品，极少量的为黄金制品；哈拉巴文化时期农业是主要生产部门，家庭副业和渔业也相当发达。他们是世界上最早种植棉花的人，不仅生产小麦、大麦、瓜果、椰枣等，还饲养狗、马、猪、牛及大象和骆驼。古印度人在制陶、编织和造船、雕刻等方面也拥有很高的技艺。这一时期的雕刻物中发现的砝码以及刻有铭文的印章反映了文明已经进入较高阶段。这一时期的暴力机构是薄弱的，没有出现大的奴隶制国家，表明古印度文明尚未达到繁盛阶段。哈拉巴文化为后来印度文化的发展打下了基础。

公元前2000年中期，自称“雅利安”（意为高贵者）的白种人，从中亚细亚经印度西北山口，陆续侵入印度，逐渐征服了印度河流域和恒河流域。

婆罗门教

婆罗门教是印度古代宗教之一，它由雅利安人的原始宗教演变而来。

婆罗门教把印度最古老的宗教作品和文学作品《吠陀》作为经典。它信奉多神，不设庙宇，不崇拜偶像，但规定了烦琐的祭神仪式，从私人生活到国王即位，都要祭神；它为了维护反动的等级制度，引用《吠陀》中的神话宣称，造物神“梵天”用口创造出婆罗门，用手创造出刹帝利，用腿创造出吠舍，用脚创造出首陀罗；它还大肆宣扬轮回说，凡循规蹈矩、安分守己者，来生可升为较高等级，否则，则降为较低等级。

婆罗门教假托梵天的儿子摩奴制定一部法典，即《摩奴法典》，以此保护奴隶主阶级的利益。法典规定：婆罗门有权夺取首陀罗的一切，而首陀罗不能积累私人财产；首陀罗如果评论婆罗门的品行，就要用沸油灌入他的嘴里和耳朵里；杀死婆罗门的人应处以最痛苦的死刑，而高等级的人杀死首陀罗，只用牲畜抵偿或简单净一次身就可以解脱了。

在佛教广泛传播期间，婆罗门教逐渐衰落。到了公元8世纪，经过改头换面的婆罗门教在印度重新得势，更名为印度教。

这一印度浮雕表现的是雅立安人所崇拜的战神因陀罗。他正骑着一头大象，挥舞着他最喜欢的武器雷电和金刚杵。雅利安人在战争中会祈祷他的保护。

这一尊佛陀头像制作于贵霜时期（约公元50年—公元240年）。

✠ 释迦牟尼

释迦牟尼（约公元前566年—公元前486年），原名乔达摩·悉达多，出生于今天尼泊尔南部的蓝毗尼，是释迦部落净饭王的儿子，属刹帝利种姓。

相传他29岁时，痛感人世生、老、病、死各种苦恼，又不满婆罗门的神权统治和梵天创世说教，因而放弃了王族生活，离别双亲、妻儿，出家修道。经过7年的苦心修炼，终于在一株菩提树下悟得真谛，达到至高无上的精神境界，成了"佛"。"佛"是"佛陀"（觉悟者）的简称，一般专指释迦牟尼。释迦牟尼是佛教徒对成佛后的乔达摩·悉达多的尊称，意思是"释迦族的圣人"。在中国佛教寺院中大雄宝殿里，"如来"、"大雄"都是他的称号，他被奉为佛祖。

释迦牟尼曾到印度中部各地广收佛教门徒，宣传佛教达40年之久。之后他一直在印度各地传播教义。

公元前485年2月15日，释迦牟尼在河边洗了个澡之后就逝世了。人们为了纪念他，把他出生的那天（4月8日）称为"浴佛节"，把他修道的那天（12月8日）称为"腊八节"。在摩揭陀国王的主持下，他的弟子将他生平的说教整理成文字，编成了世界上最早的佛经。

释迦牟尼去世后，骨灰结成若干颗粒，佛教把这种颗粒叫做"舍利"。后来8个国王分取舍利，把它珍藏在特制的、用金、银、玛瑙、珍珠等7种宝物装饰建造的宝塔中供奉，表示对释迦牟尼的景仰。

✠ 佛教

佛教是世界三大宗教之一。佛教的基本教义是"四谛"，也就是四个"真理"：第一是"苦谛"，说明人生所经历的生、老、病、死等一切皆苦；第二是"集谛"，说明一切苦的原因在于欲望，有欲望就有行动，有行动就会造业（即通常所说的造孽），造业就不免受轮回（转生）之苦；第三是"灭谛"，说明必须消灭一切欲望，达到不生不灭的"涅槃"境界，才能消灭苦因，断绝苦果；第

左图是观世音的铜像。这位佛教圣人奉献自己，以求人类脱离苦海。他以崇拜姿式席地而坐，双手合十。

17

四是"道谛"，说明要达到"涅槃"必须修道。

　　佛教主张修行以"五戒"为主，即不杀生、不偷不盗、不邪淫、不妄语、不饮酒。佛教宣扬："众生平等"，不承认婆罗门教经典《吠陀》的权威性，反对杀生献血的祭祀和烦琐复杂的宗教仪式，否认必须通过婆罗门祭司才能修行得道。由于这些原因，佛教成为刹帝利、吠舍、首陀罗反对婆罗门教的重要武器，更易被人接受。但是佛教因袭了婆罗门教关于轮回的说教，作为因果报应论的根据。它主张劳动人民安分守己，消灭一切欲望，忍耐，顺从，放弃斗争，不许违犯国王的法令。同时，它又把刹帝利摆到最高的地位。

　　历代统治者利用佛教宣扬的"众生平等"的假平等，掩盖阶级社会中的不平等，以达到维护剥削制度的目的。

✠ "种姓制"

　　"种姓"一词源自拉丁词语"castus"，意为"纯洁"。但在印度的梵文中称"瓦尔那"，意为颜色、品质。

　　印度的"种姓制"大约萌芽于公元前 1500 年。雅利安人征服印度后，用"雅力安瓦尔那"和"达萨瓦那"把雅利安人和印度土著人（即原居民）区分开。

　　在"种姓制"下，印度社会全体成员分为婆罗门、刹帝利、吠舍和首陀罗四个等级。等级不同，权利、义务也不同。第一等级是婆罗门，是祭司贵族，他们掌握神权，地位最高。第二等级是刹帝利，是军事贵族，包括国王、武士和官吏，掌握着政权与军权。以上两个高级等级占有大量生产资料，靠剥削为生，构成统治阶级；第三等级是吠舍，包括农业、手工业者和商人，必须向国家缴纳赋税。第四等级是首陀罗，是指失去土地的自由民和被征服的居民，实际上处于奴隶的地位。第三、四等级构成被统治阶级。各个等级职业世袭，互不通婚，界限森严，贵贱分明，甚至不能共食、共住。久而久之，下层等级愈演愈繁，出现贱民，即所谓不可接触者，他们最受鄙视。

　　印度的"种姓制"实质上是一种阶级制度，他使劳动人民之间产生隔阂与对立。虽然印度自古代至近代经历了不同的社会形态，但"种姓制"一直延续到 1950 年才被印度政府废除。而今，印度社会还残留着它的不良影响。

这座佛陀的青铜雕像制作于 6 世纪的笈多时代。

专题三：　上古亚非文化

✠ 象形文字

　　公元前 3000 多年，古代埃及人已使用了象形文字。象形文字是用象形符号把客观物体形象描摹下来的一种文字，属于表意符号，即用一定的图形表示一定的事物或概念。古代埃及象形文字约有 700 个。它通常是刻在或写在石头、木头或纸草上的。

　　古埃及的象形文字有三种字体：碑铭体、僧侣体、人民体。其书写顺序可自左至右，也可自右而左，还可以自上而下，从两边向中间写，使文字有对称之美。因图形符号中有人物和动物，其面孔向哪一边，字就从哪一边开始写，字序并不难辨认。

　　古埃及象形文字有三种符号：意符、声符和部首。"意符"有的表物，如圆圈中加一点表示"日"；有的表行，如鸟展双翅表示"飞"；有的表意，如弯腰拄着棍子的人表示"老年"。"声符"表示辅音，分为"双辅音"、"单辅音"，前者共有 75 个，后者共有 24 个，是字母最早的萌芽。由于古埃及人不知把标声字母按语言相连，他们用标声字母写出词语的声音后，还要加上不读音的"部首"来指示意义。在多数情况下，他们把意符和声符掺杂书写，形成半表音文字，而未达到拼音化。"部首"不读音，也无独立意义，与声符结合，才能表示指定的意义。如三片叶子，既表示"植物"，也表示"蔬菜"、"药草"、"干草"等。

　　与文字相关的是古埃及人的书写工具纸草。纸草是一种长在沼泽地带的植物，类似人们非常熟悉的芦苇。为了便于书写，古埃及人把纸草心从纵面劈成小条，然后把这些小条紧紧接着排在光滑的木板上加以挤压，再放到太阳光下晒干，就成了一张张很长的黄纸。古埃及人把纸草粘成一个个长条，然后把它们卷起来，就成了供书写用的纸草卷。

　　象形文字没有发展成字母文字，但是它也在逐渐地简化，向字母文字过渡。它的 24 个单辅音符号已经类似于字母，这对后来腓尼基字母的形成有很大影响。而腓尼基拼音字母又为希腊字母发明的基础，希腊字母又为欧洲各国字母文字之源，因此，古埃及象形文字对世界文字的发展作出了重要的贡献。

这块盾甲于 1898 年在希拉孔波利斯被发现，它属于约 5000 年前的纳尔迈国王。在甲片的顶端是用象形文字书写的国王的名字，并伴有两个代表女神哈索尔的拟人化的牛头；在其下方是头戴埃及王冠的国王正在视察战场。

楔形文字

大约公元前3200年，两河流域的苏美尔人发明了文字。文字是逐步产生的，由借助图形表达某种观念演变到文字的出现，共经过了1000多年。

公元前3500年左右，苏美尔人开始用图形表示简单的意思。最初，他们把图像刻在石头上或镌印在黏土上，以此作为拥有某物的标志。

大约过了500年，苏美尔的一些神庙管理人员开始使用一些规范化的简图，把它们结合起来保存神庙的档案。虽然当时的书写文字仍然有象形文字的特征，但已经超越了以图画表示人和具体事物的阶段，可以用图画来表示一些抽象的事物。

又过了500年左右的时间，成熟的文字开始出现了，那时的图画已经变得非常系统化，人们把它视为纯粹的符号。这些符号有许多已经不再表示特定的词，而成为与其他同类符号结合在一起就可以形成字词的音节符号。

公元前2500年左右，苏美尔地区的这种文字体系到了充分发展的阶段，这就是"楔形文字"。最古老的楔形文字是从右到左直行写的，因为书写不便，后来就把字形侧转90度，改成从左到右的横行。人们就地取材，用黏土制成泥版作为"纸"，每块泥版重约1千克。书写前，人们先用细绳给泥版划好一行行格子，然后用削成三角形状尖头的芦苇秆、骨棒或木棍当"笔"，顺着格子，在湿软的泥版上勾勒出各种符号。由于落笔处印痕较为深宽，提笔处较为细狭，形状很像木楔，所以这种文字被称为"楔形文字"或"箭头字"。书写好的湿泥版，用火烤干，质地十分坚硬，不受虫蛀，不会腐烂，可以保存数千年。楔形文字的许多符号具有多重含义，许多符号的准确含义只能根据上下文来确定，很难掌握。今天发现的楔形文字90％是商业和行政记录，其他的是一些赞美诗和神话传说。

楔形文字经过1000多年的演变，到了公元前2000年左右，已经流传很广了。虽然楔形文字已经含有字母文字的因素，但还没有发展到拼音文字的地步。再加上它的语法规则复杂难懂，楔形文字最终于公元前后，被先进的字母文字代替，没有人再使用它了。

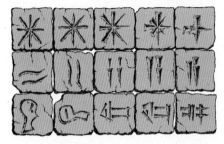

上图为楔形文字的逐渐演化（从左至右）。

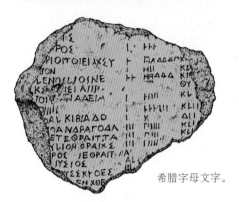

希腊字母文字。

字母文字

古代埃及的象形文字一直没有发展成字母文字，后来经过多次演变，外形逐渐简化，向字母文字过渡。它的24个单辅音的符号，类似字母。公元前二千年代，地中海东岸的腓尼基人在埃及文字和西亚文字的影响下，创造了22个拼音字母。古代希腊人又在腓尼基字母基础上创造了希腊字母。在希腊字母的基础上，形成后来罗马及拉丁人使用的拉丁字母。拉丁字母是世界上最通用的字母。此外，印度字母、阿拉伯字母等也辗转由腓尼基字母发展而成。

这张纸草来自于《纳赫特之死》一书。这是其中一段重要的描写。死者和他的妻子站在屋前的花园里，面对奥西里斯神。茂密的西克莫树和棕榈树环绕在院子的池塘边。

"诺亚方舟"

《新约全书》里记载说：从前有一个叫诺亚的人，一天他听到了神的声音。神说，由于人们的罪恶，将有洪水来灭绝人世。神叫他造一只大船，说这样做就可以死里逃生。在神的授意下，诺亚造了一只长方形的大船，叫方舟。当洪水到来的时候，他一家人上了方舟。当时，船上还有狮子、老虎、兔子、鸽子等动物。过了许多日子，洪水还没有完全退去。诺亚打开笼子，放出去一只鸽子。当鸽子飞回来的时候，嘴里衔着一片新拧下来的橄榄叶，他知道危险已经过去。后来人们就用鸽子和橄榄枝来象征和平。现在联合国徽记上也画着两根金色的橄榄枝。

✠ 太阳历和太阴历

埃及太阳历早在6000多年前就问世了。埃及人为了不违农时，发展农业生产，在长期生产实践中逐渐掌握尼罗河泛滥的规律，他们发现两次泛滥之间大约相隔365天。同时，还发现每年6月的17日或18日早晨，尼罗河开始变绿，这是尼罗河即将泛滥的预兆。当尼罗河的潮头来到今天开罗附近时，天狼星和太阳同时从地平线升起，埃及人把它作为一年的开始，两次泛滥期间为一年。以此为根据，把一年分成泛滥期(7月—10月)、播种期(11月—2月)、收获期(3月—6月)。埃及人又把一年定为365天，分为12个月，每月30天，年终加5天作为节日。这就是世界上最早的太阳历。虽然每隔4年就误差一天，但它使用起来简单方便，后来埃及的太阳历传入欧洲，经过罗马凯撒和教皇格利哥里十三世的不断改进，成为今天通用的公历。

两河流域的气候条件很恶劣，当地的人们为了知道播种和收获的准确时间，通过对月亮圆缺变化规律的观察，制定了太阴历。一年分为12个月，每月以刚刚露出月牙来的这天为开端，以月亮最圆的一天为月中，以月亮又变成月牙的那天为一月的终结。一年12个月中有6个月，每月为30天，另6个月每月29天，全年共354天。这同地球绕行太阳一周的时间相差11天多，过两三年就要差一个月，这就叫"年日不足"，他们就设置闰月加以补充，就是每二年或三年加一个闰月，即一年有13个月。汉谟拉比在位时，由政府命令规定置闰，后来逐渐有了固定的周期。

✠ 七天一星期制度

古埃及人已经能够区分五大行星和恒星，对五大行星的运行轨道观察得相当准确。他们把星宿和诸神联系起来，星就是神，因此星的符号也就用来表示神的概念。每天有一位星神值勤，七天一轮回，所以把七天作为一周，分别用日、月、火、水、木、金、土七个星球的名称来命名。所谓"星期"，就是星的日期。后来随着科学的进步，去掉了加在星期上的迷信色彩。星期制度一直沿用至今，这就是现在通行的七天一星期制度的来历。

✠ 木乃伊

　　木乃伊就是经过防腐处理的干尸。

　　古代埃及人有一种灵魂不死的迷信思想，因此千方百计保存尸体。制作木乃伊的一种最好的方法是：先用钩子把死者的脑浆从鼻孔中取出，再把一些药水灌进去清洗其他部分。接着在尸体腹部左侧用锐利的石片割一切口，把内脏全部取出来，用和有香料的酒冲洗腹腔，再用桂皮、乳香等香料把它填满，然后按原样缝好。把尸体浸在小苏打、盐水或其他防腐液中，溶去油脂，泡掉表皮。经过70天后，把尸体取出冲洗、晾干，安上蓝宝石眼睛，然后用麻布紧裹，外涂树胶，以免尸体接触空气，这样经久不腐的木乃伊就制成了，可以保存几千年。

　　今天，在埃及博物馆保存的近30具木乃伊中，就有几名埃及历史上的国王。

　　这是第19王朝的贵族撒尼吉姆墓内的一块墙镶板，描绘了安努力毕斯（埃及神话中引导亡灵之神，它是木乃伊化的神，即一个半人半豺）正在为撒尼吉姆的来生旅途作好准备工作。

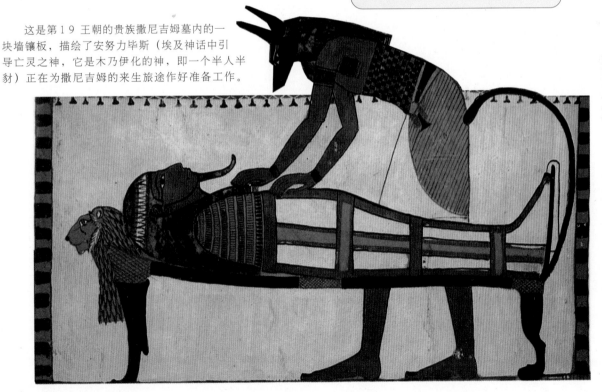

《摩诃婆罗多》插图中描绘的是俱卢族军队正在进攻阿周那的儿子阿比马纽的军队。

这是古代巴比伦城废墟的一角。

✖ 《摩诃婆罗多》

《摩诃婆罗多》是古代印度著名的诗篇，全诗长约20万行，讲述了印度两个家族从战争到和解的全过程。

故事的主要内容是：古代印度的一个国王是瞎子，国事全由弟弟处理。国王有100个儿子，组成俱卢族。国王的弟弟有五个儿子，组成班度族。国王弟弟死后，他的五个儿子全由国王抚养。五个兄弟个个武艺高强，遭到俱卢族兄弟的嫉妒，一次又一次地受他们的迫害。双方各找了些盟国进行决战。印度半岛上几乎所有国家都参加了这次战争。战争进行了18天，俱卢族和18支盟军全被击溃，老国王的99个儿子都在战争中被杀死，太子逃脱后最后也被杀死。班度兄弟割下他的头颅，喝了他的血。由于相互残杀，血流成河，尸横遍野。班度兄弟决定与俱卢族讲和，化战争为和平，化仇恨为友谊。

这部长诗反映了古印度各阶层广泛的生活面貌，是一部古代印度社会的百科全书。

✖ 空中花园

空中花园建于公元前6世纪的巴比伦，是尼布甲尼撒国王为讨好思恋山林生活的王后而建的。

公元前3世纪，空中花园被波斯人所毁，至今早已荡然无存。人们根据历史文献资料和考古发现推断，这座建筑物呈方形，边长约120米，高25米。建筑共分上中下三层，每层都盖有宫室，每一层阳台都被下面若干个巨型柱子支撑着。每台上都铺有一层芦草和沥青的混合物，再往上铺着两层熟砖，熟砖上又覆盖着一层铅板，这样可以防止上面的水分渗漏。再往上堆积的就是泥土，泥土层较厚，能够使最大的树木扎根，让各种奇花异草得以生长。在设计上，空中花园的每层支柱的位置选择得十分合理，互不遮挡，这就使每一层的植物都能得到充分的阳光。为了解决花园的灌溉问题，工匠们还修了一根从底部直通顶端的空心柱子，用来从幼发拉底河抽水，浇灌花园，这实际上是原始的供水塔。

由于空中花园的建筑精巧华贵，又成功地采用了防止高层建筑渗水的方法，因此，被称为人间奇迹。

✠ 卡尔纳克神庙

卡尔纳克神庙就是阿蒙神庙，因位于埃及的卡尔纳克村而得名。

阿蒙是底比斯的庇护神，后来被尊为太阳神，成为国家最高的神。埃及国王认为自己是太阳神的儿子，每次对外战争的胜利都是阿蒙神保佑的结果。战争结束后，国王就把大批战利品包括土地、奴隶、金银、宝石献给卡尔纳克神庙。经过几百年埃及国王的不断添造，卡尔纳克神庙终于形成一组庞大的寺庙建筑群。

卡尔纳克神庙占地约 18 万平方米，其主要建筑按一条轴线排列。主庙两旁分出一系列附属建筑和庭院，整体恰似一座天宫，四周有四尊兴建寺庙的国王的雕像和高达 25 米～35 米的四棱尖顶石柱（方尖碑）。石柱是由整块花岗岩制成，上面布满象形文字，尖端镀金。一条长 2 千米宽 25 米大道通往神庙，两旁各有 500 个狮身人面石雕。寺庙入口上部有象征埃及的带翼的太阳，寺庙各部均有铭刻、图画及图案，神庙共有十个高大的塔门，其中第一个塔门宽 113 米，高 46 米，厚 15 米。主殿内有 134 根圆柱，中间 12 根最大，每根高达 21 米，矮的 14 米，柱顶上可站 100 人。柱头呈开花的纸草形状，天花板为浅蓝色，上面布满黄色星辰。内院中央设祭坛，四周有圆柱环绕。整个神庙十分宏伟、壮观。

✠ 《罗摩衍那》

《罗摩衍那》是古代印度又一篇长诗。全诗共分 7 篇，有近 5 万行诗句。主要情节是叙述王位的争夺，但更主要的是讲述古代印度的一个王子，即史诗的英雄罗摩的冒险经历。罗摩被放逐森林有 14 年之久。其间，在猴王帮助下，杀死魔王，夺回了妻子并回国即位。这部史诗经过较长时间才完成，其基本内容在公元前 5 世纪就形成，笈多王朝时才编定成本。长诗中含有大量的神话和传说以及歌颂英雄的诗篇，有哲学、宗教和法学的论述，也含有抒情诗、戏剧、以及规戒性的箴言和各种科学知识。

这部诗是古代印度人民世代辛勤劳动和智慧的结晶，是世界文学的珍宝，受到学者们的高度重视。

这是拉美西斯二世的巨型雕像，它被放置在卡尔纳克神庙中。如今，刻有拉美西斯二世名字的碑文却被埃及另一个法老的名字所取代。

这幅 18 世纪的绘画，描绘的是《罗摩衍那》中的一个情节：罗摩和他的兄弟罗什曼那在到处寻找罗摩的妻子悉多。

专题四：　古代美洲文明

✠ 玛雅文明

　　玛雅文明开始于公元前3000年左右，到公元前1000年，玛雅人就开始了定居的农业生活。古代的玛雅人在沼泽地带修建了规模宏大的排水沟渠。他们利用这种先进的排水设备，排放沼泽地的水，然后种植玉米、马铃薯、烟叶、蕃茄、南瓜、草莓、花生、菠萝和可可等农作物。

　　在公元前1000年左右，玛雅人独立地创造了一种象形文字。这种文字的词汇大约有3000多个，古代玛雅人就使用这种文字记载他们的历史、科学、神话和生活习俗。

　　太阳历是他们取得的一项突出的天文学成就。他们把子年分为18个月，推算出地球一年为365.2420天，误差仅0.0002天，这比同一时期欧洲人使用的历法和我国古代历法都要科学得多。他们推算的金星年为584天，与现代人的测算相比50年内误差仅为7秒。

　　在中美洲的丛林中发现的古代玛雅的天文观测台是一座圆顶建筑，位于两层高大的台基之上。观测台内建有螺旋式的梯道和回廊，从上层窗口通过厚达3米的墙壁形成的对角线望出去，恰好可以看到春分和秋分落日的景观；从南面的对角线望出去，正是地球南极所在的方向。

　　古代玛雅人的数学十分发达，他们至少在公元前4世纪就掌握了"0"这个概念。另外，他们还创造了二十进位法。

　　玛雅文明在公元11世纪前后达到全盛时期，他们在密林中建造了100多座城市。城的中心一般是宏伟的广场和巍峨的金字塔庙坛，庙坛的两旁是巨大的宫殿和庙宇，四周是花团锦簇的建筑群。在玛雅城市的建筑中，有许多是庙宇金字塔，这些金字塔有高大的塔身和方形的地基，塔顶是祭祀用的神庙。

　　古代玛雅人有立碑纪年的习惯，每隔20年在一些城市立一块石碑记载重大事件的内容和年代。在公元800年前后，石柱记载中断。后来在尤卡坦又恢复了石柱记载，但时间不长。16世纪，玛雅文明最终毁于西班牙入侵者手中。但此前，玛雅文明早已经从内部土崩瓦解了，其真正原因一直是个未解的谜。

玛雅国王塑像。

印加文化

公元前的史前社会阶段，印加人就已经生活在南美洲的安第斯山亚马逊热带雨林以及太平洋沿岸。当中美洲的玛雅国家形成、繁荣并鼎盛时，在南美洲的印第安奇楚亚人、摩其卡人等部落的原始社会开始解体。印加人自称是太阳神的子孙，有"黄金帝国"之称。

到公元前11世纪的末期，印加人的生产水平有了很大的提高，部落贵族已经开始普遍役使普通平民，用大型的石块建造高大宽敞的房屋以供他们享乐。平均分配制度已经被改变，原始公社出现裂痕。出现了黄金加工业、制陶业，其形状和图案多以图腾崇拜为内容。到了公元8世纪至9世纪，印加人的农业生产取得相当进步，玉米等谷物成为主要农作物，摩其卡人在农田和水源地之间修建了水道和引水灌溉的沟渠。在这一阶段，原始公社制度进一步发展，逐渐向阶级社会过渡，印加的摩其卡人出现了阶级分化和阶级对立。

公元9世纪左右，安第斯山区的经济和文化继续发展，进入前印加时期，即"梯华纳克文化时期"。它的标志物是卡拉萨萨雅的大型综合建筑群，最具代表性的便是"太阳门"。"太阳门"上刻绘的是历法符号，帮助印加人精确地掌握四季变更的时间。此后，这种以巨石建筑为特征的印加文化，在秘鲁至玻利维亚各地迅速而普遍地发展起来。

大约在公元1100年时，兴齐罗加经过多次征战，在南美腹地建立了以库斯科为首都的显赫的印加帝国。印加文化进入鼎盛时期时，印加帝国的领土北起今哥伦比亚南部，南至今阿根廷西北部整个安第斯山区，人口达到1000多万。

印加帝国把全国划分为四个大区，每个大区设立总督，统管区内一切行政大权，国王随时派出钦差大臣对大区总督传达国王的命令，总督如果不服从，国王将派出军队予以无情镇压。

16世纪，印加帝国遭到西班牙人入侵。在抵抗失败后，印加人陆续进入安第斯山脉的幽深山谷，其最后的避难所就是马丘比丘。

随着这些逃入深山密林的印加人的最后消失，印加帝国也就在地球上消失了。

除印加人外，崇拜太阳神的还有阿兹特克人。他们居住在现今墨西哥的海岛上。这个名为"太阳石"的浅浮雕上刻着阿兹特克的太阳历法。其中央的圆内刻的是太阳神的脸；第二个圆内是太阳神的爪；第三个圆由20个表示日期的象形文字组成，8束太阳光随着8个象形文字的变化而变化。

专题五：　地中海文明古国

✠ 爱琴文明

　　爱琴文明是指欧洲爱琴海区域的青铜文明。爱琴海区域是指以爱琴海为中心的地区，包括希腊半岛、爱琴海中的各岛屿、克里特岛以及小亚细亚半岛的西部海岸地区。由于爱琴文明在公元前2000年左右发祥于克里特岛，后来又以迈锡尼文明为中心，所以人们又把它称为克里特岛的迈锡尼文明。

　　在古代世界文化成就中，只有希腊文明最能鲜明地反映出西方人的精神世界。爱琴文明不但是古代希腊文明的源头，也是西方文明的开端。

　　爱琴文明在19世纪才为人们所知晓。1871年—1876年，德国富商亨利·谢里曼，根据史诗中提到的城市及其描述，先后对爱琴海区域的小亚细亚西部的特洛伊、希腊半岛南部的迈锡尼等地进行了考古发掘，结果发现了这些城市建筑的遗址，并出土了大量文物。1900年—1905年，英国考古学家阿瑟伊文斯在克里特岛的克诺索斯发现了米诺斯王宫。这样，《荷马史诗》中的一些有关记载得到证实，埋没了数千年的爱琴文明终于得以重现人间。

　　从公元前2000年克里特岛最早的奴隶制国家的产生到公元12世纪迈锡尼文明的灭亡，爱琴文明在地中海绽放了800年。爱琴社会的农业、手工业生产技术和航海技术，并没有因爱琴文明的衰亡而消失，而被古代希腊人所继承。爱琴社会的壁画和雕刻艺术，建筑方法到希腊古典时代得到广泛发展。对世界文学产生巨大影响的古希腊神话，早在迈锡尼时代就已有了雏形。

　　这两座大理石雕像是在克里特岛北部的爱琴海的基克拉迪斯群岛发现的。这里制作的雕像因为其几何风格而著名。上图为裸体女性雕像；右图为弹竖琴的人，像高23厘米，属于公元前21世纪中期。

✚ 克里特文明

　　克里特岛位于爱琴海的南部，是地中海的交通要冲。它东西长约260千米，南北最宽处约55千米，最窄处也有12千米，总面积达8252平方千米，是爱琴海最大的岛屿。这里土地肥沃，气候温和，适于发展农业和畜牧业。克里特文明的创造者是当地的原住民，与西亚和埃及人联系较多，属于"地中海民族"。

　　经过考古证实，早在公元前6000年这里就进入了新石器时代，到公元前2500年这里已进入金石并用时代。石瓶、印章、匕首的外饰都很精美，印章是为确认物品私有而雕刻的，说明当时克里特社会已出现了贫富的分化，跨入了文明的门槛。公元前2000年，克里特岛产生奴隶制城邦。约公元前1700年，克里特文明进入最繁荣的时期。克里特文明的标志就是王宫的突起，已经发掘出王宫的城市有克诺索斯、费斯托斯、马里亚等。

　　克诺索斯王宫依山而建，占地约二公顷，是克里特岛上最大的王宫建筑群。这里的手工业很发达，彩色陶瓶薄如蛋壳，青铜、金银和宝石制成的各种工艺品中，尤以金项链、手镯等最为精致。这里还产生了一种线形文字，这种线形文字使用简便，考古学上称这里的文字为"线形文字A"。这种线形文字有137个不同的符号，其中的三分之一是从原来的象形文字中继承下来，或者对象形文字略加改变。人们至今尚未释读成功"线形文字A"。

　　克里特文明按其历史发展可分为四个时期：前王宫时期（约公元前3000年代）、古王宫时期（约公元前2000年—公元前1700年）、新王宫时期（约公元前1700年—公元前1450年）和后王宫时期（约公元前1450年—公元前1100年）。新王宫时期克里特文明进入繁荣期，此时米诺斯王朝不仅统治着克里特岛，而且还包括基克拉迪斯群岛。米诺斯的殖民地和商站遍及整个爱琴海，势力达于罗德斯岛、米利都、迈锡尼、雅典、底比斯及利巴拉群岛。鼎盛时期的克诺索斯总人口在10万以上，可能是当时地中海区域最大的城市。

　　约公元前1400年左右，王宫突遭毁灭，有人认为是海啸或者迈锡尼人入侵所致。

上图为刻有克里特"线形文字A"的土简。

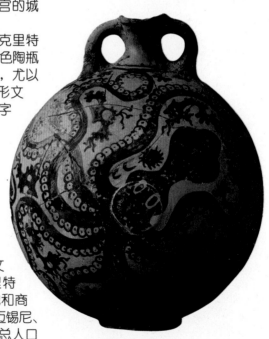

海洋是米诺斯克里特艺术中常见的主题，它反映了海洋在这个民族日常生活中的重要作用。这里所示的章鱼图案常被用来装饰花瓶。

这是克诺索斯王宫的王座，以及王座
室局部。

"爱琴海"的传说

　　远古的时候，有个名叫米诺斯的国王，他建造了迷宫一般的克诺索斯王宫。为了报复杀死他儿子的雅典人，他强迫雅典人接受每年送九对童男童女到王宫的贡赋。那些儿童一送到米诺斯王宫，不是因为迷路后饥渴而死，就是被宫内的一头怪兽吃掉。雅典国王爱琴的儿子特修斯不忍，便主动随与进贡的童男童女一起到米诺斯王宫，立志要为雅典人民除害。他临别前与父亲约定：如果事情成功了，船只返航时，将黑帆换成白帆。特修斯一行到达克里特岛之后，得到了该国公主的爱情与帮助。聪明而勇敢的特修斯最终杀死怪兽并带上公主，登上了回国的船只。特修斯沉浸在胜利与爱情的喜悦之中，竟然忘了换白帆。当国王爱琴看到驶近的船仍然挂着黑帆时，绝望之中，便跳海自杀。从此，人们就把爱琴国王投海的那片水域称为"爱琴海"。

✠ 克诺索斯王宫

　　王宫坐落在爱琴海南端的克里特岛的一座小山的缓坡上，占地面积22000平方米，是一组围绕着中央庭院的，庞大而复杂的建筑群。王宫内大小房间约有1500间，宫内楼阁密接，楼道走廊迂回曲折多变，加之许多厅堂馆室在设计上的不对称性，外人很难知道这座错综复杂的王宫的布局。

　　整个王宫以中央庭院为中心，中央庭院长约60米，宽约30米，是宫内最大的庭院。中央庭院靠西边的楼房是国王办公、祭祀的场所。这里神龛神坛排列整齐，办公集会的厅堂和祭祀大厅金碧辉煌、富丽豪华。此外还有贮藏油、酒，收藏财物的陶罐、库房；中央庭院东边的楼房是国王及王后的寝宫、接待厅及学堂、作坊等生活机构和设施。那上粗下细的圆柱形结构和冬日保暖、夏天通风的折叠门扇，宽敞的浴室内精巧的陶制浴盆及冲水设备，以及从宫外10千米远的山上把泉水引入宫内的陶制管道和抛物线形的引水沟槽等，无不闪耀着古代科学技术的光辉。

　　在王宫的墙上，发现了许多壁画。虽然历经几千年，但是它的色泽还很鲜艳，就像艺术家刚刚完工一样。在长廊中，有庆典游行的画卷。在国王宝殿和王后寝室里，有表现国王、贵族的活动和集会以及自然景物的壁画。壁画中的男子们捧着金银器皿，妇女们则穿着镶宽边的长袍。在造型方面，人物一律都呈侧面像，个个体态轻盈，神态逼真；在用色方面，男人被饰以红色，而女人则被绘成白色。

　　在王宫里还发现一种用粘土烘干制成的泥版。它的外形类似狭长的棕叶，上面刻有许多由线条构成的文字，这就是线型文字。直到1953年，人们才对其中的一部分文字解读成功。从中可知道，泥版上记载着王宫财物的账目，其中包括国王向各地征收贡赋的情况，计算法用的是十进位。

　　公元前15世纪，可能受到内外危机的影响，克里特岛上的文明出现了低潮。公元前1450年前后，希腊本土日渐强大的迈锡尼在控制了伯罗奔尼撒半岛各地和爱琴海诸岛后，占领了克诺索斯王宫。这一历史的变故，表明爱琴文明也由克里特文明转入迈锡尼文明。

✠ 迈锡尼文明

迈锡尼文明的创造者属印欧语族，其原居地在多瑙河、顿河一带。这些移民是在公元前2200年左右才移居希腊半岛。他们自称是神明希伦（Hellen）的后代，因而获得了"希腊人"的称号。

经考古证实，小亚细亚东岸的希萨立克就是历史上特洛伊的所在地，《荷马史诗》中有关"迈锡尼富于黄金"的记载也并非传说。

南希腊早期奴隶制城邦的文明，以迈锡尼为代表，遗址包括城市、王宫和古墓。在贵族墓中保存有大量金面具、金杯、银盆、青铜宝剑等物，上面雕有人物或动物的图案，神态逼真。迈锡尼的城墙用巨石垒成，城门上有两只雄伟的石雕狮子，称为"狮子门"，它的遗址至今仍在。迈锡尼王宫是带有围墙的城堡，它居高临下监视着脚下的平原，是为支撑王位而修建的。辽锡尼的国王称"瓦纳卡"，权力遍及军事和社会生活的各个方面，同时还负责制定宗教日程、监督宗教仪式等等。

迈锡尼金制面具，高31厘米，属于约公元前1550年—公元前1500年。

迈锡尼文明以公元前1500年为界标，分为两个明显不同的发展阶段：在此以前被称为"竖井墓王朝"；在此之后，则被称为"圆墓王朝"。到公元前1450年，迈锡尼人入主克诺索斯王宫，并迎来了迈锡尼文明的鼎盛期。这时的迈锡尼城堡几经扩建达于极盛。王宫建在城堡内的最高处，中央大厅被置于对称布局的首位，内设神灶、宝座。

迈锡尼等城邦也使用线形文字，考古学上称为"线形文字B"。线形文字B正是在线形文字A基础上发展起来的，两者都有大量泥版文书出土。从文字字形本身的发展看，线形文字B的符号和米诺斯的线形文字A是一脉相传的，都有表示音节的符号90个，只是线形文字B常用的符号已缩减到59个且拼音倾向更为明显。1952年英国学者文特里斯释读成功了线形文字B，从而揭开了爱琴文明之谜。从这些泥版文书提供的资料看，迈锡尼文明时期，农村公社的传统依然存在，奴隶制也已经形成。

迈锡尼文明后期，迈锡尼等许多城邦组成联军远征特洛伊，虽然取胜，但十年战争损耗了本身实力。约公元前12世纪，迈锡尼诸城邦被多利亚人征服，文明衰落。

19世纪末海因里希·谢里曼发现了特洛伊城的珠宝。这些珠宝于1996年4月第一次在莫斯科普希金博物馆展出。

木马记

传说斯巴达有个名叫海伦的王后，她是全希腊最美丽的女人。一天，却被前来做客的特洛伊国王子帕里斯拐走。斯巴达王闻之大怒，发誓要渡海攻打特洛伊城，夺回海伦。

特洛伊城固不可破，希腊将领奥德修斯便想出一条妙计，斯巴达王依计行事。第二天，希腊联军突然扬帆离开了特洛伊附近的海面，只在海滩上留下一匹巨大的木马。特洛伊人以为希腊人已经无心打仗，撤军回国了，就跑到城外看热闹。当国王听信希腊俘虏的话要把木马搬进城供奉给雅典女神时，祭司拉奥孔赶来阻止，由此招致两条神蟒蛇跑来，缠死了拉奥孔和他的两个儿子。见此，特洛伊人深信不疑，惟恐惹恼了雅典女神，降灾难于特洛伊城，便毫不犹豫地把木马搬进了城，并以为从此太平无事了。夜深人静，停留在海上的希腊人的战舰重向特洛伊驶来。那个希腊俘虏一看到海上灯光，就偷偷地溜到了木马旁边，在木马身上轻轻敲了三下，于是躲藏在木马中的的战士一个接一个地跳了出来。他们悄悄地摸到城门边，消灭了睡梦中的守军，迅速打开城门。从战舰上登陆的希腊人潮水般地冲了进来，十年没有攻下的特洛伊城就这样轻而易举地被占领了。

全城被掠夺一空，烧成了一片灰烬，海伦最终被其丈夫斯巴达王带回了希腊。

公元前 1 世纪的希腊雕像 "拉奥孔和他的儿子"。

✠ 雅典

雅典是希腊的政治、经济和文化中心，也是古希腊主要的城邦之一。约在公元前 8 世纪时，爱奥尼亚人在这里建立起城邦式的独立王国。

雅典位于希腊中部的阿提卡半岛，全境多山，平地较少。由于历史上的雅典地区从未受过武装入侵，也不是对立民族间激烈冲突的舞台。所以，雅典的繁荣和发展也就一帆风顺了。从公元前 6 世纪后，雅典工商业发达，城市人口食粮有相当部分依靠外地输入。雅典富有银矿、大理石和优质陶土，城西南有皮里优斯等优良海港，其地理位置又恰好处在中希腊各邦和东方联系的前缘地带，因而具有发展工商业的良好条件。

雅典国家约产生于公元前 8 世纪左右，人民按地域区分，并已分化为三等，即贵族、农民和手工艺匠，只有贵族才能担任国家官职。这样，就出现了国家的雏型，有了在一定疆域范围内高踞于普通人民之上的公共权力。

雅典在公元前6世纪以前还没有进入希腊各先进城邦之列，工商业发展较晚，氏族贵族专权。当时在雅典一方面是氏族贵族对农民和奴隶的压迫与剥削，另一方面则是被压迫的平民反抗贵族的斗争。后来，雅典发生了几次改革，著名的有梭伦改革，这些改革使雅典国家逐渐成熟起来。

公元前4世纪，希腊爆发了城邦之间的战争，雅典衰落，而希腊北部的一个落后的城邦马其顿逐渐强大起来，最终征服和统一了全希腊。

✠ 斯巴达人

斯巴达人即入侵者多利亚人，通常指统治希腊的斯巴达城邦的奴隶主阶级。斯巴达人于公元前8世纪建立了奴隶制国家。斯巴达人把被征服的土著居民大部分变为奴隶，称为"希洛人"，小部分驱逐到边区，称为"皮里阿西人"。全体斯巴达成年男子都是全权公民，构成统治阶级。公元前5世纪，斯巴达人大约有9000户，每户从国家领得一份土地和用来耕种土地的希洛人。但是为了防止斯巴达人财产分化，斯巴达规定土地和奴隶的所有权属于国家，不能转让买卖。

✠ 希洛人

希洛人是斯巴达人集体所有的奴隶，是被征服的土著居民，约有20万人。他们住在斯巴达人的庄外，固定在土地上，有自己的家庭，带着自己的农具和种子给斯巴达人耕种，每年向主人缴纳大量谷物和乳酪。他们没有人身自由，战时还要担负运输、修筑工事等劳役。为了巩固统治，斯巴达人每年监察官上任，就屠杀一次希洛人，以铲除可疑分子和在体力、能力方面较强的人，防止他们造反。

希腊的富裕之城科林斯生产大量陶器用以贸易。

身着长袍的斯巴达人铜像。制作时间约为公元前500年。

✠ 奥林匹克运动会

奥林匹克运动会因其发祥地奥林匹亚而得名。奥林匹亚位于希腊的西南部，是一个风景秀丽的昔日宗教圣地。传说，居住在奥林匹斯山上的天神宙斯主宰着天地万物。为了表达对宙斯的崇敬，希腊人在伯罗奔尼撒半岛西部的奥林匹亚举行盛大的祭祀，同时还要进行短跑竞赛活动。到公元前766年时，希腊规定每隔4年就在奥林匹亚举行一次竞技大会，这就是最初的奥林匹克运动会。

最早的竞赛项目只是182米短跑，后来逐渐增多，有摔跤、掷铁饼、投标枪、赛马和赛车等。除了那些犯叛国罪和对神不敬的人，每个身体灵活的希腊公民都可以参加比赛。

赛车和赛马比赛结束后，竞赛优胜者要戴上用月桂编成的王冠，这就是人们常说的桂冠。戴着桂冠的优胜者比国王还要受到人们的崇敬和爱戴。竞技大会的闭幕式上，还要举行"国宴"招待他们。最著名的诗人向他们奉献赞美诗，第一流的艺术家为他们在奥林匹亚建造纪念雕像。他们的名字很快传遍了整个希腊，有时还要通过各种方式向国外传扬。优胜者的家乡把他们当作出征凯旋的英雄来欢迎。有的城市还故意把城墙打开一个缺口，让他们像征服者那样进城。如果优胜者是雅典人，还可以得到500银币的奖励。

奥林匹克运动会是古代希腊生活中一项极为重要的事件。即使在外敌入侵的时候，希腊人仍把运动会放在第一位。由于参加竞赛的人赤身露体，所以竞赛期间妇女不得在奥林匹亚露面，否则将被处以死刑。

古代的奥林匹克运动会一共举行了293次。公元394年，侵入希腊的罗马皇帝狄奥多西下令禁止举行比赛，奥林匹克运动会从此中断了1500多年。公元1896年，奥运会又在雅典恢复了。以后仍然是4年一次，分别在不同的国家举行，而且参加者也不再限定为希腊人。如今，在奥运会的运动场上，世界各国的运动员们汇集在一起，向着"更高、更快、更强"的目标竞争拼搏，以此传递着人类大家庭的和平与友谊。

《掷铁饼者》为公元前5世纪希腊著名雕刻家米隆所塑，它生动地表现出铁饼运动员在掷出铁饼前一刹那的紧张状态。原作现已无存。此为佚名仿制品。

✠ 梭伦改革

梭伦是古希腊著名的政治改革家和诗人。他出身于贵族家庭，年轻时被誉为古希腊"七贤"之一。公元前600年左右，年约30岁的梭伦被任命为指挥官，统帅部队，一举夺回了萨拉米斯岛。担任首席执政官后，他立即实施了一系列改革，并颁布多项法令。

他按财产的多少将全体公民划分为四个等级，不同等级的公民享有不同的政治权利。谁的财产多，谁的等级就高，谁就享有高的政治权利。第一、二等公民可担任包括执政官在内的最高官职，第三等只能担任低级官职，第四等级不能担任任何官职。这一制度并未实现公民之间的真正平等，但它意味着身为贵族，如果财产少，也享受不到过去那么多政治权利了，而新兴的工商农奴主可凭借自己的私有财产，跻身于城邦政权。这就打破了贵族依据世袭特权垄断官职的局面，为非贵族出身的奴隶主开辟了取得政治权利的途径。

梭伦恢复了公民大会，使它成为最高权力机关，能决定城邦大事，选举行政官。一切公民，不管是穷是富，都有权参加公民大会。他设立的新的政府机关枷人会议，类似公民会议的常设机构，由雅典的四个部落各选一百人组成，除第四等级外，其他各级公民都可当选。他还设立了陪审法庭，每个公民都可被选为陪审员，参与案件的审理，陪审法庭成为雅典的最高司法机关。这一切，为雅典政治制度的民主化开辟了道路。

梭伦还采取了许多鼓励手工业和商业发展的措施：除橄榄油外，禁止任何农副产品出口；凡雅典公民，必须让儿子学会一种手艺；鼓励有技术的手工业者移居雅典，给予其公民权；改革币制，统一度量衡；确定私有财产继承自由的原则等。

在梭伦改革之前，雅典行使的德拉古法以严酷著称，对偷窃水果、懒惰等过失都要判处死刑，梭伦改革了这一酷刑。

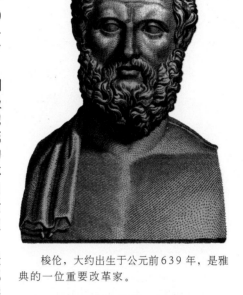

梭伦，大约出生于公元前639年，是雅典的一位重要改革家。

奴隶制民主政治

在古代希腊的许多城邦国家中，奴隶制民主政治广泛存在。

在这种制度下，公民享有比较广泛的权利，他们享受国家津贴，有权选举和被选举国家管理人员直至最高长官，可以广泛参与国家大事。同时，他们也有义务为国家走上战场。但是，享有公民权的只有占统治地位族群的成年男子。外来移民或奴隶以及妇女是没有公民权的，他们不能享受公民的种种权利。

在奴隶制民主政治制度下，真正掌权的仍然是那些上层分子。

这是雅典人投票时使用的小铜片或类似的陶片。

马拉松战役

公元前490年9月，波斯军10万人、战舰数百艘，在达提斯和阿尔塔费尼斯的率领下第二次远征希腊。

波斯军从萨摩斯岛出发，横渡爱琴海，首先攻占了埃雷特里亚城，继而南进，在距雅典城东北约40千米的马拉松平原登陆。

雅典全城紧急动员，组成重装步兵约万人的军队，同时，由普拉蒂亚派来援军千人。

9月12日晨，马拉松战役开始。以雅典军队为主的希腊步兵，在米太亚得指挥下占据有利地形，针对波斯军惯用的中央突破战术，布成正面宽约千米、主力配置于两翼的方阵，乘波斯军骑兵主力尚未赶到之机，率先发起进攻。波斯军随即反击，希腊军且战且退，诱使波斯军拉长战线，分散兵力。然后，希腊军突然发起两翼攻击，其长枪密集方阵攻势凌厉。波斯军抵挡不住，仓皇后撤。希腊军乘胜追击，逼使波斯军乘船败退。此役，希腊军歼敌6000余人，缴获舰船7艘，自身损失仅192人。

为了把胜利的消息迅速告诉雅典人，负伤的长跑能手腓力匹得斯以飞快的速度从马拉松跑到了雅典中央广场。他对着盼望的人群激动地说了一声"大家欢乐吧，我们胜利了"之后，就倒地牺牲了。奥林匹克运动会上的竞赛项目"马拉松赛跑"，就是为了纪念这次战争的胜利以及表彰英雄腓力匹得斯的功绩。

这是雅典帕提侬神殿檐壁上一幅雕刻。画面展现年轻人参加纪念雅典娜的游行队伍，表现了雅典精英的活力。

✠ 希波战争

公元前6世纪中叶，波斯帝国侵占小亚细亚西部沿岸希腊人建立的各城邦。公元前500年，小亚细亚的希腊城邦米利都爆发反波斯的起义，雅典和埃雷特里亚派出25艘战舰相助。于是，早有西侵野心的波斯国王大流士一世以雅典和埃雷特里亚曾援助米利都暴动为借口，出兵远征希腊本土，由此，希波战争爆发。

战争分为两个阶段：第一阶段，波斯军采取攻势，连遭失败；第二阶段，希腊人转入反攻，取得最后胜利。

公元前492年夏，波斯国王大流士一世派马多尼乌斯率波斯陆海军越过达达尼尔海峡进犯希腊。海军到达阿索斯海角时遇到大风暴，300多艘战舰撞毁，2万余人失踪，几乎全军覆没，陆军也遭到色雷斯人的袭击。波斯军因出师不利被迫撤退。

公元前490年夏，波斯对希腊发动第二次远征。波斯老将达提斯和阿尔塔费尼斯率军10万、战舰数万艘，横渡爱琴海，攻占埃雷特里亚城，继而在马拉松平原登陆。米太亚得指挥雅典军，采取灵活战术，一举把波斯军打败。

公元前480年春，波斯国王薛西斯一世率军约50万，分水陆两路大举进犯希腊。以斯巴达和雅典为首的31个希腊城邦决定成立全希腊同盟，并把全希腊同盟安排在苏萨（今舒什）的大流士一世宫殿遗址处，由斯巴达人任同盟的陆、海军最高指挥。

8月中旬，以斯巴达国王列奥尼达斯为首的希腊军队在温泉关顽强抵抗波斯军，列奥尼达斯及300名斯巴达士兵阵亡。9月下旬，在萨拉米斯海战中，以雅典人为主力的希腊海军大败数量上占优势的波斯海军。次年8月，希波双方陆军在普拉蒂亚进行决战，斯巴达统帅保萨尼阿斯率领希腊联军约10万人，重创占有明显优势的波斯陆军。波斯人的第三次远征以失败告终。

波斯远征希腊失败后，帝国内部矛盾重重，被迫退居守势。以雅典为首的希腊联军则逐渐转入进攻，并乘机扩张海上势力，建立雅典在爱琴海域的霸权。

公元前478年成立的由雅典领导的"提洛同盟"承担起继续与波斯作战的任务。公元前476年，希腊联军攻占了色雷斯沿海地区以及爱琴海上的许多岛屿和战略要地拜占廷。公元前468年，希腊军队在小亚细亚的欧律墨冬河口大败波斯海、陆军。

公元前449年，希腊海军在塞浦路斯以东海域再次重创波斯军，双方媾和，希波战争结束，希腊城邦取胜，雅典成为爱琴海地区的霸主。希波战争在客观上起到了传播文化、扩展文明的作用，但同时它给参战国家人民的生命财产造成了巨大的损失。

这是公元前5世纪中叶雅典的酒坛。红色坛画描绘的是一名希腊士兵和一名波斯士兵交战的情景。战场上，按照风俗，希腊士兵赤身裸体，而他的波斯敌人则蓄须、穿着亚洲风格的衣服。

萨拉米斯海战

萨拉米斯海战是希波战争中的一次著名海战。公元前480年8月中旬，波斯军在国王薛西斯一世的率领下攻占了温泉关，而后南下直取希腊首都——雅典。希腊舰队约300余艘战舰，在斯巴达的欧里比阿德斯和雅典统帅提米斯托克利的联合指挥下，撤至萨拉米斯岛附近，准备决一死战。波斯舰队绕过阿提卡半岛南端的苏尼翁角，进入狭窄的萨拉米斯海峡。

9月下旬，萨拉米斯海战开始。波斯国王薛西斯一世在萨拉米斯海战中指挥波斯舰队首先封锁萨拉米斯海湾东西两个出口，并把主力编成三线战斗队形，呈围攻态势由东向西推进。希腊舰队利用有利地势，在艾加莱奥斯山后隐蔽，并组成两线战斗队形发起攻击。希腊舰队船小灵活，在狭窄的海湾里运转自如，以接舷战法和撞击战法反复突击波斯舰队。而波斯战船体大笨重，调度失灵，前进不得，后退无路，陷于被动挨打境地，甚至因自相碰撞而沉没。经过一天激战，拥有1000余艘战船波斯舰队被击沉战船200余艘，损失重大。薛西斯一世深恐后路被切断，仓皇败逃回国。

海战中，希腊舰队仅损失战船40余艘。此战扭转了希波战争的战局，是世界海战史上以少胜多、以弱胜强的典型战例。

伯利克里头像。

伯利克里（公元前495年—公元前429年），出身贵族。伯利克里连任十将军委员会的首席将军15年后，在公元前443年，成为雅典的最高统治者。

执政期间，伯利克里主张扩大雅典海上势力和平民的权利。他大兴土木，加强海军，奖励学术，提倡文艺，一时雅典人才辈出，文化昌盛。同时，他规定，一切官职向所有等级的公民开放。公民大会成为最高的权力机构，十天召开一次会，决定重大问题，凡年满20岁的男性公民都能参加。陪审法庭是最高的司法机关，共600人，由每个部落在30岁以上公民中用抽签方式选出60人组成。十将军由公民大会举手选出，是最高的政府官员，统率军队、掌握实权。他规定"公职津贴"制度，并给一般公民"观剧津贴"，以吸引公民参加社会活动。

公元前431年，伯罗奔尼撒战争爆发后，他把雅典所在的阿提卡半岛的居民移至雅典城内避难，以致城里人口过度集中，发生瘟疫，居民大量死亡，伯利克里也死于此次瘟疫。

✠ 亚历山大及其东征

亚历山大（公元前336年—公元前323年），是马其顿著名国王。少时，亚历山大曾求学于希腊哲学家亚里士多德门下，受希腊文化影响，他非常喜爱阅读《荷马史诗》，崇拜《伊利亚特》中的英雄阿溪里，并在事业中努力加以模仿。亚历山大16岁就随父征战，挥师南下；18岁，他指挥马其顿军，击败了希腊联军；20岁，他继承了其父的王位，开始组织东征。

公元前334年春天，亚历山大率军侵入小亚细亚，第二年，败波斯国王大流士三世于伊苏斯。公元前332年占领埃及，第二年挥师亚洲，对波斯作战，攻占巴比伦等城市，掳获财宝无数。公元前330年，波斯帝国沦亡。亚历山大还进军中亚细亚，但遭到了当地游牧部落的反抗。公元前327年亚历山大进军印度，因土著居民的顽强抵抗，再加上气候不适，士兵普遍厌战，亚历山大被迫于公元前326年退兵。亚历山大的东征使希腊文明与东方古文明发生了一次大规模的冲撞与交融，开启了世界历史上的希腊化时代。希腊文化与古代东方文化的交融促进了当时自然科学的飞跃发展。但东征也给社会和人类生命财产造成了很大的损失。

东征后，亚历山大定都巴比伦，在东起印度河，西至尼罗河和巴尔干半岛的领域内，建立了横跨

亚历山大头像。

亚、非、欧三洲的亚历山大帝国。亚历山大东征时，建立了亚历山大港，即今天的埃及亚历山大城。该城规模宏大，人口众多，商旅、学者云集于此。亚历山大港是地中海世界和近东地区最重要的国际转运港口，其最著名的建筑是一座巨型灯塔，被列为世界七大奇迹之一。

✠ 罗马城的传说

据传说，早在公元前753年，在拉丁平原西北的一片绿洲上有几个农牧业部落，他们在距台伯河口约25千米处建造起原始的公共古城，相传第一个领导建城的人叫罗慕洛，"罗马"就是因他而得名的。

罗慕洛，神话传说他是战神马尔斯的儿子，他和勒莫是一对孪生兄弟。他们生下来不久，他们的母亲西里维娅就被人杀死。他们的外祖父当时是意大利半岛上的一个国王，国王的弟弟为了篡夺王位，把他们装入筐内，投入台伯河。他们起初被一只母狼救起，靠吃狼奶活着，后被一个牧人抚育长大。罗慕洛能征善战，勇悍异常。兄弟俩长大后，杀死篡位者，后来在当初得救的地方建起了新城，即罗马城。

罗慕洛为罗马城奠基时，赶着公牛和母牛，只是犁了一道不深的沟，便算作罗马的城界，在准备开城门的地方，把犁子抬了抬，便作为城门的通道。看来，罗马城在它创建的初期，只是一个小小的城邦。可是到了共和后期，罗马城不但有坚固高大的城墙，而且市容繁华，面积不断扩大，以致使初入罗马的人，转来转去，总走不出市中心。

至今，在意大利的罗马博物馆里，还陈列着一尊"母狼乳婴"的铜像。

✠ 元老院

古代罗马国家的立法与管理机关，最初是氏族长老会议，到共和时期，前任国家长官等其他大奴隶主进入了元老院。元老院有权批准、认可法律，并通过执政官掌管财政外交，统辖行省和实施重大宗教措施等。帝国时期，政权集中于皇帝手中，元老院实权日渐削弱，已失去原来的政治地位，但仍然是贵族统治的支柱。

卡皮托利诺山母狼：公元前5世纪时伊特鲁里亚人的雕塑品。

"条条大道通罗马"

西方有一句闻名世界的谚语："条条大道通罗马"。这句谚语来自古罗马大道的修建。

在古代罗马的建筑奇迹中最著名的就是"罗马大道"，它以首都罗马为中心面向全国的四通八达的公路网。罗马大道的修建最初是为了战争的需要，以便与别国开战时各军团能迅速地调集到首都，然后奔赴各自的战场。

罗马帝国建立之后，战事不多了，于是，罗马大道又成了古罗马帝国的经济命脉，大大促进了农业、手工业和商业的发展，也促进了罗马和世界其他文明中心的交流。因此，罗马大道在西方的影响非常大。

凯撒

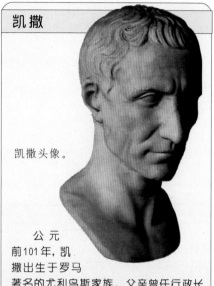

凯撒头像。

公元前101年，凯撒出生于罗马著名的尤利乌斯家族，父亲曾任行政长官。少年时期，凯撒受过良好的教育。

凯撒从政初期曾是民主派领袖，历任财务官、监察官、祭司长和大法官等职。公元前60年凯撒与庞培、克拉苏结成三头同盟，共同统治罗马共和国，史称"前三头"。公元前58年取得高卢总督职位，几年内征服了高卢全境。

公元前49年，凯撒打败了庞培，夺取了政权。以后几年间，他集执政官、独裁官等大权于一身，成为一个名副其实的军事独裁者。元老院权力日渐削减，共和国名存实亡。凯撒实行的一些措施，如将行省土地分给8万老兵，减轻负债者的债务，惩治贪污勒索官吏等，触动了元老们的利益，引起元老贵族的不满。

公元前44年3月15日，凯撒在元老院议事厅被以布鲁图和喀西约为首的反对派刺死。凯撒留下两部有历史价值的著作，即《高卢战记》《内战札记》。

✠ 执政官

罗马共和国的最高行政长官，由百人团会议从奴隶主贵族中选举产生，由两人担任，任期一年，退职后进入元老院，主持国家行政。

两个执政官权位相等，一切政令如果得不到两人一致同意，就不能付诸实行。当国家遇到危急情况时，经元老院提名，就以执政宫中的一人为独裁官，称为狄克推多，有至高无上的权力，但其任期不能超过六个月。

由于执政官任期短，二人相互牵制，所以实际上真正操纵国家大权的是由贵族组成的元老院，法律的制定和内外政策的决定都要通过元老院。

✠ 布匿战争

罗马在经过200多年的征战，统一了意大利半岛之后，为争夺地中海的霸权，于公元前3世纪—前2世纪，与迦太基发生了几场战争。罗马人称迦太基为布匿，因此这场战争又被称为布匿战争。

第一次布匿战争（公元前264年—公元前241年）是为争夺西西里而引起的。此战争以迦太基的失败而结束，罗马得到巨额赔款，西西里岛被划为罗马的第一个行省。不久罗马又借机夺取了迦太基的科西嘉岛和撒丁岛，划为两个行省。

第二次布匿战争（公元前218年—公元前201年）是因为罗马势力扩张到迦太基控制的西班牙城市萨干坦而引起的。迦太基先胜后败，根据和约，又付出大笔赔款，并交出全部战舰战象，另外还失去了海外一切属地（除了在非洲的领土），并且不经罗马同意，不能对外宣战。

第二次布匿战争后，迦太基在经济上仍有复兴之势。罗马为了防止迦太基人重新崛起，又于公元前149年发起第三次布匿战争。但罗马军围攻迦太基城两年都没有成功。公元前146年春，迦太基发生饥荒，疾病流行，罗马军终于破城而入。迦太基城沦陷后，迦太基人被卖为奴隶。罗马在原迦太基国土上设立了阿非利加省。从此，作为独立国家的迦太基不复存在。

布匿战争中最著名的一次战役是坎尼战役。在第二次布匿战争初期，迦太基著名将领汉尼拔率领大批步兵、骑兵和战象，从北面越过阿尔卑斯山，远征意大利，取得了一系列胜利。公元前216年瓦罗　　　　为罗马执政官，主张速战。这年6月两军会战于坎　　　　尼，汉尼拔以劣势兵力采取两翼包抄的战术，　　　　击溃了罗马军，共歼灭5.4万人，俘虏1.8万人，而汉尼拔军只损失约6000人，这是一次世界史上以少胜多的著名战役。坎尼战役使罗马一度陷入困境。但罗马军队攻入了迦太基本土，并最终扭转战局，取得了最后胜利。

公元前229年，罗马人侵入亚得里亚海东部沿海地区，公元前215年到公元前168年，罗马人通过三次战争，最终征服了马其顿王国。公元前167年到公元前146年，罗马占领了希腊，同时也控制了小亚细亚。

✠ 屋大维

屋大维（公元前63年—公元前14年），出身于骑士家庭，父亲是元老院的元老。屋大维是凯撒的甥孙、养子，继承了凯撒的大部分财产。

公元前44年凯撒被刺后，继之而起的是执政官安东尼、骑兵长官雷必达和屋大维组成的"后三头"同盟。三人间不断明争暗夺，不久雷必达失势，到公元前30年，屋大维打败了安东尼，获得最后胜利，成为罗马的军事独裁者。元老院赠给他"奥古斯都"的称号，意为神圣、庄严、伟大。

屋大维把自己称为"第一公民"，即元首。在元首制下，元老院受元首的控制，屋大维本人是元首、统帅、终身执政官、首席元老、大祭司长，独揽军事、司法、行政、宗教等大权，实际上是皇帝。元首制实质上是一种隐蔽的君主制，屋大维统治罗马是罗马帝国的开始。

这尊奥古斯都大理石雕像是公元前20年左右的奥古斯都铜像的复制品。奥古斯都脚边是骑在海豚上的丘比特，象征奥古斯都出生于维纳斯。

这块公元 2 世纪的大理石浅浮雕上雕刻的是一些古罗马禁卫军士兵。禁卫军由屋大维首创，隶属于皇帝。禁卫军的职责是执法与维持公共秩序，但最重要的职责是保卫皇帝的人身安全。

✠ 斯巴达克起义

公元前 73 年春夏之交，斯巴达克与角斗士训练学校的奴隶为摆脱悲惨命运密谋起义。事泄后，斯巴达克偕同 70 余名角斗士逃往附近的维苏威山。

各地奴隶和贫民纷纷加入起义军，队伍迅速发展到数千人。罗马当局派军 3000 人前往镇压，斯巴达克率起义军绕到罗马军营后侧发起突然进攻，击溃罗马军。随后队伍迅速扩大到上万人，斯巴达克编整起义军，并进行严格训练。同年秋，罗马元老院派执政官瓦利尼乌斯率 2 个军团约 1.2 万人围剿起义军。斯巴达克采取各个击破的战术，首先击溃瓦利尼乌斯副将傅利乌斯率领的 2000 人，继而在萨林纳击败另一副将科辛纽斯率领的援军。瓦利尼乌斯匆忙调整部署，发起猛烈攻击，把起义军压缩在一个崎驱难行的小山区。面对险境，斯巴达克乘夜幕降临，率军沿狭窄山路撤出包围圈，并占领有利地形设伏，罗马追兵一到他们立即发起攻击，击败了敌军。

公元前 72 年，罗马元老院派 2 个军团进剿起义军。这时，起义军内部出现分歧，斯巴达克的副手克里克苏斯率一支队伍脱离主力，随后在阿普利亚北部被歼。此后，斯巴达克利用敌人兵力分散的弱点，先打败堵截军团，继而击溃追击军团。这时，起义军发展到 12 万人左右。起义军攻占意大利北部的穆蒂纳城后，挥师南下，直指罗马城。罗马元老院授予克拉苏·迪弗斯以独裁者的权力，倾全力镇压起义者。为避敌主力，起义军准备渡海去西西里，但因缺乏船舶未获成功。公元前 71 年，克拉苏·迪弗斯率近 10 个军团在起义军背后的陆地最窄处挖了一条大壕沟，企图封锁起义军退路。起义军以骑兵为先导突破封锁线北进，但师旅疲惫，又有一支队伍分裂出去。

同年，起义军与克拉苏·迪弗斯在阿普利亚决战，但终因寡不敌众而惨败，斯巴达克也在战斗中壮烈牺牲。此后，起义军余部继续战斗达 10 年之久。

战斗中的斯巴达克。

✠ "罗马和平"

随着罗马的不断扩张，到公元 2 世纪它已成为地跨欧、亚、非三洲的大帝国。它的疆域东起幼发拉底河上游，南达非洲撒哈拉大沙漠，西临大西洋，北抵不列颠、莱茵河、多瑙河及其下游以北。

罗马帝国初期的 200 年间，由于内战停止，社会安定，交通安全，税收增加，罗马的经济很快就繁荣起来，这段时期被称为"罗马和平"时期。

在这一时期，生产工具和技术有明显的进步，普遍推广了起重设备。农业上学会使用水磨，出现了带轮的犁和割谷机，卷水使用齿轮。矿山中开始使用人工排水机械。玻璃制造业得到推广。出现了丝织业，生产半丝半麻织品。商业比较活跃，出现了银钱兑换商。

当时罗马的对外贸易主要有三条通道：一条是从意大利经海路到埃及亚历山大港，再从陆路经红海东岸到也门、印度。商人从东方将香料、宝石、纺织品运到罗马，将罗马的铜、锡、葡萄酒、玻璃制品运往东方；一条是向北到达波罗的海、北海沿岸，进口琥珀、毛皮、奴隶，出口金属器皿等；再一条是通过"丝绸之路"与中国进行贸易往来，中国的丝绸那时成了罗马人的奢侈品。

✠ 西罗马的灭亡

罗马帝国后期，统治者生活奢侈腐化，民怨沸腾，奴隶起义此起彼伏。公元 3 世纪中后期，罗马王室陷于混乱之中，50 年间就换了 10 位皇帝。

戴克里先被拥立为王时，他把帝国分成了四部分，由两个最高统治者"奥古斯都"和两个副职"凯撒"来分管。从此，罗马开始了"四帝共治制"。

戴克里先之后，君士坦丁建立了更完备的君主制度，他废除了四帝共治制，改由子侄治理。君士坦丁死后，皇室又开始了血腥的争权夺利。公元 395 年罗马帝国分裂为东西两部分，东罗马首都为君士坦丁堡，西罗马首都为罗马城，罗马帝国日益衰落。

公元 476 年，西罗马帝国皇帝奥古斯都·罗慕洛被日耳曼人废黜，西罗马帝国灭亡。至此，西方古典文明结束。

君士坦丁大帝

君士坦丁大帝的青铜头像。

君士坦丁（约公元 274 年—公元 337 年），罗马帝国后期的著名皇帝，他统一了帝国，通过整顿官僚机构，改革军事、税制和币制，加强了中央集权。

公元 313 年君士坦丁颁布了著名的《米兰敕令》，承认基督教的合法地位，在罗马法制史上首次承认教会可拥有财产，使基督教从受迫害变为占优势地位。325 年，他在尼西亚主持召开了基督教主教公会议，使基督教成为帝国的统治工具。他的宗教政策不仅使基督教获得最后的胜利，而且对世界历史也有深刻的影响。

公元 330 年君士坦丁迁都拜占庭，并将其改名为君士坦丁堡。

专题六：　西方古典文化

荷马与《荷马史诗》

荷马肖像。

荷马是《荷马史诗》传说中的作者，据说是位盲诗人，生于约公元前 9 世纪—8 世纪的小亚细亚西海岸某地。是否真有荷马其人，早在公元前 3 世纪就有人提出怀疑，至今仍无定论。

古代希腊时期，在希腊本土，特别是在小亚细亚沿岸，有许多行吟诗人来往于各城邦之间，为人们演唱关于古代英雄事迹的诗歌。久而久之，这些口头吟诵的故事逐渐形成《伊利亚特》和《奥德赛》两部史诗的基本情节。公元前 8 世纪以后，经过文字加工，成为长篇史诗，人们把这两部巨著称为《荷马史诗》，荷马就是完成这两部史诗的诗人的代表性形象。其中，《伊利亚特》共 24 篇，由约 1.5 万行诗句组成，描写的是特洛伊战争最后一年 51 天发生的故事；《奥德赛》共 24 篇，由约 1.2 万行诗句组成，描写的是特洛伊战争结束后，希腊将领奥德修斯在回国的路上历经艰险，在海上漂泊了 10 年的故事。

✠《圣经》

《圣经》是基督教徒们的信仰总纲、处世规范和永恒真理，也是一部包容政治、历史、哲学、文艺、社会、伦理、法律的百科全书式巨著。

中世纪的诗歌、戏剧、小说，以及绘画和雕刻，很多都以《圣经》为主要的题材来源。上帝造人，耶稣被门徒犹大出卖等故事，都出自《圣经》；西方社会最有影响的圣诞节、复活节、显现节等著名节日以及礼拜、祷告、洗礼等基督教徒所必须遵循的生活习俗，同样源自《圣经》；"有人打你的右脸请把你的左脸也伸过去"、"懒惰使人贫穷，勤劳使人富足"等名言警句也出自《圣经》。

《圣经》包括《旧约全书》和《新约全书》两大部分。《圣经》的中心思想是"救赎计划"的完成。上帝用泥土创造了亚当，又用亚当的肋骨创造了夏娃。但亚当、夏娃经不起诱惑，偷食了禁果。于是上帝大怒，把他们逐出伊甸园，放到人间来受苦。从此，人们成为"有罪"的奴隶而不能自救。但仁慈的上帝还是怜悯苦难中的人们，不忍心让他们受苦受难，于是派他的独生子耶稣前去拯救，直到耶稣被钉在十字架上作"赎罪祭"，替世人受死，才完成了上帝制订的救赎计划。整部《圣经》就是记录"救赎计划"完成经过的一部"救赎史"。《圣经》是基督教的经典，是其教义、神学、教规、礼仪、节庆等的基本依据。同时它又记载了当时社会的历史情况，因而又具有极高的史学价值。

《圣经》并非一人所作，它是经过许多人许多年的逐渐积累才集结而成的。它最初以口头流传的形式保存下来，从公元前 6 世纪开始直到公元 4 世纪它才逐渐集结成书。《圣经》虽为世人所广泛接受，但毕竟是一部宗教书籍，难免存有唯心主义的东西。

1665 年印刷的一本《圣经》。

❖《伊索寓言》

伊索本是古希腊的一个奴隶，他生活的时代正是古希腊奴隶制城邦的形成时期。那个时代，奴隶主为非做歹，而奴隶和下层平民则把寓言当作武器，向奴隶主挑战。

在众多的奴隶出身的寓言作家中，伊索是最有代表性的一位。他以他的才智受到主人的赏识，并获得了人身自由，被允许可以四处游历。广博的见识加上丰富的才学使伊索创作出一个又一个精彩而又耐人寻味的小故事。伊索创作的寓言故事中把奴隶主比为狮子、毒蛇，揭露了他们的残暴，同时又鼓励人民团结起来，向奴隶主作斗争。因此，奴隶主对伊索恨之入骨。公元前560年的一天，在爱琴海边的一块高耸的岩石上伊索被奴隶主推下了山岩。

伊索在世时，他的寓言就在人民中间以口头文学的形式广为流传，但当时并未编成书，后来被人编纂成集。这是世界上最古老的寓言故事集。寓言凝聚了当时劳动人民的智慧，总结了他们的种种生活经验，表达了他们对社会和自然界的看法。

今天我们看到的《伊索寓言》共360篇，但并非伊索一人所作，而是长久以来古希腊寓言的汇编，个别篇章还可能来源于亚洲和非洲。《伊索寓言》大多采用拟人手法，赋予各种动植物及无生物以人的思想、性格和语言，让它们像人一样思考、运动和交谈，从而构成一个活生生的世界。它浅显易懂的道理不仅是向孩子们灌输善恶美丑观念的启蒙教材，也是成年人的言行准则。

插图选自《伊索寓言》中《开玩笑的牧人》。

这块公元前5世纪大理石饰板描绘的是阿佛洛狄忒出生。这位爱神在她的侍从智慧女神和四季女神的帮助下，从翻着泡沫的大海中浮出。

希腊神话

希腊神话在希腊原始社会时期就已产生，它反映了人们对自然的崇拜以及征服自然的愿望。这些神话长期以口头形式流传，内容不断充实丰富，形成一整套神话故事。

众神各有分工。宙斯是最高天神，海神、冥神、农神都是他的兄弟姊妹，太阳神、智慧女神、爱情女神、文艺女神、命运女神、战神、火神、酒神都是他的子女；各地还有自己的神。这些神都具有人的形象和思想感情，许多神话在一定程度上也是现实生活的反映。神话中的英雄，往往是神和人所生的后代，他们为了造福人类，见义勇为，敢于同恶势力斗争。

希腊神话为希腊文学艺术提供了丰富的题材，也是欧洲文艺创作的重要源泉。

希罗多德与修昔底德头像。

希罗多德

希罗多德是古代伟大的历史学家，他被人们尊称为"历史之父"。

公元前484年，希罗多德诞生在小亚细亚西南海滨的利卡那苏城。大约从30岁开始，希罗多德开始了一次范围广泛的旅游，北到黑海北岸，南达埃及最南端，东至两河流域下游一带，西抵意大利半岛和西西里。每到一地，希罗多德就到历史古迹名胜处浏览凭吊，考察地理环境，了解风土人情，他还喜爱听当地人讲述民间传说和历史故事，他把这一切都记下来，随身带着。

公元前445年前后，希罗多德来到了雅典，由于对于不久前结束的希波战争中打败波斯的雅典十分钦佩，他不停地向人打听战争的各方面情况，收集了很多历史资料。公元前443年希罗多德开始编写《历史》（又名《希腊波斯战争史》），但到公元前425年去世时，还没有完稿。

《历史》在希腊史学史上是第一部堪称为历史的著作。全书按基本内容分两大部分，主要记述希波战争发生的背景与全经过。《历史》内容丰富，还记述了西亚、北非以及希腊等地的地理环境、民族分布、经济生活、政治制度、风土人情、宗教信仰、名胜古迹等，堪称一部小型的"百科全书"。

修昔底德

修昔底德（约公元前460年—公元前400年），出身于雅典的显贵家庭，曾任雅典最高军职十将军委员会中的将军。在伯罗奔尼撒战争中，曾率军抗击斯巴达的进攻。由于未能及时援救色雷斯的要塞，被放逐20年，此后主要住在色雷斯，战后才回到雅典。

他流放期间，曾到希腊各地广泛收集材料，从事著述。《伯罗奔尼撒战争史》一直写到公元前411年，基本上用编年体写成，他去世时还没有写完。书中追述雅典和斯巴达两大对立集团的形成，记叙战争的详细过程，并力图分析事件的前因后果和雅典兴衰的原因。他重视官方文件，注意考订史实，不轻信神话传闻，因此这部巨著材料比较丰富，结构比较严谨，文字简洁，影响很大。

公元前4世纪希腊画家皮松制作的瓶画局部，表现的是埃斯库罗斯《奥瑞斯忒亚》三联剧的第三部《欧墨尼得斯》的演出场面。

✠ 希腊戏剧

　　希腊戏剧从迎神赛会里的合唱、朗诵和舞蹈演变而来。每年早春新葡萄酒酿成的时候，雅典人都要举行"酒神大节"，节日里人们化装成山羊的样子，组成合唱队，高唱描述酒神道尼苏斯的歌曲迎接酒神。队伍在广场停下来，队长登上高地，讲述道尼苏斯的故事，合唱队在下面齐声唱和。这种演出就是悲剧的萌芽。秋天葡萄成熟的时候，又迎来了酒神的节日，人们载歌载舞，相互戏谑调笑，从而产生了喜剧。

　　悲剧喜剧最初只表演酒神的故事，后来发展成表演英雄和常人的故事。只有男人才能当演员，女角色也由男人扮演。演员头上套着鲜明的面具，面目酷肖，口齿大张，表情夸张。为让远处的观众也能看到，演员脚上有时穿着高跟靴或者踩着高跷。

这些在公元前 4 世纪雅典小陶像，描绘了演员化妆完毕准备上台。

✠ 阿里斯托芬

　　阿里斯托芬（约公元前446年—公元前385年）为雅典人，一生写有五十多部剧本，保存下来的有11部和许多片断。

　　剧本大多取材于雅典的社会生活、文学和哲学思想。剧本揭露了上层统治阶级的残暴虚伪，谴责希腊各国的混战，表达了百姓对战争的厌恶和对和平的向往。阿里斯托芬的文学语言极富讽刺性，意趣横生，深受读者喜爱。阿里斯托芬被人尊称为"喜剧之父"。

　　《鸟》是阿里斯托芬的代表作品，写于公元前5世纪，描写两个人想离开雅典，去寻找一个安宁的社会，未能如愿，于是说服一群鸟在空中建一座城。鸟城终于建成，并击退了外来的势力。剧本反映了阿里斯托芬对雅典霸权思想的不满。

阿里斯托芬头像。

埃斯库罗斯

　　埃斯库罗斯生于公元前525年，参加过希波战争，具有强烈的爱国精神，因此作品中充满信心和勇气，恩格斯称他为"悲剧之父"。

　　传说埃斯库罗斯一生写了70个悲剧和喜剧，得过13次奖。《波斯人》一剧就热情洋溢地描写了雅典城邦对波斯帝国的胜利。《奥瑞斯特亚三部曲》取材于希腊传说中奥瑞斯特为报父仇而杀死母亲和她的情夫的故事，反映当时社会和氏族制度的旧思想、旧传统的冲突。他的《被缚的普罗米修斯》是希腊悲剧中主题最崇高、风格最庄严的作品之一。该剧取材于普罗米修斯盗取天火的神话。普罗米修斯为了人类的幸福和光明，不怕牺牲，不惜忍受苦难与暴力进行不屈不挠的斗争。

希波克拉底

罗马壁画"伽利努斯与希波克拉底"的局部，描绘的是希波克拉底。

"医学之父"希波克拉底，约公元前460年出生于古希腊科斯岛的一个医生世家。

希波克拉底提出医学是一门科学，应该公开进行教学和讨论。他在科斯建立的医科学校的教师们出版了大量教材，其中百分之七十都已流传下来，署名都用希波克拉底。虽然这些著作实际上没有一部被认为是希波克拉底所写，但书的内容显然受他的科学研究和教学的影响。书中所涉及的内容包括妇科、儿科疾病、饮食和药物疗法、外科和医德。希波克拉底在书中还确立了医生对病人、对社会的责任和医生行为道德规范的誓言，被后世称为"希波克拉底誓言"。希波克拉底对后来医学的发展起了很大的推动作用。

《俄狄浦斯王》

年轻的俄狄浦斯王子的国家遭受瘟疫，他祈求神灵的帮助，神灵告诉他瘟疫是由一个杀父娶母的人所致。为了揭开谜底，拯救国家人民，俄狄浦斯王子出走寻找那个人。

在路上，因争执他杀死了一个陌生人。后来他去了忒拜国，杀死了人面怪兽"斯芬克斯"，被人民拥立为该国家的国王，并娶了前国王的妻子。

不久，神宣告了谜底：俄狄浦斯原是忒拜王国的王子，在他出生前，太阳神阿波罗就预言他将杀父娶母，于是出生后其父母便要将他杀掉，他被一仆人所救，成为了另一个国家的王子。路上他所杀的那个陌生人就是他的父亲，而现在他所娶的王后就是他的母亲。

真相大白后，俄狄浦斯王的母亲悲愤自尽，而他自己羞愧地拿起母亲的金别针刺瞎了眼睛，流落他乡。

右图为希腊神话中的"斯芬克斯"的形象。

✠ 希帕克斯

希帕克斯（公元前190年—公元前125年），生于小亚细亚西北部的尼西亚（今土耳其的伊兹尼克）。

年轻时，他曾在亚历山大城求学。完成学业后，来到了当时的新文化中心爱琴海南部的罗得岛。他在这座小岛上建起了观象台，开始了天文学研究。

他在罗得岛观象台制造了许多观测仪器，创立了"球面三角"这门数学工具，解决了前人无法解决的两个难题，即在球面准确表示行星的位置变化和解决行星亮度的变化问题，从而使希腊天文学由定性的几何模型变成定量的数学描述，使宇庙模型真正有效而又准确地反映出天文观测的结果。

希帕克斯以长期观测和对前人观测资料的分析，得出一年为365天零1/4再减去1/300日。这个数值是很精确的，误差只有6分钟。他利用古代日月食记录，认识了月亮的朔望月、恒星月、近点月和交点月4种周期，并准确定出了这些周期的数值。他精确地测得白道（月亮绕地球旋转所成轨道的平面和天球相交所成的大圆）与黄道的交角为5度。他运用三角学方法计算出月球与地球距离，还编制了几个世纪的太阳、月亮运动位置表。他还用这些精密的数表来推算日食和月食，这是在他之前许多学者想做却没做到的成就。

公元前134年，希帕克斯在天蝎座发现了一颗新星，这打破了前人关于"天是永恒不变"的哲学信念，也促使他编制了西方天文学史上第一张记载恒星的星图。图表上共记载着1080颗星，记载着恒星在星座间的分布和它们的亮度。希帕克斯在编制星图时把星的亮度分为六等，他使西方第一次有了星等的概念。

希帕克斯运用自己制作的星图，还发现太阳每年通过春分点的时间总是比回到恒星天同一位置要早，也就是说，回归年总是比恒星年短，这就是希帕克斯发现的"岁差"现象。

希帕克斯发明了以经纬度测定地球上不同地点方位的方法，并发明了由极点向赤道面投影的制图方法，他做的最重要的一件事是把欧多克斯那个不受欢迎的同心球宇宙模型推翻，设想了一套本轮均轮系统取代之。这套系统虽仍是以地球为中心，但比起繁琐的同心球宇宙模型，可要简单得多了。这一系统一直主宰着欧洲人的天文学，直到哥白尼时代才被推翻。

希帕克斯以他渊博的天文学知识和丰富的天文观测资料，以他的天才研究为观测天文学做出了贡献。而他信奉的"地球是宇宙的中心"又由他的弟子托勒密发展成系统的"地心说"，统治天文学界达1400年之久，严重阻碍了天文学的发展。

他一个又一个惊人的发现和发明，他对天文学的划时代贡献，使他成为希腊最伟大的天文学家，因此，他被尊称为"天文学之父"。

毕达哥拉斯

毕达哥拉斯头像。

毕达哥拉斯（公元前580年—公元前500年），希腊数学家和哲学家，父亲是宝石雕刻工匠。

毕达哥拉斯曾在埃及向当地的祭司学过数学，后来移居意大利南部。他认为数是数学中的基本元素，把数分为奇数和偶数，还提出几何学上点、线、面和空间的概念。最大贡献是"毕达哥拉斯定理"，即直角三角形中两条直角边的平方之和等于斜边的平方。我国商高早于毕达哥拉斯提出过这个论点，而毕达哥拉斯用数学逻辑的方法证明了这个公式。

他的哲学观点属于唯心主义范畴，认为世界上的一切，都可以从宇宙间数的和谐性和简单性中寻找答案。这种使科学数字化的哲学启迪着后人对宇宙的认识。

维吉尔和《伊尼特》

诗人维吉尔的肖像。

维吉尔（公元前70年—公元前19年）出生于意大利曼图亚附近的一个农民家庭，在米兰和罗马等地受过教育。他对诗歌很感兴趣，写过一些反映牧民和农村生活的作品。

《伊尼特》是他的代表作，写了11年。主人公伊尼斯是希腊和罗马神话传说中的特洛伊王子，为王族和女神所生。特洛伊陷落后，伊尼斯和家属等人飘洋远离家乡，途中被暴风吹到迦太基，受到迦太基女王的款待。酒宴上，伊尼斯向女王述说了特洛伊的陷落以及他出走后一路经过色雷斯、提洛岛、克里特、西西里的经历。后来伊尼斯离开迦太基，来到台伯河边，娶拉丁公主为妻，成为凯撒和屋大维家族的始祖。

维吉尔通过这部作品美化屋大维的出身，颂扬他的统治，也寄托他本人对罗马盛世的自豪感。

✵ 苏格拉底

公元前469年，苏格拉底生于雅典。他的父亲是石匠和雕刻匠，母亲是接生婆。他小时迷上了雕刻，向有名的雕塑家学习雕刻手艺。长大成人后他领悟出，雕刻是塑造人的外表美，而人的真正美是在于内心。于是，他转向塑造人的内心美，向人们宣传道德修养。苏格拉底靠自学成了一名很有学问的人。他以传授知识为生。

与其他学者不同的是，苏格拉底不著书立说，不写文章，而是专靠口头说教。他到处讲演，练就了一副好口才。他反对贪欲和攻杀，极力倡导"善"。他认为"善"是永恒的，是道德修养的根本。

苏格拉底的讲演极富逻辑性，几句话就能把人吸引住。他往往先提出一个问题，让学生们提问，然后加以解答，加以论辩。这就是欧洲哲学史上最早使用的"辩证法"，在欧洲思想史上具有巨大的意义。

苏格拉底的学说赢得了许多青年的崇拜，许多好学青年纷纷投到他的门下向他学习，使他成为继古希腊七贤之后，最有影响的哲人。

苏格拉底主张专家治国，认为各行各业，乃至国家政权都应该让那些经过训练，有知识才干的人来管理，而反对以抽签选举法实行的民主。他说：管理者不是那些握有权柄、以势欺人的人，不是那些由民众选举的人，而应该是那些懂得怎样管理的人。比方，一条船，应由熟悉航海的人驾驶；纺羊毛时，妇女应管理男子，因为她们精于此道，而男子则不懂。

他还说：最优秀的人是能够胜任自己工作的人。精通农耕便是一个好农夫；精通医术的便是一个良医；精通政治的便是一个优秀的政治家。

苏格拉底的半身雕像。

　　后来，有人控告他反对民主政治，用邪说毒害青年。苏格拉底因此被捕入狱。

　　按照雅典的法律，在法庭对被告判决以前，被告有权提出一种不同于原告所要求的刑罚，以便法庭二者选其一。苏格拉底借此机会发表了慷慨激昂的演说，他自称无罪，认为自己的言行不仅无罪可言，而且是有利于社会进步的。结果，他被判了死刑。在监狱关押期间，他的朋友们拼命劝他逃走，并买通了狱卒，制定了越狱计划，但他宁可死，也不肯违背自己的信仰。

　　公元前399年6月的一个傍晚，苏格拉底喝下毒酒在平静中死去。

　　苏格拉底的影响是巨大的。哲学史家往往把他作为古希腊哲学发展史的分水岭，将他之前的哲学称为苏格拉底哲学。

✠ 柏拉图

　　柏拉图（约公元前429年—公元前347年），贵族出身，是苏格拉底的学生，雅典著名的唯心主义者。

　　柏拉图认为精神是第一性的，物质是第二性的；认为现实世界不过是理念世界的微弱的反映，观念世界是真实的存在，而现实世界不是真实的存在，这样他就完全颠倒了精神和物质的关系。

　　在政治上，柏拉图拥护贵族奴隶主专政制度，他的理想共和国有许多地方类似斯巴达的国家制度。

　　公元前386年，柏拉图在雅典附近的阿卡德米体育场开办了一所学校，他一边教书，一边著书，前后数十年。柏拉图深明学以致用的道理，致力于按照他的政治哲学观点来培养各方面的从政人才，当时，有很多著名的政治家都是柏拉图的学生。

　　柏拉图的著作大都是以对话体裁写成的，这些著作几乎全部传到现在，代表作是《理想国》。

哲学家柏拉图像。他是苏格拉底的学生。柏拉图通过著书传播他的哲学。

这个彩陶画表现的是人们想象中的柏拉图和他的学生亚里士多德之间的对话。

亚里士多德

亚里士多德像。

亚里士多德（公元前384年—公元前322年），希腊大思想家，出身于医生的家庭，曾就学于雅典，学业精良，后来被马其顿国王腓力聘为亚历山大的教师。

数年后，亚里士多德回雅典开办学校，边教学边著述。他开设的学科包括哲学、政治学、修辞学、辩证术、物理学等；同时潜心总结前人成果，对当时已知的各种学科都进行了探索，并且加以发展，有所开拓，成为古代世界中最博学的人、古典文化的集大成者。他的著作丰富，内容广泛，大多已经散失，现存47部著作，其中有《物理学》《伦理学》《工具论》（逻辑学）《雅典政制》《政治学》《形而上学》《诗学》（文艺理论）《修辞学》《植物学》和几种关于动物的书。他解剖过50多种动物，开辟了动物学的新领域。亚里士多德的著作在一定意义上构成一部百科全书。

✖ 欧几里得与《原本》

欧几里得大约生于公元前330年，死于公元前275年，是古希腊著名科学家。

公元前300年，他根据前人的经验，经过自己的计算推理，写出了一本共13篇的《原本》（又称《几何原本》）。这是人类第一次出现的"几何"概念。

欧几里得涉及的学科不只是数学，除《原本》外，我们知道的还有《数据》《光学》《曲面—轨迹》《现象》等。

欧几里得在《原本》这本书里，首先给出的是定义和公理。比如，他的点、线、面的概念：点是只有位置没有大小的；线是只有长度没有宽度的；面是只有长度和宽度的。

《原本》中还有关于圆的性质的讨论，如弦、切线、割线、圆心角等等。还讨论了圆的内接和外接图形，其中，有一个命题是在一个圆内作15边形。

据说，当时的天文学一直认为地球赤道面与地球绕日公转面的交角是24度，即是圆周的1/15。于是，欧几里得运用自己的智慧，作出了正15边形，这在当时是一个难度十分大的命题。

欧几里得深受亚里士多德的影响。他把亚里士多德的公理法则用到几何学中，推演出几何学的五条公理。比如：两点之间可以连接一条线；如果两条直线和第三条直线相交，所交出的同旁内角和小于180度，那么两条直线延长，总会在同旁内角一侧相交。

《原本》13篇中共有467个命题。这些命题和推理所建立起来的几何学体系是相当严谨和完整的，以至于连20世纪最伟大的科学家爱因斯坦都这样说：一个人当他最初接触欧几里得几何学时，如果不曾为它的明晰性和可靠性所感动，那么他是不会成为科学家的。

从《原本》的出现到现在，这部书的出版达1000次以上，几乎世界上所有的数学家都是读着《原本》成长起来的，科学界都把《原本》看作是一部经典奇书。

✠ 阿基米德

公元前287年，阿基米德出生在西西里岛上的一个小希腊城邦国叙拉古，他本人还是叙拉古国王的亲戚。

阿基米德年轻的时候来到亚历山大城，在欧几里得的继承者门下学习，在数学领域初步显示才华。学成后他回到叙拉古潜心研究学问。他在数学方面的成就代表了当时最高学术水平，著有《球体与圆柱》。在力学研究上，著名的浮力定律就是他在洗澡时产生灵感而发现的。

在罗马围攻他所住的城市叙拉古时，晚年的阿基米德运用科学知识来保卫家乡。在阿基米德的指导下，叙拉古军民制造了许多防御和攻击敌人的武器。他们利用城墙做掩护，用阿基米德制作的抛石机，将大石块抛向罗马军队的战舰，用发射机把矛和小石块射向罗马士兵，打死打伤了许多罗马士兵。

逢罗马战舰海上进攻时，阿基米德让全城妇女和孩子们都拿着自己家的一面镜子对着强烈的太阳光，并把镜子上反射的太阳光，集中照射到远处敌舰的帆上。千百面镜子的反光积集在船帆的一点上，罗马战舰的船帆就燃烧起来了，战舰损失惨重。冲到城下的几艘战舰，也被城上的守军用滑轮组放下的一个个大铁爪子抓到空中，摔到了靠城墙的岩石上，散了架。

后来罗马军队改变了强攻的战法。公元前212年，叙拉古在罗马长时间的围攻下，最终弹尽粮绝，再加上内奸出卖，内城攻陷。当罗马士兵闯进阿基米德房间时，他正蹲在地上，面对着画在地上的几何图形凝神思索，竟没有注意到身边发生的事。士兵踩坏了阿基米德所绘的图形，要阿基米德立即跟他走，遭到阿基米德的怒斥："站开点，你弄坏了我的图形！"这话激怒罗马士兵，他挥剑就要砍去。阿基米德推开利剑说："等一下杀我，再给我一会儿功夫，让我把这条几何定律证明完。我可不想给后人留下一道没有解出的难题呀！"但是罗马士兵还是凶残地杀死了75岁的阿基米德。

阿基米德被后世数学家尊称为"数学之神"，在人类有史以来最重要的三位数学家中，阿基米德占首位，另两位是牛顿和高斯。

阿基米德头像。

普林尼

普林尼（约公元23年—公元79年），罗马学者，曾任军官和文职官员，出身于意大利北部一个中等奴隶主的家庭，少年时代到罗马求学。

他热爱学习，兴趣很广。在外地任职时，他注意收集当地的历史资料，考察民族语言，平时工作之余，他总手不释卷。他一生虽历任公职，仍能博览群书，从事著述。

据说他写过七部作品，保存下来的只有《自然史》。据统计，书中引用了146个罗马作家和327个非罗马作家的著作。由于他所引的著作大多散失，他的记载成为后世科学研究的重要参考资料。

公元79年维苏威火山爆发时，他正任那不勒斯舰队司令官，不幸身亡。

✠ 拉丁语

罗马人属于拉丁族，拉丁人住在意大利半岛中西部沿海（包括罗马）的拉丁姆地区，他们的文字称为拉丁文。随着罗马的扩张，拉丁文成为帝国的官方文字，拉丁语也传到各地。罗马帝国崩溃以后，拉丁语逐渐分化为意大利语、法语、西班牙语、葡萄牙语、罗马尼亚语。后来，拉丁文逐渐成为死文字，但它在基督教、法律和科学领域长期留下影响。今天，许多疾病的西文名称和西药的名称都来自拉丁文。拉丁字母简单易写，其他语种如英文、德文、北欧各国和许多东欧国家的文字，以及越南拼音文字和我国的汉语拼音方案，都采用拉丁字母。

✠ 罗马高架引水桥

罗马帝国统治时期，农业生产发展很快，为了发展灌溉农业，在帝国各地修建了多处高架引水桥。高架引水桥建于2世纪初，是西班牙的塞哥维亚城供水系统的一部分，现在仍在使用。罗马最初修建的引水桥总长约90千米，有两层或三层石拱结构。

✠ 雅典娜神像

《雅典娜神像》为公元前5世纪希腊著名雕刻家菲狄亚斯的杰作之一。

这座雕塑竖立在雅典卫城的广场上，高12米。雅典娜女神的塑像体态丰满，健壮；右腿直立，左下腿自外侧微屈，衣服上的绉纹飘洒逼真。女神头戴战盔，身披甲胄，右手托着胜利女神像，左手执盾牌。盾牌上刻着战斗场面，以及伯里克利和菲狄亚斯本人的像。《雅典娜神像》反映了雅典繁荣鼎盛时代的精神风貌。

这座青铜雕像现已无存，后世传有许多小型仿制品。

左图为头戴羽盔，身披缠着蛇结斗篷的雅典娜女神。

位于雅典卫城上的帕台农神庙。

帕台农神庙

帕台农神庙建于公元前447年—公元前432年，是多利斯建筑发展的顶峰。它是希腊陶立克柱式建筑的典型实例。神庙建于彭特利库斯大理石上，其每一个细节都精心设计，例如，立柱微微向里倾斜，创造出一种力量与和谐的效果。在神庙的里面，供奉着雅典城的保护神——雅典娜的白色大理石神像。该神像由当时著名的雕刻家菲迪亚斯监制。

维纳斯雕像

维纳斯雕像是1802年法国海军上将迪蒙在希腊爱琴海的米洛斯岛屿某山洞中发现的。雕像作者现已经无从考证了。此雕像又被称为"断臂维纳斯"，被历代公认为最美女性。后来许多雕刻家试图给雕像加上完整的两臂，但效果并不如原作理想。断臂维纳斯像也向人们证明了这样的道理：完美并不一定要完整，残缺有时也是一种美。

维纳斯雕像。

罗马圆形竞技场

上图为罗马圆形竞技场，即位于意大利首都罗马市中心威尼斯广场南面的科洛塞奥大竞技场。

罗马圆形竞技场始建于公元72年，迄今已有1900多年的历史。古罗马帝国韦斯帕西亚诺国王为了纪念征服耶路撒冷，强迫8万名犹太俘虏耗时近10年，共使用10万立方米石材和300吨铁条才建成。

这座圆形大竞技场占地面积约2万平方米，场地最高处达57米。整个竞技场由沙场、看台和地下室3部分组成。沙场是专供角斗士与野兽搏斗的场地。每当一场比赛结束，负责清理工作的奴役便使用铁钩将死者的尸体拖出场外，再在沙场上铺上一层新沙继续比赛；场内的看台有共60排，加上站席，最多可容纳10.7万观众；地下室在沙场与看台的下面，那里有角斗士决斗前的准备室、囚兽室和排水沟。

罗马圆形竞技场是古罗马贵族与奴隶主用于观看人兽角斗的娱乐场所。公元80年，科洛塞奥大竞技场落成之日的揭幕式上，共有5000头狮子、老虎等猛兽和3000多名角斗士，连续在场内表演了100天。

古罗马圆形竞技场是用无数个奴隶的生命和鲜血修筑起来的，它成为古罗马帝国时代的永恒象征，也是闻名于世的八大奇迹之一。

公元前27年，奥古斯都的女婿阿格里帕开始在罗马建造罗马万神殿。建成的万神殿后来毁于大火，此后又由哈德良皇帝(约公元118年—公元128年)重建。

在建造万神殿时，不仅使用了从帝国各地运来的彩色大理石，而且还使用了砖头和6种不同的混凝土。虽然神殿外部平淡无奇，但内部却是一个引人注目的巨大的圆形空间，上面建有一个巨大的半球形拱顶。拱顶中间有一个洞，或者叫眼，是室内惟一的采光源。门厅的周围环绕有7个壁龛(这些壁龛起初里面放有地神雕像)。当太阳在天空移动时，太阳光透过拱顶依次照亮每一个壁龛，太阳光代表的是天神朱庇特。罗马万神殿不仅是重要的宗教性建筑，具有重大的象征意义，而且也是古罗马工程技术的杰出成果。拱顶本身全部由水泥制成，重达5000吨，下面支撑的墙壁几乎有6米厚。

罗马万神殿是保存得最完整的古罗马建筑。

图为罗马万神殿。

CIRC VLVSANTARTICV

第二部分 中古亚欧文明

中古时期即从公元476年古罗马灭亡至15世纪的那段时期。在这段时期，人类由奴隶社会转入到封建社会。

亚洲，日本、阿拉伯、奥斯曼土耳其等国家的人民，在农业、手工业、科技、文学艺术等领域进行着探索，取得了巨大的成就。

在欧洲，没有人身自由的农奴们在封建主的庄园里辛苦地劳作，而农民则担负着沉重的租税，过着清贫的生活。欧洲骑士在封建主与教会的发动下，对地中海人民进行了长达两个世纪的侵略活动，西方文明遭到严重的践踏。

中古时期，基督教迅速发展起来，它用神权统治垄断着文化，并扼杀人们的创造力，从而导致社会文明的倒退。16世纪，宗教改革运动扩展开来，对欧洲的发展起了一定的推动作用。

随着手工业的发展，城市产生了。商业也繁荣起来。

专题一： 中古亚洲国家

　　慧超是新罗僧人。年轻时在唐朝留学。他曾从中国经南海到印度，遍寻佛迹后，于727年从陆路回到中国。撰写的《往五天竺国传》3卷，记述了旅途的见闻。

　　780年，慧超去世。

　　这是一幅日本画，描绘了一名武士冒着箭雨前进。他面部刺纹，身着一件精美服装，顶着一件像伞一样的装置，他相信这东西能够使他在箭雨中受到保护。

✠ 新罗

　　公元前后，朝鲜半岛北部的高句丽人，建立了高句丽奴隶制国家，三四世纪时，朝鲜半岛南部的韩人，在半岛西南部和东南部，先后建立了百济和新罗两个奴隶制国家，史称"三国时代"。

　　三国鼎立从4世纪到7世纪持续了300多年。7世纪时，新罗联合唐朝，在公元660年灭百济，公元668年灭高句丽。唐朝在平壤设安东督护府，直接统治朝鲜半岛北部，在百济扶植傀儡政权。在朝鲜人民的抗击下，公元676年，唐朝不得不把安东督护府内迁到辽东（今辽阳），新罗统一了大部分朝鲜半岛。

　　公元735年，唐朝正式承认大同江以南之地属新罗。

✠ 高丽王朝

　　9世纪，新罗统治阶级内部不断争夺王位，政治腐败，贿赂盛行。封建混战加重了农民的兵役、劳役负担。同时，土地兼并加速进行，使国家的税收不断减少，于是千方百计剥削农民，造成了农民不断走向贫困化，阶级斗争尖锐起来。

　　这期间，各地爆发了许多次农民起义，公元896年的起义甚至直接威胁庆州，这些起义给统治阶级以重大打击。地方上的中小封建主利用农民起义的形势，以复兴高句丽、百济作为号召，夺取政权。

　　公元900年，农民出身的军官甄萱建立后百济。不久，贵族出身的弓裔建立摩震国，又称后高句丽。新罗只剩下东南一小块地方。这时又出现了三国鼎立的局面，史称"后三国"。

　　由于弓裔专横暴虐，公元918年，后高句丽武将王建将其推翻，自立为王，建都松岳（今开城），改国号为高丽。公元935年—公元936年，王建先后打败新罗、百济，从而完成了朝鲜半岛的统一。

✠ 朝鲜王朝

13 世纪，蒙古多次侵略高丽，高丽国王投降。中国元朝在开城设立征东行省，监督朝鲜国政。14 世纪后半期，元朝灭亡，明朝建立。高丽国王派李成桂率兵攻打明朝。李成桂反对与明朝作战，遂带兵回朝鲜，废国王。公元 1392 年，李成桂自立为王，建都汉城，改国号为朝鲜。

✠ 圣德太子

圣德太子出生于公元 574 年，其父是用明天皇。"圣德"这个名号，是后人对他的尊称。公元 587 年，用明天皇去世。公元 592 年，圣德太子开始摄政，逐渐推行他的一系列变革。

公元 603 年，圣德太子参考中国和朝鲜的官制，制定了《冠位十二阶》，将官阶分为十二个等级，以帽子的不同颜色作为区别的主要依据，并且规定官职不能传给子孙，从而打破了过去那种按血统划分等级的方法。通过这种方法削弱了世袭大氏姓贵族的势力，把有能力、有见识的中小贵族提拔到中央来，进而建立以天皇为中心的中央集权政治体制，同时也开辟了一条录用人才的新途径。

圣德太子还吸收了当时中国传到日本的一些文明，主要有君主专制的中央集权制度和"天无二日，民无二主"的儒家思想以及追求来世幸福、讲求忍耐顺从的佛教思想，并于公元 604 年制定颁布了《十七条宪法》，其中心思想是明确君臣大义和礼法秩序，强调国家的统一和以天皇为中心的中央集权政治。

为了直接从中国吸收先进的文化，圣德太子推行大力学习中国文化的基本国策，该政策后来一直被日本封建统治者所继承。

为了提高皇室的权威，圣德太子将佛教作为统治手段之一，积极引进佛教，大力提倡佛教，修建寺院。

圣德太子进行的一系列改革，目的是想削弱大氏姓贵族的势力，建立以天皇为中心的中央集权政治体制。但当时豪强势力十分强大，尤其是苏我氏的特权无法削弱，圣德太子的理想无从实现。圣德太子积劳成疾，于公元 622 年病逝，终年 49 岁。

这座彩绘木制小雕像描绘的是一位有影响的佛教僧侣崇传，他坐在宝座上，旁边放着一个拐杖。

大和统一日本

一二世纪时日本列岛上有 100 多个小国，到曹魏时，同中国通使交往的有 30 国，其中最大的是卑弥呼女王统治的邪马台国。那时邪马台国已出现"大人"（贵族）、"下户"（平民）和奴隶的阶级分化，国家机器也初具规模。女王拥有上千名奴隶，服属 20 几个部落，并从中国魏皇帝得到"亲魏倭王"的封号。奴隶主国家间不断发生战争，争夺土地和奴隶。

3 世纪时，在本州中部出现了另一个较强大的奴隶制国家，叫"大和国"（今奈良县）。这个地方，在 2 世纪以后，成为中国文化输入本州的门户，亚洲大陆移民也不断移来，促进了当地生产发展。4 世纪前半期大和统一了北九州和部分本州。5 世纪大体统一日本。

天皇

日本历史学家关于天皇称号的起源有两种说法。一种说法认为自建国以来就称天皇，一直传袭下来。

近数十年史学家则认为4世纪的最高统治者称大王而不称天皇。早期统治者的天皇称号是后来所加。天皇的称号出现于6世纪末7世纪初。当时朝中的革新派决心仿效中国隋唐的制度进行改革。593年，圣德太子任摄政。他派遣使节和留学生到中国学习，改称大王为天皇。这种意见已经成为通说。

✠ 大化改新

645年，要求革新的中大兄皇子联合贵族镰足等发动自上而下的政变，杀苏我氏，拥立孝德天皇，定年号为大化。大和时代结束。646年孝德天皇颁布改新诏书。这就是大化改新。

孝德天皇，仿效隋唐制度，在政治、经济、军事和文化方面进行了一系列改革。

政治上，改革官制，建立中央集权的国家机构，各级官吏由国家任免，废除世袭制。中央政府设立神祇官和太政官分管祭祀和总理全国政务，下置八省管理相关事务，设立弹正台，专管监察事宜，地方设立国、郡、里等行政组织，分别由国司、郡司和里司长治理，国司和郡司由中央任命，里长由当地族长充任。

经济上，废除王室和一切贵族对土地和部民的所有权，土地属于国家，部民地位和自由民一样成为国家"公民"，实行"班田收授法"，国家每6年按人口把土地分给农民，土地不得买卖，死后归还。赋税仿效唐代的"租庸调制"：租为田租，缴纳稻米；庸为徭役，每人每年10天，也可以纳绢或布代替；调为贡物，缴纳各种土特产品，一般是缴纳绢布，每户1丈3尺。国家也按照贵族的身份和官职，分给他们一部分土地。

文化上，广泛吸取中国文化的精华，丰富日本文化的内涵。日本最初没有自己的文字，5世纪时，日本开始学会利用汉字作音符来书写日本语。6世纪中叶，吉备真备在中国留学17年，精通唐朝文化，回国后利用汉字的偏旁创造了日本楷书字母—片假名。后来留学僧空海又模仿汉字草体创造了草书字母—平假名。

654年孝德天皇病逝，朝廷陷入纷争。672年，大海人皇子在与大友皇子争夺王位的斗争中获胜，即位称天武天皇。在他执政期间，大化改新的各种措施得到进一步巩固和发展。701年，日本制定《大宝律令》，以法律

源赖朝将军(1147年—1199年)将镰仓市立为日本的首都，它位于现在的东京南端的一个湖湾。镰仓以其12世纪建造的高14米的佛陀雕像而闻名。

形式肯定了革新的成果。至此，大化改新最终大功告成。

　　大化改新是日本奴隶社会内部矛盾发展的结果。一方面，是劳动人民同天皇、奴隶主贵族之间的矛盾。皇室和贵族不断霸占土地，迫使劳动人民成为部民（地位介于奴隶和农民之间），阶级矛盾越来越尖锐。为了统治劳动人民，皇室、贵族需要集中力量，巩固政权。另一方面，是皇室同贵族之间的矛盾。当时天皇还没有掌握全国土地的最高所有权，他所能直接支配的起初只限于自己领地和上面的居民。天皇和贵族互相争夺土地、部民，在争夺过程中，中央的统治力量逐渐向地方扩展，斗争的趋势是不断加强皇权，建立以皇室为中心的中央集权制度。但是掌握大批土地和部民的贵族反对中央集权。

　　大化改新是以新的剥削制度代替旧的剥削制度，农民仍旧是皇室和贵族的基本剥削对象。到8世纪中期，不堪沉重租税的农民有的逃亡，有的被迫租种贵族的土地。而贵族的土地则在不断地增加，于是可分配的土地越来越少，两次班田之间的间隔也越来越长，最后这种办法终于废除。"班田收授法"破坏的过程，也就是庄园发展的过程。破产了的班田农民，租种庄园主的土地，用收获物和其他产品向庄园主交租，并服劳役。庄园主为维持其统治地位而蓄养的武士，逐渐形成武士集团。

　　大化改新是对中国唐朝先进封建制度的积极模仿。它促进了日本社会生产力和古代文化的发展，成为日本历史上一个重要的转折点，产生了划时代的意义。至此，日本完成了从古代奴隶制度到中世纪封建制度的转变。

孝德天皇

　　孝德天皇（约596年—654年）是日本历史上的著名天皇，645年—654年在位。

　　645年6月，要求改革的皇室中大兄皇子，联合贵族中臣镰足发动政变，刺杀当时掌握朝政的权臣苏我入鹿，其父苏我虾夷自杀，皇室夺取了长期控制在大贵族手里的政权，中大兄皇子等拥立孝德天皇。孝德天皇即位后，定年号为大化，迁都难波（今大阪）。646年元旦，颁布"改新"诏书，实行政治改革。

　　此后形成了以天皇为首的中央集权国家，日本逐渐由奴隶社会向封建社会过渡。

　　随着唐朝文化的引入，佛教也传入日本，丰富并推动了日本的艺术和科学的发展。如奈良王朝时期(公元710年—公元784年)的建筑就模仿唐朝的式样。右图为奈良东大寺中的寺庙。此寺庙建于8世纪中期，于公元1709年进行了大规模的重建。

✠ 阿倍仲麻吕

　　阿倍仲麻吕，汉名晁衡，是中日文化交流的杰出使者。

　　公元717年阿倍仲麻吕随遣唐使一起来到中国长安。不久，阿倍仲麻吕就入国子监学习，攻读《礼记》《周礼》《诗经》《左传》等儒家经典，成绩优异，毕业后一举考中进士。

　　阿倍仲麻吕的才华很快受到唐政府的重视，他在唐生活了54年，历经玄宗、肃宗、代宗三代皇帝，备受礼遇，先后被任命为左春坊司经局校书、门下省左补阙、卫尉少卿、秘书监、左散骑常侍兼安南都护，并辅佐太子研习学问。阿倍仲麻吕知识渊博，才华超人，而且是一位天才诗人。他和唐代著名诗人李白、王维交往密切，相互作诗唱和，感情深厚。

　　阿倍仲麻吕在中国生活了30多年后，请求归国。唐玄宗任命他为唐朝回聘日本使节，随日本第11次遣唐使回国。阿倍仲麻吕辞别长安，并邀请扬州延光寺鉴真和尚东渡日本。

　　在归国途中，阿倍仲麻吕乘坐的船因遇风暴触礁不能继续航行，与其他三船失去了联系，他的船被风暴吹到越南的海岸，阿倍仲麻吕等10余人幸免于难。公元755年6月，阿倍仲麻吕返回长安，公元770年1月病逝，享年73岁。唐代宗为表彰他的功绩，追赠他二品"潞州大都督"。

　　阿倍仲麻吕虽然没能回国直接向日本人民传播中国文化，但由于他在唐朝的地位和影响，增进了中国人民对日本的了解，也为其他许多日本留学生的学习以及两国学者的往来提供了方便。

左图的那位日本圣人嘴里吐出的一排木雕小佛像，揭示了他对于净土宗教的信仰。

奈良王朝的统治者模仿中国组建了一支卫戍部队。右图为卫戍部队的士兵。

✠ 幕府

　　随着日本武士集团势力的增强，武士集团逐渐形成分别以源氏和平氏为中心的关东、关西两大集团。皇室和贵族依靠他们进行政治斗争，两大集团自己也因争权夺利而互相斗争。12世纪后半期，关西武士集团平氏取得了优势，当权20多年。公元1185年，关东武士集团首领源赖朝打败平氏，取得中央政权。第二年，他在镰仓（在本州岛南岸，临相模湾）建立幕府，称"镰仓幕府"。幕府本质上就是以将军为首的武士政权。

　　公元1192年，源赖朝又从后鸟羽天皇那里取得"征夷大将军"的称号，成为日本的实际统治者。至此，日本开始进入长达700年的幕府统治时期。幕府依靠武士作为统治的支柱，利用武士保护他们的家传土地所有权，对有功者赏赐土地和官职，派武士到地方上去担任"守护"，夺取实权。幕府自己设置官吏，分别掌握行政、军事、司法权力，还派人到首都京都，监视朝廷。

　　这样，在日本就出现了两个政府：一个是以天皇为首的文官朝廷，包括各级朝廷权贵，他们徒有虚名，并无实权；另一个是以将军为首的幕府，统帅各地有权势的武士。

✠ 武士阶层

　　日本10世纪时，豪强与贵族的庄园已遍布全国，数量众多。各庄园主为了维护自己的利益，便蓄养了一批人作为自己的私人武装，这些人被称为武士。武士对将军宣誓效忠，缴纳贡物，并服兵役。武士奉行黩武思想，随身佩戴的两把利剑，并可以用他们来惩罚对他们表示不敬的百姓。武士道精神就是他们的信条，他们最强调的就是对主子的忠诚。随着武士数量的增加，力量不断壮大，地位也日渐升高，慢慢地在日本社会形成了一个特殊的武士阶层。他们组成军事集团，帮助天皇镇压农民起义，后来发展成为能控制中央政权的军事、政治力量。

　　右图的雕像人物是12世纪的武士源赖朝。

遣唐使

　　大化革新后，日本政府不断地派出使臣，到中国的唐朝来。唐朝时，日本派出的遣唐使共19次，每次从两百人到四五百人不等。遣唐使的正式使节包括大使、副使，有时还有大使之上的特节使、押使，都是日本天皇任命的国家大臣。另外还有留学生、僧人、医生、商人以及水手等。因为是派遣到中国唐朝去的使臣，所以称"遣唐使"。

　　要横渡波涛汹涌的大海并非易事，风暴经常使航船倾覆，或者把它们吹到台湾甚至越南等地。遣唐使的船队先沿着日本海岸航行，最后在九州北部开始横渡大海。早期的路线是向北到朝鲜半岛附近，经渤海在中国山东北部上岸。后来就直接西渡东海，在中国大陆的扬州和宁波登陆。

此图描绘的是25岁的穆罕默德与麦加40岁的富寡妇赫蒂彻的婚礼。

阿拉伯钱币的典型特征是没有任何图案，上面铸造的只有宗教文字、统治者名字以及在位时间、钱币铸造厂名称。

✠ 六七世纪的阿拉伯

阿拉伯半岛位于亚洲西南部，地处红海和波斯湾之间，是世界上最大的半岛。

半岛内陆，大部分地区是沙漠和草原，其中夹带着一些绿洲。这里气候炎热，雨量稀少，土地适合畜牧，不宜农耕。除绿洲上的居民从事农业外，大部分的阿拉伯部落从事游牧，逐水草而居，称为贝杜因人（意思是沙漠居民）。为了争夺水草，部落间常发生残酷的战争，"血亲复仇"的习俗盛行。

半岛西南部的也门地区，雨量充足，土地肥沃，有林园之美，被称为"阿拉伯半岛的皇冠"。

5世纪—6世纪时，阿拉伯人还处于原始公社制阶段。六七世纪之交，原始公社制开始解体。氏族贵族占有肥沃的绿洲和草地，拥有很多的奴隶和牲畜，并剥削牧民和农民。

半岛西部又是古代东西方重要的商业要道。印度的香料，中国的丝绸，由阿拉伯人从这条商路运到叙利亚、埃及一带，然后转运到拜占廷帝国。在这个地区有两个最著名的商业城市：麦加和麦地那。麦加靠近红海，麦加城的居民大都属于古莱氏部落。城内有一座克尔伯神庙，里面有一块黑色陨石和几百个偶像，被古莱氏人视为神物。部落的贵族享有守护古庙、征收麦加市集税和管理麦加水源的特权。另外，他们还经营商业、贩卖奴隶，成为有势力的商业贵族。一般的氏族成员被迫依附于贵族，甚至沦为奴隶，阶级分化十分剧烈。这时的外部条件也加剧阿拉伯社会矛盾的发展。大约570年，波斯侵占也门，另外开辟了一条从波斯湾经两河流域到达地中海的商路。商路的改变，对阿拉伯社会经济是一个沉重的打击。

六七世纪之交，阿拉伯社会内外矛盾交织在一起，十分尖锐。阿拉伯贵族为了对内镇压人民的反抗，对外抵御外族的侵扰，保护商路，发展商业经济，并进一步掠夺新的土地，迫切要求统一各部落，建立起强大的阿拉伯国家，在这种情况下，产生了一种新的神教即伊斯兰教。

✠ 穆罕默德

穆罕默德是伊斯兰教创始人。他于公元570年出生在阿拉伯半岛麦加的古莱氏部落的一个没落贵族家庭。从小时，其父母就亡故，于是随祖父和叔父长大。年轻时穆罕默德随叔父的商队到过埃及、叙利亚、也门等国，积累了丰富的社会、自然知识，对于犹太教、基督教和部落宗教都很熟悉。

穆罕默德40岁那年，隐居麦加某山洞开始了创教活动。他奉古莱氏部落主神安拉为惟一的真主，并宣称自己为安拉的使者。他号召人们放弃信仰狭隘的部落神，信仰真主。起初穆罕默德在麦加祈祷，传教，但由于麦加贵族迫害这种神教，穆罕默德遂于622年9月20日逃离麦加，直奔雅特里布，并把这一天作为伊斯兰教历的纪元。穆罕默德改雅特里布为"麦地那"，以麦地那为中心继续传教，并在麦地那建立政教合一的伊斯兰教国家，掌握了那里的政治、经济、军事大权。公元630年，穆罕默德向麦加进军，战胜了麦地那犹太教徒和麦加贵族统治集团。后来他又陆续征服了其他一些地区，基本实现了阿拉伯国家的统一，确立了伊斯兰教在阿拉伯的领导权。公元632年6月8日，穆罕默德在麦地那病逝。

✠ 伊斯兰教

伊斯兰教主要流行于亚洲和非洲，特别是西亚、北非、南亚次大陆和东南亚各地。在一些国家伊斯兰教还被定为国教。伊斯兰教产生于7世纪初的阿拉伯半岛。伊斯兰教的创始人是穆罕默德。伊斯兰教的教义是根据穆罕默德传教过程中的言论搜集整理成的《古兰经》。穆罕默德在布道中主张释放奴隶，反对剥削，号召赈济贫穷孤寡的人，所以很快吸引了广大下层劳苦大众，人们纷纷加入伊斯兰教。凡信仰伊斯兰教者被称为"穆斯林"。

穆罕默德统一阿拉伯半岛后，建立了统一的国家，随后就开始了扩大疆域的战争。在被征服的国家中，阿拉伯侵略者用火与剑的手段，将伊斯兰教强加给了各民族。伊斯兰教在这种特殊的历史条件下，产生并且迅速扩大发展，最终成为世界三大宗教之一。

哈里发

上图为叙利亚大马士革的大清真寺的内院，该清真寺建于第七位哈里发统治时期的最后一年，即公元705年。

公元632年穆罕默德死后，他的岳父阿布·巴克尔继承他的位置，号称哈里发，意思是安拉的使者的继任者。

阿布·巴克尔（公元632年—公元634年）在任期间，利用宗教和军事的力量把整个阿拉伯半岛统一成了一个国家，这就是西方史书里的萨拉森，中国史书里的大食。以后，国家的首领仍称哈里发，全国宗教、政治和军事的最高权力都集中在他一人身上。

前四任哈里发都是从穆罕默德的亲属中选出，公元661年，倭马亚家族出身的叙利亚总督摩阿维亚被一些大贵族拥立为哈里发，建立倭马亚王朝，定都大马士革，从此哈里发的职位成为世袭。

犹太教

这块湿壁画可以上溯到公元前75年左右，是在杜拉欧罗普斯巴尔米拉神殿发现的。湿壁画描绘的是一些犹太教祭司。

犹太教是犹太人的宗教。奉耶和华为"独一真神"，并称犹太人是耶和华的"特选子民"。

犹太教的教义、教规是耶和华通过摩西（犹太教、基督教《圣经》故事中犹太人的古代领袖）等传授下来的。主要经典包括《律法书》《先知书》《圣录》三部分（即基督教继承下来作为《圣经·旧约全书》的部分）。该教教义曾被犹太人用作促进民族团结的纽带；另一方面，又被历代统治者所利用，以制造民族纠纷。

✠《古兰经》

《古兰经》是伊斯兰教的神圣经典。"古兰"的意思是"诵读"，要求教徒们世世代代诵读下去。

《古兰经》共有30卷，114章，6300多节，分成《麦加篇章》和《麦地那篇章》两大部分。它是穆罕默德在23年的传教过程中，作为"安拉的启示"陆续发表的言论。主要内容是号召大家信奉安拉是惟一真主，严格禁止崇拜多神和偶像，相信末日清算。这些章节还穿插一些传说、故事、歌谣、谚语，鼓励人们弃恶从善，思考天地万物由来，相信穆罕默德是安拉的使者。后24章作于麦地那，主要内容涉及穆斯林的言行、礼拜、斋戒、朝觐、天课等典礼和规章，规定了戒饮酒、戒赌博、戒食猪肉的戒条，还有其他一些历法。

穆罕默德在世时，《古兰经》只是零散记录，后经第一代继承人艾卜·伯克尔等人搜集整理成书，第三代继承人奥斯曼进行校订后流传至今，史称"奥斯曼本"或"定本"。

✠ 五善功

穆斯林的宗教义务，集中在伊斯兰教的五善功中。

一为念功：念诵"除真主外，别无神灵；穆罕默德是真主的使者"。穆斯林的婴儿出生时，首先听到的是这两句话；穆斯林临终时，最后说出的也是这两句话。

二为拜功：穆斯林每日要向着克尔伯神庙按规定的仪式礼拜五次（黎明、正午、午后、傍晚、夜间）；每星期五举行公众礼拜。

三为课功：每个穆斯林都要缴纳天课，即施舍财物。原来规定为一种自觉自愿的慈善行为，后来要求每人要缴纳一部分财产，用来救济贫民，修建清真寺，支付政府开支。

四为斋功：穆斯林每年要在规定的月份里（斋月—回历9月）斋戒，即从黎明到日落整天戒除饮食。

五为朝功：每个穆斯林，不分性别，只要身体健康，能自备旅费，而且家属的生活有着落，平生必须到麦加朝圣一次。

✠ 奥斯曼土耳其的崛起

奥斯曼土耳其人的祖先是突厥族，原居住在天山和阿尔泰山一带。中国唐朝时，突厥族西迁，其中一支迁到小亚细亚，建立了罗姆苏丹国；留在中亚细亚的另一支突厥族，随着蒙古族不断向外扩张，被迫西迁至小亚细亚，投附于罗姆苏丹国。其首领埃尔托格鲁尔从罗姆苏丹手中得到一块不大的封地，与东罗马的领土毗邻。

奥斯曼也称奥托曼，是奥斯曼国家的创建者。1282年，继承其父亲埃尔托格鲁克为土耳其首领。公元1300年，奥斯曼自称为苏丹，宣布他的部落独立，并以伊斯兰教为国教，建立起以其名字命名的奥斯曼国家，后人称之为奥斯曼土耳其王国。境内的土耳其人，也被称为奥斯曼土耳其人。在位期间，奥斯曼不断向拜占廷帝国在小亚细亚的领土扩张。先后夺取厄斯基色希尔、比累季克、耶巴色杀尔等城市，领土扩至马尔马拉海。公元1326年占领拜占廷在小亚细亚的重镇—布鲁萨（布尔萨），并定此为首都。奥斯曼土耳其迅速强大起来。

迁都不久，奥斯曼病逝，其儿子乌尔汗继位。乌尔汗依靠精良军队首先占领了罗姆苏丹的大片领土，并以此为基础，大规模向欧洲扩张。公元1331年打败拜占廷军队，攻占了尼西亚城。公元1337年，攻占了克米底亚，把拜占廷势力赶出了小亚细亚。公元1354年，乌尔汗渡过达达尼尔海峡，占领了加里波利半岛。

公元1359年，乌尔汗去世，儿子穆拉德继位，史称穆拉德一世。公元1362年，他出兵攻占了亚得里亚堡。公元1389年奥斯曼军队在多瑙河畔的尼科堡击溃了欧洲联军。公元1430年苏德拉二世占领了帖撒罗尼加，到穆罕默德二世（公元1451年—1481年在位）时最终灭亡了拜占廷。

到苏莱曼一世（公元1520年—公元1560年在位）统治时，他首先西进，一直打到现在的奥地利和匈牙利，接着又吞并了两河流域和北非的黎波里以及阿尔及利亚。到他统治的后期，奥斯曼土耳其帝国已经成为了横跨亚、欧、非三大洲的大帝国。

穆罕默德二世。

苏莱曼一世的肖像（意大利画家提香的油画作品）。

专题二：　中古欧洲国家

这幅 11 世纪的微型画描绘了法兰克武士为了在罗马帝国的边境居住而为罗马人服役。

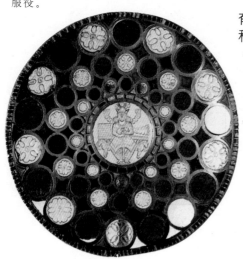

✠ 法兰克王国

法兰克（意为勇敢的、自由的）人是日耳曼人的一支，散居在莱茵河下游，其中居住在三角洲的称萨利克法兰克人，居住在两岸平原的称里普阿尔法兰克人。

3 世纪，法兰克人越过莱茵河进入高卢；4 世纪，法兰克人又以罗马同盟者的资格定居在高卢东北部；5 世纪下半期到 6 世纪初，在克洛维统率下，经过不断的武力扩张，建立起法兰克王国，占有了罗马在高卢的绝大部分领土。

克洛维的子孙又先后征服图林根、勃艮第王国，合并高卢东南的普罗旺斯和西南角的加斯科尼。在此期间，法兰克人也从原始社会末期氏族制度解体和阶级开始产生的阶段，过渡到农村公社。在农村公社解体的过程中，法兰克社会封建化，法兰克王国成为西欧最强大的国家。

✠ 克洛维

克洛维（公元 465 年—公元 511 年），其祖父墨洛温曾率法兰克人参加过打败匈奴人阿提拉的战斗。克洛维于 481 年继其父希尔德里克为萨利克法兰克人部落联盟的军事首领。

公元 486 年，克洛维在苏瓦松（今法国北部）附近击溃素有"罗马人之王"美称的西罗马将领夏格里斯，夺得塞纳河和卢瓦尔河之间的土地，为法兰克国家奠定了基础。公元 493 年，他与信仰基督教的勃艮第公主结婚。公元 496 年，在斯特拉斯堡附近击败了原居住在莱茵河中上游的阿勒曼尼人，占领了他们原住地的北部。这年圣诞节，克洛维率 3000 名士兵在兰斯教堂接受基督教洗礼，成为日耳曼人第一个基督教徒国王，实现了法兰克王权和教会结合的重要政治步骤。在教会的支持下，公元 500 年，他加兵勃艮第人。公元 510 年，在普瓦提埃附近击败西哥特人，占据了卢瓦尔河以南地区以及波尔多。为独占胜利果实，他又用阴谋和武力，降服或铲除了其他法兰克王公。

克洛维 45 岁时死于巴黎。

左图为查理曼大帝闻名于世的"所罗门杯子"。

✠ 查理曼

查理曼（约公元742年—公元814年），其祖父是法兰克宫相，其父矮子丕平，在教会扶持下，取得了法兰克王位。

查理在位共46年，几乎和西欧所有的民族都打过仗。公元772年—公元804年对法兰克东北的萨克森人进行了18次战争，有4500名萨克森人被集体屠杀；公元774年，征服了东南的近邻伦巴底王国；公元778年进攻西班牙，未能取胜；公元788年，消灭莱茵河右岸最后一个独立的日耳曼部落；随后，几次亲征阿瓦尔王国，多瑙河地区一些斯拉夫国家纷纷向法兰克人称臣。9世纪初，查理把西欧大陆的绝大部分纳入自己的版图。

公元794年，查理在亚琛（今德国靠近比利时、荷兰边境地区）建都，叫"新罗马"。他将全国分为98个郡，由皇帝任命的伯爵治理。查理曼每年派巡按使二人到各郡巡视，监督伯爵；他还以基督教作为暴力统治的补充，凡征服地区的居民都被强迫信奉基督教；他大肆修建教堂、修道院，以奴化当地居民；为加强宗教宣传，他提倡教育，办宫廷学校，要求修道院建立学校。

✠ 查理加冕

公元795年，利奥三世任罗马教皇。不久，便与罗马教会内的大贵族发生矛盾，贵族首领以其对法兰克人软弱为借口，将其逮捕。利奥三世被虐待得有致盲致哑的危险，便夜间逃跑到教堂，在这里巧遇两名法兰克使臣而得救。公元800年12月，查理率军抵达罗马，召集所有神职人员及贵族开会，帮助利奥复位。几天后，当查理正跪在圣彼得大教堂作圣诞节祈祷仪礼时，利奥三世突然将一顶金冠戴在他头上，并向信徒宣称："上帝为查理皇帝加冕，这位伟大的和带来和平的罗马人皇帝，万寿无疆，永远胜利！"

这一皇冠是为东法兰克王国国王奥托一世制作的，但它的名字"查理曼皇冠"则反映了查理曼在中世纪欧洲的传奇地位。

教皇

教皇一词源于拉丁文的"papa"（爸爸），最初是教会中对高级教士的称呼。基督教成为罗马的国教以后，罗马城主教自认为应该在教会里享有特殊权力，并不断借此扩充势力，"papa"一词逐渐变为罗马主教的专称，英文作pope，汉译为教皇。

法兰克宫相矮子丕平在罗马教皇的扶持下当上了法兰克的国王。为了表示他对教皇的感谢，公元756年，他把夺到的意大利中部的一部分土地，包括罗马周围地区，送给罗马教皇，史称"丕平献土"。从此教皇开始拥有领土，奠定了教皇国的基础。

这幅画描绘的是查理曼的惟一继承人虔诚者路易。

这个8世纪初的金圣餐杯于1868年在阿德（Ardagh)发现，类似的珍品经常成为北欧海盗的战利品。

凡尔登条约

查理曼之子虔诚者路易在位时（公元814年—公元840年），他的几个儿子多次叛乱。路易死后，长子罗退尔继位，罗退尔的兄弟路易和秃头查理联合起来反对他，战争不断。

公元843年三兄弟在凡尔登缔结了条约，将查理曼帝国一分为三：老大罗退尔得到帝国中部，地域范围是北起北海，从莱茵河下游以南，包括尼罗河，直到意大利中部的一条狭长土地（后来这一狭长地带被称为洛林），号称中王国；老三路易得到莱茵河以东地区和巴伐利亚，号称东法兰克王国（其范围大致与今天的德国西部相当，地理上称日耳曼，中文译为德意志）；老四秃头查理获得些尔德河和缨斯河以西的地方，号称西法兰克王国（其位置大致同今天的法国相合）。他们还约定，罗退尔保留皇帝称号，路易和查理拥有国王称号，他们三人所统治的地区各自发展，不相统属。

公元870年，他们统治的区域分别发展为近代欧洲三个主要国家意大利、德意志和法兰西王国的基本领域。9世纪末查理曼大帝所传下来的帝号也不再保留。

海盗时代

北欧斯堪的纳维亚半岛，人口剧增，而落后的农业生产力已不能满足人口日益增长的需要。于是精于造船，有丰富的航海经验纳维亚人，便转向世界寻求生路。公元793年6月8日，纳维亚人袭击了英格兰东北部的林第斯法恩寺院，从此北欧的海盗时代开始。

瑞典的海盗驰骋北欧及其东、西两翼的广大区域，但其主要矛头对准东方。现今斯德哥尔摩及其周围地区是瑞典海盗活动的基地。公元862年，他们到达拜占廷、波斯和塔什干，在那里从事武装贸易，他们贩卖兽皮、琥珀，用来交换东方的白银、香料和丝绸。瑞典海盗向东方扩张的活动一直延续到13世纪，公元1284年将芬兰变为瑞典的一个公国。瑞典海盗还从俄罗斯掠得巨大财富。经过掠夺与扩张，瑞典海盗控制了通往东方的主要贸易路线，成为东西方之间贸易的桥梁。

挪威与丹麦的海盗队的目标是北海和大西洋岛屿，

地中海沿岸的大部分国家都深受其害，同时他们还侵扰欧洲大陆。公元911年，法兰西国王查理三世被迫同丹麦海盗首领罗洛签订了《圣·克雷尔条约》，把塞纳河口一带划归丹麦人管辖，罗洛被封为公爵，建立了诺曼底公国。

公元1013年，丹麦国王斯万征服英格兰，成为丹麦和英格兰国王。次年，斯万去世，英格兰人夺回王位。公元1016年，斯万之子克努特，又率领丹麦人和挪威人组成的联合舰队，征服了英格兰全境，于公元1028年克努特创建了"北海大帝国"，其疆域包括丹麦、挪威、瑞典南部、英格兰和苏格兰大部。克努特被尊称为"克努特大帝"，其统治时期成为丹麦和北欧海盗时代的鼎盛时期。克努特大帝死后，"北海大帝国"也于公元1042年崩溃。

✠ 英吉利王国

5世纪盎格鲁、萨克森人侵入不列颠之后，在英格兰建立起一些相互争战的小国。

8世纪末，诺曼人中的一支丹麦人开始侵入英格兰东海岸，到9世纪中期，他们已南下攻击伦敦。此后，英格兰东北部逐渐形成丹麦人大片越冬区。9世纪，威塞克斯国王阿尔弗雷德奋起反抗入侵的丹麦人，取得胜利，与丹麦人划地为界。在抵抗丹麦人的过程中，英吉利王国逐渐形成。

公元1066年，法国的诺曼底公爵威廉征服了英国，当上了英国国王。在征服的过程中，盎格鲁、萨克森贵族中有很多人或战死或逃亡，留在英国的也被诺曼征服者剥夺了财产。威廉一世（公元1066年—公元1087年在位）在征服的基础上，形成了集中强大的王权。他曾命令全体封建主向他宣誓效忠，以保证政令统一。跟随威廉来英国的诺曼人，有的原来就是威廉的封臣，有的到英国后得到封地也成为威廉的封臣，这些人组成了英国新的封建统治阶级。

公元1086年，英国当时的大部分土地被封建主占据，广大直接生产者已经沦为依附封建主的农民，英国进入了封建社会。此后，诺曼人逐渐同当地居民融合。

阿尔弗雷德

阿尔弗雷德（公元849年—公元899年），英格兰威塞克斯国王。

8世纪末起，由于丹麦人的不断袭击和劫掠，英格兰受到严重威胁。阿尔弗雷德19岁便随其兄与丹麦军队作战。战争期间他继承了王位，进占伦敦，并被一切不接受丹麦统治的英吉利人拥戴为国王。

他一面纳贡赎买以削弱丹麦人的控制，一面加固要塞，修建堡垒，筹建骑兵队；他配合自由农民组成的步兵，使用兵船并筹建海上舰队，终于扭转了战局，抵挡住了丹麦军队的进攻；他外交手腕灵活，治国井井有条，提倡文化教育，派人编纂《盎格鲁—萨克森编年史》。

阿尔弗雷德是英国惟一被尊称为"大王"的国王。

下图的贝叶挂毯（始于约公元1077年），描绘了英国人哈罗德在发誓忠于诺曼底公爵威廉的情景。哈罗德最终违背了誓言，篡夺了英格兰王位。

这幅１２世纪西班牙抄本中的插图描绘了雷蒙·卡尔德斯和其他贵族向阿方索二世（791年—842年)效忠的场景。

这幅１４世纪的卡斯蒂利亚人抄本中的插图描绘了两个封建骑士的封地仪式。

✠ 西欧封建等级制度

8 世纪初，法兰克人受到阿拉伯人进攻的威胁。由于法兰克军队是自由农民组成的，需自备马匹、武器和半年粮食，而社会封建化日益发展，农民更难以负担包括垂至膝盖的铁制网状锁子甲、头盔、铁制手掌套、长矛和剑在内的骑兵装备，国库也没有充足的经费来装备大量的军队，兵源枯竭。

于是法兰客官相查理·马特改变了无条件分赠土地的制度，把一部分叛乱贵族和教会的土地作为采邑，连同耕种土地的农民，分封给前线的将领以及统治边远省份和镇压部落反叛的官员们，以服骑兵役为条件，供其终身享用，不得世袭。这种采邑制建立起封者和受封者之间的从属关系。后来，国王以下的封建主也把土地当作采邑分封出去，逐层分封的结果，形成以国王或皇帝为首，贵族依公爵、侯爵、伯爵、子爵、男爵、骑士之次序互为主从的封建等级制度。

小封建主从大封建主那里接受封地，要履行隆重的"敕封式"，他要跪在领主膝下，把握着的双手放在领主手掌中，象征着在封臣和领主之间不仅相互存在着友谊和忠诚，而且建立了和睦的关系。接着，封臣站起来，把双手放在一件圣物上面，向领主宣誓："我的主人啊！臣下乃是我主的仆人，领有采邑的家臣。臣下愿竭忠尽智，不顾生死，一生侍奉我的主人。"然后，领主将一面旗帜，一根木仗，一张契据，或只是一小撮泥土、一小根树枝授给这个封臣。

封臣每年必须服兵役约４０天，必须为领主作战，在领主被俘需要赎金或有其他需要时，提供钱财。领主要保护封臣不受侵害，解决封臣之间的争讼。

在西欧大陆，这种主从关系只存在于直接建立分封、受封关系的领主和封臣之间。国王是最大的封建主，权力也只限于自己领地内，甚至无权管辖一个不直接隶属于他的小封建主。各级封建主拥有大小不同的封地和数量不等的庄园、农奴、武装，形成"封建金字塔"，压在广大农奴身上。

✠ 西欧封建庄园

9 世纪起，一种封建农业经济组织形式即农奴劳役制庄园开始在西欧流行。

典型的庄园采用劳役地租的剥削方式：庄园的土地被划分成领主自营地和农奴份地两部分。领主自营地主要由服劳役的封建依附农民耕种，这些农民中有不少是农奴。封建主派管家监督农奴耕种，并在庄园上修建仓库、马厩等，备有耕畜和一些农具。自营地上的收获全归封建主，农奴靠耕种自己的份地维持生活。农奴份地的所有权也归封建主，农奴的子弟在继承份地时要向封建主交纳继承金。

庄园的耕地呈条田状插花分布，领主自营地、农奴份地互相交错在一起，所以实行强迫轮种。耕地播种后、收割前用栅栏围起，收割以后成为公用牧场。9 世纪的王室庄园和大修道院的庄园面积较大，有的占地几千公顷。9 世纪以后的庄园一般都比较小。典型的庄园主要集中在法国中部和英格兰，这些地区并非到处是庄园，西欧其他地区典型的庄园较少。庄园以外的农民也多是封建依附农民，但所受的剥削不同于服沉重劳役的农奴，一般以交纳实物租、货币租为主。

上图描绘的是农奴在封建主的领地上辛苦耕作的劳动情景。

农奴

农奴和其他封建农民一样，是一个独立的小生产者。他领有份地，有较稳定的使用权，可以世代相传，但土地所有权仍归封建主。农奴还有归个人所有的宅院和菜地，以及生产工具、耕畜、家畜和家禽。农奴在人身和法律上都依附于领主，经领主同意可以结婚，可以向法庭起诉，农奴虽可以被领主买卖、转赠，但不能被任意杀死。

农奴必须在庄园上为领主耕种自营地。在领主自营地，完全以封建主的需求来安排生产，农奴没有什么自主权。在封建庄园盛行的地区，劳役是农奴的主要负担。封建主的贪欲表现为追求增加农奴的服劳役天数，而农奴则反对增加劳役。在实际的经济生活中，劳役的数量往往加以固定，比如定为每周三天或每月三天等，农忙时再临时增加。

农奴在收获葡萄。

此图描绘了在十字军东征中的，来自西班牙圣地亚哥骑士团的圣殿骑士。

此图描绘了百年战争初期的克雷西战役。

✠ 十字军东征

十字军东征，是西欧封建主、大商人和天主教会以维护基督教为名，对地中海东岸的伊斯兰教各国发动的一场长时间的侵略性远征。

公元1095年，罗马教皇乌尔班二世在法国的克勒芒城召开了宗教会议。会议以伊斯兰教徒袭击朝拜近东圣地的基督教徒为藉口，号召信徒们参加圣战。

农奴渴望在那里得到土地和自由，骑士梦想着发财，封建主希望扩展自己的领土，商人热衷于夺取那里的贸易霸权。因此面对号召，他们激情百倍地响应，纷纷加入东征队伍。由于东征的战士都佩戴着十字符号，军旗上也画上十字，所以历史上把这支军队称为十字军。

公元1096年秋，由法国、意大利、德国西部的骑士领主领导的大约三四万的农民十字军，分别由各地出发，经小亚细亚半岛，向耶路撒冷进军，但在各地人民的抵抗下，农民十字军的东征败归。不久，装备精良的骑士十字军再次出征，并于同年7月攻下了耶路撒冷。在耶路撒冷，这些十字军杀害了1万多无辜的伊斯兰教徒。耶路撒冷的居民包括这里的基督教徒都遭到了十字军的抢掠。十字军在他们占领的地区建立了耶路撒冷王国。公元1187年，埃及苏丹萨拉丁领导伊斯兰教徒消灭了十字军主力，收复了耶路撒冷。

欧洲封建君主又组织了第二次和第三次东征，但都以失败告终。13世纪十字军又把侵略矛头转向信仰基督教的拜占廷。在那里，他们占领了君士坦丁堡，并建立起拉丁帝国。

公元1212年，教皇和封建主以"儿童参军会得到上帝保佑，创造奇迹"为借口哄骗儿童参加十字军。结果法国的3万儿童十字军，在渡海东去的路上，有的沉船遇难，有的被贩卖给埃及。而德国的2万儿童十字军，在翻越阿尔卑斯山时就死亡大半，其余的在归途中也因饥饿和疾病而死亡。

公元1291年，十字军在东方的最后一个据点阿克被攻克，东征至此宣告结束。十字军东征共进行了8次，历时近200年，给东地中海地区人民带来深重灾难，西欧人民也因此作出了巨大的牺牲。

✠ 百年战争

1328 年，法国卡佩王朝绝嗣，支裔华洛瓦家族的腓力六世继位。英王爱德华三世以卡佩王朝前国王腓力四世外孙的资格，与腓力六世争夺王位。

1337 年，爱德华三世称法兰西王，腓力六世则宣布收回英国在法境内的全部领地，于是英法两军交战于普瓦捷城东，战争爆发。战争初期，英军大举进攻，取得斯勒伊斯海战的胜利，夺得制海权控制了英吉利海峡。1346 年 8 月，双方在克雷西会战，法军损失惨重，失去陆上优势。1356 年 9 月，双方又在普瓦捷激战，法王约翰二世及许多贵族大臣被俘。法国因战争失利，经济衰退，社会动荡，民不聊生，相继爆发了巴黎市民起义。1360 年，法国被迫接受《布勒丁尼和约》，把加来及西南部大部领土割让给英国，英王则放弃对法国王位的要求。

1364 年约翰二世死后，王子查理即位，称查理五世。即位后，他大力改革，整顿军备。1369 年，法军对英军展开进攻，法军以游击战相配合，逼使英军后撤。至 1380 年查理五世去世时，法国已收复大部失地。法王查理六世时期，法国封建主发生内讧。英军乘机进攻，在 1415 年迅速占领了包括巴黎在内的整个法国北部。

1428 年 10 月，英军大举南下围攻奥尔良。法国女民族英雄奥斯贞德率军解奥尔良之围，接连收复北方许多城镇。1430 年贞德被俘，翌年被英军烧死。此后，法国人民抗英运动继续发展。1435 年，法国统治集团结束分裂，重新联合。至 1453 年法国收复了除加来港以外的全部国土。从此法国实现了政治上的统一。

百年战争虽然使法国经济衰落，但促进了法兰西民族意识的觉醒，对近代民族国家的形成起了很大作用。战争表明，英国雇佣兵优于法国的封建骑士武装。战争中火器的出现和运用，预示着作战方法的重大变革。

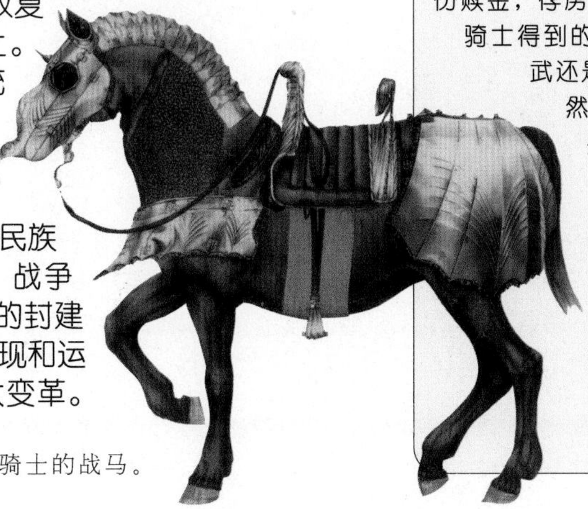

右图为中世纪西欧骑士的战马。

西欧骑士制度

骑士制度产生于西欧的 11 世纪和 12 世纪。西欧封建主为了进行战争和镇压人民的需要，养了许多骑士。最早的骑士主要来自中小地主，后来领主的家臣和富裕农民也有成为骑士的。他们替大封建主打仗，得到大封建主赏赐的土地和金钱，成为小封建主。

很多封建主的子弟从小就被送进领主家里充当侍从，学文习武。21 岁时，当他们已训练合格、具备骑士的条件时，在举行了庄严的仪式后，方能正式成为骑士。

在骑士制度的发展过程中，还为骑士制定了一系列的道德标准。除"忠君、护教、行侠"的信条外，还要求骑士"文雅知礼"，甚至要求他们学习音乐和作诗。

骑士把自己的"荣誉"看得甚至比自己的生命还重要。他不仅要忠实地为自己的主人服务，还要效忠和保护女主人。能为自己"心爱的贵妇人"去冒险和取得胜利，博得贵妇人的欢心，是一名骑士最大的荣誉。

骑士俘虏一个敌人就可以得到一份赎金，俘虏地位越高，家产越丰富，骑士得到的赎金就越丰厚。无论比武还是实战，骑士都不能搞突然袭击。另外，对待俘虏也要待如上宾。

随着中央集权的加强、战争的减少和雇佣兵制度的兴起，骑士制度在西欧开始趋于衰弱，他们的尚武精神也逐渐消失，从而趋于消亡。

耶稣

伊斯坦堡圣索菲亚大教堂耶稣受洗图中的耶稣。

在历代编年史中的"公元"又叫基督纪元，就是把传说中耶稣基督诞生的那一年作为计算历史年代的第一年。

耶稣是基督教传说中的一个救世主的形象，按基督教文献所说，耶稣基督是上帝的儿子，于公元元年出生在巴勒斯坦伯利恒村一个木匠家里。马利亚（后称圣母）婚前，因为受"圣灵感应"怀了孕，在婚后生了耶稣。

耶稣长大后有神力，能起死回生，驱魔逐妖。他收了12名门徒，在巴勒斯坦一带宣传神的旨意。罗马地方官追缉他，因门徒犹大出卖而于一个星期五被钉死在十字架上。三天后耶稣复活，不久升天。基督教宣称：耶稣的死是替人类受难。为了纪念耶稣，基督教往往用十字架作为标记。

✠ 基督教

"基督"一词是希腊文的汉字音译，原意为"救世主"。这是一种信仰上帝和救世主的宗教。公元1世纪兴起于罗马帝国东部。公元前63年，犹太被罗马征服，犹太人起义遭镇压，于是流散于小亚细亚、埃及、希腊等地。他们渴望有人拯救他们，便创造了一个救世主的具体形象耶稣，通过传道者的宣传，这种信仰便在巴勒斯坦等地传播开来。

早期基督教是奴隶、穷人和其他无权者的宗教。其教义的主要内容是：救世主不久还要下凡，拯救人类进入幸福的天国；信仰上帝并虔诚悔罪，安分守己忍受苦难的人才能进入天国，否则要下地狱；穷人易升天国，富人和剥削者进天国"比骆驼穿过针眼还难"；信教者应把财产献给公社，一起过共产生活。这些主张在当时是有进步意义的，因此许多奴隶、贫民都信仰它，很快遍布罗马全境，逐渐成为统一的基督教会。

起初罗马统治者对基督教持敌视态度，迫害教徒，焚毁教堂。后来，罗马统治者采取了控制、利用、把持基督教的做法。公元313年罗马皇帝君士坦丁颁令承认基督教的合法地位。

4世纪末基督教被罗马帝国定为"国教"，自此完全变为罗马奴隶主阶级的统治工具。原因有三：一是镇压无效，基督教仍得到广泛传播；二是一些富人、官吏也加入教会，并占据了教会的主要职位；三是基督教教义中提倡驯服、忍耐和阶级调和，具有麻痹人民斗志的作用。

✠ 东正教

东正教又称正教，与天主教、新教并称为基督教的三大派别。基督教产生后不久，逐渐分化为以希腊语地区为中心的东派和以拉丁语地区为中心的西派。

公元1054年，东西两派正式分裂，以君士坦丁堡为中心的大部分东派教会自称为"正教"，即保有正统教义的正宗教会。该教会信守前七次世界主教会议的决议，奉行七件圣事；在宗教仪式中，以希腊语为主，但允许使用地方民族语言；除主教以外，正教里的一般神职人员可以结婚；不承认罗马教皇是全世界教会的首脑，只承认他是罗马主教和西部教会的牧首。中世纪时，东正教成为拜占廷帝国的国教。

16世纪时，莫斯科都主教脱离君士坦丁堡而自主，成为使用古斯拉夫语的俄罗斯东正教。18世纪后，东欧一些国家的东正教，陆续脱离君士坦丁堡牧首的直接管辖，宣布行政上自主。东正教在世界各地，共有15个自主教会，但在名义上仍共同尊重君士坦丁堡牧首在正教众主教中的首席地区。在世界上，正教主要分布在希腊、塞浦路斯、保加利亚、罗马尼亚、南斯拉夫和前苏联等地。

教会

西欧封建化的过程，就是基督教在欧洲传播的过程。教会作为当时惟一有组织的政治力量，被统治者用来做暴力的补充。教会则在暴力支持下扩张，并日益成为封建统治阶级的一部分。

统治者拨赠教会大量土地，信徒也不断捐赠土地。教会还"以天堂作为约许，以地狱进行恫吓，诱使农民放弃他们的财产"。教会的修道院经营农业、手工业、商业，甚至办抵押和放款。教会成为欧洲最大的封建主。

赎罪券

天主教认为，世人"犯罪"之后，就失去了上帝的宠爱，谁要重新获得，就必须悔罪做善功以赎罪，这样才能获得"免罪罚"。天主教还认为，耶稣钉在十字架上所立的功劳是无限的，加上圣母和其他圣徒们的多余功劳，形成了教会的"功劳宝库"。而每个人的能力有限，须靠耶稣的救赎功。个人所做善功不足以完全补罪，教会可从功劳宝库中取而赠补之。教皇和主教对教徒施行"大赦"，即以此说为依据。

14世纪以来，这类"免罪罚"的方式，逐渐演变成出售赎罪券的方式来进行。这成了16世纪宗教改革运动的导火线。16世纪60年代，售卖赎罪券的做法被废止，但免罪罚的原则仍保持不变。

保罗

这幅圣彼得大教堂镶嵌画上的人物是保罗。

保罗（公元前4年—公元64年），基督教神学体系奠基人。他对基督教神学思想和教义作了深入研究，提出了新的宗教理论。他的著述构成了《新约全书》的重要组成部分。保罗曾七次入狱，几次受到生命威胁，最后在耶路撒冷被捕，传说被罗马皇帝尼禄所杀。

保罗的神学思想和传教活动，使基督教逐渐摆脱其犹太教根源的影响，开始表现出自己的特色，对基督教的发展壮大起着极为重要的作用。

新教

这幅带有插图的扉页，选自1533年由路德翻译的德文版《圣经》。马丁·路德翻译的《圣经》对于新教的推广至关重要。

新教是基督教的一派，与天主教、东正教并称为基督教三大派别。新教包括16世纪欧洲宗教改革运动中产生的路德教派、卡尔文教派和英国国教，以及后来由这些教派中先后派生出来的其他新教派。

新教不承认罗马教皇的地位，主张教会制度多样化，认为信徒无需通过神父作为中介而与"上帝"直接相通。

✠ 马丁·路德

马丁·路德的肖像。

马丁·路德（公元1483年—公元1546年）出身于德国图林根的一个农民兼矿工的家庭里。从大学毕业以后，他进入一所修道院，以后在维滕堡大学教授神学。

公元1517年，教皇的代表在维登堡附近出售免罪符，马丁·路德在威滕堡教堂门口贴出他的《九十五条论纲》表示反对。《九十五条论纲》在德意志各地普遍引起共鸣。后来，宗教改革的运动展开了，农民革命也发动了，马丁·路德成为改良派的首领，鼓吹用坚决的行动反对世俗的和教会的大封建主，表示拥护农民的行动。但是，实际上马丁·路德并不拥护农民革命。他的真正意图是借农民的力量去实现资产阶级反对教皇和改革教会的要求。当农民革命扩大和加剧的时候，他就公然站在大封建主的一面，要求镇压农民革命。

马丁·路德的宗教改革结束了罗马教会对西欧的超国家封建神权统治，对欧洲历史有一定的推进作用。

✠ 九十五条论纲

公元1517年，罗马教皇利奥十世以修建罗马圣彼得大教堂为名，派人向各地教徒推销赎罪券，搜集捐献。

10月21日，马丁·路德在维滕贝格教堂门前张贴了一个共有九十五条的论纲，要求进行辩论。论纲的主要内容包括：教皇除自己施加或教会法典的惩罚以外，不能免除其他惩罚；教皇的赦罪只是宣布上帝的仁慈，不适用于炼狱中的灵魂；真心痛悔，即使没有教皇所售之券，每一个信徒也都能得到基督的赦罪恩赐和处罚减免；任何在世或已经死去的真主教徒，即使没有教皇的援助，也有基督和圣徒们所积善功可为之补过。同时认为告解圣事的核心在于忏悔，而不是在于向神父做补赎和积善功（包括购买赎罪券）。

✠ 托马斯·闵采尔

托马斯·闵采尔（约公元1490年—公元1525年），德意志中部的士托尔堡人，是一个神学博士，精通古典文学和人文主义文学。

在路德发表宗教改革的主张以前，闵采尔早已用反对天主教会的精神解释《圣经》。公元1513年，他组织了反对教会的秘密社团。宗教改革运动初年，他支持马丁·路德。但从公元1520年起，他对马丁·路德采取了坚决反对的态度。闵采尔认为，"天堂"意味着地上罪恶的清除，"神"不过是人的理智的象征。因此，闵采尔宣传的几乎就是无神论，是跟天主教的教义截然对立的。

闵采尔在宗教问题上的革命精神体现在社会政治问题上，构成了他的社会革命的思想。他主张打倒封建主、诸侯和一切压迫者，让劳动大众掌握政权。在他的理想里，没有阶级差别、没有私有财产、没有国家权力的社会，就是所谓"上帝的王国"。闵采尔的这种理想是一种带有神秘意味的空想。但是他的理想鼓舞了德意志被压迫人民的斗争。为了实现他的理想，闵采尔英勇地参加斗争。从公元1522年起，他在德意志的中部和西南部向农民和城市贫民宣传革命道理。由于统治者的迫害，他四处迁徙，但是这期间他团结了许多学生和支持者。

公元1524年，闵采尔在士瓦本、阿尔萨斯等地区组织革命的领导核心，准备起义。起义发动以后，他在图林根、萨克森等地区亲自指挥军事行动。在缪尔豪森城建立革命政权的时候，他被选举为议会的议长。在那里，他按照他的理想着手社会改革。闵采尔号召德意志各地区的革命力量联合起来一致斗争，但由于农民革命运动没有统一的组织，力量分散，起义最终被统治阶级镇压下去。

公元1525年5月，闵采尔在弗兰肯豪森被俘。在经受了残酷的刑讯以后，他不屈地牺牲了。

托马斯·闵采尔肖像画。

加尔文

加尔文肖像。

加尔文（公元1509年—公元1564年）生于法国，是瑞士宗教改革家，加尔文宗教的创始人。16世纪30年代，他参加巴黎的宗教改革运动，由于法国政府对新教徒的迫害，逃往瑞士。他发表过神学著作《基督教原理》。

从40年代起，他在瑞士日内瓦领导宗教改革和市政工作。他废除主教制，代之以共和式的长老制。他提倡简化宗教仪式。鼓励经商致富，宣称做官执政，蓄有私产，贷钱取利，都是上帝的旨意。加尔文的神学思想在许多方面与路德宗教相同，如强调圣经是基督教信仰的惟一根据和权威等。但加尔文还主张"预定论"，认为人的得救与否，贫穷与富贵，早已由上帝"预定"。

中古大学

中古时期的世俗大学是市民阶级的产物，它们在城市与行会组织获得发展的条件下形成。"大学"一词源于拉丁文"UniverSitas"，是教师和学生为保障自己的权益，组织的一种特殊行会，负责训练教师，准许教师授课颁发文凭。

1200年，巴黎大学诞生，很快便成为欧洲各地前来求学学生的集中地。

巴黎大学的教师们按照他们自己能教某种学科的能力，结合成不同的团体。现代大学中的"系"，就是从拉丁语的"才能"这个词转化而来的；而从中选出的"首席"或"执事"，就是后来所称的"系主任"。在学生中，按照出生的地区分成不同团体，称为"学馆"。"学馆"，后来发展成为"学院"，其名称沿用至今。

巴黎大学使用拉丁语教学。学习的方式，主要是听讲、记笔记。教材大都是古代传下来的一些名著。教师一边读，一边解释，不允许学生怀疑它，也极少实验。

基督教教会千方百计运用宗教权力来控制巴黎大学。到13世纪中叶，巴黎大学已经完全被教会所操纵。学校里的神学课程，都交给了天主教的教士讲解。他们所论证的命题，大都是从圣经中引来的；他们轻视经验，崇奉教会权威，压制自由思想。这就是所谓的"经院哲学"。

另外，欧洲最古老的大学还有意大利的波伦亚大学，英国的牛津大学和剑桥大学等。这些大学都是在12世纪到14世纪创立的。

发达的商业贸易给城市带去大量财富。上图描绘了工作中的热那亚银行家和货币兑换者。

❈ 中古西欧城市

中古初期，西欧城市外貌就像一座堡垒，其目的是为了防御敌人进攻。城市通常不大，人口也不多，但住得非常拥挤。市场是一块较大的空地，往往位于城市的中心。市场四周是市议会、店铺、回廊和各种摊子。居住在城市里的主要是手工业者。

在公元5世纪西罗马帝国灭亡后相当长的时期内，西欧几乎没有城市。后来，由于生产力的发展，手工业从农业中分离出来，手工业者时常到市场出售自己的制品。他们总是到那些水陆交通比较方便、人数聚居较多的地方赶集；流动的商人也带着外地产品到集市上来贩卖。后来，手工业者就来这里开设作坊，商人们也定居下来开设商店。于是，这些集市便渐渐发展成为城市。在西欧，这种以工商业为中心的城市，是在公元10世纪以后才兴起的。

大批不堪忍受领主剥削压迫的农奴和处于农奴地位的手工业者，从农村逃亡到城市定居，从而使城市日益发展。但城市里的手工业者，仍然是城市领地所属的领主的农奴，他们还得向领主交纳赋税。

为了获得城市自主权，欧洲很多城市与领主甚至国王开展斗争，典型的有法国琅城起义。1108 年，法国东北部的琅城人民用大量的金钱向城市领主琅城主教购买了城市自治权，同时也用重金向法王路易六世购得了城市自治特许权。但不久，琅城主教撤销约定，收回城市自治权，而法王也在接受了琅城主教的贿赂之后撤销了先前颁发的特许状。琅城人民义愤填膺，遂于1112 年发动了大规模起义，将主教处死并打败了国王的军队。法国国王被迫再次给琅城人民颁发了城市自治特许状。欧洲城市经过近百年的斗争，获得了独立，有了自治权，市民变成了自由的人。一个农奴，只要在城市里住上一年零一天，就可取得自由。在城市里，他们成立了市议会，选举出市长和法官，铸造货币，并且组织统一的军队。

为了保障自己的利益，同一行业的手工业者就结成行会。每个手工业者必须隶属于一个行业，每个行会选举自己的首领，设立自己的会场。行会规定，所属成员不得制造粗劣的产品，不得屯积大量原料，不得雇用超过规定的帮工和学徒，尽力避免相互的竞争。行会同时又是军事组织，他们担负防守城市的任务。

商业活动日趋繁荣，各国和各城市的商人都互相往来赶集，他们随身带来了许多货物和钱币。由于每个领主和城市铸造的钱币在名称、成色和重量上各不相同，所以一切银钱交易都需要严格审查它的兑换价值；再加上长途搬运大量的银币和铜币既不方便也很危险，所以，商人在自己的城市里将钱币交给兑换人，取得兑换人的凭据，再凭这张凭据，在另一个城市里兑取当地的货币。这样，就出现了兑换商的行业，而这种凭据，就是所谓"汇票"。有时商人也可以向兑换人借钱，由借钱人出具一张有归还期限的票子，到期偿付借款和利息。这样，银行也就在城市里应运而生。

城市的出现孕育了世俗文化，反映市民心态的城市文学也逐渐产生，各种大学也纷纷建立。城市文化的兴起为文艺复兴的出现打下了基础。

封建主因为需要购买城市的手工业品和从东方运来的奢侈品，迫切需要货币。于是他们开始把劳役和实物地租改为货币地租。大多数农民因为担负沉重的货币地租而经常负债，境况更加恶化。从14 世纪起，西欧各国不断地发生规模巨大的农民起义，城市里的平民也广泛开展摆脱领主束缚的斗争。

这幅16 世纪的插图描绘的是学生们在巴黎大学的索邦神学院上课的情景。

公元1537 年所绘的君士坦丁堡城。

上图为查士丁尼肖像的镶嵌画。

在甲板上安置了喷火器械的小商船（模型）。该船被称为"德鲁蒙"，希腊语意为"快跑者"。

✠ 拜占廷帝国

拜占廷帝国是东罗马帝国的别称，因首都君士坦丁堡是古希腊移民城市拜占廷的旧址，故又名拜占廷帝国。

拜占廷的城市经济始终保持繁荣，手工业和商业发达。其丝织业、采矿、金属加工、武器、玻璃、首饰制造业都很发达。君士坦丁堡人口达80万，是"全世界船只云集的市场"，与印度、中国，北欧进行贸易往来，并掌握全部地中海贸易，与西欧保持经常联系。专制政府对经济活动全面控制，所以拜占廷帝国被称为"垄断的天堂，特权的天堂，家长式统治的天堂"。

当西欧古典文化遗产遭到教会野蛮破坏的时候，拜占廷却融西欧古典文化、基督教文化、东方文化于一体，发展为封建社会时期文艺复兴前欧洲文化的最高峰。

数学家迪亚尔赫为欧几里得《几何原理》作了注释。爱吉那的《医学大全》被译成多种文字，广泛流传。圣·索菲亚大教堂的建筑则代表了拜占廷艺术的最高成就。

拜占廷文化对文艺复兴和欧洲文化有重大影响，主要是对东欧，特别是对俄国。9世纪拜占庭的传教士创造了斯拉夫字母，成为俄罗斯、保加利亚和南斯拉夫字母的起源。俄罗斯在宗教、艺术、建筑等方面大受拜占廷文化的影响。拜占廷也是当时东西方文化交流的桥梁。我国民间杂技中的吞刀吐火等就是由拜占廷传入的。

但是，拜占廷人只醉心于已有的辉煌成绩，无视西欧兴起的新文明，也不屑于吸纳和学习其他文明的精华。这种守旧封闭，不思创新的心态造成了拜占廷国家的相对落后。久而久之，国内矛盾重重，国力衰弱。

公元1204年，君士坦丁堡被十字军攻陷，国家灭亡。60年后拜占廷重建，但力量薄弱。到公元1453年又被奥斯曼土耳其所灭。

✠ 查士丁尼及其西征

查士丁尼（公元483年—公元565年），出生于马其顿的一个农民家庭，他的叔父因作战有功升任禁卫军统领，后被拥立为拜占廷皇帝。527年，查士丁尼继位成为拜占廷帝国皇帝。

为了巩固帝国的内部统治，查士丁尼任命了10个法律专家组成法典编纂委员会编纂法典。委员会先后编成了《查士丁尼法典》《法学汇纂》《法理概要》，最后又将查士丁尼公元534年以后颁布的法令汇集成册，称为《新法典》。查士丁尼时代汇集整理的全部罗马法律文献，统称《罗马民法汇编》。这是欧洲历史上第一部系统完备的法典。法典后来成为西欧各国研究和制定法律的基础。

查士丁尼还以基督教为自己的专制统治的精神支柱，他宣称自己是东正教的保护者，严禁其它教派的存在。

查士丁尼统治时期，大兴土木，兴建宫殿和教堂。为了维护统治秩序，抵御外族入侵，他还到处修筑桥梁，改善道路，设立防卫网。政府开支扩大，赋税不断加重。为了反对官吏的贪赃枉法，反对苛重的徭役和赋税负担，帝国境内到处爆发了人民起义，规模最大的是532年首都群众发动的"尼卡"起义。查士丁尼施展阴谋手段，将此次起义镇压。

公元532年，查士丁尼以重金为代价与波斯缔结和约，稳定了东部边境，接着又收买了巴尔干北部的蛮族部落酋长，暂时解除北方之忧。随后，查士丁尼指挥大军向西开进。公元533年，侵占了北非的汪达尔王国。535年，渡海侵入意大利，进攻东哥特王国，并迫使其于公元540年投降，拜占廷军队占领罗马城，用了20年的时间，才完全征服了意大利半岛。随后查士丁尼向西班牙进军，迅速夺取了西班牙半岛的东南部。至此，拜占廷帝国已囊括西罗马的大片领土。

长期的对外战争削弱了帝国的军事和经济力量，加剧了帝国的政治危机。自公元555年，查士丁尼再无力发动对外战争。从此，帝国领土不断遭到周边蛮族势力的侵食，并从14世纪开始向新崛起的奥斯曼帝国称臣纳贡。

查士丁尼于公元527年建造的圣凯瑟琳隐修院。该修道院位于西奈山上。

君士坦丁堡之围

15世纪初，日益没落的拜占廷帝国仅控制首都君士堡及其附近若干城市，以及被土耳其军队切断联系的巴尔干半岛南端的伯罗奔尼撒地区，君士坦丁堡实际上已是一座孤城。

1453年初，土耳其苏丹穆罕默德二世亲率7万多步兵，2万多骑兵及320艘战船，从海陆两面包围君士坦丁堡，企图彻底消灭拜占廷帝国。君士坦丁堡位于博斯普鲁斯海峡西岸，整个城市呈三角形。该城南北两面易守难攻，北面是金角湾，入口处有铁链封锁。南面是马尔马拉海，沿海筑有防御工事。城西是陆地，筑有两道城墙，城外有一条深百英尺的壕沟。城内守军仅9000余人，海上有一支由20多艘大帆船组成的舰队负责防卫。

4月6日，土耳其军队从西面对君士坦丁堡发起强攻，在用火炮、攻城锤和投石器攻击的同时，还填平壕沟，架设云梯，并采用在城墙下挖坑道等办法。君士坦丁堡的军民在皇帝君士坦丁十一世的率领下顽强抵抗，粉碎了土军从西面的进攻。穆罕默德二世遂改变进攻策略，收买了热那亚商人，假道热那亚人所控制的加拉太地区，潜入金角湾内，以便水陆夹击。

1853年5月29日，土军从海陆两面对君士坦丁堡发起总攻，海上在金角湾用火炮破坏拜占廷的防御工事并轰炸防守船只，陆上由主力部队多处突入城堡。君士坦丁堡守军寡不敌众，弹尽粮绝，城被攻陷。拜占廷帝国至此灭亡。此后，君士坦丁堡改称伊斯坦布尔。

专题三：　中古亚欧的文化成就

穆罕默德·伊本·穆萨

穆罕默德·伊本·穆萨（约公元780年—公元850年）创立了完整的代数学并发明了代数符号。他所著的《积分和方程计算法》，包括80多个例题，是关于代数学的最早的著作，这部著作在12世纪被译成拉丁文，成为欧洲各大学的主要教材，一直使用到16世纪。代数学由此传入欧洲。

这幅16世纪奥斯曼时代的绘画表现的是天文学家在使用各种仪器研究天体。

✠ 阿拉伯文化

阿拉伯帝国是一个幅员辽阔的、多民族的集合体，除阿拉伯人外，还有埃及人、印度人、波斯人、西班牙人、叙利亚人等。各族人民通过互相接触、相互影响，逐渐融合渗透，并在长期的生产斗争和阶级斗争中共同创造了阿拉伯文化。阿拉伯人在征服埃及、叙利亚、波斯等地区后，不仅接受了当地民族文化的影响，而且又吸收希腊、印度文化的许多优秀成果，创造了新的阿拉伯文化。

在西罗马帝国灭亡前后的长期动乱中，许多希腊、罗马古典作品毁坏流失，其中有一部分通过拜占廷流传到阿拉伯帝国。阿拉伯学者认真研究它们，还把许多古代作品译成阿拉伯文。西欧人后来是通过阿拉伯文译本才又重新认识希腊、罗马文化成就的。阿拉伯人把亚里士多德的主要著作译成阿拉伯文，如《物理学》《伦理学》《工具论》等，还翻译了柏拉图的《理想国》，数学家欧几里得的《几何原本》，以及阿基米德等多人的作品。

阿拉伯人在数学上也作出了许多贡献，大约771年，一位印度学者将一篇数学论文带到巴格达，其中包括从0到9的十个数字，后来这篇论文被译成阿拉伯文。阿拉伯人发现印度数字的优点，在帝国境内推广应用。随后，阿拉伯人又通过西班牙将印度数字传入欧洲，并传播到世界各国。这就是我们使用的阿拉伯数字。

此外，那时的阿拉伯数学家已知二次方程式有两个根，用二次曲线解三次方程式和四次方程式。他们研究了面积、体积和画出有规则的多边形，并把多边形与代数方程式联系起来，以求得未知数。他们掌握了球面三角形的基本原理，并在三角学中首先使用了正切、余切、正割、余割、正弦、余弦，还发现了其中的函数关系，使三角学成为一门独立学科。

阿拉伯人的足迹遍布亚、欧、非三大洲，成为东西方文化沟通的媒介。他们把东方古印度和古中国的文化成就介绍到西方；又把阿拉伯的科学成就和伊斯兰教传播到东方。阿拉伯人以和平方式为世界文化的交融做出了巨大的贡献。

　　上图为伊斯坦布尔的阿翰默德一世清真寺。清真寺是伊斯兰教的教堂，其建筑多为正方形和长方形的院子．建筑的四周是带拱门的回廊。清真寺的宣礼塔高耸入云，教堂的圆顶和拱形结构宏伟壮丽。

巴黎圣母院坐落在巴黎斯德岛上，是一座天主教堂。巴黎圣母院于1163年开始动工，1345年竣工。其建筑特点为法国典型的"哥特式"。

"哥特式"出现于12世纪中叶，其特点是用尖拱代替圆拱，墙壁较薄，窗户是层叠的，占了墙面的大部分面积，窗框的形式不再单一，而是多样化。建筑物以细圆柱支撑，外面用扶壁支持，倾斜的屋顶覆以薄石板。高高的塔楼上再加锥形尖塔，直刺苍穹，把人们的视线引向高空，给人以灵巧、向上升腾的感觉。彩色玻璃花窗是装饰的主体，较少壁画，雕刻向自然生动写实的风格发展。

巴黎圣母院长130米，宽48米，建筑面积多达6万多平方米，中部堂顶高35米，一对钟楼比堂顶高出近一倍，达68米。整座建筑布局精巧，结构合理，规模宏大。

圣母院里面不但有镶着金银珠宝的祭坛饰品、圣物箱和雕像等古物，另外还有大批皇家赠送的精美礼物。

巴黎圣母院对以后的建筑起了一个典范的作用，德国科隆大教堂、意大利米兰大教堂等教堂就是以它为范本的。

图为巴黎圣母院。

上图选自15世纪版本的《马可·波罗行纪》。

《马可·波罗行纪》

马可·波罗，公元1254年生于意大利威尼斯一个商人家庭。公元1271年11月，马可·波罗同他的父亲、叔父三人，穿过西亚和中亚，到达元朝朝廷。在元朝，马可·波罗为元朝政府服务了17年。

公元1295年，马可·波罗与父亲和叔叔回到威尼斯，他们从中国带回来的奇珍异宝，使他们一夜之间成了富翁。他们的见闻，引起了人们的极大兴趣。

公元1298年威尼斯和热那亚爆发战争。马可·波罗在海战中担任船长，不幸被俘入狱。他在狱中口述了东方见闻，他的口述由同狱的一个叫做罗思蒂谦的人记录下来，成为《马可·波罗行纪》。最初，他的游记没有印成书，人们就四处传抄，以至于各种抄本有数十种之多。直到15世纪，他的游记才正式刊印成书流传开来。

《马可·波罗行纪》共分4卷。第一卷讲述了东去途中的见闻；第二卷记载了中国元朝初年的社会情况、宫廷秘闻以及历史名城的繁荣景象；第三卷讲述了与中国为邻的南洋国的概况；第四卷介绍了蒙古各部落之间的战争和亚洲北部的情况。

这是第一部向西方人介绍东方世界的书，它不仅使西方人知道了东方的大元帝国，而且也丰富了中古保守人们的地理知识。《马可·波罗行纪》对后世新航路的开辟以及中西方文化交流产生很大影响。

《一千零一夜》

我国古书中称阿拉伯的麦加为"天方"，后来"天方"泛指阿拉伯，因此在我国，阿拉伯短篇小说集《一千零一夜》又译《天方夜谭》。

书中叙述，古代阿拉伯萨桑国王山鲁亚尔生性残暴，每夜娶一王后，第二天早晨即行杀害。宰相女儿山鲁佐德，为了拯救其他姐妹，自愿嫁给国王。她用讲故事的方法，引起国王兴趣，因此未被处死。此后，她每夜讲述一个故事，一个接一个，一个套一个，一直讲了一千零一夜，终于使得国王悔悟，并和山鲁佐德白头偕老。

《一千零一夜》内容丰富，叙述生动，它包括寓言、童话、民间故事、名人轶事等。该书是在古代波斯《一千个故事》的基础上，吸取了埃及、伊拉克和印度等国的民间故事，经过几百年的修改补充，到16世纪才最后编定的。故事集反映了阿拉伯境内各族人民的社会生活和风俗习惯，显示了阿拉伯人民的高度智慧和丰富的想像力，是阿拉伯人民留给世界人民的一份珍贵的文学遗产。

此图为18世纪的波斯画家为《一千零一夜》作的插图手稿，描绘的是水手辛伯达的故事中的一个场面。

简明世界史大事记（1）

约 500 万年前—公元 1453 年

约 500 万年—100 万年前	南方古猿出现
公元前 3500 年左右	美索不达米亚文明诞生
公元前 3200 年左右	苏美尔人发明了文字
公元前 3000 年左右	统一的古埃及国家建立
公元前 3000 年左右—1516 年	玛雅文明
公元前 2500 年	印度河流域出现奴隶制城邦
公元前 2320 年左右	阿卡德人征服了苏美尔地区
公元前 2000 年—公元前 12 世纪	爱琴文明
约公元前 1894 年	古巴比伦王国建立
公元前 1100 年左右—16 世纪	印加帝国
公元前 11 世纪	希伯来人建立国家
公元前 935 年	以色列—犹太王国分裂
公元前 722 年	以色列王国灭亡
公元前 8 世纪	雅典、斯巴达建国
公元前 6 世纪初	印度半岛逐渐统一
公元前 6 世纪	佛教产生
公元前 509 年	罗马共和国开始
公元前 500 年—公元前 449 年	希波战争
公元前 334 年	亚历山大大帝开始东征
约公元前 264 年—公元前 241 年	第一次布匿战争
约公元前 218 年—公元前 201 年	第二次布匿战争
约公元前 149 年	第三次布匿战争开始
公元 1 世纪	基督教产生

公元 330 年 ——————————————————— 君士坦丁承认基督教的合法地位

公元 313 年 ——————————————————— 君士坦丁迁都拜占庭

公元 395 年 ——————————————————— 罗马帝国分裂为东西两个帝国

公元 476 年 ——————————————————— 西罗马帝国灭亡

公元 5 世纪 ——————————————————— 法兰克王国建立

公元 7 世纪初 ——————————————————— 伊斯兰教兴起

公元 622 年 ——————————————————— 穆罕默德从麦加出走麦地那

公元 646 年 ——————————————————— 日本大化改新

公元 676 年 ——————————————————— 新罗统一朝鲜大部分

公元 8 世纪中期 ——————————————————— 阿拉伯成为大帝国

公元 9 世纪早期 ——————————————————— 英吉利王国形成

公元 843 年 ——————————————————— 法兰西、德意志、意大利三国形成

公元 10 世纪前后 ——————————————————— 中古西欧城市兴起

公元 1054 年 ——————————————————— 东正教成立

公元 1096 年—公元 1291 年 ——————————————————— 十字军东征

公元 12 世纪末 ——————————————————— 日本进入幕府统治时期

公元 1300 年 ——————————————————— 奥斯曼土耳其成立

公元 1328 年—公元 1453 年 ——————————————————— 英法百年战争

公元 1453 年 ——————————————————— 拜占廷帝国灭亡

CONCISE HISTORY OF

简明世界史　简明世界史　简明世界史　简明世界史　简明世界史　简明世界史

WORLD

簡明世界史　簡明世界史　簡明世界史　簡明世界史　簡明世界史　簡明世界史

新课标新读物 简明世界史

CONCISE HISTORY
OF WORLD

第二册

目录

第四部分 近代社会的确立与动荡

第五部分 近代社会的发展与终结

第三部分 近代社会的雏形

从14世纪到16世纪，文艺复兴运动在欧洲扩展开来。文艺复兴运动打破了扼杀人性与自由的神权的统治，把人们的思想从愚昧、麻木中解放出来，从而关注人自身存在的价值和意义。这场思想和文化的变革运动，充分体现了新兴的资产阶级的愿望。世界近代史是资本主义形成与发展的历史，伴随着资本主义的萌芽，世界近代社会的雏形逐渐显现。

15世纪，随着航海技术和海上武器的进步，葡萄牙与西班牙的航海者历尽艰险开辟了新航路，从而使人们大开眼界，世界文明得以广泛交流。新航路开辟以后，西方贪婪的殖民活动兴起，美洲等殖民地的人民遭受了灾难性的打击，世界逐步被纳入资本主义的统治之下。

16世纪—18世纪，是世界确立资产阶级统治的时期。其统治是通过革命或改革在荷兰、英国、美国、法国等一些欧美国家先确立的，它为资本主义的进一步发展扫清了道路。资本主义在欧美各国取得进展的同时，资产阶级还对世界各地展开殖民掠夺，在19世纪的最后30年内将整个世界瓜分完毕，形成了一个统一的资本主义世界体系。

资本主义国家的殖民压迫激起了印度、美洲殖民地人民的民族独立意识。经过征战，18世纪末，北美人民最终脱离英国的统治成立美利坚合众国；19世纪初，拉丁美洲人民也脱离了西班牙的殖民统治，建立了墨西哥、巴西等独立国家。

殖民活动一方面破坏了当地古老的传统社会，加重了殖民地人民的苦难；另一方面，又带来了先进的资本主义物质文明和精神文明，给这些地区向近代社会的转变奠定了基础。日本正是以西方的侵略为契机，通过明治维新，实现了向近代社会的转变，成为亚洲强国。

专题一： 文艺复兴

✠ 文艺复兴

14世纪—17世纪初，在意大利的佛罗伦萨、威尼斯、米兰等城市出现了资本主义萌芽，以后又扩展到以西欧为主的许多国家。

刚刚诞生的资产阶级需要科学文化知识来发展资本主义经济，而新文化的发展，必须突破天主教会的桎梏，冲击经院哲学的统治，摆脱来世主义、禁欲主义和蒙昧主义的束缚。文艺复兴的思想家们继承和改造希腊罗马文化，汲取城市文化、民间文化的优秀成果与唯名论的斗争传统，打着复兴古典文化的旗号，宣扬人文主义思想，为发展资本主义鸣锣开道。文艺复兴运动解放了人们的思想，冲破了封建神学的桎梏，促进了资本主义在欧洲的发展。

✠ 人文主义

人文主义是欧洲文艺复兴时期新兴资产阶级反封建的社会思潮。它起源于文艺复兴时期的、以人和自然为研究对象的"人文学科"。

人文主义的核心是资产阶级的人性论和人道主义。资产阶级要求肯定人共有的永恒的欲望，主张人是自然的一部分并支配自然。他们批判封建教会视肉欲和世俗生活为罪恶的禁欲主义，还肯定了人拥有的享受人间一切快乐的权利。人文主义精神实质上是一种世俗精神、科学精神和理性精神的融合。

✠ 《神曲》

在《神曲》里，但丁叙述了他35岁时在梦中怎样在密林里迷了路，在古代诗人维吉尔和但丁已故的情人贝雅特丽齐的引导下，遍游地狱、炼狱和天堂三界的故事。他使用隐喻象征的笔法，缩写了当时社会的政治和现实问题，反映了佛罗伦萨城和欧洲的阶级斗争以及新旧时代的交替。

全诗分《地狱》《炼狱》《天堂》三部，共100篇，由1.4万多行诗组成。但丁所写的"地狱"，共分九层。其中

但丁

图为但丁的遗容面模。

但丁（1265年—1321年），意大利诗人、文艺复兴的先驱。他出身于意大利佛罗伦萨一个没落的贵族家庭。早年师从于著名学者勃鲁内托·拉蒂尼，学习拉丁文、修辞学和古典文学。但丁在青年时代博览群书，对诗学、神学、历史、天文、地理、音乐、绘画也都有研究，这使他成为了那个时代一位多才多艺、学识渊博的学者。

但丁最早的作品是抒情诗集《新生》，用以悼念他早逝的女友。在《论俗语》一文里，他主张用民族语言写作（中世纪各国习用拉丁文），从而推进了意大利民族语言的统一；他还主张政教分离，建立统一的意大利君主国。

但丁的作品很多，都广泛地反映了中世纪后期意大利的社会矛盾，大胆地谴责了教皇和教士的贪婪专横，表露了人文主义思想，最具代表性的作品是长诗《神曲》。

1302年，但丁被代表罗马教廷的反动势力放逐，流落意大利各地，最后客死拉韦纳。

图为《神曲》的插图。

的第六层火狱窟，是替活着的罗马教皇准备的。但丁赞扬自由的理性、个人的情感和求知的精神。但丁崇奉贤明、正直的君主统治，所以他把"理想"的君主都安排在天堂中。按教会的看法，不信耶稣的古典作家本应下地狱，但丁笔下的这些作家却在地狱门口未受磨难。

但丁讽刺和抨击了封建社会的无政府状态，教皇的阴谋，萌芽中的资本主义引起的罪恶，人类的利己心、淫乱和贪婪。他赞颂人类的坚强意志和高尚精神，讴歌自然和世界的美，相信善能战胜恶。

彼特拉克和《歌集》

彼特拉克（1304年—1373年），出生于佛罗伦萨，意大利文艺复兴时期的诗人、人文主义者。他自幼酷爱文学，尤其喜欢古典作品。1316年起，他先后在法国和意大利学习法律，1326年成为天主教教士。

彼特拉克于1332年—1333年游历欧洲各地，广泛搜集了古代希腊、罗马的著作，成为当时最早搜集和研究古典著作的学者，从而开创了研究古典文化的新风。由于他首先提出了"人学"与"神学"的对立，所以他被称为"人文主义之父"，他对欧洲人文主义运动的发展起了巨大的推动作用。

彼特拉克写过很多诗篇，其中最优秀的作品是描述爱情的十四行体抒情诗集《歌集》。在这部歌集里，他突破了禁欲主义、神秘主义以及经院哲学的束缚，直接描写爱情，反映喜怒哀乐等内心感受，并赞美大自然。全诗具有浓厚的反封建的色彩，充满强烈的爱国热情和民族意识。他缅怀古罗马的"光荣伟大"，渴望意大利的和平统一，指明意大利复兴的道路。他抨击罗马教廷是"黑暗的监狱"，是"野蛮凶狠的庙堂"。

彼特拉克的诗篇在形式上和内容上都开创了一代诗风。1341年，他在罗马接受了"桂冠诗人"的称号。

马基雅维利

图为马基雅维利肖像。

尼科洛·马基雅维利（1469年—1527年）是意大利文艺复兴时期的政治思想家、历史学家。

1498年，马基雅维利出任佛罗伦萨共和国的第三大法官兼国务秘书，具体负责外交和国防工作。1513年起专事著述，其中《君主论》《战争的艺术》（1519年—1520年）和《佛罗伦萨史》，产生了深远的影响。在这些著作中，马基雅维利提出了一种国家模式：政治应独立于精神生活并区别于道德；君主政权的职责在于强化国家；宗教信仰不是巩固政权的工具，而应成为一种道德标准。

马基雅维利的许多思想在当时并未产生他所预想的作用，直到资产阶级建立了自己的统治以后，才为人们所领悟，并进一步发挥而形成后来的马基雅维利主义。

✤ 达·芬奇

达·芬奇（1452年—1519年），意大利文艺复兴时期的艺术大师，出生于佛罗伦萨附近的芬奇镇。十四五岁时师从弗罗基奥学习绘画和雕刻。学画期间，他细心观察自然界中植物的生长发育和动物的活动姿态，还解剖过30多个人的尸体。由于他对人体结构有深入的了解，因此他的人物画像比例匀称，栩栩如生。他对近代现实主义美术的发展有巨大影响，其代表作是壁画《最后的晚餐》和人物肖像画《蒙娜丽莎》。

达·芬奇还从事许多种自然科学和技术的探讨。在神经和血管系统方面以及生理学和生物学等方面也有许多独特的见解；在物理学、光学、地质学、军事、机械工程、水利工程等诸多领域都有很多的研究成果，数学上使用的加减符号就是他创造的。他还是人类历史上第一个正确全面描述人体骨骼以及摹画了人体全部肌肉组织的科学家。

为防止教会的迫害，达·芬奇的许多科学研究活动都是秘密进行的。罗马天主教会把他的科学研究指为"妖术"，1517年他被迫离开祖国，侨居法国。达·芬奇在整理科学研究手稿中度过了晚年。

✤ 拉斐尔

拉斐尔（1483年—1520年），意大利文艺复兴时期的画家、建筑师，出生于佛罗伦萨一个画师家庭。约1500年开始从师学艺，1504年到佛罗伦萨观摩达·芬奇等大师的作品。1508年应教皇之聘到罗马，为梵蒂冈教皇宫廷绘制壁画，并参与圣彼得大教堂的建筑工程。拉斐尔自1508年底起，始终在罗马忙碌地工作着。

拉斐尔不满足于前人的格式，在作画时不仅参考前人的优秀作品，还尽量使内容具有时代的新意。他经常和人文主义者、诗人交换意见。他的许多作品不仅表现宗教题材，还刻画出人们的精神活动。他以画圣母像著称，所画的多幅圣母像，都体现了人间女性的美和母性的慈爱。其中最著名的是《西斯廷圣母像》。此外，他还有名画《雅典学派》《教义的争论》《神学女神》等。

达·芬奇创作的《蒙娜丽莎》是西欧艺术史上的第一幅心理肖像画。

为了画好这幅画，达·芬奇认真研究了蒙娜丽莎的心理，并且作了精确的数学计算。从1503年到1506年，达·芬奇用了4年方才完成。

蒙娜丽莎，生于1479年，是佛罗伦萨富商乔孔达的妻子。据说，那时的蒙娜丽莎刚刚丧女，所以看起来郁郁寡欢。为了避免被画成忧郁的样子，达·芬奇请来小提琴师为她演奏音乐。在音乐的氛围里，蒙娜丽莎的嘴角便浮现出含蓄的微笑，但一双眼睛还流溢着忧伤。

几百年来，蒙娜丽莎的笑被说成是"谜一般的微笑"、"神秘的微笑"或者是"魅惑的微笑"和"邪气的微笑"。因此，这幅画又名为《永恒的微笑》。

画中人物背后衬托着优美的景色，是达·芬奇凭想象画上去的。整幅画面形象逼真，色彩调和，在光线明暗的变化上、表情的刻画上，都表现了精湛的艺术造诣。这幅画现收藏于巴黎卢浮宫博物馆。

上图为壁画《圣经·创世记》的局部；左图为雕像《摩西》。

✠ 米开朗基罗

　　米开朗基罗（1475 年—1564 年），意大利文艺复兴时期的雕塑家、画家、建筑师和诗人。他出生于佛罗伦萨一个没落的小贵族家庭，自幼喜欢绘画和雕刻。米开朗基罗擅长人体艺术，主要雕塑作品有《大卫》和《摩西》。

　　他还根据《圣经·创世记》的神话在罗马梵蒂冈西斯廷教堂的天花板上创作了 500 平方米的壁画。从 1508 年到 1512 年，他花了 4 年多时间才完成，身体也累成了畸形。从 1535 年起，他又用了将近 6 年时间完成了同一教堂的另一幅壁画《最后的审判》，他以超人的勇气和大无畏的精神画了大量形态逼真的裸体巨人群，借此表达人的意志和力量，公开表示他与封建意识的冲突。教皇命他把人物都画上衣服，他一口回绝，教皇不得不另请他人给壁画上的人物画上衣服。

　　另外，米开朗基罗还写过大量诗篇，他的十四行诗在意大利文学史上占有重要地位。同时，他对数学和人体解剖学也有很深的造诣。属于罗马最伟大的传世建筑之一的圣彼得大教堂也是他设计的。

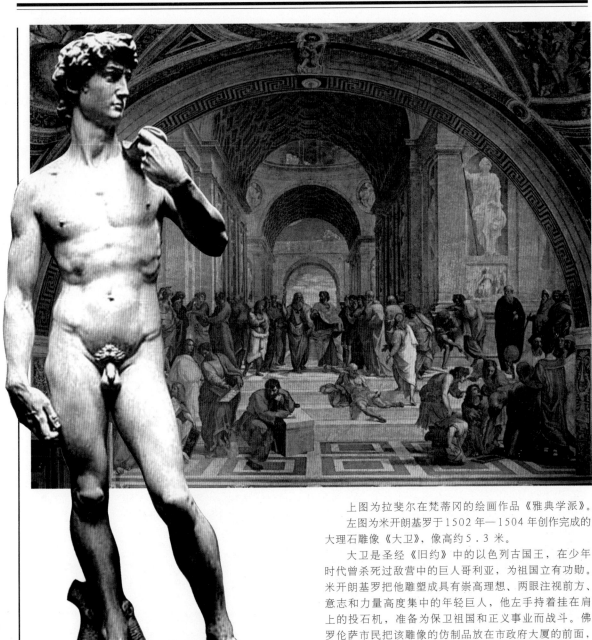

上图为拉斐尔在梵蒂冈的绘画作品《雅典学派》。

左图为米开朗基罗于1502年—1504年创作完成的大理石雕像《大卫》，像高约5.3米。

大卫是圣经《旧约》中的以色列古国王，在少年时代曾杀死过敌营中的巨人哥利亚，为祖国立有功勋。米开朗基罗把他雕塑成具有崇高理想、两眼注视前方、意志和力量高度集中的年轻巨人，他左手持着挂在肩上的投石机，准备为保卫祖国和正义事业而战斗。佛罗伦萨市民把该雕像的仿制品放在市政府大厦的前面，作为市民政治思想的象征。原作已移藏在佛罗伦萨美术学院。

拉伯雷

这幅版画描绘的是拉伯雷。

拉伯雷（1494年—1553年），文艺复兴时期法国文学家、人文主义者。1515年—1518年入修道院求学。后来，在圣方济会的一个修道院受任为神甫。

在修道院中，他除钻研法律、天文、医学、地理外，还热衷于学习古希腊文化。他同研究古希腊文化的人文主义者格罗穆·毕德建立了联系，受到他很大的影响。1523年，他的希腊文书籍被院方没收。他曾游历巴黎和其他文化中心城市。1530年，拉伯雷进入蒙帕利埃大学学医。次年，在里昂开业行医。此后，他利用行医之余，用法文写成长篇小说《巨人传》，共耗时20年。

✠ 印刷术在欧洲的出现

中世纪以前，欧洲的书或者是手抄的，或者是雕板印的，成本非常高，一般人根本买不起书。

大约在12世纪—13世纪，来自中国的活字印刷术经过阿拉伯人传到了欧洲。15世纪以后，欧洲就有人受中国印刷术的启发，研制印刷机，其中最为著名的人物是谷登堡。

谷登堡约于1394年到1399年间生于德意志的美因茨，早年当过金匠。1428年左右移居斯特拉斯堡。15世纪30年代，他在这里与人合作从事印刷业务，并在此探索活字印刷技术。他的合伙人去世后，他返回美因茨。其后在一名富有律师的资助下，用活字印刷技术印成了《圣经》。谷登堡造出的活字印刷机使用合金活字，他还研制成功了油脂性印刷油墨，设计出了金属活字的铸字盒和冲压字模。

在今天的电脑排版出现之前，世界各国的铅字印刷基本上都是建立在谷登堡印刷机基础之上的。

✠ 《巨人传》

《巨人传》共五卷，是法国文学史上第一部长篇小说。拉伯雷在书中通过两个巨人即卡冈都亚及其子庞大固埃的故事，以现实主义手法揭露了法国社会矛盾，提出了他的教育思想和理想社会。

《巨人传》的基本内容是描写巨人国王打败了外国入侵者，建立"德廉美修道院"，以酬谢一位有战功的修道士。拉伯雷通过描写庞大固埃寻找神瓶的经历，揭露了法国封建社会的黑暗和罪恶。他攻击教皇对人民的剥削和世俗统治机关对人民的搜刮。拉伯雷把"德廉美修道院"写成理想社会，在这里人与人之间互相信任，自由往来。

拉伯雷通过《巨人传》提出的人文主义教育原则是：教育应使人个性解放，多方面发展人的聪明才智，使人成为体格健康、求知欲强、学问渊博的"巨人"。拉伯雷提倡理性，反对神秘主义和愚民政策。他认为人具有战胜黑暗腐朽的巨大力量，但是，他把治理未来公正合理国家的愿望寄托于有教养的贤明君主身上。

《巨人传》揭露了天主教会的黑暗，抨击了中世纪教育的陈腐，宣扬了人文主义思想。因此，它被列为禁书，拉伯雷也被迫外逃避难。

中世纪德意志纽伦堡的一家印刷作坊。

✠ 莎士比亚

  莎士比亚（1564 年—1616 年），英国大戏剧家、诗人，出生于埃文河畔斯特拉特福镇的一个商人家庭。7 岁时进入当地圣十字文法学校，学习拉丁语、文学和修辞学。约在 1587 年，莎士比亚去伦敦，据说曾在剧院外边为上层观众看过马，后来在演出中担任过一些角色。他勤学苦练，注意观察社会生活，开始为剧团修改剧本，很快又自己编写剧本，在艺术上不断取得进步。1594 年起，他所在的剧团多次到宫廷里演出。此后一个时期他写了更多的剧本。

  长期的生活和创作实践使他成为一个大戏剧家。他在作品里塑造了丰富多彩的典型人物形象，刻画入微，语言生动。他赞扬统一，反对分裂；歌颂爱情自由，痛斥荒淫残暴、贪婪自私，表现了资产阶级的政治要求和人文主义思想。他还写了 154 首十四行诗和一些其他诗篇。主要代表作有《哈姆雷特》《罗密欧与朱丽叶》《威尼斯商人》《奥赛罗》《李尔王》《查理三世》《亨利四世》《皆大欢喜》《仲夏夜之梦》《第十二夜》等。

  现保存下来的莎士比亚的剧本有 37 部，长诗 2 首，十四行诗 154 首。西方文艺评论界把他同荷马、但丁和歌德并称为世界四大诗人。

塞万提斯

图为《堂吉诃德》的插图。

  塞万提斯（1547 年—1616 年），文艺复兴时期西班牙现实主义作家、戏剧家和诗人，出生于西班牙中部一个没落的贵族家庭。1569 年，他前往意大利，接受了人文主义思想的影响。1571 年，参加了西班牙、威尼斯同土耳其之间的勒班陀大海战，左臂残废。1575 年，他在回国途中被土耳其海盗劫去，囚居阿尔及利亚服苦役，五年半后才被其亲友赎出返国。塞万提斯后半生被生活所迫当过军需官和收税员，并被诬告盗用公款入狱，这些经历使他对西班牙社会现实有较多的了解。

  塞万提斯著有悲剧《努曼西亚》、短篇小说集《惩恶扬善故事集》、长诗《巴尔纳斯游记》等作品。他的代表作是长篇小说《堂吉诃德》，共两部，主要反映当时西班牙社会的黑暗、骑士阶层的没落、教会的专横以及人民的困苦。书中出现的人物包罗社会的各个阶层，共 700 多人。

伽利略

伽利略的肖像。

伽利略（1564年—1642年），意大利科学家、近代实验科学的奠基者之一，出生于比萨一个没落贵族家庭。

他做了大量的实验和研究工作，首次用自制的天文望远镜细心地观察了天体，宣告了和哥白尼学说完全相符的结论。伽利略把他在望远镜中所观察到的壮丽景象，到处宣传，并用观察到的事实和力学原理做了严密的论证，进一步维护和发展了哥白尼的体系。他还发表了《关于托勒密和哥白尼两大世界体系的对话》的巨著，从实践和理论的高度批驳了"地球中心说"。

伽利略的"异端"活动引起了教会的恐慌，于是他被送进了监牢，遭到审讯，以致被终身软禁。软禁期间，他继续研究物理学，写出《关于两门新科学的谈话和数学证明》。

❖ 哥白尼和《天体运行论》

哥白尼（1473年—1543年）出生在波兰托伦市的一个商人家庭。1491年，哥白尼进入克拉科夫大学学习。在那里，哥白尼开始钻研2世纪希腊天文学家托勒密的地心学说，并学会了用天文仪器观察天体。他大量阅读天文学、数学和哲学书籍。1506年，哥白尼在意大利留学后回到波兰，开始坚持不懈地逐日观察天象，记录数据，进行演算和分析。在此期间，他对托勒密的地心学说产生了怀疑。

哥白尼的肖像。

1510年前后—1530年，哥白尼写成《天体运行论》的手稿。在这部六卷的伟大著作中，哥白尼创立了"太阳中心说"。他提出地球是动的，不仅自转，而且和太阳系其他行星一道按各自的轨道绕太阳公转，月亮则是地球的惟一伴侣，绕地球旋转。由于教会压制科学研究，《天体运行论》的手稿直到他临死前才发表。

❖ 布鲁诺

布鲁诺（1548年—1600年），意大利著名思想家、学者，出生于那不勒斯附近的小镇，曾进入修道院，后因反对腐朽的教会而离开。他还在西欧许多大学担任过教师。

布鲁诺冲破反动教会的重重阻力，热情地宣传哥白尼的"太阳中心说"，通过《论原因、本原和同一》《论无限宇宙和世界》等著作，从多方面补充了哥白尼的学说。布鲁诺还直言不讳地讽刺了神学家的诡辩、伪善和暴虐无道，无情地揭露了教皇的滔天罪行。1592年，宗教裁判所将他逮捕，投入监狱。尽管遭到严刑拷打，布鲁诺从未放弃自己的坚定信念，因而于1600年3月17日被烧死在罗马的鲜花广场上。

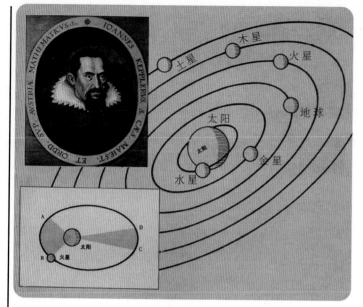

这幅17世纪的太阳系图是根据开普勒的行星运动三定律描绘的。行星按照自己独立的系统，在太阳引力的作用下进行运动；左上角为开普勒的肖像；左下角描述了开普勒的第二定律：如果火星从A运行到B，在相同时间里从C点运行到D点，那么CD间的距离要比AB间的距离短，但示意图中阴影部分的面积相等。

✠ 开普勒

开普勒（1571年—1630年），德意志天文学家，出生于贵族家庭，12岁入修道院。1587年入蒂宾根大学学习，成为哥白尼学说的拥护者。1600年—1612年间，在布拉格从事天文工作，后来又去奥地利。

开普勒著有《宇宙的神秘》《光学》《哥白尼天文学概要》《彗星论》等。经过对太阳系行星运动规律的长期研究，开普勒成功地描述了太阳系6大行星运动的规律，使计算行星轨道和位置的工作变得比较简单，从而修改了哥白尼的学说。他编制了到当时为止最精确的一份行星运动表：《鲁道夫星表》。该表于1672年出版，根据此表可以准确地计算出任何时刻行星的位置，此后的100多年间，天文学家和航海家一直使用此表。

哈维

图为哈维的肖像。

哈维（1578年—1657年），英国生理学家、血液循环的发现者，出生于一个富商家庭。1597年毕业于剑桥大学，后留学于意大利帕多瓦大学，获医学博士学位。1602年回国后，在皇家医学院执教，兼任英王詹姆士一世和查理一世的御医。

哈维在前人研究的基础上继续钻研，解剖了80多种动物。根据长期的观察和实验，发现了动物体内的血液循环系统，于1628年发表了《动物心血运动的研究》，为近代生理学的创立和发展作出了贡献。哈维的发现推翻了当时流行的古罗马医生盖伦对血液流动的线路和流动方式的错误论述。盖伦理论的核心是，人体的一切构造和生理机能都是被有意识、有目的安排的。这种神秘的"目的论"被基督教会奉为经典，认为这是上帝意志的体现。

哈维的杰出发现，沉重地打击了基督教会和神学思想，开辟了生理学研究的新纪元。

专题二：　新航路的开辟

✠ 航海技术与海上武器

12世纪末—13世纪初，中国发明的罗盘针由阿拉伯人传入了欧洲，并被欧洲人运用到了航海上，再加上欧洲人这时已经在船尾上安装了舵，于是航海效率大大提高。

14世纪，葡萄牙人改造了阿拉伯人的三角帆，使船身增大了，速度加快了，操纵也更加灵活了。另外，改进了的帆船又可减少100～200个划手，相应地减少了这些人力所需要的粮食，因而也更经济了。

在造船技术方面，葡萄牙能建造多桅大帆船，并在船的中间主桅上挂上更多的帆，以适应不同的风向和海流。到1500年，欧洲人已经能建造结构坚实、船身更大的海船，这些船拥有强大的龙骨、坚实的肋骨和双橡木船壳板，足以经受得起远洋航行的考验。

1485年，葡萄牙人第一次使用星盘，以确定船的位置，以后又陆续出现了其他仪器。

14世纪，欧洲绘制地图的技术已相当发达，开始出现标明海岸线和港口位置的航海图。

15世纪，欧洲的战舰上装备了大炮，但这种大炮仍是小型的，不能打破敌舰的舰体，而且由于太笨重，无法把它运上军舰。

16世纪20年代，欧洲人铸成的新型大炮有5～12英尺长（1英尺等于0.3048米），发射的圆型炮弹（先是石弹，后来是铁球）重50到60磅（1磅等于0.4536千克），在射程300码（1码等于0.9144米）中能击破敌舰的舰身。这种大炮可以安装在军舰上，容易操纵，在新设计的军舰上多的可载40门大炮。

航海技术的改进，海战战术的变化，为新航路的开辟提供了有利条件，也使处于海外扩张时期的欧洲国家凭借着"船坚炮利"，征服一个个国家和地区。

西班牙人制作的航海用的星盘。它可以确定星星的位置以及船只与地平线的距离。

地圆说

这幅15世纪绘制的肖像画表现的是希腊裔埃及天文学家、地理学家托勒密。

古希腊地理学家早已提出地圆学说。早在公元前3世纪，埃拉斯托塞尼斯就认为地球是圆的，地球上的海洋实际是连成一体的。他第一个提出向西航行可以到达印度。

公元2世纪的天文学家托勒密也提出地圆说。他们都推算过地球的周长。1410年左右，托勒密的《地理学》被译成拉丁文，"地圆说"因此流传更广。当时绘制的地图就把中国和印度画在大西洋的对岸，表明向西航行可以抵达这两国。

但是在当时许多人想来，地球还是有边缘，有尽头的，直到麦哲伦船队的航行最终证明"地圆说"之正确。

✛ 迪亚士

迪亚士（1450年—1500年），早年事迹不详，当过王室的骑士或随从。

1487年8月，迪亚士奉葡萄牙国王约翰二世之命，在前人探航的基础上，继续沿非洲西海岸向更远的南方推进。船队从里斯本出发，将近非洲西南端时，遇到风暴，船只被吹离海岸，向南漂去，达13天之久。风暴平息之后船队转向东北方向航行，这时船队进入了印度洋，在非洲南部登上海岸。继续向东航行了一段路程之后，因船员们要求回国，迪亚士不得不返航。1488年2月3日，在归途中迪亚士见到非洲西南端的尖角，恰巧此时又遭遇风暴，因此他称这个尖角为"风暴角"，这就是现在的好望角。

1488年12月，迪亚士返回里斯本。公元1500年，他又随同船队远航巴西，离开巴西以后，又前往好望角，在好望角附近的海面上因遇风暴而死。

✛ 达·伽马

达·伽马（1469年—1524年），出身于葡萄牙的一个贵族家庭，自幼在海边长大，喜欢听航海故事和有关非洲西海岸的见闻。他努力学习数学和航海知识，准备投身于航海活动。

1497年7月，达·伽马奉葡萄牙国王埃曼努尔一世之命，从里斯本出发，远航印度，以便插手印度洋的贸易活动。到达非洲东海岸的马林迪之后，他得到一名阿拉伯领航员的领航，顺利东渡，并于1498年5月到达印度洋西岸的卡里库特。在那里，他同当地首脑商谈贸易问题，由于阿拉伯人的阻挠，没有取得进展，便于8月返航，在第二年9月回到里斯本。1500年，他再次率领船队，带着大炮、士兵前往印度。到达之后，葡萄牙人炮轰卡里库特海港，击毁了印度和阿拉伯的船队，从而打破了阿拉伯人在当地的垄断地位。之后，达·伽马于1503年底回国。1524年被任命为驻印度总督，并第三次赴印度，但到任不久就死去。

右图为葡萄牙陶碗。碗上画的是高甲板的武装商船。

新航路开辟前的主要商路

早在中世纪后期，西欧人就享用来自东方国家的香料、丝绸、宝石等物品，来自中国、印度、阿拉伯地区的东方商品在欧洲价格昂贵，所以贩运起来十分有利可图。

当时的主要商路有三条：第一条是陆路，由中亚沿里海、黑海到小亚细亚，然后转往欧洲；第二条是由海路进入波斯湾，再经两河流域到地中海东岸的叙利亚一带；第三条是先由海路到红海，再由陆路到埃及的亚历山大港。这三条商路都以地中海东部一带为贸易中心。

15世纪，奥斯曼土耳其帝国兴起，阻断了东西方陆路贸易的通道，使欧洲市场上的东方商品价格猛涨。欧洲人迫切需要寻找一条通往东方的新航路。

✠ 哥伦布

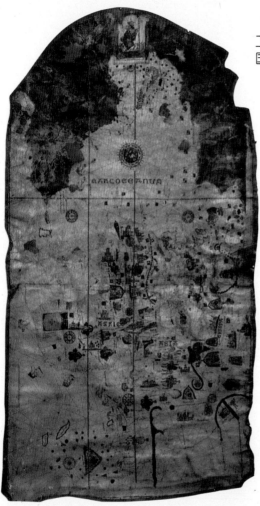

上图为西班牙制图者科萨·胡安绘制的第一幅新大陆地图，历史可上溯到公元1500年。

哥伦布（1451年—1506年），出身于热那亚的一个织工家庭，早年在地中海上当过海员，后来随船队到过英国、冰岛、今天的几内亚海岸等地。

1484年，哥伦布请求葡萄牙国王约翰二世资助他的航行，遭到拒绝。两年后，他请求西班牙王室资助，但是直到1492年，西班牙国王斐迪南和王后伊莎贝拉才批准了他的计划。

1492年，哥伦布率88人的船队从西班牙的帕洛斯出航后，10月到达巴哈马群岛中的一个小岛（过去一般认为这个小岛就是今天的华特林岛，近来有人认为是萨马纳礁石岛），他手持西班牙王室旗帜登陆，称它为圣萨尔瓦多岛，意思是"救世主"，并且宣布该岛归西班牙所有。之后，船队继续前行，10月底抵达古巴，12月初到达海地。在海地，哥伦布留下39人建立殖民据点，搜寻金矿，自己带着其余的人于1493年1月返航。

这年，哥伦布又率领船队第二次远航美洲，这次随船带去各行各业的人，如教士、战斗人员、农民、工匠等1000多人，还带去了种子、牲畜和工具。他们在海地建立了一个新的殖民据点。此后，哥伦布还考察了古巴南部沿海和牙买加等地。1496年，哥伦布留下他的兄弟管理殖民地事务，自己返回了西班牙。1498年—1500年，哥伦布第三次去美洲，并发现了南美洲北边的特立尼达岛等地。1502年—1504年，他第四次西航，考察了洪都拉斯海岸和巴拿马地峡一带，向居民换得一些黄金。但他的考察成果和最后带回的黄金未能引起西班牙当局的重视。过了两年，体弱多病的哥伦布抑郁而死。

✠ 美洲大陆名称的由来

把哥伦布所到的地方确定为新大陆的是佛罗伦萨人亚美利哥·维斯普奇。

1499年，亚美利哥·维斯普奇随同西班牙考察船到西印度群岛一带考察，发现并探测了南美洲的亚马逊河河口，接着沿海岸向东航行，到达南美洲东北角一带。1500年亚美利哥·维斯普奇返回西班牙，1501年又由里斯本出发，沿南美洲东海岸向南航行，进行考察。这次航行，发现了拉普拉塔河河口，并到达南纬约50度之远。亚美利哥·维斯普奇确定哥伦布所到的地方不是亚洲，而是一块"新大陆"。

1507年，德意志制图学家瓦尔德塞缪勒制成附有短文说明的世界地图，并在说明里第一次称这块大陆为亚美利加。亚美利加一词由亚美利哥转来，后来成为美洲的名称。

✠ 麦哲伦

麦哲伦（约1480年—1521年），出身于葡萄牙一个没落的贵族家庭，二十几岁就开始参加远洋航行，曾随葡萄牙船队到过印度、马六甲等地。他相信"地圆说"，认为从大西洋西航可以到达东方。

他曾向葡萄牙国王提出绕过南美大陆直航亚洲的计划，未被采纳，后来得到西班牙国王查理一世的资助，于1519年始航。

麦哲伦率265名船员从西班牙的桑卢卡尔出发，横渡大西洋后，沿南美海岸南下，10月下旬到达今天的麦哲伦海峡，由此进入太平洋。在此后的漫长航行中，麦哲伦一行历尽艰苦，船员因败血病大批死亡。1521年3月，船队抵达菲律宾群岛。麦哲伦想利用当地的部落冲突征服诸岛，结果自己在冲突中被杀。剩下的船员继续航行，来到摩鹿加群岛。在那里，很多船员被葡萄牙当局囚禁，最后只剩下4人，绕道非洲，于1522年9月返回西班牙。

这次环球航行为"地圆说"提供了确凿的证据。随麦哲伦远航的威尼斯贵族皮加费塔写成的《首次环球航行记》是关于这次航行的珍贵史料，后来被辑录成书出版。

"麦哲伦海峡"

1520年10月，麦哲伦的船队在南纬52度处发现了一个海峡，这个海峡忽窄忽宽，波涛汹涌，河口犬牙交错，布满了岛礁和浅礁。麦哲伦凭着毅力和勇气在这个长达550千米的海峡迂回航行38天后，终于走出海峡西口，见到了浩瀚的大海。为了纪念麦哲伦这次探行的功绩，后人把这条海峡命名为"麦哲伦海峡"。

船队在这片大洋中航行了3个月，海面一直风平浪静。因此，人们就叫这片大洋称为"太平洋"。

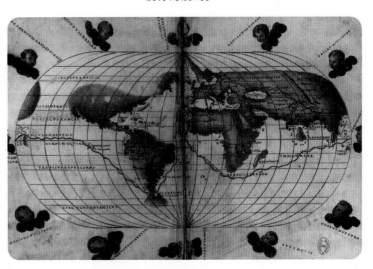

这幅由巴蒂斯塔·阿格尼斯在1540年绘制的世界地图标明了麦哲伦第一次环球航行的航线。

"价格革命"

新航路开辟以后，由于美洲白银大量流入西班牙等欧洲国家，致使这些国家出现货币贬值，物价上涨，投机诈骗等现象。物价猛涨对欧洲国家的社会发展产生深远影响，因此被称为"价格革命"。

"价格革命"严重损害着封建地主和雇佣工人的利益。按传统方式收取定额货币地租的封建地主，他们的实际收入因货币贬值而减少，陷于贫困破产。由于国家为保护雇主的利益，一再颁布限制提高工资的法令，致使城乡的雇佣工人工资的增长幅度赶不上物价的上涨幅度。

在"价格革命"中获利最大的是手工工场主、资本主义农场主、按资本主义方式经营农牧场的新贵族，还有缴纳定额货币地租的富裕佃农。他们既能够更廉价地购买劳动力，又有大量产品高价出售。

"价格革命"初步理顺了英法等国家从自然经济向商品经济转变时期的价格体系。因此，在英法等国内，"价格革命"加速了封建制度的衰落和资本主义的兴起，促进了商品经济的发展。

但在西班牙国内，由于封建贵族只顾加强封建剥削，从殖民地掠夺的贵金属并没有用于扩大工农业生产，而是把大量财富用于军事、政治活动和奢靡享受上，因此西班牙从美洲殖民地运回的金银很快就转到其他国家的供应者和债权人手中，他们所开辟的殖民地市场，也被英法等国的商品占领。

到了16世纪，货币已经用于更广泛的交易中。银行汇票、信用证和汇兑票据渐渐被人们接受。在这同时，投机和诈骗也大行其道，许多投机商人正如这幅题为《钱商和他的妻子》的画所表现的那样，发了横财。

✠ "商业革命"

新航路的开辟引起了欧洲的"商业革命"。其表现为：世界市场的扩大，流通商品种类的增多，商路贸易中心的转移以及人类眼界的开阔。

新航路的开辟，使世界原来互相隔绝的一些地区沟通起来，联系加强，欧洲同亚、非、美洲的贸易日益发展，世界市场扩大了。

市场的扩大使很多新产品越来越多地出现在各国市场。如美洲的玉米、马铃薯、烟草、可可等特产传到了亚、非、欧各洲，而非洲产的咖啡也成了欧美人的日常饮料。

新航路开辟后，世界贸易中心从地中海沿岸转移到了大西洋沿岸，北海两岸的港口，占据着海上贸易的中心地位。同时，由于船队的远航探索，世界大部分的主要海岸线基本摸清，人们对世界有了更深入全面的了解。

✠ 葡萄牙的殖民活动

从15世纪早期起，葡萄牙人便在非洲西海岸建立殖民据点。16世纪初葡萄牙在非洲东海岸开辟了商战。1500年宣布南美洲东部归葡萄牙所有。1507年—1511年间，占据了红海口的索科拉特岛，1514年又占据了波斯湾入口处的霍尔木兹。1510年，葡萄牙强占了印度西海岸的果阿，把果阿作为在印度洋上进行侵略的主要根据地。1511年占领马来半岛南部的马六甲，5年之后来到中国珠海，遭到痛击之后又来到广东，并于1553年骗取了在澳门的居住权，开始对澳门实行殖民统治。1532年葡萄牙在巴西建立永久性殖民据点，以后又在短期内占领了巴西的广大土地。

从15世纪末—17世纪初，葡萄牙殖民者从非洲运出黄金27.6万千克，抢走马六甲约100万金币的财富。15世纪40年代，葡萄牙人便从非洲运黑人到欧洲当奴隶。他们还从印度廉价地贩运香料、大米、糖、丝织品、宝石、珍珠，从中国和日本贩运茶叶和瓷器，然后运到欧洲高价出售。

✠ 西班牙的殖民活动

哥伦布登上美洲大陆之后，其所到之处都被划为西班牙的据点。西班牙以西印度群岛为基地，向美洲大陆扩张。1519年，侵入墨西哥。1532年侵入秘鲁。16世纪中期先后在今天的智利、哥伦比亚、阿根廷、巴拉圭等地建立据点。1565年在北美的佛罗里达和亚洲的菲律宾建立起据点，并逐步占领了大部分菲律宾群岛。到16世纪中期，自墨西哥向南的美洲广大内陆地区，除巴西以外都基本上成为西班牙的殖民地。

在拉丁美洲，西班牙殖民者强迫印第安人开采金银矿，到16世纪末，西班牙所拥有的贵金属量已占世界总开采量的83%。另外，殖民者还从这里贩运可可、糖、烟草、棉花、宝石、珍珠等特产。在西印度群岛，殖民者大量屠杀印第安人，到1548年海地只剩下了500个土著人，而古巴和牙买加的原有居民几乎已经灭绝。

为补充美洲的劳动力，西班牙殖民者从16世纪初就开始贩卖非洲黑人到美洲。

西班牙在美洲的殖民统治

西班牙的美洲殖民地分为几个总督辖区，其总督由西班牙国王任命，并代表国王在殖民地行使大权。

西班牙在马德里设立西印度事务委员会，负责制定殖民地政策。西班牙王室宣布，殖民地全部土地归西班牙王室所有，印第安人为国王的臣民。1503年，王室又将殖民地土地交给那里的官吏和教士管理，使他们的地位类似于中世纪的封建领主。

经济上，西班牙人在美洲竭力扩大甘蔗、棉花、烟叶等经济作物的生产，以便输出欧洲市场。但为了保证西班牙本土葡萄酒与橄榄油在美洲市场的销售，他们又限制和禁止美洲种植葡萄、橄榄等。美洲因此逐渐形成单一产品制。西班牙还对殖民地的贸易进行垄断，规定殖民地的一切进出口货物须由西班牙船只装运。

这幅16世纪的版画描绘的是一些商船即将离开葡萄牙里斯本，驶往西印度群岛、北美洲和巴西。

专题三：　英国资产阶级革命

新贵族

这幅1520年的版画描绘了农民秋收的场景。在收获季节，人们要还债，要到集市上交易，要交税，还要为过冬做准备。

在圈地运动中，那些因为养羊而发了财的贵族地主被称为新贵族。马克思指出："这个和资产阶级有联系的大土地所有者阶级……与1789年的法国封建地主不同，它对于资产阶级的生存条件不但不加反对，反而完全抱宽容的态度。这个阶级的地产事实上不是封建性的财产，而是资产阶级性的财产。这些土地所有者一方面供给工业资产阶级以手工工场所必需的劳动力，另一方面又能使农业的发展与工商业状况相适应。这就使土地所有者和资产阶级有共同利益，这就使土地所有者和资产阶级结成联盟。"

✠ 圈地运动

新航路开辟以后，英国处于大西洋航运的中心线上，海外活动更加便利。英国积极开拓海外贸易，推动了传统工业如制呢业的迅速发展。

15世纪时，欧洲的呢绒工业达到了一个全盛时期，羊毛原料的需求量特别巨大，市场上供不应求。羊毛需求量的激增，刺激了羊毛价格的大幅上涨。饲养羊群和生产羊毛的收益超过种植业收入的一倍以上。和农耕相比较，牧养所需的劳动力少，几个人就可管上千只羊，成本也很低。因此，养羊业成为当时极为有利可图的行业。

养羊需要土地做牧场，大规模养羊更需要大片的土地。在英国，早期的封建庄园土地是条形的，为了便于管理，又开始合并条形地。13世纪—15世纪，合并条形地采取了买卖、转租和协商等方式。那时的耕作方式以农业为主，辅之以牧业，合并集中起来的土地，需要用树篱、栅栏和石块等围圈起来，以防家畜进入，同时起到了防风作用，于是有了圈地的说法。

15世纪70年代，随着英国手工工场的迅速发展，圈地便形成了一个运动。在利益的驱使下，越来越多的贵族地主开始圈地养羊。他们首先圈占公用土地，如草地、田林、沼泽。后来，他们又把农民的短期租地以及世袭租地也圈占起来。他们铲除田地之间以前的界线，赶走原来的农民，拆毁农民的小屋，让大片土地生长牧草。他们或者雇牧羊人饲养大群绵羊，或者高价出租牧场，让别人养羊。农民失去了赖以养家糊口的土地，只得扶老携幼，向着陌生的地方流浪。

圈地运动导致了当时英国社会秩序的混乱，国家的兵员和税收大为减少，有钱有势的富人们的安全直接受到了威胁。英国国王一度颁布法令，禁止圈地。但反圈地法毫无实效，成了一纸空文。于是英国统治者转换角度，颁布了一系列血腥法令，禁止农民流浪。1530年，亨利八世规定：外出乞讨的人必须持有乞食特许证，这种证只发给那些年老体弱伤残者。凡流浪汉身强力壮，一经发现，一律逮捕，拴在马车上鞭打，然后再迫使他写出志愿劳动

的誓言，遣送回原籍。后来，亨利八世又规定，凡第二次被捕者，除鞭打外，还要割掉半个耳朵，如果第三次被捕，就要处以死刑。到了爱德华六世时，其惩治流浪农民的法令更加严峻。他规定凡一个月之内没有找到工作的乞食者，将成为告发者的奴隶，主人可强制他从事任何劳动，并有权转让或出卖。凡逃亡达 14 天以上者，被判为终身奴隶，并在额上或背上烙上"Ｓ"的印记。三次逃亡的奴隶处死。

这就是历史上被称为"羊吃人"的圈地运动。圈地运动通过赤裸裸的暴力手段，迫使劳动者与土地相分离，将农民的土地转化为资本。同时，又通过国家立法，迫使失去土地的农民成为工场手工业的廉价劳动力，从而为英国资本主义发展创造了必要前提。漫长而又残酷的圈地运动从 15 世纪下半期开始到 18 世纪，持续了 300 多年，成为英国资本原始积累的重要手段，加速了英国资本主义的发展。

这幅画名为《安德鲁先生和夫人》，是托马斯·庚斯博罗于 1748 年所作。它反映了英国臣民的财富和社会地位。在画中人物的后方是一大片的圈地，羊群若隐若现。

"条田制"

这幅16世纪的插图，描绘的是收麦期间农民劳动和休息的场景。

西欧农村在中世纪时，耕地呈现出条块分割状，称为"条田"。大大小小的土地占有者在其中占有一条或若干条土地，这样的土地布局称为"条田制"。在"条田制"下，耕种与收割的日期，都是由村民先开会决定。收割完毕后，村民有权在地里捡拾麦穗和放牧牲畜。这样的共耕制度不利于那些勤劳能干的农民发挥自己的生产积极性。由于土地比较分散，划分条田的田埂更造成土地的浪费。同时，也不利于经营管理。由于条田都很窄，只能顺犁顺耙，所以不利于土壤的改良。而且，耕种时，邻近的土地可能被牲畜践踏，引起纠纷。从水利建设来说，不便于单位生产者独立采取排灌措施。从牲畜方面来讲，全村的牲畜集中在一起放牧，容易引起牲畜传染病的传播，并且由于草料不足，使得牲畜营养不良，牲畜的自行杂交也不利于改良畜种。

"贞洁女王"伊丽莎白一世的肖像画。伊丽莎白·都铎是亨利八世的次女，她于1558年—1603年继任英国女王，在她统治的时期，英国成为了世界强国。

✠ 斯图亚特王朝

英国都铎王朝(1485年—1603年)末代女王伊丽莎白一世死后，因无子女而由表亲苏格兰国王詹姆士·斯图亚特于1603年继承英国王位，称詹姆士一世。由此斯图亚特王朝开始统治英国。

资产阶级革命爆发后，英国王室经历了反复的动荡。

1688 年发生了宫廷政变，议会把詹姆士二世的女儿、信奉新教的玛丽和她的丈夫、荷兰执政奥伦治亲王威廉迎接到英国继承王位，从此建立起资产阶级—新贵族的君主立宪政体。1701 年，议会通过了《王位继承法》，规定：因威廉和玛丽没有子女，威廉死后，王位由詹姆士二世的幼女、信奉新教的安妮继承。

安妮死后无嗣，王位传给詹姆士一世的孙女、汉诺威选侯之妻索菲娅。索菲娅的儿子成为乔治一世（1714 年—1727 年在位）。自此，汉诺威王朝取代了斯图亚特王朝。

✤ 早期英国议会

17 世纪的英国议会，包括上议院和下议院。上议院是由根据世袭权利而取得这种位置的世俗贵族和非世袭的教会高级人士组成的。大部分的议员都从斯图亚特王朝取得称号和职务，斯图亚特王朝可以指望他们的支持。

下议院是一个选举出来的机构。他们是由各个郡年满 21 岁、从地产上每年获得 40 先令以上收入的男子选举产生的。在斯图亚特王朝时代，由各郡选入议会的是中等贵族和大贵族，包括旧的封建贵族和新的资产阶级化的贵族，还有在某种程度上与土地占有有一定关系的资产阶级。

随着新贵族和资产阶级的利益同封建君主和封建贵族的利益开始发生分歧，反对派在议会里也日益增大。

✤ 苏格兰人民起义

1603 年以后，虽然苏格兰与英格兰两国共戴一主，但苏格兰在内政和宗教上仍保持一定的独立性，卡尔文教的长老会对国王实行监督。

1637 年 7 月，查理一世强令苏格兰接受英国国教的主教制、礼拜仪式与公祷书，目的是把专制统治推行到苏格兰，引起苏格兰人民的愤怒。1638 年，苏格兰的贵族和资产阶级发动了反英战争，并于 1639 年攻入英格兰北部，击溃了英军。

詹姆士一世

詹姆士一世肖像画。

詹姆士一世（1603 年—1625 年在位）统治英国（英格兰和苏格兰），依靠封建贵族和国教教士来加强封建专制统治。

他宣扬君权神授，宣称：国王是上帝派到世间的最高权威，有无限的权力。他把英国国教作为封建专制的精神支柱，并极力迫害清教徒，曾三次解散议会，直接开征新税，提高关税，并强制发行公债，还实行肥皂、纸张、盐、煤等的专卖权，甚至卖官鬻爵。

詹姆士一世不关心英国的海上贸易，忽视建立海军。这些政策严重阻碍了资本主义工商业的发展，引起了资产阶级和新贵族的强烈不满。

克伦威尔

克伦威尔像。

克伦威尔（1599年—1658年），英国资产阶级革命的领袖。17岁进入剑桥大学，后在伦敦学习法律。1628年、1640年，他两次当选为议会议员，在1640年的新议会中，他参加起草了《大抗议书》，反对君主专制，主张保护资产阶级和新贵族的利益。

1642年，内战爆发后，克伦威尔站在议会方面，以自己组织的"铁骑军"屡建战功。1649年5月，宣布英国为共和国。克伦威尔为了巩固资产阶级新贵族的专政，对内他一方面击退王党分子的复辟活动，一方面又镇压了小资产阶级民主派、平等派和农民的掘地派运动。在国外，他把侵略矛头指向爱尔兰，同时兼并苏格兰。1652年—1654年，克伦威尔又打败荷兰，使英国控制了海上贸易。1653年7月，克伦威尔取消议会，并宣布自己为"护国主"，共和国名存实亡。克伦威尔的独裁统治激起人民的反抗。1658年9月，克伦威尔在危机四伏中病逝。

这一版画描绘了查理一世上刑场的情景。

✠ 查理一世

查理一世于1625年继承王位。他是个王权无限论者，对议会提出限制王权的《权力请愿书》非常不满，1629年他下令解散议会。他用逮捕、监禁和大量罚金来镇压敢于反对他的人。他模仿法国和西班牙大陆的君主制，力图为自己建立不依靠议会的常备军。他还采取措施，打击资本主义工商业，并迫害清教徒。1640年4月，为筹措军费，镇压苏格兰起义，查理一世被迫召开中断了11年之久的议会，5月又将其解散（史称"短期议会"）。同年11月，查理一世被迫再次召开议会，议会决议处死查理一世的两个宠臣，向国王公开挑战。这次议会的召集，被视作英国资产阶级革命的开始。1642年8月查理一世发起内战，讨伐议会。1648年8月底被克伦威尔领导的议会军彻底打败。内战结束后，查理一世被监禁。法庭判决他为暴君、叛国者。1649年1月30日，查理一世在王宫广场被斩首。

✠ 两次内战

　　第一次内战（1642年—1646年）分为两个阶段：第一阶段从1642年—1644年夏，军事主动权基本上掌握在国王手中，议会当时主要处于防守地位。第二阶段从1644年夏—1646年，军事主动权完全转到议会手中。

　　1642年8月，查理一世在诺丁汉城堡升起国王的军旗，宣布讨伐议会，发动内战。10月23日，发生了厄其山战役，议会军司令埃塞克斯伯爵放弃了彻底打击王军的机会，使国王能够在距离伦敦只有80.5千米的牛津建立大本营。1643年夏季，议会军一再失利。1643年秋，国王派军队从三方面向伦敦进攻，伦敦的安全受到威胁。8月初，由手工业者、帮工、学徒组成的伦敦民团奋起出击，附近农民武装也开来支援，这才减轻了对伦敦的压力，挽回了局势。1643年10月11日，克伦威尔所率领的由自耕农组成的骑兵在温斯比附近获得了重大胜利。

　　1644年7月2日，马斯顿荒原战役打响。这是内战以来最大的一次战役，克伦威尔所率的议会军取得了胜利，但是南方和西方的议会军却遭到了惨败。议会不得不通过彻底改组军队的计划，规定建立统一的、正规的"新模范军"，由国家供养，实行统一指挥。"新模范军"是由各郡招募的人组成的军队，纪律严明，作战勇敢，具有很强的战斗力。1645年6月14日在纳西比附近的一次战役中，"新模范军"一举击溃王军。国王只身逃跑，并于1646年5月5日向苏格兰投降。1647年1月，议会以40万镑的代价把查理买回软禁起来。1647年11月，查理一世逃往怀特岛，胁迫郡长叛变未遂被拘。他和苏格兰倾向王党的右翼秘密勾结，并煽动各地王党叛乱。

　　1648年春发生第二次内战。3月到5月，王党在伦敦、威尔士、肯特郡等地制造暴动，苏格兰军也从北部入侵。此次军事行动是在三个孤立的地区：东南部、西部（包括威尔士）和北部展开的。克伦威尔率领议会军镇压了东部、西部的叛乱以后，向北挺进，迎击苏格兰的军队。1648年8月17日，克伦威尔在浓雾的掩护下从侧翼进攻苏格兰军。苏格兰军惨败，1万人被俘，其余向北逃跑。到8月底，第二次内战结束。

查理二世

查理二世像。

　　查理二世为查理一世之子，1646年逃亡国外。苏格兰和爱尔兰的王党分子拥护他为国王，以他的名字为号召，进行复辟活动。

　　克伦威尔死后，其手下大将蒙克于1660年支持查理二世复位。查理二世在其主要顾问海德帮助下，于1660年4月4日发表《布雷达宣言》，表示愿实行大赦，容许宗教信仰自由，公平解决土地纠纷，全部支付拖欠的军饷。

　　同年5月8日，议会通过决议，宣布查理二世为英国国王。查理二世于5月29日登上王位，斯图亚特王朝复辟。不久，查理二世即全面恢复专制统治，并进行血腥的反攻倒算活动。他还用国库开支收购国王与教会在革命时期所损失的土地。他在位期间曾两次发动对荷兰的战争，夺取荷兰在北美的殖民地，并联合信仰天主教的法国，答应在英国恢复天主教。

威廉·奥伦治

威廉·奥伦治（1650年—1702年），生于尼德兰，信奉新教。22岁任尼德兰执政。5年后娶詹姆士二世（当时为约克公爵）之女玛丽为妻。

1688年6月，英国议会决定迎立他为英国国王。同年11月初，威廉率领一支1.5万人的军队和600艘舰船在英国西南海港托尔贝登陆，向伦敦挺进。英国的资产阶级、新贵族，甚至国王的部分大臣和军队都表示支持威廉。詹姆士二世众叛亲离，逃往法国。1688年12月18日威廉进入伦敦。这就是1688年政变，或称"光荣革命"、"不流血的革命"。1689年2月，议会宣布威廉为英国国王，称威廉三世。其妻为英国女王，称玛丽二世。

威廉·奥伦治在位期间，颁布《权利法案》，保障议会权利；采取保护关税政策，鼓励国内工农业发展；将爱尔兰变为英国的殖民地；长期与法国进行竞争。

这是一尊上釉的陶制威廉三世半身塑像。

✠ 英国的君主立宪制

英国的君主立宪制是英国"光荣革命"后建立起来的国家体制，是资产阶级民主制政体类型。

大约在13世纪中期，贵族在同英王亨利三世的斗争中获胜，成立议会。13世纪末以后，议会经常召开，议员由贵族、市民和骑士组成，由于各个阶层的利益不同，常常不在一起开会，14世纪以后，议会逐渐分成上下两院。此后，下议院的权力不断扩大，15世纪末，下议院已经有提出财政议案权和法律议案权。但是，这一时期议会仍然是封建性质的等级代议机构。

英国资产阶级革命前后，议会成为资产阶级同代表封建势力的斯图亚特王朝斗争的政治中心。"光荣革命"以后，议会相继通过《权利法案》和《王位继承法》，从法律上确认"议会主权"原则，进一步限制王权。未经议会同意，国王不得擅自批准法律、废除法律或中止法律的实施；并规定，国王必须信奉英国国教，天主教徒或同天主教徒结婚者不得继承王位。由此，英国议会制君主立宪政体初步确立。在这种政体下，君主是名义上的世袭国家元首，就法律地位而言，国王可以任免首相、政府大臣、法官，召集和解散议会，批准和公布法律，统帅军队、宣战和媾和等。英国国王还是英联邦的元首。

但实际上，立宪君主处于统而不治的地位，其国家的象征性的地位更为突出。国家权力中心在议会，主要在下议院。议会的主要职权有立法权、财政权和对行政的监督权。表面上，议会通过的法案要经过国王批准，但这只是一种形式。18世纪以来，英王从来没有否决过议会通过的法案。

自19世纪中期以来，英国的君主立宪制逐渐保守，议会的作用下降，国家的权力中心逐渐转移到内阁和首相手中。

专题四： 欧洲殖民主义的扩张

这是一幅反映17世纪西班牙阿尔瓦公爵暴政的寓意画，画中的阿尔瓦公爵正在给代表荷兰各省的人物戴枷锁。

✠ 尼德兰革命

"尼德兰"一词的原意为"低地"。该国家位于欧洲西部，领土相当于今天的荷兰、比利时和卢森堡等地，原属神圣罗马帝国，1566年开始成为西班牙属地。新航路开辟以后，欧洲商业中心从地中海转移到大西洋，尼德兰的资本主义经济发展很快。由于受到西班牙封建专制统治和天主教会的压迫，阶级矛盾和民族矛盾日趋尖锐。1566年，尼德兰爆发了革命，反对西班牙专横统治的独立斗争开始了。

面对西班牙的残酷镇压，尼德兰许多工人、手工业者、农民进入密林深处，称为"森林乞丐"，时时出击小股敌军，惩办反动官吏和天主教神甫。许多水手、码头工人、渔民出没于辽阔的海上，称为"海上乞丐"，袭击西班牙的船只和沿海据点。1572年，北部的荷兰几乎全部解放，奥伦治亲王威廉被推为荷兰总督。后来，尼德兰南部人民也推翻了西班牙的统治。南北联合，宣布废黜西班牙国王腓力二世，成立联省共和国。由于荷兰的经济和政治地位最为重要，联省共和国亦称荷兰共和国。尼德兰与西班牙之间的斗争仍在进行。1609年，西班牙国王腓力三世同联省共和国签订《十二年停战协定》，承认了荷兰的独立。但尼德兰南部仍处在西班牙的统治下。

"无敌舰队"之战

1588年5月，西班牙派出庞大的"无敌舰队"于7月下旬从西班牙一个港口出发，驶向英吉利海峡。它计划到尼德兰南部去装载那里的西班牙军队，渡过海峡，直捣英国首都伦敦。"无敌舰队"包括130艘战船，载有2万多名水手和士兵。虽然舰队庞大，但船体笨重，调动不灵，而且大炮射程短，舰队统帅也缺乏经验。

面对强敌，英国早已作好迎战准备，组成了拥有197艘战船的舰队。英国战船低小，轻便灵活，容易操纵，舷侧配有远射程的轻型大炮，火力猛烈。英国的水手和士兵大多富有经验。舰队军官多年从事海上活动，能指挥自如，充分发挥英国舰队机动灵活的优势。

从7月31日到8月4日，"无敌舰队"同英国舰队发生了3次战斗，经受英舰炮火的轰击，虽然仍能保持严密的队形，却始终处于被动挨打的地位。"无敌舰队"好不容易到达法国加来海面抛锚，等待装运尼德兰南部的西班牙军队，但军队迟迟未到。8月7日—8日半夜，英国舰队派出的6艘纵火舰驶进加来港，"无敌舰队"被迫松锚，从而乱了阵势。第二天，英国舰队发起攻势，重创"无敌舰队"。正在此时，西北风骤起，"无敌舰队"借风逃脱。最后它向北绕过苏格兰，到爱尔兰，经大西洋回西班牙。到达时，仅剩大约一半的舰只了。"无敌舰队"的溃败，标志着西班牙海权的衰落。英国开始掌握海上霸权，为它夺取殖民地提供了条件。

商业垄断公司

这幅油画描绘的是17世纪早期，荷兰东印度公司的船队满载香料和其他贵重商品从东方返回阿姆斯特丹港口的场景。

商业垄断公司是英、荷、法在海外进行殖民的主要组织。这3个殖民国家除建立了"东印度公司"以外，重要的还有17世纪建立的英国向北美殖民的"伦敦公司"和"扑次茅斯公司"；法国向北美殖民的"西印度公司"；荷兰向美洲殖民的"西印度公司"。

英、荷的商业垄断公司从本国政府获得广泛的权利，除进行贸易和殖民的特许权以外，还拥有建立海陆军、管理殖民地、建立法庭、修建军事设施等权利。英国东印度公司当时不仅垄断对印度的贸易，而且是一个殖民政权机构。荷兰的东印度公司统治着印度尼西亚和好望角以东的其他荷属殖民地。法国政府对商业垄断公司进行严厉控制，公司的活动被置于国王任命的封建官僚监督之下。

✠ 荷兰的殖民活动

17世纪，荷兰已经成为当时最发达的资本主义国家，一度掌握着世界海上霸权，荷兰人拥有当时世界上最强大的商船队，商船数量多达1.5万艘，在国际贸易中起了重要作用。那时候，波罗的海沿岸地区的粮食由他们运往地中海；德意志的酒类、法国的手工业品、西班牙的水果及殖民地的产品也由他们运往北欧销售。荷兰资产阶级从中赚取了高额的利润，但他们的贪婪之心并不以此为满足，还力图从海外活动中占领更多的领土。

早在独立以前，荷兰人就已开始进行殖民活动，16世纪末，由于西班牙国王兼任葡萄牙国王后，关闭了里斯本港，禁止荷兰人前往，荷兰人为了得到来自东方的产品，开始积极探索前往东方的航路。荷兰人首先拦劫从葡萄牙运货到北欧的船只，而后捕捉从亚洲运送财物到葡萄牙的船只。1602年，荷兰的几家贸易公司合并，组成荷属东印度公司，并从荷兰政府那里取得了荷兰本土同非洲和东印度群岛之间的贸易垄断权。

1619年，荷兰殖民者在爪哇建立了第一个殖民据点巴达维亚（即今天的雅加达），而后陆续侵占了苏门答腊、香料群岛（即今天的马鲁古群岛）、马六甲和锡兰（即今天的斯里兰卡），还一度侵入中国领土台湾，并在日本的长崎取得了贸易据点。1652年，荷兰人又在南非的好望角建立了殖民地，作为对亚洲侵略的中继站。在西半球，1609年，荷兰建立了新尼德兰殖民地，在曼哈顿岛建立了新阿姆斯特丹。17世纪早期，荷兰成立西印度公司负责经营美洲的殖民事业，同时对西班牙国王及其臣民的船只和财物进行抢劫。

荷兰的殖民活动主要还是在东印度，特别是对印度尼西亚长达近3个世纪的控制，荷兰殖民者先是通过垄断当地特产胡椒、香料，后来进行棉花、丝绸、茶叶和咖啡等产品的贸易，大发横财。

✠ 英荷战争

17世纪下半期，为了争夺殖民地市场和海上霸权，英国和荷兰进行了3次战争。英荷两国日益加剧的商业竞争是引发战争的根本原因。

第一次英荷战争是由于英国颁发《航海法案》损害荷兰海上运输和国际贸易利益而引起的。1652年7月28日，荷兰首先发动进攻。英荷舰队在北海、地中海和印度洋进行多次海战，荷兰终因装备落后和指挥不力而失败。1654年，双方缔结了《威斯敏斯特和约》，荷兰被迫承认了英国的《航海条例》。

第二次英荷战争发生在1665年—1667年，由英荷争夺北美的新阿姆斯特丹而引起的。1665年1月24日，荷兰对英国宣战。在敦刻尔克海域和泰晤士河口，荷兰海军击败英国海军舰队。1667年，双方缔结《布雷达条约》，规定：英国将南美洲的苏里南归还给荷兰，并在海上贸易权利方面作出某些让步，荷兰退出北美洲，将阿姆斯特丹让给英国，后来，该地区更名为新约克，即纽约。

第三次战争缘于英国企图瓜分荷兰沿海属地。1672年4月，法国对荷兰宣战，英国站在法国一边对荷兰作战。早在宣战之前英国舰队就开始袭击荷兰的商船队，给荷兰的商船造成了很大损失。但是，在1673年8月的海战中，英法联合舰队被荷兰海军击败。这次海上失败在英国引起了很大震动，英国议会坚决反对英国与法国结盟，主张同荷兰议和。1674年，英王查理二世被迫与荷兰单独媾和，英荷签订第二个《威斯敏斯特和约》，重申《布雷达条约》继续有效。

经过3次战争，英国打破了荷兰垄断海上贸易的局面，逐步确立了海上霸权地位。

左图是荷兰货船的模型，被誉为"飞船"。荷兰的"飞船"并不装备大炮，如果需要防卫，他们有战船护航，节省的空间用来多装货物。这样荷兰的船主就能通过削价与他的竞争对手抢生意。

法国的殖民活动

1535年—1536年，法国人雅克·卡提耶航行到北美的圣劳伦斯河，溯河而上，到达现在的蒙特利尔一带，但是，法国人当时并没有建立殖民据点。直到1608年，法国人萨姆尔·德·张伯伦在魁北克建立了法国在北美的第一个永久性居留地，魁北克城堡成为法国在加拿大的第一块殖民地"新法兰西"的政治中心。

不久，法国又建立了另一个殖民据点蒙特利尔。在此期间，许多军人和传教士也接踵而至。1682年，罗伯特·德·拉萨尔沿密西西比河而下，到达河口，他声称密西西比河流域的广大土地归法国所有，并把这一广大地区称为路易斯安那。

大多的法国人愿意到加勒比海地区拓殖，在海地、瓜德罗普和马提尼克等地，有许多法国人在那里建立种植园，役使黑人奴隶劳动。

在非洲，法国人先是在西非的塞内加尔河口建立了殖民据点，又在东非侵占了马达加斯加。

在亚洲，1664年，法国东印度公司成立，以侵略印度为首要目标。1674年在印度南部建立了殖民据点本地治里，此后又在孟加拉建立了昌德纳戈尔，并在印度积极扩张，企图夺取更多的领土。18世纪，法国的殖民活动与英国发生了冲突，经过多年的较量，法国的殖民势力被英国打败，很多已经占据的殖民地也被英国夺去。

黑人奴隶制度兴起

这幅1796年的插图描绘了奴隶贩子正在为买卖两名黑奴而讨价还价。

15世纪，葡萄牙人在非洲西海岸探索的过程中，就开始猎捕和贩卖黑人。15世纪后半期，每年大约有5000非洲黑人被贩卖到欧洲和非洲沿海一些岛屿为奴。新航路开辟之后，葡萄牙人又向美洲运送黑奴。16世纪早期，西班牙国王准许商人把黑奴运往西属美洲殖民地。

此后，捕捉和贩运黑奴到美洲的规模越来越大，其主要原因有两点：其一，欧洲殖民者在侵占美洲的过程中，大批屠杀印第安人，以致美洲大陆和西印度群岛一些地区人口锐减，劳动力不足。殖民者意识到要掠夺美洲丰富的矿产资源，需要输入大量的劳动力；其二，在美洲依靠奴隶发展种植园经济的过程中，殖民者亲身体验到，黑人容易驯服，能吃苦耐劳且价钱便宜。

✠ 七年战争

1756年—1763年，欧洲主要国家组成的两大集团在欧洲、美洲、印度等广大地域和海域进行的争夺殖民地及欧洲霸权的战争被称为七年战争。战争的一方为英国、普鲁士同盟，有汉诺威等少数德意志诸侯国参加；另一方是法国、奥地利、俄国同盟，有瑞典、萨克森和大多数德意志诸侯国以及西班牙参加。

1756年8月28日，普军9.5万人突袭萨克森，迫使其投降。次年4月，普鲁士对奥开战。5月，普军在布拉格附近击败奥军。6月，普军在科林地区被奥军击溃，被迫放弃布拉格，撤回萨克森。与此同时，法军10万人在哈斯滕贝格附近击败汉诺威军队。而后，法奥联军从西面逼近普鲁士。同年5月，俄军7万人开始进攻东普鲁士，7月先后占领梅梅尔和蒂尔西特，8月底击败普军。9月，瑞典军队1.6万人在波美拉尼亚登陆。

面对险恶形势，普王弗里德里希二世频频调动军队，抗击各路敌军。11月5日，在罗斯巴赫击败法奥联军。12月，在吕岑再次打败奥军。1758年1月，俄军重新发起进攻，占领东普鲁士首府柯尼斯堡，并向普鲁士腹地推进。弗里德里希二世率主力前往堵截。8月下旬措恩多夫一战，俄军伤亡惨重，普军也付出重大代价。1759年7月，俄奥两军会师于奥得河地区，尔后向普鲁士腹地进攻。8月12日，弗里德里希二世率普军5万人在法兰克福附近库纳斯多夫地区与俄奥联军9万人会战，普军惨败，转入战略防御。由于奥、法与俄国存在矛盾，因而未能乘胜扩张战果，使普军得以喘息休整。1760年，普军取得对奥作战的胜利。与此同时，英、法之间在海上进行了激烈的角逐，并在北美洲、西印度群岛和印度等地争夺殖民地，结果英国处于绝对优势。

1762年初，亲普的俄国沙皇彼得三世费多罗维奇即位后，宣布俄国退出反普同盟，并同普鲁士结盟。此举使普鲁士转危为安，并导致法、奥、俄同盟瓦解。1763年2月，英法缔结《巴黎条约》，英国获得法属北美殖民地，并确立在印度的优势，从此成为海上霸主。普鲁士与奥地利、萨克森签订《胡贝图斯堡条约》，普鲁士从奥地利手中夺得西西利亚，成为欧洲新兴强国。

✠ 种族灭绝

　　欧洲殖民者在殖民地屠杀当地居民是他们普遍的恶行，残忍的程度令人发指。1703 年，新英格兰的殖民者在他们的立法会议上决定，每剥一张印第安人的头盖皮和每俘获一个红种人都给赏金 40 镑；1720 年，每张头盖皮的赏金提高到 100 镑；1744 年马萨诸塞湾一个部落被宣布为叛匪以后，规定了这样的赏格：每剥一个 12 岁以上男子的头盖皮得新币 100 镑，每俘获一个男子得 105 镑，每剥一个妇女或儿童的头盖皮得 50 镑……英国议会曾宣布，杀戮和剥头盖皮是"上帝和自然赋予它的手段"。

✠ 黑奴贸易

　　最初，欧洲殖民者组织"捕奴队"，驾驶海盗船，从欧洲驶向非洲沿海，偷袭非洲黑人村庄，烧毁房屋，把精壮男子掳走。"黄金海岸"和"奴隶海岸"是他们活动的主要场所。他们直接用武力掳掠的罪恶勾当，引起了非洲人民的激烈反抗。于是他们改变手法，由他们出枪，挑动一些非洲酋长从事猎奴战争。这样，猎奴战争不仅遍及非洲沿海，而且伸入内地，给非洲造成了更为严重的破坏。欧洲奴隶贩子用枪支弹药、甜酒、纺织品和其他小商品向酋长们收买黑人，卖作奴隶。在非洲沿海，欧洲殖民者设立要塞和商站。被掳的黑人成串地押往那里的奴隶市场，让奴隶贩子"选购"。买卖双方拍板成交以后，奴隶贩子就用烧红的烙铁，在奴隶的臂上和胸前打上带有公司纹章的烙印。然后奴隶被关到要塞和商站的地牢，等凑满一批就赶他们上船，运往美洲。

　　这是一幅 18 世纪的贩奴船示意图。从西非到美洲，黑人奴隶要经受 6 — 10 周的生活磨难。运奴船经常超载，船上每个奴隶分得的空间通常只有 1.7 米长、0.4 米宽。黑奴一个挤着一个，就像书架上排列的书本一样。每两个黑奴并肩锁在一起，右腿对左腿，右手对左手。每个黑奴躺的地方比棺材还小，活动严格受到限制。黑奴生活在拥挤的船舱里，空气污浊，流行病猖獗，加上饮食恶劣，淡水供应不足，导致体弱生病。奴隶染上传染病或是死去，统统被抛入大海，葬身鱼腹。在这样的恶劣的条件下，运奴船上的奴隶死亡率常常高达 40%。

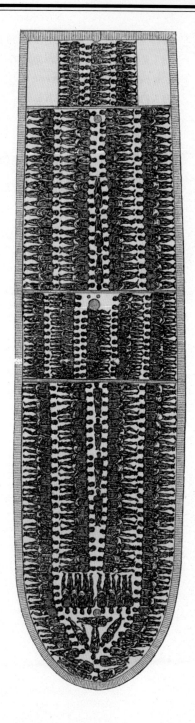

专题五：　美国独立战争

✠ 英国对北美的压制

　　1763年，英国以财政亏空1.4亿英镑的代价打赢了七年战争。英国统治集团处心积虑要把战费支出转嫁到北美殖民地人民头上，同时企图通过高压加紧对殖民地的控制。

　　1763年10月，为了限制殖民地扩大，以利于英国控制和征税，英国颁布英王敕令，禁止殖民地人民向阿巴契亚山脉以西移民。1764年，颁布"食糖条例"，对许多进口商品征收高税，并严格管理糖和糖浆的贸易。同年还颁布"通货条例"，禁止北美殖民地发行纸币和用贬值的殖民地纸币偿还宗主国债权人的债务。

　　为镇压殖民地人民的反抗和保证关税收入，英国在北美殖民地驻扎了正规军1万人。而为了转嫁驻军的开支，1765年又颁布"印花税条例"，规定北美殖民地的一切新闻报纸、小册子、执照、商业文件和合法文书，甚至毕业文凭，都必须加贴印花，也就是都必须付税，违者受罚。北美殖民地人民反抗印花税的高潮，是殖民地人民抗英斗争的转折点。"自由之子"、"通讯委员会"等反英群众组织先后在各地出现，人们抵制征税，捣毁税局，焚烧印花税券，将英国税吏游街示众。英国政府被迫废除了"印花税条例"。

　　从1766年起，英国统治集团又多次颁布"唐森德条例"，规定征课自英国输入殖民地的货物的入口税；规定英国关税税吏有权闯入殖民地任何民房、堆栈、店铺，搜查违禁品及漏税的走私货物。波士顿商人领导了全殖民地性的抵制英货运动，1766年—1769年，英国输入殖民地北部的贸易总额由1363万英镑降至504万英镑。英国政府于1770年被迫废除了"唐森德条例"。

✠ 波士顿倾茶事件

　　英国政府虽于1770年被迫废除了"唐森德条例"，但其中有的条例，如征收茶叶税则未废除。北美人民对此异常愤怒，掀起了不饮茶的抗议运动。垄断茶叶贸易的东印度公司，由于经营不善，濒于破产。

对印第安人的压迫

图为一名印第安男子和一名妇女正在分一顿玉米粒泡饭。

　　印第安人是南北美洲的居民，属蒙古利亚人种。印第安人英勇善战，从事农业劳动，主要的农作物是玉米。

　　欧洲人移民来到北美以后，学会了他们种植玉米和烟草的方法，反过来又用各种方法驱逐和消灭印第安人。他们骗取印第安人的兽皮。英、法两国更是以枪炮对待印第安人，不断发动侵略印第安人的土地的战争，对印第安人进行蛮横杀戮。

　　美国独立以后，由于资本主义迅速发展，美国政府更加深了对印第安人的压迫，大量剥夺他们的土地，并且把他们驱逐到西部贫瘠地区。到19世纪末，美国印第安人减少到约24万。印第安人被迫害的事实，确凿地证实了少数民族在资本主义制度下遭受蹂躏的命运。

在这幅18世纪的版画中，伊登顿和北卡罗来纳的妇女发誓，在国家获得自由独立以前决不饮用茶叶。

英国政府为了帮助东印度公司摆脱困境，卖掉积压的1700万磅茶叶，于1773年通过一项《茶叶税法》，准许东印度公司享有到北美倾销茶叶的专卖权，让东印度公司每磅茶叶缴纳3便士轻税后，就可以直接卖给零售商，同时禁止殖民地人民走私茶叶。英国政府的目的在于用低廉的茶价引诱北美人民饮用东印度公司的倾销茶。

北美人民拒绝饮用东印度公司的倾销茶，费城、纽约、查尔斯顿等港人民反对英国茶船卸货。12月16日，波士顿8000市民集会，要求运茶船达特摩斯号离开港口。这一要求遭到英国殖民者的拒绝。当晚，波士顿青年组织的波士顿茶党，化装成印第安人，夜间登上茶船，将船上300多箱茶叶倾入海中。英国于1774年下令封闭波士顿港。波士顿倾茶事件是北美人民以暴力反对殖民统治的开始。

黑人奴隶制种植园

这幅18世纪的木版画描绘了弗吉尼亚州的奴隶们在向富有的种植园主及其家人鞠躬问候。

英国在北美的13个殖民地当中，南部殖民地土地肥沃，气候炎热，适宜稻米、烟草、蓝靛叶生长，种植园经济发达。种植园主大多数是欧洲的封建贵族，开始时，他们役使着大批契约奴隶（因贫困而卖身的欧洲劳动者或由欧洲流放到美洲的罪犯）。后来，由于种植园经济的发展，契约奴隶已不能满足需要，种植园主逐渐把奴役的主要对象转向非洲黑人。

自16世纪初欧洲殖民者将第一批黑人掠到美洲卖为奴隶开始，到1775年独立战争爆发时，北美13个殖民地的黑人，已占全部人口的20%。

种植园主不给黑奴以任何权利，让其从事笨重的体力劳动，每日工作十五六个小时以上。由于繁重的劳动，恶劣的生活条件，大多身体健康的奴隶，六七年时间便被折磨死。

黑人奴隶种植园经济是应欧洲市场对经济作物的需要而发展起来的，是世界资本主义经济的一个组成部分。

本杰明·富兰克林

本杰明·富兰克林像。

本杰明·富兰克林（1706年—1790年），美国资产阶级革命时期的哲学家、物理学家、北美政治家。

他只读过两年书，却成为人类历史上最全面的人才。他办起美国第一个公共图书馆，帮助创办宾夕法尼亚大学。他编著的《致富格言》，被译成12种文字流行于欧美各国。他发明了避雷针、新式火炉、老年用双光眼镜、医用导尿管等。他还改进过帆船，研究过北极光的性质和原理，又是电学原理的创始人之一。

他曾受命前往伦敦代表美利坚人对印花税法提出抗议。1775年返回北美，积极展开论战。独立战争时参加反英斗争，当选为第二届大陆会议代表，并参加起草《独立宣言》。他还出使法国，缔结法美同盟，北美争得了外援，这是美国独立战争取得最后胜利的重要因素之一。

✠ 第一届大陆会议

第一届大陆会议是英属北美13个殖民地的代表会议，独立战争期间的革命领导机构。1774年，北美的革命形势已经成熟，为了使北美反殖民的力量团结起来，马萨诸塞州和弗吉尼亚州的议会建议于9月5日在费城召开第一届大陆会议。会议如期在费城召开。参加大会的各州代表共55名，主要为富商、银行家、种植园奴隶主。代表们多数主张采取"合法"行动，反对与英国决裂。会议通过了《权利宣言》，宣称美洲殖民地有生存、自由和财产的权利。会议决定向英国上请愿书，要求英国取消征税法及其他压迫政策，要求不经殖民地同意不得擅自向殖民地征税。请愿书表示愿意向英国效忠。会议还决定，在没实现上述要求之前，断绝一切与英国的商业关系。

✠ 来克星顿的枪声

1775年4月19日拂晓，800名英国轻步兵，在一名少校的率领下，进入来克星顿村。中途遭到一群端着步枪的来克星顿民兵的阻拦。但英军少校命令步兵继续前进。只听"砰"的一声枪响，民兵反击英军的激烈战斗开始了。英军仗着人多武器好，通过了来克星顿村，来到康科德镇。这时他们发现民兵的火药库早已转移，从附近赶来的民兵也越来越多，英军只得回撤。但是，沿途又遭到了民兵们的狙击。几乎每一座村庄，每一片树林，都有子弹飞来。英军被打得晕头转向，只好狼狈地逃回波士顿。

在来克星顿战斗中，北美殖民地的民兵自发组织起来，利用自己熟悉的地形，运用游击战术，狠狠打击了英国殖民军队。在这一天，英军伤亡达到247人，而民兵共牺牲了90余人。来克星顿的枪声，打响了北美独立战争的第一枪，它大大激励了殖民地人民的斗志。

✠ 《独立宣言》的发表

1775年4月，北美独立战争爆发。5月10日，第二届大陆会议在费城召开。6月15日，会议根据新英格兰代表的提议，通过了组织正规军和任命乔治·华盛顿为总司令

这幅版画作于1774年，描绘了北美召开第一届大陆会议的情景。

的决议。从此，大陆会议成为国家政权形式的组织，成为领导独立战争的政权机关。

　　1776年6月7日，弗吉尼亚代表提出各殖民地脱离英国的决议案；会议选出杰斐逊、富兰克林、约翰·亚当斯等人组成委员会，起草脱离英国而独立的宣言；7月4日，会议在长时间的辩论后，通过了杰斐逊、富兰克林等人起草的《独立宣言》。《独立宣言》庄重地宣布，北美脱离英国而独立，成立美利坚合众国。这一天，后来被定为美国的独立日。《独立宣言》还向全世界宣告：人人是生来平等的，每个人都有生存、自由和谋求幸福的权利；为了保障这些权利，人民建立了政府，它们的权利是由于被统治者的意愿而产生的；当任何形式的政体妨碍了这种目的时，人民有权去改变或废除它；人民也有权建立新政府，但它必须建立在最能保证人民的安全和幸福的原则之上。

杰斐逊

　　杰斐逊，1743年出生于弗吉尼亚的一个种植园主家庭，1760年进入威廉—玛丽学院，毕业后成为律师。

　　1769年，杰斐逊当选为弗吉尼亚地方议会议员。1774年，杰斐逊发表了著名的《英属美洲权利综论》一文，揭露英国国王在殖民地实行的种种高压政策，否认他们的殖民权利。1775年5月，杰斐逊作为弗吉尼亚代表参加第二届大陆会议，会议期间被委任起草《独立宣言》，该宣言于1776年7月4日被通过。

　　1779年—1781年，杰斐逊任弗吉尼亚州州长。1783年，他到费城联邦议会工作，起草了《1784年土地法令》。1789年9月被任命为国务卿。任职期间，主张各州应拥有较大的权力，限制国会与总统权力，反对联邦党强化联邦政府的主张，倡导民主政治。自此，美国资产阶级内部开始形成民主共和党和联邦党两大政治派别，杰斐逊成为民主共和党领袖。

　　1800年，杰斐逊当选为美国第3任总统，并于1804年连任总统。他在8年任职总统期间，扩大资产阶级民主，废除了上届亚当斯政府颁布的反民主法令；颁布新土地法，把国家出卖土地的最低数字从640英亩降到160英亩；禁止奴隶贸易，取消选举任职的财产资格限制；精简政府机构，缩减财政开支，偿还国债等。1803年，他从法国手中购买了路易斯安那地区。

　　1808年，杰斐逊退出总统竞选后，亲手制订了大、中、小三级教育制度，确立了美国国民教育的规范，并主持建立了弗吉尼亚大学。1826年7月4日杰斐逊逝世，终年83岁。

法国武装援助北美

英国国王乔治三世（1738年—1820年）对北美人民的独立运动坚决予以压制。

北美进行独立战争，需要得到外援。当时法国和英国之间存在着深刻的矛盾。但是法王路易十六恐怕援助北美会刺激本国的革命运动，同时独立战争初期，美军失利，所以法国对美国的政策举棋不定，只秘密地输送一些军火供给北美。1777年10月，英军在萨拉托加大败，战争形势发生变化，同时法国又怕英国胜利之后，将使法国丧失西印度群岛的殖民地，于是在1778年2月正式承认美国独立，并同美国订立美法同盟条约，正式参战。同年夏天，法国舰队开进美国领海，迫使英军撤出费城。1780年，法国舰队躲过英国的封锁线，把6000名法军运到美国。1781年9月，法国舰队在约克镇附近的海面上击败英国海军，切断了英军海上供应线。10月，美法联军在约克镇迫使英军司令康华利投降。

这幅版画描绘了1777年10月17日，英军将领柏高英在萨拉托加的斯普林斯向美军指挥官盖茨将军投降的场面。

✠ 萨拉托加大捷

1776年6月，英国殖民政府命令柏高英率领英军从加拿大的蒙特利尔出发，沿张普伦湖及哈得逊河南下，又命令圣内杰率领另一支武装，从安大略湖向东南进军，都以奥尔巴尼为进军目标；又命令纽约方面的英军溯哈得逊河北上支援，妄图切断华盛顿部队与新英格兰的联系，包围新英格兰。但后两支英军均未按时完成任务，只有柏高英的部队孤军深入，他们穿越森林、沼泽和陡峭的峡谷，粮草供应极为困难。美国人民这时砍伐树木，阻塞道路，使英军行进十分缓慢。新英格兰各州民兵2万余人迅速集中，击溃了柏高英的部队，并将5000英军包围在萨拉托加。柏高英多次企图突围，均未得逞，被迫于10月17日向美国的盖茨将军投降。

这次战役，美国俘虏了6名英国将军、300名军官和5000名士兵，史称萨拉托加大捷。萨拉托加大捷扭转了整个独立战争的战局，从此美军从战略防御转入战略进攻。

华盛顿

1789 年 4 月 20 日，华盛顿在纽约旧城大厅举行总统就职典礼。

华盛顿（1732 年—1799 年），美国独立战争的领导人，美国第一任总统，美国首都华盛顿就是以他的名字命名的。1732 年 2 月 22 日，华盛顿出生在弗吉尼亚东部的一个大种植园主家庭。从 1748 年起，在弗吉尼亚当过 3 年土地测量员。后来，曾在英国殖民军服役，获上校军衔。曾参加 1756 年爆发的英法"七年战争"，随英国军队对法国作战，为英国立下了汗马功劳，并受到军事锻炼，成为具有军事才能的人。他还参加过对西部印第安人的大屠杀。

1759 年—1774 年，他当选为弗吉尼亚议会议员，反对英国殖民统治。1774 年初和 1775 年，先后当选为第一、二届大陆会议代表。1775 年，第二届大陆会议任命他为大陆军总司令。在人民群众的推动和支持下，他率领大陆军多次击败了英军，取得了独立战争的胜利，赢得了人民的爱戴。1783 年英美签订《巴黎和约》，英国承认美国独立。

1787 年 5 月，华盛顿在费城主持召开制宪会议。会议制订了联邦宪法，决定建立联邦政府。1789 年 1 月，华盛顿当选为美利坚合众国第一任总统，4 月，在美国临时首都纽约就职。1793 年连任。任内，他尽力发展资本主义工商业和对外贸易；设立合众国银行；成立联邦最高法院。但他主张保存奴隶制。

1797 年，华盛顿任第二届总统期满，退居弗吉尼亚的维农山庄。1799 年 12 月 14 日因患喉头炎逝世。

专题六：　启蒙运动

孟德斯鸠

孟德斯鸠像。

孟德斯鸠（1689年—1775年）出生于法国波尔多市一个达官显贵之家。孟德斯鸠博学多才，对法学、史学、哲学和自然科学都有很深的造诣。

1714年，孟德斯鸠开始担任波尔多法院顾问。1726年，他漫游了欧洲许多国家，考察了英国的政治制度，学习了早期启蒙思想家的著作。回到巴黎后，于1734年发表《罗马盛衰原因论》，利用古罗马的历史资料来阐明自己的政治主张。

1748年，《论法的精神》发表。他在洛克分权思想的基础上明确提出了"三权分立"学说。他认为，法律是理性的体现，法又分为自然法和人为法两类，自然法是人类社会建立以前就存在的规律，那时候人类处于平等状态；人为法又有政治法和民法等。孟德斯鸠提倡资产阶级的自由和平等，但同时又强调自由的实现要受法律的制约。

这幅法国启蒙运动的寓意画描绘了几位主要教派的代表进行激烈讨论的场面。他们周围堆放着有待散发的书本、杂志。

✠ 启蒙运动

启蒙运动是发生在18世纪欧洲的一场反封建、反教会的思想文化运动。"启蒙"，就是开启智慧，通过教育宣传的方式，把人们从愚昧、落后、腐朽的封建社会中解放出来，使人们摆脱教会散布的迷信与偏见，从而为自由与平等去斗争。启蒙运动的中心在法国，它为即将爆发的法国资产阶级革命作了思想准备和舆论宣传。

✠ 伏尔泰

伏尔泰，1694年出生于巴黎，原名佛兰苏阿·玛利·阿鲁埃，伏尔泰是其笔名。18世纪初，伏尔泰成了启蒙运动的旗手。1717年，伏尔泰因为写讽刺作品攻击宫廷的淫乱生活，被投进巴士底狱，关了11个月。1718年，他发表了悲剧《俄狄浦斯王》，取得了热烈反响，从此用伏尔泰笔名。后来，伏尔泰因得罪一个贵族而被驱逐出法国，动身去英国。在英国期间，他研究了牛顿的科学成就和洛克的哲学著作。

1729 年，他回到法国，创作了历史剧《布鲁杜斯》和悲剧《采儿》，获得成功；1734 年，伏尔泰出版了《英国通讯集》，对法国的宗教教派斗争进行了抨击。此后，伏尔泰在洛兰省边境一个幽静的城堡中住了 14 年，在此期间，他写了大量著作，用不同的笔名发表，从各个方面攻击教会和封建制度的反动统治。伏尔泰的名气越来越大，许多达官贵人为了沽名钓誉，纷纷同他交往，后来他发现包括普鲁士腓特烈二世在内的封建统治者并不是真正赞同他的观点，他决心不再与任何君主往来。1755 年，他在法国和瑞士边境的佛尔纳定居下来，在此期间又发表了哲学小说《老实人》《天真汉》等不朽名著。1778 年 5 月底，伏尔泰在佛尔纳逝世。

伏尔泰在伏案写作。

✠ 狄德罗与《百科全书》

狄德罗（1713 年—1784 年），出生于法国朗格尔的一个富裕的手工业者家庭。他是法国启蒙运动的著名代表人物，在文学、戏剧、文艺批评、美学思想等方面都有出色的成就。1745 年，他开始主持编纂《百科全书》。参加《百科全书》编写的人士在历史上被称为百科全书派。百科全书派的核心是以狄德罗为首的一批唯物主义者，他们的基本政治倾向是反对封建特权制度和天主教会，向往合理的社会，他们的中心思想是人的本性是美好的，世界也可以被建成为称心如意的居住之地；世界上的罪恶都是教育和有害的制度造成的。他们认为迷信、成见和愚昧无知是人类的大敌，主张一切制度和观点都要经受住理性的批判和衡量。他们推崇机械工艺，重视体力劳动，孕育了资产阶级务实谋利的精神。《百科全书》为 1789 年的法国大革命作了舆论准备。

卢梭像。

卢梭（1712 年—1778 年）出生于日内瓦一个钟表匠家庭，通过自学掌握了丰富知识。

1749 年，他在一篇名为《科学与艺术的复兴是否有助于淳化风俗？》的征文中获一等奖，并一举成名。1755 年，在日内瓦发表《论人类不平等的起源和基础》，并完成《论政治经济学》。1761 年，小说《新哀洛绮丝》发表，这部小说猛烈地冲击了封建专制制度，给卢梭带来了巨大声誉。

1762 年，《社会契约论》和《爱弥儿》出版，这两部书引起了百科全书派的尖锐批评，也激起了新旧教会的极大愤怒和政府当局的谴责。瑞士当局下令逮捕他，他只好逃往普鲁士管辖下的讷沙泰尔，宣布放弃日内瓦的公民身份。此时卢梭的名声已经传播到欧洲各地。卢梭一度到英国居住，不久又回到法国。晚年时最有名的著作是《忏悔录》。

专题七：　法国资产阶级革命

胡格诺战争

16世纪30年代，新教加尔文教传入法国后，法国统治阶级内部分化为两派：一派是以北方吉斯公爵为首的天主教徒，一派是以波旁家族亨利为首的加尔文教徒（加尔文教徒在法国称胡格诺教徒）。

1562年3月1日，吉斯家族制造的瓦西镇屠杀事件之后，双方开始进行战争，争夺对国王的控制。国王查理九世为了促进和解，加强王权，于1572年8月24日（即耶稣十二门徒之一圣巴托罗缪的生辰日）将妹妹玛加利特嫁给了波旁家族的亨利为妻。当晚巴黎发生了天主教徒大肆屠杀胡格诺教徒的恐怖事件。这天，在外省的许多地方也发生了同样的大屠杀。历史称这一血腥屠杀事件为"圣巴托罗缪之夜"。

查理九世病死后，其弟亨利三世继位。为了限制吉斯家族的势力，亨利三世上台后宣布波旁家族的亨利为王位继承人，导致巴黎市民起义，亨利三世出逃，并派人刺杀了吉斯公爵。亨利三世被吉斯家族派人刺杀后，波旁家族的亨利继承王位，称亨利四世。由于亨利是胡格诺教徒，所以他的继位不被广大的天主教徒们承认。亨利四世率军围攻巴黎，但未果，只好正式宣布皈依天主教。

1594年3月，亨利四世进入巴黎，开始了波旁王朝的统治。亨利四世上台后，宣布天主教为国教；给予胡格诺教徒以信仰自由，还宣布胡格诺教徒和天主教徒在担任国家官职后享有同等的权利。至此持续了36年之久的法国宗教内战结束。

这幅16世纪的油画描述了胡格诺战争的血腥场景。

✠ 三十年战争

1618年5月23日，捷克首都布拉格群众和新教徒发动起义，他们冲进王宫，把国王斐迪南的两名钦差从两丈多高的窗口掷了出去。这就是著名的"掷出窗外事件"。1619年，捷克起义军很快进入奥地利境内，逼近首都维也纳。1620年11月初，起义军与斐迪南从西班牙的天主教同盟救兵在捷克首府布拉格附近决战，结果捷克重新陷入奥地利的统治之下。

斐迪南和天主教同盟在军事上的胜利，不仅引起了新教同盟的恐惧，也引起了英国、法国、荷兰、丹麦、瑞典等新教国家的不安。以德意志新教各诸侯国和丹麦、瑞典、法国为一方，他们得到荷兰、英国和俄国的支持；而以神圣罗马帝国皇帝、德意志天主教诸侯国和西班牙为另一方，他们得到教皇和波兰的支持，双方开始了一场旷日持久的战争。

起初，天主教同盟军队连续败退，斐迪南起用了捷克军事家和政治家华伦斯坦才扭转了战局。华伦斯坦把丹麦军队逐出了德国，并追到日德兰半岛，丹麦国王被迫求和，保证不再干涉德国内部事务。

瑞典军队从德国北部长驱直入，占领了德国北部，随即进攻德国南部。战火很快烧到了奥地利边境。1631年，德军在萨克森附近的吕岑战役中重创瑞典军。此后，新教诸侯国乘机摆脱了瑞典人的控制；瑞典国内贵族和王室之间的争权夺利斗争随之加剧，国力削弱。斐迪南乘机联合西班牙军队大败瑞典，并乘胜追击到波罗的海岸边。1635年，法国向西班牙宣战，并得到瑞典、荷兰、德国的萨伏伊和威尼斯的支持。战争初期，法军连连失利，直到1643年的洛可瓦会战中，法军大败西班牙，逐渐扭转了整个战局。

1648年，法瑞双方同意停战，签订了《威斯特发里亚和约》，历时30年的大战结束。欧洲霸权转到法国手中。

✠ 革命前的法国

大革命前，法国正从封闭式的自然经济向资本主义商品经济过渡，当时，法国的工场手工业已经有了较大发展。在工业发展的基础上，对外贸易也大幅度增长。法国仍然是一个小生产占优势的国家，法国的金融资本主义发展尤其迅速。

资本主义经济的发展使资产阶级成为社会上最富有的阶级，一些受启蒙思想影响的贵族思想也日益自由化，成为资产阶级化的贵族，即自由贵族。专制王朝为解决财政危机日益加重对金融界和工商界的盘剥和勒索。尽管资产阶级已经日益富有，但是，在政治上，他们仍然属于第三等级。资产阶级强烈要求平等参政的自由权利。

在农村，遭受越来越重剥削的农民，迫切要求改善自己的生活处境。同时，资产阶级也买了大量土地，采取租佃式经营；在小农制的基础上，一些农民通过租地或买地逐渐扩大经营，雇人进行商品生产，成为资本主义性质的富农。富农经济成为法国农村资本主义经济的主要代表，封建的土地所有制受到严重动摇。

18世纪，法国在"七年战争"中丢失了大部分海外殖民地，国际地位大降。路易十六上台后，为了扭转颓势，解决日趋严重的财政困难，曾经力图进行改革，但是，由于顽固的教会和显贵们强烈反对，路易十六没有把改革进行下去，第三等级对王室的不满加深。法国因参加北美独立战争花费了大量军费，进一步加剧了财政困难。接着，1787年—1788年，法国又发生了经济危机；同时，粮价也大幅度上涨，社会更加动荡不安。大革命在所难免。

路易十四

路易十四像。

路易十四（1638年—1715年），5岁继位，23岁亲政。上台后，他宣称"朕即国家"，一切传统的权力机构只是徒有虚名。路易十四还恢复了向各郡派遣监督官制度。

在经济领域，路易十四推行重商主义政策；提高外国工业品进口税，并对外国船只进入法国港口课以重税；设立了享有专利特许的贸易公司；建立了一支远洋舰队；参加了同别国掠夺海外殖民地的竞争。

在对外关系上，路易十四推行侵略扩张政策。在意识形态方面，路易十四坚持"君权神授"，不允许不同于他的宗教派别的存在。

路易十四亲政期间，法国的封建专制制度达到极盛。但由于连绵的对外战争和奢侈的宫廷开支，法国的人力和财力日趋枯竭。路易十四在位后半期，民心尽失，起义不断，封建专制制度日渐衰微。

路易十六

法王路易十六像。

路易十六（1754年—1793年），法国国王。1774年即位，正值王朝危机四伏，财政支出激增，经济濒于破产。为征收新税，不得不求助于第三等级。1789年5月，被迫召开中断了175年的三级会议。但他竭力维护特权等级利益，拒绝第三等级的改革要求，并企图用武力威胁第三等级代表。

7月14日，巴黎人民攻陷巴士底狱，路易十六迫于形势，接受革命现实，但在暗地里进行破坏。1791年6月20日偕王后、王子化装潜逃未遂。1792年在立法议会宣布的对奥战争中，他勾结外敌和逃亡贵族，企图镇压革命。8月10日巴黎人民起义，推翻王政，9月21日成立法兰西共和国，路易十六被捕。1793年1月18日，他被国民公会以叛国罪判处死刑，1月21日在巴黎革命广场被处死。

这幅版画是法国当时一位宫廷画家原作的仿制品，描绘了1789年5月5日在凡尔赛召开的三级会议的场景。

路易十六迫于第三等级的斗争压力，于7月9日将三级会议改为制宪会议。7月14日革命后，制宪会议颁布了《八月法令》《人权和公民权宣言》等。1791年9月3日，又通过了宪法，宣布实行君主立宪制。9月30日制宪会议闭幕，让位于立法议会。

✠ 三级会议

法国三级会议始于1300年腓力四世时。参加者有教士、贵族、市民三个等级的代表。通常是国家遇到困难时召开，故不定期。会议期间三个等级各自讨论议案，只有在拟定对国王的回答时才举行联席会议，三个等级各有一票表决权。路易十六时，财政危机严重，举债无门。在新任财政总监内克的敦促下，路易十六被迫于1789年5月举行中断了175年的三级会议，并同意给予第三等级以相当于两个等级的名额（第一、二等级各300人，第三等级600人）。

5月5日，三级会议在凡尔赛开幕。第三等级代表要求取消等级区分，提出按人数表决，三个等级一起集会等建议，在遭到拒绝后，6月17日，第三等级代表宣布单独组成国民会议。6月21日路易十六封闭了会场，7月11日密调军队准备镇压第三等级的反抗。三级会议的召开，成为法国大革命的导火线，揭开了法国资产阶级革命的序幕。

1789年7月12日，1万多市民涌向街头集会游行，结果遭到国王骑兵团的疯狂屠杀。13日，巴黎市民冲进军火库夺取了武器，起义打响了。14日，革命群众攻陷巴士底狱，释放资产阶级革命志士，由此法国大革命开始。为了纪念反封建革命斗争的胜利，7月14日被定为法国的国庆日。上图即描绘了攻占巴士底狱的情景。

✠ 《人权宣言》

1789年7月9日，根据穆尼埃的建议，制宪会议着手起草《人权宣言》（全名为《人权和公民权宣言》），并于8月26日通过。

宣言以美国《独立宣言》为范本，从18世纪启蒙学说出发，宣布"人生来而且始终是自由的，在权利上是平等的"，"这些权利就是自由、财产、安全和反抗压迫"，"所有公民都有权亲自或经过代表参与制定法律"，"在法律面前人人平等"，"财产是神圣不可侵犯的权利"。并宣布代议制和三权分立。宣言是反对封建专制制度和等级制度的旗帜，对法国革命具有伟大的推动作用，对封建专制制度尚占统治地位的欧洲，产生了巨大的影响。然而宣言所标榜的平等原则，只是反对基于出身不同的不平等，但确定了基于财产条件的不平等。

国民自卫军

国民自卫军是存在于1789年—1871年的法国非正规军。1789年7月13日，巴黎资产阶级选举人会议决定建立4.8万人的有产者自卫军。次日，部分自卫军参加了攻打巴士底狱的战斗。起义胜利后，任命拉法耶特为总司令，定名为国民自卫军。国民自卫军戴红、白、蓝三色帽徽，以别于戴白帽徽的王军，各大城市纷纷仿效。法国大革命中，议会多次颁布法令使国民自卫军逐步制度化，并规定以团、营、连按地区编制，下级军官由选举产生，总司令由政府任命。

国民自卫军积极参加了1792年8月10日推翻王政的起义和1793年推翻吉伦特派政权的斗争。此后，不同时期起过不同作用，在1871年巴黎公社革命时起过决定性作用，并为捍卫公社作出了牺牲。公社失败后，被梯也尔政府强行解散。

画中表现了7月13日晚，在大街上起义的国民自卫军。

1793 年 11 月 20 日，革命者搜查王宫时，发现了一个铁柜，里面盛的是路易十六与别国交往企图消灭革命力量的信件，另外还有他行贿的花销账目。1793 年 1 月 14 日，国民议会投票表决，一致通过宣布路易十六犯有叛国罪，又以多数票通过对路易十六执行死刑。

1793 年 1 月 21 日，路易十六死在曾经被自己改造过的断头台上被处死。上图即描绘了这一场景。

✠ 封建王朝被推翻

18 世纪末 19 世纪初，轰轰烈烈的法国大革命在欧洲各国造成了极大的震撼。当时，欧洲大陆上各国君主看到在法国革命中波旁王朝被推翻，深怕法国革命会引起本国的革命，自己也落得和路易十六同样的下场，因此，十分仇视革命的法国。

1791 年 8 月，奥地利和普鲁士的封建君主扬言，法国如果不恢复王权，解散议会，欧洲各国的君主都将出面保障法国的君主体制。同时，法国的逃亡贵族们也活动频繁，他们在德意志和比利时等地聚集起来，招募军队，准备反攻。这时，俄国、瑞典、西班牙和撒丁等国的封建君主们都表示支持这些旧贵族。

面对国内严峻的形势，法国立法议会进行了激烈的辩论。一部分议员主张对反对法国革命的欧洲君主开战，他们认为，这些君主国既对法国革命的既得成果是一个严重威胁，同时也是造成恐慌不安、破坏商业流通的祸害；通过战争打击这些暴君，可以迫使各国承认法国革命，同时为商业流通打开渠道。另一部分人则认为，鉴于法国在军事上准备不足和军队中原贵族军官较多，不宜急于开战。此时，路易十六和王后则希望外国能干涉法国革命，他们写信给普鲁士、奥地利、俄国、西班牙和瑞典等国的君主们，呼吁他们干涉法国革命。

1792年春天，路易十六任命了主战派组阁。不久，法国对奥地利和普鲁士宣战。战争开始后，贵族军官很多投敌或向敌人通风报信，法军屡遭败绩。7月，欧洲反法军队侵入法国境内，法国革命面临着严重的危机。立法会议通过决议，号召人民拿起武器，保卫祖国。几天内，巴黎就有一万五千多人应征入伍，各地纷纷组织义勇军，汇聚巴黎。马赛人民组织起一支516人的义勇军，高唱《马赛曲》向巴黎挺进。

8月9日晚，巴黎圣安东郊区的人民首先开始起义。次日晨，巴黎48个区中的28个区的代表来到市政厅集会，以多数区的名义宣布废除旧的市政府，建立新的巴黎公社，任命了新的国民自卫军司令。国民自卫军很快打败了由瑞士雇佣兵组成的王宫卫队，占领了王宫。路易十六跑到议会请求保护。立法议会通过决议，宣布国王暂时停职，召开普选产生的国民公会。这样，法国1000多年的君主制度结束了，法国资产阶级革命进入了一个新的阶段。

李尔与《马赛曲》

1792年4月，战争爆发了。全法国立即开始总动员，人们都纷纷加入义勇军队伍，援救巴黎，保卫祖国。5月，为激励士气，巴黎市长邀请工兵上尉李尔编写军歌。在营房里，李尔彻夜编写出了《莱茵军战歌》。

马赛义勇军在向巴黎进发的路上，高唱着这首歌曲，激励着所有奔赴前线的勇士们。因为巴黎人民是听马赛义勇军唱这支歌的，便称这首歌为《马赛曲》了。9月20日，法国义勇军与普鲁士军队在瓦尔密决战，法军大获全胜。1795年，为了纪念义勇军在保卫祖国中所作的巨大贡献，为了使人们永远记住共和国建立的艰苦历程，国会通过决议，将《马赛曲》定为法国国歌。

法国大革命期间，巴黎教堂里的许多重要的基督教圣像被拿走，或被改制成革命者的肖像和画像，包括将各圣徒雕像手捧的石刻《圣经》改成一部《人权宣言》。

马拉

马拉于1743年5月出生在瑞士的一个清贫教员家庭。16岁时随父亲来到法国，在巴黎攻读医学，取得优异成绩。1775年，获爱丁堡大学医学博士学位。

1777年，马拉回到法国不久开始研究法律，并写出了《新刑法草案》一书，博得好评。随后，弃医从政。1789年2月，马拉发表《献给祖国》的小册子，阐明了他关于宪法的观点。他认为只有代表人民的机构，才享有制定宪法、修改宪法、监督保护宪法的权利。

1789年，法国大革命爆发后，马拉全力投入革命。同年9月，他创办了《人民之友》报，揭露王室反对革命、里通外国的卖国行径，向封建势力和革命的敌人发起猛攻。同时，他抨击君主立宪派的妥协政策，鼓动和号召人民起义。1790年夏，"人权之友社"成立，马拉成为主要负责人。他坚决主张维护人权，坚持一切法律须经人民批准，强调主权在民的原则，受到人民的拥护。

1792年9月22日，法兰西第一共和国诞生后，马拉当选为国民公会代表。马拉无情地揭露和反对吉伦特派的妥协政策。马拉由此成为吉伦特派的眼中钉。

吉伦特派被推翻后，向雅各宾政权疯狂反扑，首先把屠刀对准了马拉。当时马拉全身患有严重的湿疹，在家中边休息边工作。1793年7月13日，一个吉伦特派拥护者冒充爱国女革命家，前往马拉家里，用匕首刺杀了马拉。

马拉之死震动了整个法国。7月16日，巴黎人民为他举行了隆重的葬礼。

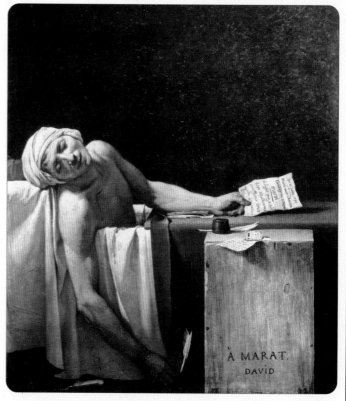

1793年7月13日，国民公会执行主席大卫正在主持会议，闻讯马拉被刺，立即赶赴观场。只见马拉裸出上身躺在浴缸里，胸前有一处伤口，鲜血往下直淌，染红浴巾。浴缸旁放着一只小木桌，小木桌上有一瓶墨水和一份文件。他的右手垂在地上，手里还紧紧地握着一枝羽毛笔。大卫迅速用笔勾画出马拉牺牲的现场素描。接着用3个月的时间，以深厚的革命情谊，创作了这幅不朽的名画《马拉之死》。

✠ 吉伦特派

吉伦特派是法国大革命中维护工商业资产阶级利益的政治派别，因其成员多来自吉伦特郡而得名。主要代表人物有布里索、佩蒂翁、罗兰夫妇等。吉伦特派原属雅各宾俱乐部，因与罗伯斯庇尔派政见分歧，形成独立派别。

1792年3月，该派曾组阁。4月20日向奥、普宣战，由于战争失利，被解除权力。9月22日，在平原派支持下，掌握国民公会实权。曾宣布废除王政，成立法兰西共和国，处死国王路易十六。实行经济自由政策，反对巴黎劳动群众的各种社会改革要求。他们对要求打击投机商、限制物价的群众运动进行镇压，同时还迫害雅各宾派活动家，1792年10月被逐出雅各宾俱乐部。

1793年5月31日—6月2日，巴黎人民起义推翻它的统治，31名领袖被捕，多人被处决或自杀。"热月政变"后，其残余分子又回到国民公会，成为热月党的骨干力量。

巴黎人民第三次起义

吉伦特派统治时期，法国形势恶化。物价因商人投机而飞涨，粮食因地富囤积而短缺，劳动人民面临饥荒。1793年春，第一次反法同盟军四面进逼，吉伦特派将领迪穆里埃叛国投敌，法军被迫从比利时和莱茵地区撤退，战场移到法国境内。保王党掀起的暴乱扩大。为了挽救革命，1793年5月31日，巴黎人民发动武装起义。6月2日，10万多名群众带着100多门大炮包围了国民公会，逼使国民公会开除吉伦特派议员31名并监禁其首要分子。从此，雅各宾派在人民群众支持下掌权，法国革命进入高潮。

雅各宾派

雅各宾派是法国大革命时期参加雅各宾俱乐部的资产阶级激进派政治团体。1789年，该派常在雅各宾修道院集会，故名。

初期的雅各宾派成分较复杂，1791年7月和1792年10月，立宪派和吉伦特派先后分裂出去，雅各宾派成为以罗伯斯庇尔为代表的激进的资产阶级革命民主派。1793年6月，推翻吉伦特派的统治，取得政权。在内忧外患异常严重的形势下，雅各宾派政府实行恐怖统治，组织爱国力量，严厉打击国内外反革命势力，限制资产阶级投机活动，规定物价的最高限额，颁布土地法令，消灭封建制度，赢得了革命的胜利。但雅各宾派内部意见不一，丹东派在1793年秋冬主张放松恐怖统治，埃贝尔派则主张更严厉地推行恐怖政策。罗伯斯庇尔在1794年3月—4月间先后镇压了两派领导人。

上图描绘的是著名的无套裤汉皮埃尔·肖梅特，于1793年11月，为巴黎圣母院的理性祭坛揭幕。

国民公会

国民公会是法国大革命时期建立的一个最高立法机构。1792年8月推翻王政后，在普选的基础上产生，9月21日开幕。国民公会分为三派：吉伦特派（右派）、平原派（中间派）和山岳派（即当时雅各宾派中的激进派）。国民公会共经历了三个时期：吉伦特派时期（1792年9月22日—1793年6月2日），雅各宾派时期（1793年6月2日—1794年7月27日），热月党人时期（自1794年7月27日起）。

1795年10月26日，国民公会被新选出的元老院和五百人院取代，随即组成督政府。

雅各宾专政时期的土地政策

这幅18世纪早期法国的版画题为《村民，天生的苦役者》，旨在表现农民劳作的艰苦状况。那时，农民微薄的收入大多流入了收租人和征税人的钱包。

根据雅各宾派1793年颁布的法令，逃亡贵族的土地一律没收，分配或低价卖给农民，农民可以在10年内分期付款，并且不收任何利息。贵族地主在最近20年，从农村公社中夺占的一切土地，应当归还农民，并不分性别、年龄，按人口进行分配。这样，数十万农民成为小块土地所有者，还被无条件解除了一切封建义务。

这样，农民成为革命战争以及拿破仑战争的重要兵源。

✠ 全民动员法令

为了抗击外国侵略者，1793年8月23日，国民公会颁布总动员令，宣布："从现在起到一切敌人被逐出共和国领土为止，全国人民时刻处于动员状态。"人民热烈响应号召，很快组成一支42万人的大军。军队进行了整编。1793年10月，两次打败奥军。12月，从英国占领者手中夺回南方重镇土伦。1794年6月，在弗勒吕斯同英、荷、奥、普联军大会战，给敌人以决定性打击。到7月，外国干涉军已全部被赶出国境。另外，还平息了保王党的暴乱。

✠ 革命恐怖政策

1793年9月，雅各宾派政府公布了《惩治嫌疑犯条例》。依据这个条例，只要谁有反革命"嫌疑"，就可以被抓起来，不必经过审讯就可以被处死。

依据这个条例，当时留在国内的所有贵族除了极少数幸运者之外都被处死。还有大量的"投机倒把"奸商被杀。那些叛乱分子、间谍、吉伦特派一旦被抓起来就格杀勿论。后来又有许多老人、妇女和儿童，被冠以各种各样的反革命罪名抓了起来，送上了断头台。他们中甚至有拉瓦锡这样的伟大科学家。后来，那些看上去对革命者有点"冷淡"，或者"并无其他过错而只是未履行选举职责的公民"，也被列入了上断头台之列。断头台不够用了，于是出现了许多杀人效率更高的新花样。例如用大炮轰，或者推下水塘去淹死。

雅各宾派政府还颁布最高限价法令，对主要食品及日用品都规定了最高限价。对那些不愿意按最高限价出售商品、屯积居奇的商人，一旦发现就立即处死；同时告密者可得到全部商品的三分之一。

雅各宾的革命恐怖的矛头越出了应该的范围，指向了群众，这就大大地削弱了其统治的群众基础。

✠ 罗伯斯庇尔

罗伯斯庇尔，1758年出生于法国阿尔图瓦郡阿腊斯城一个律师家庭。1781年毕业于巴黎大学法学专业。

1788年，罗伯斯庇尔写了一本小册子，要求改革郡的三级会议，受到第三等级的热烈欢迎。并被选为阿尔图瓦的第三等级代表，去巴黎参加全国的三级会议。到巴黎后，他参加了雅各宾俱乐部。在三级会议上，他本着卢梭主张的反对大私有、保护小私有的观点，提出了民主主义的见解。他在议会发表演说，有力地抨击了法国选举中的财产资格限制，他认为，富人的产业需求法律加以保护，小私有者的穷家破舍和他们的自由、生命和安全也是自然赋予的，也应受到法律的保护，因此，他提出了普选权的主张。在对国王的态度上，原先，他并不要求推翻君主制度，后来，由于路易十六出卖国家利益，他改变了态度，主张处死国王，赞成建立共和国。

　　随着革命的深入发展，罗伯斯庇尔以其积极的革命活动和激进的政治主张，赢得了群众广泛的信任，逐渐成为雅各宾派的领袖。1793年5月31日—6月2日，面对严峻的国内外形势，为了拯救祖国，挽救革命，罗伯斯庇尔等人举行武装起义，推翻了吉伦特派政权，建立了雅各宾专政。

　　在雅各宾专政时期，罗伯斯庇尔领导雅各宾派采取了一系列比较激进的革命措施，稳定了国内局势，同时也使恐怖进一步扩大化，大大削弱了雅各宾专政的群众基础。1794年7月27日，罗伯斯庇尔及其拥护者被捕，次日被反动派送上断头台处死。

罗伯斯庇尔像。

✠ 热月政变

　　1794年6月弗勒吕斯战役胜利后，外患逐渐消除，资产阶级不能继续容忍罗伯斯庇尔的革命政策。国民公会中的平原派联合丹东派和埃贝尔派余党，在热月9日的一次会议上发动政变，罗伯斯庇尔等20名雅各宾派议员被捕，未经审讯便在次日被送上断头台，以后又有数十名雅各宾派成员被处决。

　　雅各宾派专政被颠覆，标志着法国资产阶级革命的结束。这次政变因发生于新历共和二年热月9日（即公历1794年7月27日），所以叫做热月政变。

共和历

　　1793年10月5日，雅各宾派颁布了共和历法。历法规定，1792年9月22日为共和元年。一年分12个月，每月30天，从9月22日起依以下顺序排列：葡月（9月22日—10月21日）、雾月、霜月为秋季；雪月、雨月、风月为冬季；芽月、花月、牧月为春季；获月、热月、果月为夏季。每月3旬，每旬10日。另有5日在一年之末，称"无套裤汉日"，分别定为才艺节、劳动节、行动节、报偿节、舆论节。

　　1806年1月1日，共和历被废除。

这只精美的镀金瓷盘上描绘了1798年拿破仑入侵埃及时，法国学者忙碌地测量埃及狮身人面像头部的情景。

✠ 拿破仑

拿破仑·波拿巴，1769年8月15日生于法国科西嘉岛的一个律师家庭。青年时入巴黎军事学校专攻炮兵学，1785年任炮兵少尉。1793年9月晋升炮兵少校。在对英作战的土伦战役中立功，倍受罗伯斯庇尔赞赏，破格授予准将军衔。1795年平息巴黎保王党暴乱，升少将。1796年—1797年远征意大利，大败奥军，粉碎第一次反法同盟，名声大振。

1798年，督政府派他远征埃及，在此期间，第二次反法同盟成立，法国面临入侵威胁，万第郡保王党暴乱又起。他看准时机，于1799年8月，离开侵埃法军冒险回国，10月抵巴黎。他积极策划政变，得到一些政客、银行家、军火商、军队旧部的支持。11月9日和10日，发动"雾月政变"，建立执政府，任第一执政。

1804年改法兰西共和国为法兰西帝国，称拿破仑一世。在位期间，他加强中央集权，建立以他为主席的参政院，实行军事独裁。先后颁布《民法典》（又叫《拿破仑法典》）《商法典》《刑法典》，建立了资产阶级法律规范。1800年又创办了法兰西银行，鼓励工商业的发展。对激进要求、城市平民和工人风潮及保王党分子的叛乱一概加以镇压，但保持了农民的土地所有权。允许逃亡贵族回国，分封新贵族，建立一整套朝臣制度与宫廷仪式。继续对外战争，粉碎了第二、三、四次反法联盟，控制了大部分的欧洲，确立了法国在欧洲大陆的霸主地位。他用战争侵犯了各国的独立，奴役各国人民，激起全欧洲的不满和敌意，以致最后失败。但他的军队把法国的革命思想带到欧洲大陆各地，动摇了欧洲社会的陈旧基础。

1814年3月31日，联军攻入巴黎，拿破仑一世退位，被放逐到地中海的厄尔巴岛，法兰西第一帝国覆亡，波旁王朝复辟。1815年春，拿破仑率一队卫士于3月20日顺利到达巴黎，再次登上皇位，建立"百日王朝"。与第七次反法联军战于滑铁卢，失败后于6月22日再次退位，被囚禁于大西洋的圣赫勒拿岛，1821年5月5日在该岛病逝。

下页这幅由雅克·路易·戴维作于1801年的拿破仑肖像画，描绘了1797年4月他穿越阿尔卑斯山时的情景。

执政府

继1799年11月9日的政变之后，以拿破仑·波拿巴为第一执政官的执政府在1799年12月25日举行就职典礼。此图描绘了这一情景。

执政府是法国拿破仑统治前期（1799年—1804年）的共和制政府。"雾月政变"推翻督政府后，拿破仑等三人任临时执政。1799年12月24日，正式成立执政府，拿破仑任第一执政，康巴塞雷斯和勒布伦任第二、第三执政。名义上保留共和形式，实际上第一执政独揽大权，实行军事独裁。1802年8月，第一执政改为终身职。1804年5月18日宣告建立帝制，执政府遂被第一帝国所取代。

✠ 拿破仑上台

1798年—1799年，英国和欧洲各国的封建君主们组织了第二次反法同盟，法军虽然在意大利打败了加入反法同盟的一些意大利小邦国，但是在其他地区遭到了俄奥联军的沉重打击，法军败退到莱茵河左岸。同时有4万多名俄英军队在荷兰登陆，法国本土又面临着遭入侵的危险。于是，督政府不得不实行一些紧急措施，起用了以前雅各宾派的一些成员，并进行大规模的征兵。为了解决军事费用，还向富人发行强制公债，并对流亡贵族和反革命分子的家属实行人质法。

人们看到了督政府的无能，同时也深恐雅各宾时期的恐怖重来，一时间，法国各地人心惶惶，社会更加动荡不安。此时，万第郡又发生了保王党的叛乱，法国形势真是雪上加霜。资产阶级需要建立一个强有力的政府，督政府也想依靠军队来克服眼前的危机。督政府原来选中了茹贝尔将军，但不巧茹贝尔在8月15日阵亡了。这就给拿破仑创造了一个千载难逢的良机。

此时，拿破仑正带兵远征埃及，但他一刻也没有忘记关注法国国内的动态。他的弟弟吕西安·波拿巴一直在向他通报巴黎的消息。他在获悉巴黎的情况后，立即离开在埃及的法国军队，渡过地中海，于10月18日即赶到巴黎。拿破仑显赫的战功使他立即成为在困境中的法国大资产阶级的拉拢对象。拿破仑同督政官西哀士勾结起来，密谋夺权。

11月9日和10日，即共和历雾月18日和19日，在资产阶级政客和一些军官的支持下，拿破仑发动了政变。他首先得到了巴黎军队总司令的职务，然后，由于他提出的修改宪法的要求被拒绝，他带兵强行驱散了议会两院。此后，拿破仑纠集一小部分屈从于他的议会代表，通过决议，把政权交给三个执政官：拿破仑、西哀士和另一个无关紧要的人物。由此，拿破仑开始掌握政权。因为这次政变发生在共和历的雾月，历史上把这次政变称为雾月政变。

1805年为拿破仑特制的宝座。

法兰西第一帝国

1804年12月2日，罗马教皇庇护七世在巴黎圣母院为拿破仑加冕。

1804年11月6日，公民投票通过《共和十二年宪法》，宣布拿破仑为法兰西皇帝，法国为法兰西帝国，史称法兰西第一帝国。

法兰西第一帝国极盛时期，欧洲的许多国家被它征服。到1809年底，拿破仑占领的别国领土已经相当于法国本国面积的3倍。他根据不同的情况，用不同的办法处理不同的国家，他把法国邻近的一些国家或地区并入法国领土，成为法国的一部分，如萨伏依、荷兰、莱茵河左岸、皮蒙特、热那亚和帕尔马等。有些国家成为法国的附属国，如意大利、瑞士、华沙大公国、西班牙等。另一些国家被法国打败，不得不成为法国的盟国，如普鲁士和奥地利等。当时，拿破仑本人身兼意大利国王和莱茵同盟的保护人，他还把他的亲属和部下派到各地担任国王、副王等职，如让他的哥哥约瑟夫担任那不勒斯国王，后又转任西班牙国王，而让他的妹夫缪拉当那不勒斯国王，让弟弟路易当荷兰国王（1810年又把荷兰并入法国），还把另一个弟弟耶罗姆扶为在德意志境内新建立的威斯特伐利亚王国的国王。

法军进攻俄国的战争

1812年初，拿破仑开始召集征俄大军。4月，沙皇亚历山大一世要求法军撤到易北河以西，遭到拿破仑拒绝。6月24日和25日，拿破仑带领40多万人渡过涅曼河，侵入俄国。

战争初期，法军势如破竹。但是，法军人马困乏，给养困难，结果造成大量减员，逃兵增加。

8月底，沙皇任命老将库图佐夫为俄军前线总司令。9月上旬，双方展开大战。虽然俄军准备充分，但还是未能抵挡法军的进攻，俄军在损失5万人以后，不得不再次败退，但这一战法军也损失了3万之众。

此后，俄军实行坚壁清野的策略，把莫斯科居民连同粮食及生活用品一起运走，使莫斯科变成一座空城。9月14日，拿破仑大军进入莫斯科，在这座空城中艰难地度过了一个月，急切盼望彼得堡沙皇派人前来议和，但却杳无音讯。10月19日，拿破仑被迫下令从莫斯科撤军，一路上，饥寒交迫的法军不断遭到俄军士兵和游击队的袭击，损失众多。11月16日，法军同俄军在俄国境内打了一战，虽然击退了敌人的追击，却损失惨重。退出俄国领土后，法军总共只剩下5.5万溃不成军的队伍。

侵俄战争的失败成为拿破仑帝国由盛转衰的重大转折。

此画描绘了1813年8月26日普鲁士军队在卡茨巴赫大败拿破仑军队的情景。

✠ 莱比锡战役

拿破仑远征俄国遭到惨败以后，不甘心失败，着手整编新军，收集粮食和作战物资，准备继续同俄普军队作战。俄国、英国等国决定趁拿破仑元气大伤之机，消灭拿破仑。

1813年2月下旬，俄国、英国、普鲁士和西班牙等国又组成第六次反法同盟。战争在萨克森境内展开，当时，法军完全处于劣势，但拿破仑凭借其卓越的军事指挥才能，仍然在5月取得了两个战役的胜利，将俄普联军击败。

6月，奥地利出面进行调停，但未获成功。8月，奥地利借机加入反法同盟，对法宣战。英国凭借其强大的经济实力，向参战的反法同盟国家提供了大量经费，普鲁士也利用两个月的停战时间将军队扩充了一倍。双方重新开战时，反法同盟的军队以及军需供给超过法军。10月16日，双方在柏林西南的莱比锡城下进行决战，这一战后来被称为"民族之战"。在这次战役中，拿破仑阵营内部开始发生分化，当时，参加这次会战的同盟国军队有近33万人，而法军只有不足16万人。在第一天的战斗中，法损失了大约3万人，后补充了1万5千人；盟军损失了4万多人，但却得到了11万多人的补充。双方僵持不下，18日，拿破仑阵营中的萨克森军队倒戈投入反法同盟军队的阵营，给法军的阵地造成一个大缺口，法军大败。12月初，法军突出重围，撤离莱比锡一带，返回莱茵河两岸。这一战使法军损失了3万多人，法国在德意志的统治告终，拿破仑帝国面临崩溃的边缘。1814年3月31日联军攻入巴黎，拿破仑被放逐到地中海的厄尔巴岛，法兰西第一帝国覆亡。

　　这幅画面表现了滑铁卢战役的紧张情景。当72岁的布吕歇尔元帅指挥的普鲁士援军赶来时，拿破仑（位于左前景）感到前所未有的震惊与恐惧，因为他意识到法军战败了。

滑铁卢战役

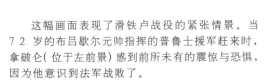拿破仑被放逐到厄尔巴岛后，时刻不忘复辟。经过精心组织，1815年3月，拿破仑带兵返回巴黎，推翻了波旁王朝的统治，重新登上皇位。正在维也纳举行国际会议的欧洲各国的君主和政府首脑们得知后大惊失色，英、俄、普、奥等国立即组成第七次反法同盟，纠集七八十万人的大军，分六路向法国扑来。拿破仑的军队，由于武器、马匹奇缺，真正能上战场的不足12万人。

　　6月15日，拿破仑率法军进入比利时境内，当时与之对垒的有威灵顿元帅指挥的9万英军和布吕歇尔元帅指挥的12万普军。拿破仑希望能将英普军队各个击破，扭转兵力不足造成的被动局面。6月16日，拿破仑亲自指挥法军在林尼附近击退了布吕歇尔统帅的普军；同时，法军内伊元帅也与威灵顿的英军交战，双方互有伤亡。但是，由于法军主力行动迟缓，使布吕歇尔的普军与威灵顿的英军得以会合，这样，拿破仑就不得不与英普两路军队同时作战。6月17日，双方军队进行了紧张调动，法军主力虽然阻击了普军的进攻，但没有向滑铁卢以南的英军发起进攻，错失良机。

　　6月18日，双方在布鲁塞尔附近的滑铁卢展开了大规模的会战。当时，拿破仑决定首先对威灵顿军队的左翼实施突击，企图阻止英军与普军会合，但是，战斗开始后，法军遭到普英联军的顽强抵抗，法军虽然发起了多次进攻，但都遭到失败，军队伤亡惨重，拿破仑的作战计划无法实现。虽然法军全力投入进攻，仍未获胜。下午5时，布吕歇尔的普军摆脱了法军的追击部队，赶来参战，战斗形势突变，英军也发动反攻，拿破仑两面受敌，法军全线溃败。这一战法军损失了3万多人，英普军队损失了2万多人。联军随后占领巴黎，拿破仑的政治生涯从此结束。

第四部分 近代社会的确立与动荡

从18世纪中期—19世纪中期，世界资本主义在逐步发展，并不断完善和走向成熟。在这一时期，近代社会逐渐确立。

18世纪60年代，第一次工业革命首先从英国开始，然后迅速波及欧美国家。它使生产力获得迅猛发展，工业资产阶级和工业无产阶级诞生，新的工厂制度也被创立，在工业革命的推动下，资本主义各国政治制度不断完善。

由于资本主义的残酷剥削和列强疯狂的殖民扩张，资本主义列强与殖民地、半殖民地国家的民族矛盾空前激化。印度民族大起义虽然失败了，但沉重地打击了英国的殖民统治；拉丁美洲掀起了争取民族独立的运动，墨西哥、古巴等国家获得了独立。资本主义发展的进程中，始终依赖着对无产阶级血汗的压榨，资产阶级与无产阶级的阶级矛盾日益尖锐。1848年，马克思与恩格斯创立了科学社会主义理论，从而引导了国际工人运动走上了科学社会主义的轨道，国际共产主义运动进入了一个新的时期。1871年，巴黎公社的成立是无产阶级第一次武装夺取政权和建立无产阶级专政的伟大尝试。

专题一：　第一次工业革命

上面这幅版画展示了1851年世界博览会中英国展出的各种机器。由于英国在世界海上贸易以及其科技方面的主导地位，这次博览会主要变成了对英国自己工业成就的赞美。

创作于1846年的石版画（左图），描绘了机车"阿奇隆"喷着烟雾顺利地从隧道的深处开出来的情景。铁路机车于1829年得到完善，这是19世纪前期蒸汽动力技术的一个标志。蒸汽动力技术帮助英国成为世界上最早的工业国家。

✠ 工业革命

工业革命又称产业革命。这个术语指资本主义由工场手工业过渡到机器生产阶段。它在生产领域和社会关系上引起了根本性变化。18世纪60年代，工业革命首先发生在英国，是从发明和使用机器开始的，到19世纪上半期，连机器本身也用机器来生产，标志着工业革命的完成。以后欧美各国也相继进行了工业革命。工业革命是资本主义发展史的一个重要阶段。

✠ 珍妮纺纱机

　　棉纺织业包括纺和织两个相关的部门。长期以来，纺纱工人工资低于织布工人，生产积极性不高，造成纺纱落后于织布的现象。1733年，机械工约翰·凯伊为织宽面的布而发明了飞梭，结果出现了一个织工所需棉纱，得五至六名纺纱工供应的"棉纱荒"。"艺术与工业奖励协会"甚至建议设奖金给予发明纺纱机者。

　　织工兼木匠哈格里夫斯（约1720年—1778年）因为偶然受到妻子的纺车翻倒在地的启发，约在1765年发明了手摇纺纱机。它包括一个手摇轮和一排并列的纱锭，轮子转动时，棉花可以不用手指帮助同时纺成16～18根棉纱。他用女儿的名字珍妮称呼这架机器。

　　"珍妮机"是棉纺织业中第一项有深远影响的发明，一般以此为工业革命的起点。

✠ 水力纺纱机

　　由于"珍妮机"要用人力转动，纺出的纱细而且易断，1769年，理发匠兼钟表匠阿克莱特发明了水力纺纱机。他出生在一个人口众多而又贫穷的家庭，没时间学写读，很小就当学徒，但他经常从早晨5点工作到晚上9点，终年累月地琢磨着克服重重困难。

　　1771年，阿克莱特到德比附近的罗姆德福设立了第一座水力纺纱厂，因这里河水流量大而急，有暖流注入，冬季不结冰。到1779年，这座工厂已有几千个纱锭并雇用了300个工人。1786年，阿克莱特被国王授予爵士称号。

✠ 水力织布机

　　纺纱机的不断更新又使织布业落后了。肯特郡的牧师埃德蒙·卡特莱特认为，既然机器能用于纺纱，必然也可以推广到织布。他雇了一个木匠和一个铁匠（当时没有工程师，木匠、铁匠、钟表匠起着工程师的作用），终于在1785年，发明了水力织布机。此后，大大小小的棉纺厂沿着急流的河畔陆续兴起，1788年，英国已有143座水力棉纺厂。

　　1764年，詹姆斯·哈格里夫斯发明了这台珍妮纺纱机，它能把纺纱缠绕到纺锤（锭子）上。

　　这幅插图描绘了1848年在伦敦某纺织工厂干活的童工，一个工头正在辱骂、殴打他们。

　　对于纺织业的某些工序来说，儿童矮小的身材及纤细的手指成为机器的最好助手。据统计，1788年，英国142个纱厂使用童工2.5万人，女工3.1万人，男工只有2.6万人。

　　童工在低矮、封闭、飞絮时时飘进肺里的车间，常常工作14小时—18小时，仅有40分钟的吃饭时间，还得用20分钟擦拭机器。童工手指轧断、四肢碾碎等事故层出不穷。繁重的劳动使童工身体发育畸形，智力荒废，道德沦丧。即使这样，资本家发给童工的工资只有成年人工资的六分之一至三分之一。

富尔敦

富尔敦(1765年—1815年)，祖籍爱尔兰，是美国著名发明家、艺术家。出身于农民家庭，曾做过首饰店学徒。在英国学习绘画时，结识了瓦特和一些对机械工程有兴趣的人，开始对有关船舶推进的新发明产生兴趣。

1803年，他的第一艘汽船在巴黎塞纳河下水，同时还展出一艘潜水鱼雷快艇。由于没能引起拿破仑重视，他于1806年回纽约。

在1807年，富尔敦造出一艘长45米的蒸汽机船，用一台英国的博尔顿—瓦特发动机驱动两舷直径4．5米的明轮，由纽约顺哈得孙河抵达奥尔巴尼。240千米航程历时32小时(而帆船需4昼夜)。

这艘船经加固加宽后，就是著名的"克莱蒙号"，是世界第一艘正式使用的蒸汽机船。

✖ 瓦特与改良蒸汽机

瓦特(1736年—1819年)出生于苏格兰，祖父是教师，父亲曾是熟练的造船装配工。瓦特从小酷爱学习，在学校里他的数学成绩特别优秀，因病退学后，坚持自学，钻研天文、化学、物理、解剖学，还学会多种外语。后来，因父亲经商失败，他被迫去一家钟表店当学徒。21岁时，到格拉斯哥大学当修造教学仪器的工人。1764年，大学委托他修理一台当时欧洲很多地方都使用的纽科门蒸汽机的教学模型。

很早以前，人们就已经认识到可以使用蒸汽动力，并为此作出了不懈的努力。1689年，托马斯·萨夫里发明了蒸汽唧筒，用来抽矿井里的水。1705年，铁匠纽科门在改进萨夫里蒸汽唧筒的基础上，制造了一台大气压力蒸汽机，利用蒸汽冷却时产生的部分真空形成的大气压力作为动能。这种蒸汽机主要用于矿井抽水，它的明显缺点是不能作为动力机普遍安装，而且，燃料消耗量大，效率低。瓦特决心改进它。他租了间地下室，四处借贷，利用旧机器，夜以继日地工作，屡屡失败，直到1768年，终于制造出耗煤量仅为纽科门蒸汽机1／4，效率却高出许多，仍只适用于矿井抽水的蒸汽机。这部蒸汽机不但吞吐烟火，而且动作古怪，被称为"恶魔"。

以后，又经过近20年的不断改进，瓦特使蒸汽机变成适用于一切工业部门的动力机械。这就是所谓的复式蒸汽机，又称万能蒸汽机。这种蒸汽机突破了人力、畜力、风力和水力作为机器动力的局限性，能够提供可控制强度的动力，在生产中广泛使用，适用于各种工作机。1785年，英国诺丁汉的舍尔纺纱厂首先安装了这种蒸汽机。

1789年，瓦特获得专利。瓦特曾被选为伦敦皇家学会会员。威斯敏斯特教堂为他立了塑像。直到今天，人们仍以"瓦特"作为计算功率的一种单位。

这台早期的蒸汽机建造于１７６８年。１７７４年，瓦特和博尔顿对它作了改进，并缩小其体积，以便于能把它安装到其他装置中去。

✠ 早期火车

早在16世纪，人们已经懂得使用木轨来减少车子的阻力和颠簸。18世纪，英国的矿山和冶铁工厂的运输中已经普遍采用木板轨道。由于木板承重力差，易被轧坏，木材的损耗极大。后来，人们在木板外面包上铁皮，以延长轨道的使用寿命。

18世纪中叶，人们又开始采用铁轮和用生铁铸成的凸缘铁轨，后又改为平铁轨，但车轮带凹缘，从而克服了脱轨的缺欠。1770年，一名法国人发明了一辆蒸汽机车，但有很多缺陷。1803年，英国人理查德·特里维西克设计了一辆蒸汽机车，这辆机车重25吨，时速6.4千米，由于车轮和轨道平滑，行驶时特别是上坡时容易脱轨。

1813年，史蒂芬孙攻克了许多难关，设计出了性能良好的实用铁轨机车。从此，交通运输进入了铁路时代。1825年，英国建造了世界上第一条铁路。这条铁路由史蒂芬孙亲自指挥修建，全长约27千米，由斯托克顿到林顿。当时，列车由12节货车和22节客车组成，可以搭乘乘客450人，时速18千米。1830年9月，利物浦至曼彻斯特铁路开通，客货两用，很快成为英国最重要的棉纺织业基地——兰开夏棉纺工业原料和成品运输的交通动脉。

人们看到了铁路的种种优势，英国和欧洲及北美不久就掀起了修铁路的高潮。1843年，英国通车的铁路里程已经达到2412千米；到1860年，英国的铁路里程为14605千米。美国于1830年也修建了第一条铁路，到1860年，美国的铁路总长度达到49324千米，成为世界上铁路交通最发达的国家。1832年，法国开始修建第一条铁路；到1860年，法国的铁路里程是9420千米。1835年底，德意志才建造了第一条很短的铁路，到1860年，它的铁路总长度已经达到11562千米。俄国的第一条铁路也于1836年通车，但是发展相对较慢。

铁路运输的出现和发展，引起了交通运输领域的革命，大大促进了工业革命的发展。

第一次工业革命的影响

第一次工业革命创造了巨大的生产力，促进了经济的发展。

工业革命使社会日益分裂为两大直接对立阶级，即工业资产阶级和工业无产阶级。资产阶级通过各种剥削手段，日益富有；无产阶级却日益相对贫困。两大阶级的对立与斗争日渐明显和尖锐。

工业革命加快了城市化进程。农业的发展促进了流动人口增多；由于蒸汽机的发明和使用，工厂制日益普及；交通运输的迅速发展，为人口流动、原材料和制成品的流通提供了快捷安全的交通工具；市场不断扩大，商品经济日益繁荣。

工业革命还改变了世界的面貌，使东方从属于西方。发达的工业国家一方面依靠武力打开了亚非拉国家和地区的大门，掠夺那里的工业原料、倾销商品，造成了那里的长期落后与贫穷。另一方面工业国家的入侵极大地冲击了这些落后国家的旧制度和旧思想。

工业革命从英国开始以后，很快向欧洲大陆和北美传播，资本主义进入了自由发展时期。

下图是史蒂芬孙的"火箭号"机车。该车于1814年试车成功，但也暴露出许多问题。

专题二： 殖民地人民的抗争

印度民族大起义

19 世纪中叶，印度完全沦为英国殖民地，印度各阶层人民与东印度公司殖民者的矛盾日益激化。1856 年，印度各地传递荷花和薄饼为联络信号，秘密酝酿反英起义。

民间艺人采用说书、卖唱、演戏等形式揭露英国殖民者的贪婪和残暴，鼓动印度人民奋起反抗。同时在印度士兵中，通过在各个团队广泛传递作为起义信号的红荷花，组成了军官委员会的秘密组织，准备举行起义。

在印度的士兵团中，有相当一部分是印度本地人，被称为"土兵"。1857 年初，英国殖民当局发涂有牛油或猪油的纸包装的一种新子弹。使用子弹时必须用牙咬开包装纸。这是对信奉印度教和伊斯兰教士兵的极大侮辱。首都德里附近米鲁特的土兵因拒绝使用涂猪油牛脂的子弹遭到英军的镇压。这一"涂油子弹事件"成了印度民族大起义的导火线。

5 月 10 日，这个团的士兵首先起义，德里市民奋起响应。第二天攻占了首都德里。他们拥立莫卧儿王朝末代皇帝巴哈杜尔·沙为名义领袖，并成立了行政院作为起义的政权组织，各阶层人民热烈响应。但是由于起义没有先进阶级的领导，没有明确的纲领，起义者各自为政，缺乏统一的指挥，加上王公贵族在关键时刻的叛变，终于在 1859 年被英国殖民者镇压下去。

这幅雕版画描绘了印度"土兵"起义的场景。

✠ 章西女王巴侬

阿克希米·巴侬，1835 年生于印度的贝拿勒斯。巴侬从小精通武艺，7 岁就学会了骑马。1852 年，她 17 岁时嫁给了比她年纪大二三倍的王公甘加达尔·拉奥，成了印度小城章西的王后。

王公死时没有儿子，巴侬在王公临死时所生的一个儿子不久之后又死去了。按照当时英国所定的规矩，哪个王公死后，如果没有儿子继承王位，那么就要废除他的领地，收归英殖民者所有。但是巴侬已经领养了一个儿子，并已经以养子的监护人的身份行使王权了。

英殖民政府强行兼并了章西。巴侬非常气愤，决心与英国殖民者作坚决斗争。

1857 年，印度爆发了反英民族大起义，全国上下都与英国侵略者展开了积极的斗争。章西人民也在女王巴侬的领导下参加了起义，配合其他地方的起义军抗击英殖民强盗。6 月 4 日，女王率领章西起义军占领了军火库，并最后重新占领了章西，7 月 8 日，英军投降，巴侬重登王位。女王重新执政后，为了配合印度各地的反英斗争，她率军南征北战，沉重地打击了英国殖民的统治者。

1857 年 9 月，英军攻陷德里后，调军队扑向章西，次年1月，驻印英军总指挥罗斯将军率军来到章西。章西女王作好了一切准备。英军的大炮比女王的炮威力大，但起义军们个个英勇善战，女王指挥果断，连续两天僵持不下。第三天，英军猛攻南城门，试图集中火力打开南门。女王见状，急忙调转炮位，英军一座炮台不翼而飞。起义军暂时压住了敌人的火力。但因为长时间地进行炮战，起义军也受到不少损失。英军看到起义军南门是个缺口，就重新集中火力猛攻，不久，南门缺口越来越大，章西马上就要被英国攻破了。这时，女王立即派人去与附近的起义军领袖、她的好友托比联系，请他火速增援。托比得到消息后，立刻发兵章西，不料途中中了英军埋伏，托比战败，只好收兵。女王寡不敌众，率军弃城而走。英军占领了章西。

1858年6月1日，女王把依将军队带出章西，同托比的部队汇合在一起，进驻到印度中部的军事重镇瓜辽尔。这对其他地区的起义军也非常有利。但由于德里的莫卧儿王朝已投降英军，各地起义军群龙无首，盲目作战。于是，巴依和托比推举他们的另一位好朋友、当时也是起义军一个重要领导人的萨希布为起义军领袖。同时，还任命其他各部大臣。托比担任起义军司令。

英军到了瓜辽尔，就立刻率军前来围剿。女王奉命镇守东门，抗击由罗斯率领的英军。罗斯来到后，命令部队攻城，女王和她的女友纵马战斗。只见女王身穿战衣，手拿钢刀，骑着一匹白色的战马，在战场上纵横驰骋。起义军们见女王如此骁勇，信心倍增，士气高昂，多次打退了英军的进攻。

6月18日，英军分几路进攻，合围瓜辽尔。英军的大炮猛烈地攻城，眼看侵略军就要逼进城了。巴依率起义军的骑兵迅速冲向敌人。起义军与英军展开了肉搏战，英军炮兵被消灭了一大半。英军骑兵从四面八方涌来，很快就包围了起义军。女王左劈右砍，英军纷纷倒在她的战马下。一个英军骑兵军官认出了身穿男装的女王，巴依怒火中烧，拍马向前，挥刀劈去。那英军吓得连忙勒转马头逃跑。巴依奋力赶上，不料，那英军突然转过身子，一刀劈在巴依的头上，把巴依的右眼劈掉了。女王满脸是血，但依然挺坐在马背上。她纵马一跃，直至英军面前，用佩刀刺向那英军。敌人刺死了，23岁的女王也由于伤势过重，流血过多，停止了呼吸。

英国东印度公司

英国东印度公司建立于1600年12月31日。它有垄断印度和东方各国的贸易权。东印度公司在印度拥有马德拉斯、孟买和加尔各答三个管辖区。到18世纪中期，公司在印度就建立了150多处商站和15家大代理站。

1708年，经英国政府的特许，东印度公司获得宣战和媾和的特权，集商人和政府于一身。

1751年，东印度公司与其在印度的主要竞争对手法国交战，公司将法军击败。1763年，英法签订《巴黎和约》，法国放弃了它在印度的全部殖民地。在英法争夺殖民地和海上霸权的"七年战争"中，英国占领了印度大片领土，发动了一系列侵略印度的战争，终于在1849年占领了整个印度。

英国东印度公司榨取了印度人民的血汗，掠夺了印度数不尽的财富和资源。从1765年起，公司直接掌握孟加拉的财政税收大权。他们以不等价交换的方式强迫印度人民把纺织品、香料等商品卖给公司，公司转运到欧美，从中渔利。东印度公司还强迫印度农民大规模种植罂粟，制成毒品鸦片烟，大量地向中国倾销，引起清朝白银外流。

在1857年印度民族大起义的冲击下，1858年英国议会不得不通过了《关于改善治理印度法案》。该法案规定：撤销东印度公司；除股本外，公司的全部财产归英国国家所有；英国内阁设印度事务大臣；印度总督改称副王，为英国驻印度直接代表。

西属拉美殖民地社会阶层

独立战争前夕西属拉美殖民地社会阶层的构成如下：

处于塔顶的是西班牙白人官吏，是社会的最上层。他们效忠西班牙王室，对殖民地人民进行残酷的剥削和压迫。

其次是土生白人。他们和劳动人民不同，但又受到西班牙白人官吏的歧视。他们对自己的政治地位不满。

混血人种集团构成了殖民地小资产阶级的基本核心，是反对殖民统治的一支骨干力量。

印第安人和黑人处于社会最底层，最受歧视和压迫，成为日后革命军队的主力。

一个模样傲慢的骑着马的混血儿。

☀ 美洲最早的居民

美洲由北美洲和南美洲两个大陆及其附近许多岛屿组成。一般以巴拿马运河作为南北美洲的分界线。在政治地理上，北美洲指美国、加拿大和格陵兰岛等国家和地区；北美洲的墨西哥、中美洲、西印度群岛和南美洲称为拉丁美洲，因为这个地区过去是拉丁语系的西班牙和葡萄牙所统治的殖民地，所以有这一称呼。

美洲的最早居民是印第安人以及爱斯基摩人（自称因伊努特人），他们是从亚洲迁入新大陆的蒙古利亚人种。其中印第安人早在大约距今4万—5万年前，就开始从亚洲东北部移入北美洲，然后逐渐向南迁徙。那时位于亚洲东北部和阿拉斯加之间的白令海峡有陆桥相连，成为人类和各种动物迁徙的通道。

后来，在曾经覆盖整个加拿大的冰原融化之后，在洛基山以东开辟了一条畅通的走廊，西伯利亚蒙古利亚人种的一些猎人就源源不断地通过这里来到美洲平原，大约在距今1万年前分布到南美洲各地。爱斯基摩人从亚洲移入美洲，在时间上要比第一批到达美洲的印第安人晚很多，主要居住在北美洲北部和北极地区，以狩猎和捕鱼为生。

爱斯基摩人手小、脚小、B型血的人很多，而印第安人则几乎没有B型血的人。爱斯基摩人的语言属于古亚洲语系的爱斯基摩语，分为西部、中部和东部三个语言集团，各集团之间的语言和方言相互之间很接近。而印第安人的语言有很多分支，共有1700多种语言和方言。

15世纪以前，美洲大陆与世界文明发达地区相隔绝，而且居住在美洲各地区的各个民族之间也缺乏联系，所以美洲社会历史发展远远落后于亚欧大陆。当时，印第安人和爱斯基摩人的各个部落，大都处于原始公社制的不同发展阶段：有的部落盛行母系氏族制度，有的正处于从母系氏族向父系氏族过渡的时期，有的则发展到了父系氏族阶段；一些比较发达的部落组成了部落同盟。而居住在墨西哥、中美洲和南美洲安第斯山区的印第安人形成了古代文明国家，他们创造了玛雅文化、阿兹特克文化和印加文化。印第安人在农业、建筑、天文学、数学和医学等许多方面为人类作出了宝贵的贡献。

这幅画描绘了安第斯土著居民为殖民者提炼白银的艰苦过程。

✠ 美洲的殖民压迫

1．大土地占有制。贵族、商人、天主教会成为大片土地的主人，残酷剥削印第安人。

2．强迫劳动制。西班牙殖民当局为掠夺贵金属，在秘鲁和墨西哥推行强迫印第安人劳动的"米他"制。它规定印第安人每年要送一定数量的成年男人去矿区服役。据估计，在整个殖民统治时期，被埋葬在矿井下的印第安人达800多万！因此，"米他"制常常被比做"绞碎印第安人的机器"。

3．对黑人的奴役。殖民者血腥的讨伐和奴役，使印第安人人口锐减，造成劳动力的严重短缺。于是，殖民者又从非洲大量贩运黑奴。据估计，16世纪—19世纪，被贩往美洲的黑奴共约1500万人。在残暴的种族恐怖和过度劳累的折磨下，黑奴的存活率仅为4.5%，到巴西后平均寿命不过7年。

右图为穿着华丽的欧洲服装的西班牙贵妇人。与其形成鲜明对比的是旁边3个巴西的印第安人。他们身体上涂满植物颜料，嘴唇和耳朵都带上塞子，这是代表他们地位低于欧洲人的标志。

杜桑解放海地

"海地"一词在印第安古语中意为"多山的地方"。1502年，海地岛沦为西班牙殖民地。西班牙称这个岛为埃斯帕尼奥拉，即小西班牙的意思。1697年，海地岛的西部即海地转归法国所有，东部仍属西班牙。海地后来便成为法国海外最富庶的殖民地。

杜桑·卢维杜尔是海地革命的领导人，他出生于海地北部布雷达种植园的一个黑人奴隶家庭。他从童年起就给种植园主放马喂羊，稍大些当马车夫，亲眼目睹并亲身经历了奴隶的悲惨处境。1791年海地革命爆发后，他领导黑人起义，并先后抗击法国殖民者和西班牙、英国的入侵军。1801年，他解放和统一了海地岛。1802年，法国侵略者施诡计逮捕了杜桑，并将他押往法国，囚禁在阿尔卑斯山的茹鸟城堡。次年，杜桑死于狱中。

圣马丁

圣马丁(1778年—1850年)，拉丁美洲独立运动领导人，出生于西属拉丁美洲殖民地拉普拉塔的亚佩尤。曾经在马德里学习，加入过西班牙军队，在西班牙抗击法国拿破仑军队的战争中建立战功，获得少校军衔。

1810年，拉普拉塔发生独立战争。1812年，他回国参加革命。1813年，出任北方军司令。1814年担任库约省省长，训练了一支5000人的"安第斯军"。他宣布解放黑奴，并与印第安人结盟，得到了广泛支持。

1817年，他率领军队翻越安第斯山，进军智利。1818年2月，智利独立。1820年8月，他率领军队从海上进攻秘鲁。1821年7月，秘鲁独立，圣马丁出任秘鲁"护国公"。1822年7月，同玻利瓦尔在瓜亚基尔会晤，因意见不一，回到秘鲁。9月辞去秘鲁护国公职务。1824年去法国隐居，直到逝世。

玻利瓦尔像。

墨西哥独立战争

1810年9月16日，以"多洛雷斯呼声"为起点的墨西哥独立战争开始了。为了纪念独立战争的发起人"墨西哥独立之父"伊达尔哥，这一天被定为墨西哥独立日。

10月，伊达尔哥领导的起义大军迅速发展至8万人，这时起义军已连克塞拉亚城和瓜那华托城，直逼总督府所在地墨西哥城。墨西哥城内西班牙守军仅7000人，形势对起义军很有利。但伊达尔哥却错误地判断了形势和敌我力量，认为起义军难于攻破墨西哥城，竟决定停止攻城，回师北上，涣散了起义队伍士气，而殖民者却借此获得喘息的机会。此后，伊达尔哥在瓜达拉哈拉城组成政府，并颁布土地法，宣布归还印第安人土地等法令。

1811年初，起义军与反扑的西班牙殖民军在瓜达拉哈拉城郊进行决战。由于敌人力量强大及起义队伍内部的分裂，起义处于低潮。1811年3月，伊达尔哥为叛军伏兵所俘并交至殖民当局，7月30日伊达尔哥慷慨就义。

伊达尔哥虽然牺牲了，但独立战争仍在继续。伊达尔哥的学生和战友莫雷洛斯领导人民进行了艰苦的游击战争打击殖民者，解放了墨西哥南部广大土地。1813年在奇尔潘辛戈，组成了以莫雷洛斯为首的临时政府，并通过和宣布了独立宣言，后又颁布了墨西哥历史上第一部宪法，宪法确立了墨西哥的独立。与此同时，殖民者调集军队向革命军反扑，莫雷洛斯于1815年在同敌人的激战中因被叛徒出卖而被俘最后牺牲。经过长期的斗争，1821年，墨西哥终于获得独立。1823年，墨西哥建立共和国。

巴西独立

1807年底，拿破仑派军队侵入葡萄牙，弱小的葡萄牙无法抵抗强大的法国军队，王室只好出逃。1808年3月，葡萄牙王室逃往其海外殖民地巴西里约热内卢避难。1815年，葡萄牙王室为了笼络巴西上层分子，宣布成立"葡萄牙－巴西－阿尔维斯联合王国"，以示巴西同葡萄牙处于平等地位。

1820年，葡萄牙发生资产阶级革命，建立了议会。新议会要求葡萄牙国王回国。这时巴西人民要求独立的呼声已经遍及全国，甚至巴西的大庄园主、教会及殖民地官吏

这幅壁画描绘了发生在1819年的博亚卡战争。这场战争是玻利瓦尔把新格拉纳达（即现在的哥伦比亚）从西班牙统治中解放出来的决定性的交战。

玻利瓦尔

玻利瓦尔，西属拉丁美洲独立运动的领导人，1783年出生于委内瑞拉加拉加斯的一个土生白人贵族家庭，曾经在加拉加斯和马德里受过教育，受到了启蒙运动的影响，游历过法国等欧洲国家。

1811年，委内瑞拉国民议会通过《独立宣言》，成立委内瑞拉共和国，他进入军队，获上校军衔，任一个要塞的司令。第二年，委内瑞拉共和国被西班牙军队镇压。他流亡到新格拉纳达，号召人民起来反对西班牙的殖民统治，解放委内瑞拉和南美洲。1813年，他率领300人打回委内瑞拉，解放加拉加斯，重建共和国，任最高执政官，被授予"解放者"称号。但是，1814年7月，共和国再次遭到西班牙军队的镇压。

1815年，他流亡牙买加，发表《牙买加来信》，号召人民继续战斗。1816年，在海地革命政府的支持下，率领军队在委内瑞拉登陆，对殖民军展开进攻，他宣布解放奴隶，许诺战后分给战士土地，得到了人民的拥护，队伍迅速壮大。1818年，他再次成立共和国，当选为总统。第二年解放波哥大。同年12月，委内瑞拉同新格拉纳达联合成立大哥伦比亚共和国，他又出任总统。1822年，厄瓜多尔解放后也加入大哥伦比亚共和国。1822年7月，同圣马丁会晤。1823年，指挥军队进入秘鲁作战。第二年，在瓜亚基尔彻底击溃西班牙在美洲的殖民军队。1829年—1830年，委内瑞拉和厄瓜多尔脱离大哥伦比亚共和国。

1831年，他辞去总统职务，年底在哥伦比亚逝世。

也不愿再受葡萄牙的统治。葡萄牙国王在回国前已经感觉到这一点，于是把王子彼得罗留下担任摄政王，并在临行前嘱咐他，一旦巴西的独立运动不可阻挡，应即亲自宣布独立，自立为帝。

1821年12月，葡萄牙议会有关剥夺巴西自治权和迫令彼得罗回葡萄牙的命令传到巴西，激起了巴西人民极大的不满。独立运动的浪潮席卷全国。彼得罗成为独立运动的代表人物，他采取了建立内阁，驱逐在巴西的葡萄牙驻军等一系列措施。在人民运动的推动下，1822年9月7日，彼得罗挥剑宣布巴西独立。10月12日，彼得罗被宣布为立宪皇帝。两年后，彼得罗一世颁布了宪法。

专题三：　国际共产主义运动

工人运动在欧洲的兴起

19世纪40年代，随着资本主义在欧洲的发展，工人运动蓬勃发展起来，无产阶级开始作为一支独立的政治力量登上历史舞台。

无产阶级从产生的第一天起，就展开了反对资产阶级的斗争。最初，工人群众反对资本家的斗争是自发的，表现为破坏机器，捣毁工厂。

随着斗争的展开，实践教育了工人，他们认识到，失业和贫困的根源在于资本家的剥削和压榨。于是，无产阶级反对资产阶级的斗争就逐渐进入了一个新的阶段。工人们开始联合起来，采取罢工的手段，进行经济斗争。

罢工斗争进一步提高了无产阶级的觉悟，使工人认识到，必须从改变政治上无权的地位着手，展开政治斗争。从而使英、法等国的无产阶级反对资产阶级的斗争在更高的程度上发展起来，开始了独立的政治运动。

图为在英国格宁顿广场举行的宪章运动大集会。

✠ 英国宪章运动

1832年，英国进行了议会改革，扩大了选举权，但工人们并没有得到选举权。1834年，议会通过了新的济贫法，规定如果要救济，必须进入济贫院，这实际上剥夺了失业者和贫民得到社会救济的权利。工人们感到这是工人在议会没有发言权的结果，因此他们认为不取得选举权，就不能改善自己的境遇。他们展开了要求新的选举改革的群众运动，要求按照民主原则改革议会的下院。当时，工人的要求写在《人民宪章》上，这一运动遂以"宪章运动"的名称载入史册。

1836年7月，伦敦工人组织"伦敦工人协会"草拟了一份"人民宪章"，以议会法案的形式提出来。它要求：（1）成年男子享有普遍选举权；（2）议会每年改选一次；（3）议会议员取得薪金；（4）选举采取秘密投票方式；（5）设立平等选区，保证平等的代表权；（6）废除候选人的财产资格限制。争取实现《人民宪章》的宣传由伦敦开始，迅速遍及全英国。各地举行盛大的群众大会，到会的人数以万计。1839年，宪章运动出现了第一次高潮。7月间，一份有125万人签名的要求实施《人民宪章》的请愿书提交议会，遭到拒绝。许多地区爆发了罢工和起义，却遭到了镇压。

1840年，英国成立了全国宪章协会。1842年，英国宪章运动出现了第二次高潮。宪章派向议会送交了第二次请愿书，在上面签名的有300万人。这一次，除了要求实行《人民宪章》以外，还要求实行10小时工作日制，保障工人不受资本家的迫害，实现合理的工资等。后来，1848年，英国宪章运动又出现了一次高潮，随后宪章运动就消沉了。宪章运动虽然最后以失败而告终，但是，它在英国历史及国际工人运动历史上仍具有重要的意义。

✠ 法国里昂工人起义

里昂是法国中南部的一个重要城市，一向是丝织业的中心，19世纪早期，当地的丝织业以工场手工业为主，家庭

法国政府军镇压里昂工人起义。

手工业同时大量存在。丝织工人多半是小作坊主和帮工。他们给资本家订货加工，按件计酬。

1831年，里昂的3万多帮工和8000多小作坊主反对资本家任意压低工资，要求定出工资标准。资本家开始被迫答应，但马上又食言。

这年11月21日晨，丝织工人们离开作坊，走上街头。他们的旗帜上写着"工作不能生活，毋宁战斗而死！"23日，起义工人完全占领了里昂市。政府从外地调来大批军队镇压。12月初，起义被镇压下去。

1834年4月，里昂工人再次起义。这一次他们不仅提出增加工资，而且提出了建立共和国的口号。在里昂城内，工人同军队激战了4天，最后被镇压下去。

✠ 德意志西里西亚织工起义

西里西亚是德意志的纺织业中心，主要生产亚麻布。这里的纺织工人一面受到工厂主的沉重剥削，一面还须向封建地主缴纳所谓的"纺织税"。工人们饥寒交迫，生活艰辛。

1844年6月4日，西里西亚的一个纺织城镇彼得尔斯瓦尼达渥的织工们在一个资本家的住宅窗下唱革命歌曲，遭到军警毒打和逮捕。次日，愤怒的工人起来战斗，政府派军队镇压，起义失败。

图为伟大的无产阶级革命导师马克思。

《莱茵报》

《莱茵报》（全称为《莱茵政治、商业和工业日报》）创刊于1842年1月，在科隆出版。由莱茵省反对普鲁士专制倾向的自由资产阶级分子主办。许多青年黑格尔派分子担任编辑。

马克思从1842年4月开始为该报撰稿，并在该报发表了他的第一篇政论文章《论普鲁士的书报检查令》，开始了他反对封建专制和争取民主的斗争。同年10月起成为该报主编。在他担任主编期间，发表了一系列抨击专制的普鲁士政府的文章。《莱茵报》具有明显的革命民主主义倾向，受到人民群众的欢迎，声誉日益扩大。报纸的影响使普鲁士政府感到严重不安。

1843年1月19日，普鲁士政府决定从4月1日起封闭《莱茵报》。报纸的股东们企图与政府妥协，以换取报纸的继续出版，马克思反对这种做法，并声明退出编辑部。3月31日，《莱茵报》被迫停刊。

✠ 马克思

卡尔·马克思，出生于1818年5月5日德国普鲁士莱茵省特里尔。他的双亲都是犹太人。父亲是特里尔的首席律师，为人正直，学识渊博。母亲受过良好教育，心地善良、教子有方。马克思自幼勤奋好学，他没有上过小学，12岁时直接进入特里尔的威廉中学读书。马克思的少年时代，是黑暗笼罩整个欧洲的封建复辟时期，无论是普鲁士政府方面的种种反动行为，还是自由派人士对统治当局表示不满的言论和行动，都在他的头脑中留下了深深的烙印。在威廉中学，马克思大量地阅读宣传反对专制主义、倡导民主的书籍，他还积极参加特里尔市自由派的集会、讲演活动。

马克思中学毕业后，在著名的波恩大学学习法律，一年后转入柏林大学。马克思的学习兴趣非常广泛，他刻苦钻研哲学、历史、文学、外语、法律等专业知识，还积极参加以反对普鲁士专制统治为斗争纲领的"青年黑格尔派"的活动。他经常与激进的革命民主主义者在咖啡馆聚会，畅谈革命理想，抨击专制制度，商讨斗争策略。

1841年，年仅23岁的马克思以题为《德谟克利特的自然哲学和伊壁鸠鲁的自然哲学的区别》的优秀论文获得了哲学博士学位。5月，他与女友燕妮结婚。1843年10月，马克思夫妇迁居巴黎。不久，便与人合编《德法年鉴》，并同德、法工人运动领导人建立起密切联系。他进行理论研究，钻研古典经济学家的著作和空想社会主义学说。于1844年2月，他发表《论犹太人问题》和《＜黑格尔法哲学批判＞导言》，阐述了资产阶级革命和社会主义革命的根本区别，并且指出，只有无产阶级才是消灭剥削阶级旧制度的惟一阶级。

马克思从1861年6月开始《资本论》第一卷的写作。1867年9月《资本论》第一卷出版。在书中，他创立了剩余价值学说，深刻地揭示了资本主义的秘密。

马克思在晚年仍然十分关心各国工人运动的发展。1875年初，他抱病写了《哥达纲领批判》，深刻地阐明了科学社会主义的基本原理。同时，继续从事《资本论》第二、三卷的写作。极端贫困的生活和极其繁重的工作，使他的健康日益恶化，于1883年3月14日病逝。

恩格斯

　　弗里德里希·恩格斯，出生于 1820 年 11 月 28 日德国西部莱茵省的巴门市。18 岁时被父亲送到德国北部的重要港口城市布莱梅的一家大贸易公司工作。在此期间他把大部分时间用来学习，掌握了丰富的自然科学和社会科学知识，还接受了不少新的思想，阅读了许多国家的进步书刊。他认识到工人穷困的原因是因为这个社会制度，要想改变工人们的生活面貌，必须彻底推翻这个制度。于是，他开始寻找推翻资本主义制度的道路和方法。

　　不久，恩格斯来到英国工业的中心城市曼彻斯特，那里有几百万工人正在组织集体签名，要求英国议会批准通过宪章的实施，让每个工人都有选举权。恩格斯也加入他们的斗争行列，争取工人的平等权利。另外他还努力从理论方面反映工人所遭受的痛苦、揭露资本家对工人残酷剥削的本质。他几乎每天晚上都去访问工人，了解工人的斗争情况、生活情况以及他们的思想、愿望，还积极参加了"宪章派"所组织召开的各种会议，以实际行动支持工人们的斗争。经过广泛的调查研究，他创作了反映英国工人阶级的生活、愿望和斗争的一篇文章《政治经济学批判大纲》，恩格斯把它寄给了法国《德法年鉴》的主编马克思。马克思阅读了这篇文章，认为它能够非常及时地推动国际工人运动，就把它刊登在《德法年鉴》上，并给恩格斯回信，希望他能再详细地反映英国工人阶级所面临的问题。不久之后，恩格斯就查阅了大量的官方文件资料，写成了《英国工人阶级状况》一书。在这部经典性著作中，恩格斯认为，无产阶级要获得自己的彻底解放，就必须团结起来，共同战斗，去推翻资产阶级所建立的资本主义制度。

　　1895 年 8 月 5 日，恩格斯在伦敦病逝。

共产主义者同盟

　　由于无产阶级缺少正确的思想武装和革命政党的领导，欧洲三大工人起义都失败了。马克思、恩格斯认真总结了斗争经验，提出首先要把各国工人运动中的先进分子和职业革命者组织起来，创立无产阶级的组织。

　　1847 年夏，正义者同盟在伦敦召开了第一次代表大会。大会采纳了马克思和恩格斯的建议，决定把正义者同盟改名为"共产主义者同盟"；并通过了新的章程，用"全世界无产者，联合起来！"这个战斗口号，取代了"人人皆兄弟"这一旧口号。从此，一个崭新的无产阶级政党——共产主义者同盟正式诞生了。

　　共产主义者同盟一成立，马克思和恩格斯就着手进行扩大共产主义的宣传活动。他们把《德意志－布鲁塞尔报》作为同盟的宣传阵地，还组织了"工人教育协会"等公开的群众组织，宣传革命思想，教育广大工人群众。与此同时，马克思和恩格斯特别注意各国工人干部的培养，把他们中的先进分子吸收到同盟中来，不断壮大革命队伍。

伟大的思想家恩格斯。

《共产党宣言》

1847年12月，共产主义者同盟在伦敦召开了第二次代表大会。马克思和恩格斯都出席并主持了这次大会。这次大会的主要任务是通过新的《章程》和制定纲领。此前恩格斯曾经先后起草了两个草案：《共产主义信条草案》和随后的《共产主义原理》。

在为期10天的大会中，绝大多数代表都同意了马克思、恩格斯的观点，统一了大会思想，顺利通过了新《章程》，并决定委托马、恩为同盟写出一个战斗的共产主义宣言，同时把它作为公开文件，向全世界发表。大会结束后，马克思和恩格斯全身心投入到宣言的起草工作之中，通宵达旦，不遗余力。一个月后，宣言写好了，马克思和恩格斯给它起了一个响亮的名字：《共产党宣言》。

《共产党宣言》有引言和四章。引言扼要地勾画了早期共产主义运动的图景，描述了共产党人在形形色色的敌人的咒骂、围攻中成长的进程，以及发表《宣言》的目的。《共产党宣言》是无产阶级革命政党第一个完整的理论和实践纲领，也是国际共产主义运动史上第一个光辉的革命宣言。它的发表，标志着马克思主义的诞生。

1848年2月，《共产党宣言》在伦敦用德文正式发表。不久，一场席卷整个欧洲的革命来临了。随着无产阶级革命运动的广泛开展，它被翻译成多种文字，在全世界广为传播，成为一个划时代的伟大宣言。

伟大的革命导师马克思和恩格斯。

✖ 马克思与恩格斯的友谊

1844年8月，马克思在巴黎会见恩格斯，他们合写了《神圣家族》，阐述了历史唯物主义，论证了资本主义必被共产主义代替的道理。1846年初，马克思和恩格斯在布鲁塞尔建立了共产主义通讯委员会和德意志工人协会。1847年初，他们应邀加入正义者同盟，并将组织改组成无产阶级政党 —— 共产主义者同盟。受共产主义者同盟委托，他与恩格斯共同起草了同盟纲领 ——《共产党宣言》，随着《宣言》的发表，科学共产主义随之诞生。1848年德国革命爆发后，马克思同恩格斯一起拟定了《共产党在德国的要求》。1850年，马克思经济陷入困难，恩格斯重新回到经商的位子，用挣来的钱支持马克思的生活与研究的费用。1870年，恩格斯移居伦敦，再次与马克思并肩作战。1883年，马克思逝世后，恩格斯停下自己的研究，为马克思未完成的《资本论》整理第二卷与第三卷，他用了12年的时间方才完成。

马克思与恩格斯的友谊是建立在为无产阶级寻求解放的革命事业的基础上，是最伟大的友谊。

✠ 第一国际

　　1864 年 9 月 28 日，来自英、法、德、意和波兰等国的工人代表们，在伦敦的圣马丁教堂举行支持波兰人民反对俄国沙皇统治的集会。根据各国工人代表的一致要求，大会成立了"国际工人协会"，历史上称为"第一国际"。同时还选举了领导机构 —— 中央委员会，马克思当选为委员会委员，并担任德国通讯社书记。

　　大会结束以后，第一国际总委员会领导起草纲领和章程。由马克思来负责起草、修订文件，一周后，完成了第一国际的《成立宣言》和《共同章程》两个文件，并于 11 月 1 日在总委员会议上得到一致通过。从此，国际工人阶级有了自己的组织和行动纲领。第一国际在马克思、恩格斯领导下，团结了各国工人阶级队伍，传播了科学社会主义，组织领导了欧美无产阶级的斗争，并且培养了一大批优秀的工人运动干部。

　　根据第一国际的活动内容，可大致分为前期（1864 年—1870 年）和后期（1871 年—1876 年）。在前期，国际召开了伦敦代表会议、日内瓦代表大会、洛桑代表大会、布鲁塞尔代表大会和巴塞尔代表大会。在后期召开了伦敦代表会议、海牙代表大会、费城代表会议。1876 年 7 月召开的费城最后一次代表会议上，通过了解散总委员会和结束第一国际活动的宣言。第一国际宣告解散，但它在工人解放斗争史中的历史功绩是不朽的。

1871 年 3 月 18 日清晨，巴黎革命群众举行武装起义。

工人运动的发展

　　1857 年，第一次世界性的资本主义经济危机首先在美国爆发，并蔓延到欧洲大陆，资本主义社会的各种矛盾激化。19 世纪 50 年代末—60 年代初，欧美工人运动再次高涨。资本家常用解雇本国罢工工人、招雇外国工人的办法来对付罢工。各国工人们在抗争中感到需要加强团结和合作，从而产生了建立国际工人组织的要求。

　　1859 年，伦敦建筑工人举行了大规模的罢工，并很快得到了全国工人和外国工人的支援，变成了一次劳动和资本之间的大搏斗；1864 年法国工人迫使拿破仑三世政府废除了列沙白里哀法；1863 年德国工人在莱比锡召开全国工人代表大会，成立了全德工人联合等等。在激烈的阶级斗争中，各国工人的觉悟迅速提高，国际联系不断加强。1862 年，法国和德国的一些工人到伦敦参观世界博览会时，曾与英国的工会联合会商讨国际团结问题。1863 年，波兰人民举行民族起义，反抗沙俄统治，遭到沙皇政府血腥镇压。英国工人在伦敦集会，声援波兰人民的正义抗争。会后，英国工人代表写信给法国工人组织，信中呼吁道：让法兰西、意大利、德意志、波兰、英格兰和一切具有为人类幸福而合作的决心的国家工人代表们聚集在一起。召集我们自己的大会，合力为争取波兰的自由而奋斗。

　　法国工人组织派出了以托伦为首的代表团，带着回信于次年访问了英国。回信中明确提出：全世界的工人们必须团结起来，筑成一座坚不可摧的堤坝，来抗拒把人类分成两个阶级的害人制度，要团结起来拯救自己！工人运动发展壮大起来。

1871年3月28日，巴黎公社宣告成立。

巴黎公社的建立

1871年3月28日，20万巴黎人聚集在巴黎市政厅前宽敞的广场上。在隆重而热烈的气氛中，公社委员们登上了主席台，宣告巴黎公社正式成立。这是有史以来无产阶级运用革命暴力手段，摧毁资产阶级国家机器，建立工人政权的第一次伟大尝试。它既是无产阶级社会主义革命的序曲，也是对资本主义的第一次严重的打击。巴黎公社的出现，宣告了资本主义衰落时期的开始。

公社成立之后发布的第一道法令，就是撤销原来的常备军，改由国民自卫军来代替。所有适合服役的公民，都编入这支人民武装队伍。这样，就废除了资产阶级反动政府赖以生存的军队。接着，公社成立了10个委员会，统一行使巴黎的立法、司法和行政权力，用以代替原来的议会和政府设立的各种机构。

3月18日革命

1871年3月，法国首都巴黎被普鲁士军队严密包围。在祖国面临着生死存亡的危急时刻，巴黎工人和劳动群众挺身而出。他们成立了人数多达30万人的国民自卫军。武器不够，他们就募捐购买，甚至还自己动手铸造400多门大炮。由于国民自卫军坚守巴黎，使得普军无法占领巴黎。

但梯也尔为了讨好敌人，竟下令国民自卫军交出武装，遭到工人们拒绝。梯也尔为了解除国民自卫军武器，策划了偷袭的办法。于3月18日凌晨3点，一大队官兵在将军列康德的带领下，向停放着国民自卫军的170余门大炮的蒙马特尔高地进发。当列康德命令士兵们拖走大炮时，被附近的居民发觉，警钟声和战鼓声很快响遍了全城，人们像潮水般地向蒙马特尔高地涌来。人们把列康德捆了起来，偷袭国民自卫军的其他几路军队，也都在群众的正义行动下瓦解了。

这天刚亮，愤怒的工人们拿着武器，从四面八方向市中心进发，要和反动政府作拼死的斗争。轰轰烈烈的巴黎工人起义开始了。

上午10点半，在巴夫鲁阿街后一所学校里，国民自卫军中央委员会发表了起义宣言。下午两点半，中央委员会举行会议，决定发起全面攻击。各路工人纷纷开进市政厅，警察局、军参谋部、巴黎圣母院等据点都很快被国民自卫军占领。巴黎的国防政府各部门官员们争先恐后地逃出巴黎。梯也尔也狼狈地逃往凡尔赛。

晚上，国民自卫军的三支队伍在和平街会师。接着，各路营队攻进旺多姆广场，向市政厅发起冲击。国民自卫军如潮水般迅速冲向市政厅，几分钟以后就占领了市政厅，巴黎起义胜利了。

3月18日起义的胜利，是巴黎工人阶级和劳动人民武装夺取资产阶级政权的一个伟大壮举，是人类从阶级社会中永远解放出来的伟大的社会主义革命的曙光。

✠ 巴黎公社保卫战

巴黎公社的成立，沉重地打击了统治阶级。以梯也尔为代表的反动阶级，不惜与俾斯麦勾结，跟普鲁士侵略者一起扼杀公社，并通过普军阵地，从北面进入巴黎。

在进攻面前，公社的战士们英勇战斗，给敌人以沉重打击。但由于指挥不统一和战略上的错误，战斗很快转入劣势。1871年5月20日午后1点开始，凡尔赛军队向巴黎发动总攻。从西南向巴黎进攻的敌人达13万人，调来的大炮有700门。公社防守巴黎外围的兵力非常单薄。由于战线很长，兵力分散。在第二天中午，由于一个奸细的内应，凡尔赛军队闯进圣克鲁门，冲入巴黎城区。

巴黎公社的战士们利用街垒，顽强地抗击敌人。大批凡尔赛士兵冲进圣乌昂门，圣乌昂门离战略要点蒙马特尔高地仅1千米，于是高地立即受到敌军西北和西南两方面的夹攻。除少数战士突出重围外，其他的全部牺牲。这个通常只需要几分钟就能上去的山冈，敌人却足足花了3个小时才把它占领。蒙马特尔高地失守后，敌军迅速向南推进，直向公社的心脏市政厅扑来。留在市政厅里的十几位公社委员，决定放弃市政厅，各自回到所在的区去指挥作战。

敌人的包围圈越缩越小。到5月26日，公社战士仅据守着全市20个区中东北的三四个区。就在这样危急的时刻，凡尔赛军队又穿过普军在巴黎东北的封锁线，进入市内堵截和屠杀公社战士。公社最后的军事指挥部设立在市区东面离城墙不到500米的一条街上。离指挥部很近的一块高地—— 拉雪兹神甫墓地，成为阻挡敌人进攻的前冲。27日下午4时，5000名敌人向不到200名公社勇士据守着的墓地疯狂扑来。掩护公墓的一座街垒很快就陷落了。傍晚时分，敌人冲进了公墓。最后的一批战士，在一堵墙前惨遭杀害。深夜，在滂沱大雨中，1200名被俘的公社社员被押到墓地，英勇就义。第二天，又有147名公社战士被押到公墓的围墙旁杀害。

从5月21日—28日，巴黎公社的战士们为了保卫自己的胜利成果，同强大的敌人血战了整整一个星期。这就是举世闻名的“5月流血周”。在国内外反革命的共同镇压下，巴黎公社革命运动失败了。但它为后来无产阶级革命提供了有益的借鉴，成为国际共产主义运动的宝贵财富。

欧仁 · 鲍狄埃和《国际歌》

欧仁 · 鲍狄埃肖像

欧仁 · 鲍狄埃，曾担任巴黎公社的社会服务委员会委员，又负责工人协会联合会和艺术家协会联合会的领导工作。在“5月流血周”中，他始终同战士们一起在街垒中战斗着。公社被镇压后，他再也抑制不住自己的革命激情，挥笔疾书写下了诗歌《国际》。一个多月后，鲍狄埃告别巴黎，先后流亡到英国和美国。在国外流亡的9年间，他写了许多诗篇，号召人们了解和支持公社的事业，直到1880年才重返巴黎。1887年，71岁的鲍狄埃因病逝世。

1888年初夏，法国工人作曲家比尔 · 狄盖特为《国际》谱写了庄严、雄壮的曲调。6月23日，他在里尔卖报工人的纪念会上，亲自指挥合唱团演唱了这支歌，引起全场反响，很快这支歌在工人群众中传开。从此，《国际歌》迅速地流传到法国和世界各地，成为号召全世界无产阶级联合起来，推翻剥削制度，用自己的力量解放自己、实现共产主义理想的战斗号角。

第五部分 近代社会的发展与终结

　　由于第一次工业革命的影响，封建旧体制已经无法适应社会的变化，为了摆脱统治危机，解决国内矛盾，一些国家掀起了一场国家经济政治体制改革和革命的狂潮，相继出现了俄国农奴制改革、美国南北战争及日本明治维新的重大事件。资本主义在这些国家扩展开来。

　　从19世纪下半叶—20世纪初，欧美主要国家先后发生了以电力取代蒸汽的第二次工业革命。其主要表现在：新能源的开发利用；新机器、新材料、新工艺的发明与推广；新交通工具和通讯手段的发明与应用。第二次工业革命使生产力获得更加突飞猛进的发展，科学技术在推动人类社会发展中的作用日益明显，文学艺术空前繁荣。

　　19世纪末20世纪初，资本主义国家开始由自由资本主义向垄断资本主义过渡，人类社会的现代化和城市化程度进一步加深，但与此同时，各帝国主义国家争夺海外殖民地的斗争更加激烈，遂引爆了第一次世界大战。

专题一：　俄国的改革

俄国农奴制的形成

早在10世纪—11世纪，在基辅罗斯期间，俄国就出现了农奴制。基辅罗斯的王公、贵族、教会夺取村社的土地，建立大庄园，成为大土地所有者；与此同时，不少农民被迫处于依附地位，但同时也还存在着人数众多的自由农民。当时的农奴制还处在初步形成的过程中。

12世纪基辅罗斯的分裂和13世纪蒙古人的入侵，一度延缓了俄国农奴制的发展。14世纪，随着莫斯科公国政治和经济实力的增强，外来骚扰减少，俄国的封建经济重新出现较快的发展。15世纪，大封建主以取得服役为条件，把部分新获得的土地分交其臣属掌管。这样便出现小封地占有者阶层，称为地主贵族或小贵族。地主贵族意识到，在服役期内要从封地上榨取最大收入，就必须有足够的劳动人手，因此都竭力把依附农民固着在土地上。他们规定农民只能在犹利节（11月26日）前后各一星期之间离开主人到别的地方去谋生。

1497年，伊凡三世把这项规定定为法律，推行到全国。到了近代，沙皇们多次制定法令，限制农民的迁徙。犹利节离开地主的权利被取消了。地主有权在一定的限期内把逃亡的农民追寻回来。这个限期开始规定为5年，后来又逐渐延长到15年。1649年，沙皇阿历克谢·米哈依洛维奇颁布《法典》，规定农民不论逃亡多久，只要被找到，就必须连同其家属和全部财产都归还原主。《法典》从法律上确立了俄国的农奴制度，标志着俄国农奴制的最终形成。

俄国手工工场的出现和发展

俄国最早的手工工场是由俄籍荷兰商人维纽斯，在1632年经沙皇特许，在土拉建立的炼铁场。后来铸铜、造纸、制革、玻璃制造等手工工场也陆续建立。到17世纪末，俄国手工工场已有20多个。

工场生产主要靠农奴手工劳动，雇佣工人很少。18世纪后半期，俄国手工工场发展迅速。其中以轻工业发展较快，中心是彼得堡和莫斯科。19世纪上半期，手工工场不断发展。

伊凡四世肖像。

伊凡四世（1533年—1584年在位），为伊凡三世之孙。1547年，伊凡四世加冕后改称沙皇，开始亲理朝政。

为了加强专制王权，削弱大贵族的力量，1549年，他进行了一系列改革：在中央设置"重臣会议"，用来辅佐沙皇；颁布军役法，规定世俗贵族均要为国家提供武装骑兵；建立沙皇特辖区，将那些土地肥沃、商业发达、战略地位重要的地区都置于沙皇的直接管辖之下；残酷地翦除许多贵族及其亲属。因此在历史上他又被称为"伊凡雷帝"。

1552年，伊凡四世亲率俄军15万人，征服喀山汗国。1556年，又征服阿斯特拉罕汗国。整个伏尔加河流域都并入了俄罗斯。但在争夺波罗的海出海口时遭到失败，割让了一部分领土。伊凡四世在统治末期，又开始向东方扩张。1581年，他占领了西伯利亚西部的失必儿汗国的首都西伯尔。1584年初，54岁的伊凡四世得重病去逝。

到1825年，手工工场已经增加到5200多个，工人34万，加工制造业中的雇佣工人已占到该行业工人总数的52%，而在棉纺织业中甚至达到94%。

随着19世纪30年代工业革命开始出现，手工工场也出现了向近代工厂转变的趋势。在一些工业部门中，已开始应用蒸汽机、水力涡轮机等动力机器，手工劳动开始逐渐为机器生产所代替。交通运输业也发生了巨大变化，19世纪30年代—40年代，伏尔加等河流开辟了定期航线，1851年建成了从彼得堡到莫斯科长约600多千米的铁路。

彼得大帝改革期间，命令所有的贵族和商人必须剪掉传统的长胡子，这幅画表现的就是剪胡子时的尴尬情景。

✄ 彼得大帝改革

为了使俄国摆脱落后状态，增强国力，1689年起，彼得大帝开始推行改革。其主要内容为：

一、削弱大贵族势力，加强沙皇的专制权力。设立新的国家最高权力机构——参政院，其成员大多是非名门的新贵族代表，以代替原来经常干预沙皇权力的大贵族杜马（杜马为咨议机构）。将全国划分为8个州和50个省，派省长进行管辖。颁布"官职等级表"，取消按门第出身升迁的规定，实行论功晋升的制度，非贵族出身的也可以做官，进入贵族的行列。

二、改进军事装备，建立和扩大海军。积极派遣青年出国留学，多方聘请外国技术人员协助工作。改进造船术，铸造新式大炮。设立海军学院及炮兵学校、工程学校、外科学校等军事院校。从无到有，建立起一支包括48艘战舰、787艘帆桨战船及拥有2.8万名水手的海军。每年提拔一批海军学院毕业生，充任海军军官。

三、保护工商业发展，鼓励商人兴办手工工场，允许他们在购买土地的同时，把该地的农民买走，使工场主能拥有一批长期稳定的企业劳动者。此外，政府也大办手工工场，还允许外国人前来建立手工工场。推行重商主义，凡本国能生产的物品，都限制或禁止进口。

彼得大帝的改革，巩固了专制统治，使俄国的经济、军事实力增强，为俄国的对外侵略扩张准备了条件。俄国开始进入欧洲强国的行列，并在客观上为新的资本主义生产关系的发展创造了条件。

这座1782年的雕像名为《青铜骑马人》，表现的是彼得大帝。

PETRO PRIMO
CATHARINA SECUNDA
MDCCLXXXII·

叶卡特林娜二世

叶卡特林娜二世肖像。

1762年7月4日，皇后叶卡特林娜依靠其情夫、近卫军军官奥尔洛夫发动了宫廷政变，暗杀了彼得三世，登上了皇帝的宝座，称叶卡特林娜二世。

叶卡特林娜扩大贵族特权，把许多土地，连同居住在上面的农民都赏赐给贵族。她残酷地镇压了普加乔夫农民起义，还伙同普鲁士、奥地利灭亡了波兰共和国。在她统治时期，俄国通过对土耳其的战争，夺得了黑海沿岸的大片土地。在亚洲，俄国蚕食了高加索，侵入哈萨克草原，还从亚洲东北部越过太平洋，占领了阿拉斯加，并在加利福尼亚建立了一块殖民地。法国大革命期间，叶卡特林娜曾出资支持普鲁士、奥地利干涉法国革命。1796年8月，野心勃勃的叶卡特林娜二世病逝。

✠ 北方战争

为了夺取波罗的海东部濒海地区，打开由波罗的海进入大西洋的通道，1700年—1721年，彼得一世与当时北方强国瑞典进行了长达21年的北方战争。

开始时俄国在纳尔瓦城堡战败，遂失去了所有的大炮，大量士兵也被俘。但是，彼得大帝以最快的速度恢复和加强军事力量：将教堂三分之一的铜钟用来铸炮，一年后就铸了300多门；招募农民、工商业者组成步兵新军，代替由雇佣兵组成的射击军。1702年起，俄军开始取得军事主动权。1703年，从瑞典手中夺得芬兰湾东端的涅瓦河口，在河口的三角洲上开始修建新都彼得堡。1709年，俄军在波尔塔瓦与瑞典军队决战，瑞军几乎全军覆没。1714年和1720年，俄国新建的海军两次打败瑞典舰队，并在瑞典海岸登陆，直接威胁其首都斯德哥尔摩。根据1721年双方签订的《尼什塔德和约》，俄国夺取了芬兰湾沿岸和今天拉脱维亚、爱沙尼亚等波罗的海沿岸地区。

为了表彰彼得大帝的"功绩"，1722年参政院授予他"皇帝"称号。从此沙皇俄国正式称为"俄罗斯帝国"。

✠ 吞并中亚

俄国吞并中亚，是从侵占中亚西北的哈萨克开始的。沙俄政府在哈萨克草原上修建堡垒，然后采用蚕食的办法，先后废除了哈萨克中帐汗、小帐汗和大帐汗的统治，1854年完成对哈萨克草原的占领。

接着，沙俄把矛头指向中亚南部地区。当时中亚南部存在着三大封建王国，即浩罕汗国、布哈拉汗国和希瓦汗国。1865年、1868年和1873年，沙俄先后灭掉了这三个汗国，迫使它们臣服俄国，并把它们并入俄罗斯帝国的版图。沙俄政府分别将它们改为俄国的行省。1877年—1885年，沙皇俄国征服了中亚最后一个地区土库曼。

✠ 对土耳其的战争

为了打开由黑海进入地中海的通道，叶卡特林娜二世先后对土耳其发动了两次战争。

第一次战争（1768年—1774年），俄国从土耳其手中

这幅1861年的法国出版物，稍带感情色彩地描绘了一名俄罗斯贵族与他的农奴们。

夺得了第聂伯河口和克里米亚一带，还获得了在博斯普鲁斯和达达尼尔海峡通航的权利。第二次战争（1787年—1791年），俄国又从土耳其那里得到了南布格河和德涅斯特河之间的大片土地，并把克里米亚正式并入俄国，从而巩固了在黑海北岸的地位。通过这两次战争，俄国最终获得了黑海出海口。

1861年改革

到19世纪中期，俄国国内阶级矛盾空前激烈，废除农奴制已势在必行。1857年—1858年，在沙皇政府的主持下，相继成立了中央和各州的特别委员会，起草农奴制改革草案。1861年2月19日，亚历山大二世正式签署废除农奴制度的《特别宣言》，批准了关于废除农奴制的法令。该法令由《关于脱离农奴依附关系的农民一般法令》《赎地法令》《地方法令》等17个文件组成。其主要内容如下：

1．宣布农民有人身自由，包括有权离开土地，有权拥有财产，有权以自己的名义进行诉讼、立约等活动。地主不能买卖或交换农奴，不能禁止农民结婚，也不能干涉农民的家庭生活。但在农民和地主订立赎地契约之前，农民对地主还负有"临时义务"，还须继续受地主的奴役和支配。

2．农民在获得"解放"时，可得到一块份地，但必须出钱赎买。农民必须先付赎金的五分之一至四分之一，其余由政府从国库拨款付给地主，农民在以后49年内，每年附加利息以"赎地费"的形式偿还国家。但土地所有权仍归地主，农民只有"永久使用"权。

3．实行联保制，把农民组织在原有的农民村社中，在村上又组织了乡。村社和乡隶属于地方政府，执行政府的一切法令。农民未经允许不得随意出外谋生。

1861年改革实际上是一次对农民的大掠夺。但它有利于俄国资本主义的发展，是俄国由封建社会向资本主义社会过渡的历史转折点。

专题二：　美国内战

✖ 美国领土的扩张

詹姆斯·门罗(1758年—1831年)在1817年—1825年间担任美国第五任总统。

这幅1855年创作的油画《向英格兰作最后的告别》表达了正离开欧洲，前往美洲新大陆的移民的感伤和希望。

1803年，美国派遣特使远赴法国，以联合英国反对法国为要挟，磋商购买位于路易斯安那南端(密西西比河河口)的重镇新奥尔良。当时，拿破仑派往海地镇压黑人起义的军队已遭到惨重失败。由于法国失去了海地，路易斯安那对法国的战略意义相对减弱。另外，拿破仑决定要同英国重新开战，英国海军很可能封锁甚至攻陷新奥尔良。因此，法国主动提出将整个路易斯安那卖给了美国。

1810年—1813年，美国吞并了西佛罗里达的部分土地。1818年，美国占领了东佛罗里达地区。这时，西班牙在拉美的殖民体系已经开始瓦解，只得对美国让步。1819年，美西签订条约，西班牙将佛罗里达让给美国。1821年，美西条约正式签字。

1821年，墨西哥政府允许美国移民在得克萨斯定居，到1835年，来自美国的移民已达3万人。同年，美国移民发动暴乱，将墨西哥驻军驱逐出得克萨斯。1836年，前来讨伐的墨西哥军队被击败，美国移民宣布成立"孤星共和国"，并申请加入美国。1845年7月，美国正式吞并得克萨斯，宣布它成为联邦的一个州。

1846年，美国挑起了对墨西哥的战争，紧接着又在加利福尼亚鼓动叛乱，宣布成立"加利福尼亚共和国"。墨西哥军队被击败。1847年9月，美军侵占墨西哥城。次年2月，墨西哥被迫签订和约，割让了加利福尼亚、亚利桑那和新墨西哥，美国付给墨西哥1500万美元。此外，1853年，美国又以1000万美元强购了新墨西哥以南7万平方千米的一块墨西哥土地。

1818年，英美签订了两国共管俄勒冈的条约。随着"西进运动"的发展，美国合并俄勒冈的欲望越来越强烈。1846年，美国以战争相威胁，迫使英国放弃了北纬49度以南的俄勒冈地区。

1867年，美国以720万美元的代价从沙俄手中购得了阿拉斯加和阿留申群岛。1898年，美国吞并中太平洋的夏威夷群岛。1959年，夏威夷正式成为美国第50个州。第二次世界大战中的"珍珠港事件"就发生在这个群岛的瓦胡岛上。

两个出逃的、即将恢复奴隶身份的人正被捆缚着穿过波士顿的街道。路边观看的一些废奴主义者潸然泪下。

✠ 美国的废奴运动

美国独立以后，南北方经济沿着不同的方向发展。北部，资本主义工商业发达，农业资本主义也在发展，许多管理先进的大农场纷纷出现，农业产量也大大提高。

1793 年，惠特尼发明轧棉机以后，清除棉籽的效率大大提高；加上当时各国工业革命中纺织业的发展，对棉花的需求大增，种棉花变得有利可图。于是，南方奴隶主拼命扩大棉花种植面积，增加黑奴数量，发展奴隶制种植园经济。但由于发展资本主义工商业需要大量自由劳动力以及工业原料，北方的资产阶级和广大工人、农民则希望废除奴隶制。

19 世纪 30 年代开始，废奴运动首先在美国北部发展起来，不久各地都出现了许多废奴运动团体。1833 年 12 月，这些团体联合起来，成立了"美国反奴隶制协会"，会员大多是资产阶级、农民和工人的代表。废奴主义组织建立了全国性的秘密团体"地下铁道"，派遣工作人员（"乘务员"）到南方把奴隶带出来，还在沿途设置了秘密"车站"，以掩护逃亡者和为他们提供食宿便利。后来几乎每个市镇都有人与"地下铁道"发生联系。从 19 世纪 30 年代—50 年代，"地下铁道"的成员在群众的帮助下，协助 4 万多名奴隶逃到加拿大，获得了人身自由。

西进运动

美国独立以后，废除了英国政府颁布的禁止移民向西进的敕令，许多来自东部沿海地区和欧洲的移民纷纷越过阿巴拉契亚山脉涌向西部。这些移民当中，既有南部的奴隶主，也有北部的土地投机商；但人数最多的还是为谋生来到西部的猎人、矿工、牧民和农民，他们成为西部早期移民的主体。

西进运动有过三次高潮，第一次是 18 世纪末到 19 世纪初，当时美国从法国手里购得路易斯安那，大批移民纷纷涌向西部，开拓俄亥俄、肯塔基和田纳西等地区，从而为后来日益扩大的中西部产粮区奠定了基础；第二次是在 1815 年以后，移民们在大湖区开拓，建立了美国谷物生产和畜牧业的基地，同时在南方的濒临墨西哥湾介于佐治亚南部与路易斯安那之间的平原地区，建立棉花种植园，扩大了南部的奴隶制种植园经济；第三次高潮是 19 世纪中期，开拓了俄勒冈、加利福尼亚等地。到 1890 年，西进运动正式结束。

西进运动和领土扩张是交织在一起的，在西进运动过程中，西部得到开发，大大促进了美国经济的发展；随着西进运动的进行，大批印第安人遭到屠杀，剩下的被强行赶到更为荒凉的"保留地"，他们的被迫迁徙之路也被称为"血泪之路"。

✠ 《汤姆叔叔的小屋》

赞成废奴主义的斯拉夫作家哈里·比彻—斯托的小说《黑奴吁天录》（又名《汤姆叔叔的小屋》）发表于1852年，对社会舆论产生了巨大的影响，它的出版，把美国废奴运动推向高潮。这幅来自该书的原版插图，表现了一个奴隶主正在殴打黑奴汤姆的情景。

林肯遭到来自南部的狂热者约翰·威尔克斯·布思的暗杀。

✠ 林肯

林肯，1809 年出生于肯塔基州哈丁县一个农民家庭，1830 年，迁到伊利诺伊州的梅肯县，在那里当过船夫，打过短工。林肯从小没有受过良好教育，但平时，无论劳动多么紧张，他都要挤出时间读书。

1834 年，林肯当选为州议员，正式步入政界。1836 年，他自学取得律师执照。次年，与人合作办律师事务所，并获得了正直和廉洁的好名声。1847 年，作为辉格党的代表，他进入国会。在国会期间，他曾提出了一个在哥伦比亚特区逐渐地、有补偿地解放奴隶的提案，但没有成功。1850 年，美国的奴隶主势力大增，林肯拒绝当国会议员，继续当律师。1854 年，共和党成立，林肯加入，并成为党的组织者；1856 年，参加共和党的副总统候选人竞选，没有成功。1858 年 6 月 16 日，在同道格拉斯竞选时发表了题为《家庭纠纷》的著名演说，从而扩大了政治上的影响。

1860 年，林肯成为共和党的总统候选人，11 月，选举揭晓，以 200 万票当选为美国第 16 任总统。内战爆发后，他相继颁布了《宅地法》和《解放黑人奴隶宣言》等重要文件。1864 年 11 月，林肯再度当选为美国总统。1865 年 4 月 14 日晚，林肯在华盛顿的福特剧院遇刺身亡。

共和党

林肯总统肖像。

共和党成立于 1854 年，本质上，它是一个以反对奴隶制为目标的北部工业资产阶级、农民、工人及黑人的联合组织，其领导力量是工业资产阶级。

共和党成立后不久，便把全国各派反奴隶制势力聚集在自己的旗帜下，当时的一些政党，如自由党、自由土地党和民主党内的反对派都加入进来。1855 年底，共和党在北方所有的自由州都建立了共和党组织。1856 年，共和党参加总统竞选，在 11 个州获胜。它最终与民主党一起构成了美国两党政治的格局。

1860 年，共和党在总统竞选中获胜，成为执政党。内战以后，共和党连续执政二十多年。该党历史上比较著名的总统有林肯、麦金利、胡佛、艾森豪威尔、尼克松和里根等。

战争初期的南北形势

内战初期，南北双方都具有不同的有利条件。在经济方面，北方占有明显优势。北部资本主义生产发达，各种工业蓬勃发展，粮食产量丰富，而南部工业非常落后，农业经济占很大的比重。在所占地区方面，北部共有23个州，南部只有11个州。在人口数量方面，北部人口约2200万；南部约900万，而其中约有350万是黑人奴隶。在交通运输方面，北部铁路干线较多，铁路总长度约5万多千米，战争期间，又有一些铁路开始动工。而南部铁路总长度只有1.4万多千米。

但在战争初期，南部仍占有相当多的有利条件。首先，南部对战争已准备很久，因此在战争一开始，就能先发制人，给予北部以猛击；而北部对战争毫无准备，不能及时给对方以决定性打击。其次，南部军队在装备上和组织上都比较好，南部又严格实行征兵制，兵源补充充足。南部的一些将领具有较强的军事指挥能力，而北方的将领一般都缺乏作战经验。再次，在战争开始阶段，南部就努力争取到了外援，英国除承认南部具有与北部平等的地位外，还以走私物资源供给南部，而北部却处于孤立地位。最后，战争开始后，北部资产阶级仍犹豫不决。他们所要求的只是维持统一的局面。联邦政府既不号召群众去为解放奴隶而战，也没有采取措施满足人民对西部土地的要求，这样就降低了工农群众的积极性。由于这些原因，北部在战争之初连连失败。

这幅1864年的插画描绘的是负责制订《解放黑人奴隶宣言》的内阁。该宣言规定，自1863年1月1日起，所有奴隶将获得永久的人身自由，并且合众国政府将承认和保障其人身自由权利。

1862年5月20日，林肯颁布《宅地法》，规定，凡忠于合众国的成年公民，缴纳10美元的手续费后，就可以在西部得到一块土地，耕种5年之后，这块土地就成为个人的私有财产。

✠ 南北战争

1860年11月，反对奴隶主扩张的共和党人林肯当选美国总统，使奴隶主占优势的民主党丧失了联邦政权。次年2月，南部各州相继退出联邦，成立"南部同盟"，推选戴维斯为总统，定都蒙哥马利（后迁至里士满），造成国家分裂局面。

4月12日，南部同盟军炮击联邦军守卫的位于南卡罗来纳州的萨姆特要塞，内战遂起。战争初期，联邦政府优柔寡断，军事上接连失利。林肯重整军队后，于1862年2月发动全面攻势。在西线，格兰特率军沿密西西比河南下，战果显赫；在南线，1863年11月19日，林肯在葛底斯堡国家公墓发表演说，巴特勒在海军配合下率军在位于密西西比河口的新奥尔良登陆，夺得战略主动权；只有东线由麦克莱伦率领的联邦军主力，因行动迟缓在半岛之战中失利。同年5月，林肯采取革命性措施，颁布《宅地法》。次年1月，林肯正式颁布《解放黑人奴隶宣言》，极大地调动了工人、农民和黑人参战的积极性。1863年7月，联邦军在葛底斯堡和维克斯堡战斗中获胜，从此联邦军进入战略进攻阶段。

1864 年春，林肯任命具有雄才大略的格兰特为联盟军总司令，还任命另一位杰出将领谢尔曼为西战区司令。4 月—5 月，格兰特和谢尔曼率联邦军从东、西两线大举南进，一举击溃南部同盟军主力。1865 年 4 月，联邦军攻占南部同盟首府里士满，南部同盟军投降，战争结束。

美国南北战争不仅恢复和巩固了联邦的统一，摧毁了奴隶制，解放了生产力，为美国资本主义发展扫除了内部障碍，而且对欧洲革命、各国工人运动和黑人运动也产生了积极影响。

自由女神像

美利坚民族的标志——自由女神像，高 46 米，连同底座总高约 100 米，是当时世界上最高的纪念性建筑，其全称为“自由女神铜像国家纪念碑”。整座铜像以 120 吨钢铁为骨架，80 吨铜片为外皮，再用 30 万只铆钉装配定在支架上，总重量达 2000 吨。该铜像是由法国青年雕塑家巴托尔第完成的，其钢铁支架则是由建筑师维雷勃杜克和以建造艾菲尔铁塔而闻名于世的法国工程师艾菲尔设计制作的。

这座铜雕像是法国人民为表达对美国人民的敬意以及对美国独立战争期间美法联盟的纪念，在 1876 年美国独立 100 周年之际，赠送给美国的一份礼物。法国雕塑家巴托尔第为此呕心沥血，历经 21 个春秋才完成。1869 年，巴托尔第完成了自由女神像的草图设计。1874 年造像工程开始动工，1884 年完全竣工。1885 年 6 月，整个塑像被分成 200 多块分别装箱，用拖轮从法国里昂运到了纽约。经过工人们夜以继日的工作，终于用 30 万只铆钉和 100 多块零件将女神像组合到一起。

1886 年 10 月 28 日，美国总统富兰克林主持了自由女神像的揭幕典礼。1916 年，美国总统威尔逊为女神像安装了昼夜不灭的照明系统。1924 年，自由女神像被列为国家级文物。1956 年，铜像所在的贝德罗小岛改名为自由岛。自由女神铜像，成为美利坚民族的象征，它表达了美国人民争取民主、自由的崇高理想，也是法美人民友谊的见证。

自由女神像，是以巴托尔第的女友让娜为形体模特，以巴托尔第母亲的面容为原型塑造而成的。而最初给了巴托尔第以巨大创作灵感的是一位在拥护共和政体的游行中，手执火炬，走在队伍最前面，不幸中弹牺牲的美丽姑娘。

专题三：　日本明治维新

❋ 德川幕府

上图描绘的是德川幕府时期的工匠。

日本工场手工业的出现与发展

18 世纪中期，日本商业资本开始首先渗入农村的纺织业。商人以"换棉"（供给农民皮棉，让其在家纺成纱，再织成布，按成品数量支付工资）、"出机"（供给农民棉纱和织机，按成品多少支付工资）等方式逐步控制生产者。"出机"商人进一步设立自己经营的作坊，从穷苦农家招雇女工，形成以分工为基础的手工工场。

19 世纪前半期，手工工场从纺织业扩展到油、酒、纸、糖、陶瓷、蜡烛、采矿、海产加工等生产部门，数量也不断增加。到1867年，全国各生产部门的手工工场共约400多所。丝织业和棉织业仍是其中发展较快的生产部门。

日本手工工场的出现和发展，开始触动封建制度的基础，因而遭到代表旧生产关系的幕府和大名的抑制。但是，当时日本的工场手工业还未达到高度发展阶段；资产阶级也没有成为独立的政治力量。

德川幕府又叫"江户幕府"（1603年—1867年）。1603年，丰臣秀吉的将军德川家康取得征夷大将军称号，在江户开设幕府，开始了德川幕府对日本的统治。

德川幕府的直辖统领地占全国土地的四分之一，包括江户、京都、大阪、长崎等重要城市和矿山。对内，幕府建立幕府集权和大名分权相结合的幕藩制度，并凭借幕府的优势力量和一些严厉的规章制度加强对大名的控制。德川幕府把土地分封给大小封建主，其中领地所产粮米能达到1万石（一石相当于170千克）以上的封建主称为大名。并规定大名必须效忠于天皇，但在自己藩内是全权统治者，拥有自己的军队，并对自己藩内的人民有征税、司法、行政等权力。幕府还规定，大名须隔年到江户参觐、侍奉将军一年，妻子儿女留作人质，常住江户。

德川幕府残酷剥削和压榨农民。德川家康主张将农民置于不死不活的境地，曾说："不要让他们困难，也不要让他们自由，就是对农民的慈悲。"幕府还建立森严的封建等级制度。

为限制外来影响，对外，德川幕府实行闭关锁国政策。17 世纪初，又下令禁止信奉基督教；1639 年发布最后一道"锁国令"，严禁与外国通商，驱逐外国商人教士，仅允许中国、荷兰两国在长崎通商。

❋ 日本封建等级制度

德川幕府时期，幕府把全国居民分为士、农、工、商四个等级。各等级世袭，互不通婚；日常生活各有严格规定，不得逾越。

士即广义上的武士，居于"四民"之首，包括将军、大名和他们的家臣。武士连同家属约占人口的10%。他们习文练武，担任各级官吏；完全脱离劳动，惟一的职责是统治和镇压人民。武士享有佩刀称姓的特权，即使最低级的武士，对他认为无礼的平民，也有权格杀勿论。

农民占人口的80%，地位虽仅次于武士，却是受封建剥削和压榨的主要对象。他们担负着繁重的年贡和各种杂税，不能迁徙移居、变更职业、买卖土地、自由耕种作物品种，并受到村清制（以村为单位征收年贡）和五人组制（五家连环保）的严密控制。

幕府执行重农抑商政策，手工业者和商人被排在四民之末，他们约占人口的10％。五人组制度也同样适用于他们。他们的生命财产毫无保障，幕府和大名的一纸命令，就可以剥夺其财产，取消其债权。商品经济的发展，动摇了封建经济基础。19世纪初期和中期，一些下级武士打破禁令，从事商业和手工业，开始转化为工商业者。随着商人的经济实力日益加强，大名在财政上越来越依赖商人，以致出现"大阪富豪一怒，天下诸侯惊惧"的局面。商人取得可以出钱购买武士身份和佩刀称姓的权利。

1869年，明治天皇政府宣布"四民平等"，但是，由此转化而来的华族、士族与平民之间仍然存在着地位差别。

✠ "开国"

1853年7月，美国东印度洋舰队海军准将培里率领由4艘军舰组成的舰队，驶进江户湾的浦贺港，要求幕府派官阶相等的代表接受美国总统的国书。幕府答以军舰须先开赴长崎，才能进行谈判。培里悍然拒绝，宣称如日本不同意则诉诸武力。幕府惟恐引起战争，终于接受了美国总统的国书。培里通知日本政府，次年春天来听取答复。

1854年2月，培里率10艘军舰在神奈川河口停泊，向日本政府提出最后通牒。幕府被迫接受美国要求，于3月在神奈川（横滨）签订《日美亲善条约》。该条约规定了日本将下田、箱馆（函馆）开放，准许美国船只在此停靠。并且规定日本如果对其他国家施加任何优惠时，也将同样优惠施加于美国，无须再另行谈判等。日本大门从此被打开，结束了200多年闭关自守的局面。

不久，英、俄、荷等国也和日本政府签订了类似的条约。1858年7月，美国驻日总领事哈里斯又强迫幕府签订《日美友好通商条约》。同年，荷、俄、英、法等国也都相继迫使日本政府缔结了类似条约。

下级武士

随着资本主义关系的发展，武士等级内部的分化日益加剧。由于将军和大名常常利用停发或削减下级武士俸禄的手段解决自己的财政困难，这就加速了下级武士的贫困化。这种状况自然引起下级武士的强烈不满。

随着武士等级的贫困衰落，大批下级武士的实际阶级地位发生了变化。他们有的通过从富人家族中收容养子的方式，出卖自己的武士身份；有的同富商通婚或过继给富商作养子，直接侧身于商人阶层行列之中；还有的经营商业或组织资本主义家庭劳动。此外，还有一些下级武士改行为教师、医生等，补充了知识分子队伍。他们中间有些人接触了西方的资产阶级文化，遂产生了在日本发展资本主义的愿望。

通过以上途径，部分下级武士的社会经济地位和世界观，逐渐向资产阶级方面转化。

这个武士手拿官杖，骑着一匹配有华丽鞍辔的战马。

福泽谕吉

福泽谕吉，日本启蒙思想家，被称为"日本的伏尔泰"。

1834 年，福泽谕吉出生在中津薄的一个下级武士家庭。

日本"开国"之后，他怀着振兴日本的抱负，先后到长崎、大阪、江户等地学习荷兰语和英语，在学习语言的同时，更多地学习了各种西方科学文化知识。

从 1860 年作为日本使节团的翻译前往美国开始，他曾 3 次出国，历访英、法、荷、普、俄、美等国。出访期间，他购置了大批外文书籍，其中许多书籍被广泛采用为教科书。

从 1862 年起，福泽谕吉连续发表了 60 多种著作，其中以《西洋事务》《劝学篇》《文明概略》最为盛名。在这些书里，他详细介绍了西方资本主义制度以及社会各方面的情况；他主张放开眼界，将东西方事物进行比较，信其可信，疑其可疑，取其可取，舍其可舍，取得真理；他力排传统思想，宣传功利主义和进取精神；他把世界上多元文化归结为三种类型，即野蛮、半开化和文明，认为人类社会就是按照由野蛮到半开化到文明的次序向前发展的。

1868 年，他创办了"庆应义塾"，后来又不断扩充，建成为日本的第一所西式学校，为日本的维新改革事业培养了多方面的人才，他因此被誉为"日本近代教育之父"。

福泽的启蒙思想在本质上是为日本资产阶级服务的思想工具。

✠ 倒幕运动

倒幕运动是在以中下级武士为骨干的倒幕派与幕府反动势力的艰苦斗争中逐渐开展起来的。1860 年，水户藩士在江户樱田门外刺死曾在一年前处死七名倒幕志士的幕府大老（幕府将军下的最高官职）井伊直弼。樱田门事件成为倒幕运动迅速发展的信号。

明治天皇像

1864 年，幕府发动对倒幕运动大本营长州藩的第一次"征讨"。掌握长州藩政的保守派向幕府表示恭顺，幕府军不战而胜。但倒幕派并未因此而削弱。1865 年，长州藩倒幕派领袖高杉晋作重新控制藩政，征发农民和市民为兵，组织起一支至少有 5000 多人的新式倒幕军队——奇兵队。次年，长州藩和萨摩藩结成倒幕同盟。同年，幕府第二次"征讨"长州藩，结果失败。

1867 年 10 月，已汇集于京都的萨摩、长州等藩的倒幕领袖西乡隆盛、大久保利通、木户孝允等人，从新即位的天皇睦仁手中弄到一份给萨摩、长州二藩的"讨幕密敕"，不久，萨摩、长州两藩的大军便浩浩荡荡开进京都。将军德川庆喜见形势不利，于是提出辞去将军职位，还政天皇，以形式上的退让来保留实际权力。

1868 年 1 月初，萨摩、长州两藩的倒幕派在军队的帮助下发动政变，以天皇的名义发布"王政复古"诏书，宣布废除幕府将军制，成立以天皇为首的新政府。接着，新政府强令德川庆喜交出兵马之权，献出领地和人民。德川庆喜拒不接命，准备决一死战。

1868 年 1 月底，德川庆喜亲率大军从大阪出发，企图进入京都，颠覆新政权。幕府军分两路，分别在京都西南的伏见、鸟羽，同西乡隆盛指挥的新政府军发生激战。当时幕府军的兵力有 1.5 万人，而新政府军只有约 5000 人，但新政府军以少胜多。3 月，西乡隆盛率新政府军抵达江户城下。4 月，德川庆喜被迫献城投降。新政府军遂进驻江户（东京）。1869 年 3 月，新政府迁都东京。6 月，消灭了盘踞在北海道的幕府残余势力。

✠ "明治维新"

1868年4月，日本新政府以天皇宣誓的形式发布施政纲领，在60年代末和70年代初，实行了一系列资产阶级性质的改革：

1. 废除封建领主制，建立中央集权的统一国家。1869年实行"版籍奉还"，取消大名对领地和人民的统治权。大名被命名为藩知事，成为新政府的地方官。1871年"废藩置县"，重划全国行政区。全国划为3府72县，由中央政府任命府、县知事管理。大名离开藩国，迁居东京，从国家领取俸禄。

2. 改革土地制度，实行新地税法。1871年，取消种植商品作物的各种限令，允许作物栽培自由。1872年，解除买卖禁令，承认土地私有和买卖自由，并颁发土地执照。1873年，改革地税，废除根据土地收获量定税额和交纳实物的旧税制，实行按地价的3%（后改2.5%）向土地所有者征收货币地租的新税法。

3. 引进西方技术，发展近代工业。1870年设立工部省，聘请外国专家和技师，引进先进技术设备和管理方法，建立国营为主、铁路和矿业为重点的近代工矿企业，同时扶植、保护私人资本主义企业。

4. 提倡"文明开化"，努力发展教育。提倡学习欧美资产阶级文明，吃西餐、穿燕尾服、理分发、跳交际舞、盖洋楼。1872年颁发"学制令"，建立完整的小学、中学、大学的近代学校体制；规定送儿童入小学受教育是家长的义务，小学校的建立和维持费用由居民担负。

5. 改革封建军制，建立近代化军队。1873年颁布征兵令，强征大批青年，建立常备军。这支军队称为"皇军"，强调效忠于天皇，并贯彻"武士道"精神。建立了警察制度。

"明治维新"使日本成为亚洲第一个走上近代化发展道路的国家。但是，由于保存了大量封建残余，日本的资本主义发展一开始就带有鲜明的军事特征，并最终使得日本走上了军国主义道路。

伊藤博文（1841年—1909年），日本西化进程中的关键人物。他曾率领准备制定宪法的日本使团前往欧洲学习西方的民主模式。自1886年—1901年，他多次出任日本总理大臣。

下图为明治天皇与皇后在1904年东京工业博览会的开幕仪式上。明治维新后，日本吸收了西方的新思想和新技术，实现了经济的转型。

简明世界史大事记（2）

1307 年—1871 年

CONCISE HISTORY OF

简明世界史　简明世界史　简明世界史　简明世界史　简明世界史　简明世界史

WORLD

简明世界史　简明世界史　简明世界史　简明世界史　简明世界史　简明世界史

简明世界史

CONCISE HISTORY OF WORLD

第三册

目录

第五部分　近代社会的发展与终结

第六部分　世界现代史的开端

专题一：苏联社会主义的建设

专题四：　德意志、意大利的统一

上图描绘的是奥地利特雷西娅女王的家庭成员（1772年时）。

18世纪中期，特雷西娅女皇和她的继承者约瑟夫二世实行"开明专制"，进行了一系列军事、政治、经济、文化方面的改革，母子两代的改革使奥地利国力不断增强，资本主义工商业有了明显发展，城市人口增加，一部分贵族在改革中投身于资本主义经济活动，成为资产阶级化的新型贵族。

✚ 德意志的政治分裂

公元843年，从查理帝国分裂出来的东法兰克，逐渐发展为德意志王国。从10世纪初起，德意志国王奥托一世积极推行扩张政策，公元951年占领意大利的伦巴底，取得伦巴底国王称号，并得到教皇的认可；公元962年，奥托一世成立了新的帝国，历史上称为"神圣罗马帝国"。

这个时期，德意志封建主乘机加强割据，扩大实力，诸侯之间出现长期内乱，皇权衰落，封建领主发展为诸侯或称邦君，领地成了邦国。从12世纪起，诸侯废弃了皇位世袭办法，改由诸侯选举产生。1356年，查理四世迫于压力，颁布《黄金诏书》，正式承认诸侯在自己邦内拥有行政、司法、关税、铸币和经营矿山等权利，并规定皇帝由固定的七个诸侯中选举产生，七个诸侯因此称为选侯。

14 世纪中叶，神圣罗马帝国除七个选侯外还有十多个大诸侯 200 多个小诸侯，1000 多个独立帝国骑士，他们大大小小的领地就是大大小小的邦国。在 300 多个邦国中，奥地利和普鲁士最为强大，他们之间的争霸导致了德意志政治分裂局面的改观。

✠ 俾斯麦

奥托·冯·俾斯麦，1815 年出生于勃兰登堡省的容克贵族世家，曾经在哥廷根大学和柏林大学学习法律、历史和外语，毕业后服兵役。

1847 年，俾斯麦成为普鲁士议会议员，1859 年任普驻俄大使，1861 年改任驻法大使。在此期间，他对普鲁士的国内政治现状和国际斗争风云有了进一步的了解，自己的政治和外交才能也得到锻炼并日益成熟起来。俾斯麦希望德意志能尽快统一起来，但主张统一必须在普鲁士的领导下进行；他还了解到德意志的强邻俄国和法国都不希望德国统一，而在德意志内部，奥地利一定会同普鲁士拼死争夺统一的领导权，因此，普鲁士要完成德意志的统一大业，非以武力和战争为后盾不可。

1862 年 9 月，俾斯麦出任普鲁士宰相兼外交大臣。月底，他在议会即席发表了著名的"铁血演说"。在这次演说中，他宣称，要完成德意志的统一事业，只有依靠铁和血。俾斯麦因此被称为"铁血宰相"。

俾斯麦不理睬议会的态度，进行大规模的军事改革，相继发动了对丹麦、奥地利和法国的战争，逐步实现了德国的统一。在这过程中，每一步都是按他的计划进行，表现了其精明的外交手段和高超的战略眼光。1871 年，德意志帝国成立，俾斯麦成为帝国宰相。对内，他加强普鲁士和帝国政府的权力，促进容克和资产阶级的联盟，镇压工人运动；对外，又采取现实主义态度，争霸欧洲，并向海外积极扩张。

俾斯麦在担任普鲁士宰相后，在不到十年的时间里，采取各种手段和措施，在先后战胜丹麦、奥地利和法国以及兼并南德意志邦国后，扫除了妨碍德国统一的国内外阻碍因素，最终完成了统一，为德意志的统一立下了不朽的历史功绩。1890 年，他被新皇威廉二世命令辞职，回到庄园并于 1898 年去世。

加里波第

图为身着红衫的加里波第。

加里波第，1807 年出生于尼斯的一个水手家庭，很早就参加了青年意大利运动，投身于意大利的民族解放事业。1849 年，为建立与保卫罗马共和国，进行了英勇战斗。失败后，他流亡到纽约。

1854 年春天，他再度回到意大利，受加富尔之邀，组织志愿军，积极参加了对奥战争。1860 年 4 月，西西里首府巴勒摩爆发起义，遭到两西西里王国军队的镇压。加里波第遂招募了 1000 多名志愿军，于 5 月远征两西西里。这些志愿军身穿红衫，又称红衫军。红衫军在西西里登陆后，得到人民的支持，只用了 20 天就占领了巴勒摩。此后不久，加里波第率领的红衫军又攻占了两西西里王国首府那不勒斯，从而使整个意大利南部顺利并入撒丁王国。1870 年意大利最终完成统一。

1882 年 6 月 2 日，加里波第在卡普里岛逝世。

加富尔

加富尔，1810年出生于都灵一个贵族家庭，从都灵陆军大学毕业后，成了一名工兵少尉。

1852年，加富尔出任撒丁王国首相，并进行了一系列政治经济和军事方面的改革，并领导意大利的统一运动，实现意大利的工业化。加富尔的政策获得了广泛好评，撒丁王国逐渐成为意大利统一运动的中心。加富尔认为，要完成意大利的统一，首先要与法国结盟，增强势力以驱逐奥地利的势力。

1858年，撒丁王国和法国结成秘密反奥同盟，法国答应对奥开战，并出兵20万，帮助撒丁王国统一意大利北部，作为报答，撒丁王国将与法国相邻的萨伏依和尼斯两地让给法国。战争爆发后，法撒联军势如破竹，但法军中途停战，法国得到了萨伏依和尼斯，而撒丁王国却只得到伦巴底。加富尔一度辞职，积极推动当时各地爆发的革命，使意大利北部和中部各地除威尼斯外，都相继并入撒丁王国。他还支持加里波第远征西西里，促使意大利南部也并入撒丁王国，1861年3月意大利王国最终成立。

1861年6月，正当加富尔着手同教皇谈判，讨论统一教皇国问题时，突然病逝。

这幅当代油画描绘了撒丁王国、皮德蒙特和萨伏伊王室的维克托·伊曼纽尔二世和拿破仑三世胜利进入米兰时的场景。

加富尔伯爵对1860年全民公决的影响，导致帕尔马、摩德纳、罗马涅和托斯卡纳并入意大利联邦，受维克多·伊曼纽尔二世的统治。

✠ 普奥战争

普奥战争亦称德意志战争或七周战争。1864年，普鲁士联合奥地利打败丹麦后，普、奥之间的矛盾加剧。

1866年6月，普鲁士出兵进入奥地利控制的荷尔斯泰因，并宣布改组德意志邦联草案，把奥地利排斥于邦联之外，从而挑起战争。当时，普军及支持它的意大利、北德小邦军队共63万人，奥军加上支持它的巴伐利亚、巴登、黑森、符腾堡、萨克森、汉诺威等邦的兵力共58.5万人。战争开始后，由普鲁士国王威廉一世与首相俾斯麦随军观战，参谋长毛奇统率的军队迅速占领荷尔斯泰因和德国中、北部。7月3日，双方在萨多瓦地区进行决战，由奥地利总司令贝内德克指挥的奥军大败，4万余人被俘或伤亡，而普军仅损失万人左右。

20日，普奥双方签订了停战协定。8月23日，又签订了《布拉格和约》。条约规定奥地利退出德意志联邦。

1867年，以普鲁士为首的北德意志联邦成立，同盟主席是威廉一世，总理由俾斯麦兼任。北德意志同盟的建立，为俾斯麦凭借铁血手段最后统一德国创造了条件。同年，多民族的奥地利帝国也建立了二元制的奥匈帝国。

这次战争中，普军之所以能以较小代价迅速取胜，除外交上拉拢意大利孤立奥地利外，善于利用铁路实施战略机动、指挥坚决果断以及装备并使用具有较快射速的后膛枪等，都是重要原因。

✠ 普法战争

上图为俾斯麦肖像。

19 世纪中叶，普鲁士日益强大。1867 年，以普鲁士为首的北德意志联邦成立。此后，普鲁士企图在其领导下统一整个德意志，并占领法国的战略要地阿尔萨斯和洛林，以削弱法国在欧洲的势力。法国则企图阻止德意志统一，保持自己在欧洲大陆的霸权，双方矛盾日益加深。

1870 年 7 月，西班牙女王流亡国外，王位虚悬。经过多方选择，决定挑选普鲁士霍亨索伦王族的亲王利奥波德为西班牙国王。法国非常不满，要求霍亨索伦王族放弃西班牙王位继承权。由此西班牙王位继承问题成为了普法战争的导火线。

7 月 19 日，法国向普鲁士宣战。8 月 2 日，拿破仑三世率法军约 22 万人越过边境，企图攻占法兰克福，切断南北德意志的联系，彻底打败普鲁士。面对强敌，普鲁士充分发挥铁路运输的快速机动能力，迅速在边境地区集结了 47 万人的兵力。普军在国王威廉一世和总参谋长毛奇的指挥下，实施预有准备的抗击，大量消耗法军实力。8 月 4 日，普军开始反攻，在维桑堡地区攻入法境。而后，普军在沃尔特、斯比克伦、马斯拉图尔等会战中接连获胜。9 月初，拿破仑三世在色当会战中兵败投降。

9 月 4 日，巴黎爆发革命，推翻第二帝国，成立第三共和国。普军长驱直入，于 19 日包围巴黎，战争性质在普鲁士方面由防御转变为侵略。愤怒的巴黎人民奋起反抗，而法国拥普王威廉一世在凡尔赛宫加冕为德意志皇帝，政府也策划投降。

1871 年 1 月 28 日，双方政府签订全面停战协定，规定法国投降，解除正规军武装。5 月 10 日，正式签订《法兰克福和约》。根据和约，法国赔款 50 亿法郎并割让阿尔萨斯全部和洛林大部。普鲁士通过这场战争实现了德国统一，建立了德意志帝国，开始在欧洲占有优势。

柏林会议

1884 年 11 月 15 日，为了解决帝国主义国家争夺非洲刚果的矛盾，德国首相俾斯麦召集 15 个国家的代表在柏林开会，德、英、法、美、比、葡、意、荷、奥匈、丹麦、西班牙、俄国、瑞典、挪威、土耳其等 15 个国家参加了会议。柏林会议同意成立"刚果自由邦"，并同意利奥波德作为该邦的元首。

根据最后决议，法国被迫把马莱博湖左岸让给比利时，葡萄牙则放弃了对刚果河口北岸的要求，比利时协会取得了刚果河口北岸的土地。

柏林会议还通过决议：与会各国今后凡占据非洲的沿海土地，必须分别通知其他国家；兼且国在所占领的非洲沿岸地区，有责任保证建立足以保护现有各项权益的统治权力。

柏林会议还把比利时统治的领土、法属刚果和安哥拉北部都划入自由贸易区，并同意了在刚果河流域实行国际监督下的自由通航。

柏林会议后，欧洲列强瓜分非洲的步伐大为加快。欧洲列强都想实现自己在非洲大陆的扩张计划，因而引起了严重的纠纷和冲突。这些纠纷和冲突，成为导致第一次世界大战的一个重要因素。这次柏林会议，是欧美资本主义国家进入到帝国主义阶段，为了满足垄断资产阶级的利益，加紧扩张市场和原料产地、重新分割世界的产物。它实质上是一次帝国主义瓜分非洲的分赃会议。

专题五：　第二次工业革命

✠ 电灯的发明

爱迪生是美国历史上最伟大的天才发明家。他一生的创造发明达 2 万多种，其中许多发明已经融入现代生活的许多方面。

1878 年，爱迪生开始研制亮度大、寿命长，并可随意开关的电灯。在广泛吸取前人经验的基础上，爱迪生拿出了制造白炽灯的具体方案，改进灯丝，抽净灯泡中的空气。为了改进灯丝，他用白金、炭、石墨、铂铱合金，甚至土质、矿石等做了试验，各种各样的材料共 1600 多种。后来，他用棉线烤制成炭化棉丝，制成的灯丝持续了 45 小时。至此，爱迪生终于制成了世界上第一盏有实用价值的炭丝白炽灯泡。为了更具实效性，他又接着实验了数千种植物纤维，1888 年，灯泡寿命延长到了 300 小时。爱迪生又制作出了一只炭化竹丝灯泡。这只灯泡的寿命竟达到 1200 小时。之后，他又派人到世界各地采集了许多竹子样品，并从中筛选出一种最优良的日本竹子，做成了可连续点燃 1600 小时的白炽灯泡，并开始大批量生产。一直到 1906 年，爱迪生终于找到了更理想的材料"钨丝"。这种方法一直沿用到今天。

他架设了世界上第一条供电线路，发明了火力发电机和使用保险丝的安全方法，并于 1882 年在纽约建立了世界上第一座发电厂。这座电厂虽然只有 30 千瓦的容量，仅供城市照明之用，但它使电力第一次真正在人类生活中使用，改变了人们的生活面貌。纽约成为世界上第一个用电灯照明的城市。

1883 年，"爱迪生效应"的发现，导致了真空管和电子工业的诞生。以后，爱迪生还发明了电影摄影机、放映机、蓄电池、油印机、录音电话、电动机车等一大批重要机器。这些发明对人类作出了伟大的贡献。

右图为爱迪生发明的电灯。

爱迪生

图为爱迪生像。

爱迪生（1847 年—1931 年），童年时代的他对周围发生的事情总喜欢寻根求源，还什么都想亲自尝试一下。他的脑子里装满了千奇百怪的问题，经常问得老师张口结舌，并被列入无法教的孩子之列，爱迪生只好退学。但他在母亲的亲自教育下，阅读了许多有关历史、文学和自然科学的书籍，并迷上了做科学实验。于 1869 年发明了自动收报机，首次获得专利，从此走上了科学发明之路。

1870 年，爱迪生又发明了电压表，依靠出售专利获得的资金，与朋友合办了电机工程咨询公司，后又开办工厂，并继续改进电报机，先后发明了二重、四重、六重电报机。1876 年，他在新泽西州建立了一个被称为"发明工厂"的实验室。并且将一批专门人才组织起来，共同致力研究与发明，开辟了科学研究的新时代。他曾在 4 年中连续获得300 项专利权，即每 5 天就有一项发明。因此，人们称他为"发明魔术大师"。

第二次工业革命

　　第一次工业革命后资本主义的迅速发展，世界市场的出现和资本主义体系的初步形成，对商品生产以极大的推动。第一次工业革命所造成的生产体系已不能满足社会需要，人们追求更高的生产效率，渴望更好的机器和更强大的动力。这种需求使得第二次工业革命的出现具备了必要性。

　　第二次工业革命是在第一次工业革命的基础上发生的一次产业革命。19世纪的最后30年和20世纪初，科学技术的发展主要表现在电力的广泛应用、内燃机和新的交通工具的创制、新的通讯手段的发明和化学工业的建立等四个方面。这些科学技术新成果被迅速、广泛用于工业生产，工业生产高涨大大促进了资本主义经济的发展。这是近代以来科学技术上第二次大突破，促进了第二次工业革命的到来，世界由"蒸汽时代"进入"电气时代"。在这一时期里，一些发达资本主义国家的工业总产值超过了农业总产值；工业重心由轻纺工业转为重工业，出现了电气、化学、石油等新兴工业部门。由于19世纪70年代以后发电机、电动机相继发明，远距离输电技术的出现，电气工业迅速发展起来，电力代替了蒸汽力，使工业动力结构发生了重大改进，工业赖以发展的动力更加强大、持久和稳定。由于电力的使用，与之相适应的电器和生产机械、运输工具都发生了本质性的变化。社会生产力也迅猛发展，人类的社会生活也有了极大的提高。

　　其中汽车和飞机的发明与应用也是以电力应用为主要特征的第二次工业革命的延伸与扩展。因为，电力的使用不但在加工技术上为这两种交通工具的发明提供了条件，而且由于物资运输量的急剧增加，也对发明更加快捷有效的交通工具提出了迫切的客观需求。虽然汽车和飞机的发明与应用从运输手段上扩大了人类社会的能力，但它对补充火车运输的缺欠、提高人类社会生产的运输效率具有不可替代的作用。而传统的方法和手段也会在这种进步中得到改进和更新，如火车运输中的蒸汽机车就因第二次工业革命的发生而逐步地向电力机车的方向发展，并出现了新的城市交通工具电车。总之，第二次工业革命是人类历史上所取得的辉煌成就。

人类对"电"的认识

　　早在18世纪，欧洲人就发现了电的存在，英国物理学家格雷发现了摩擦生电的道理；美国人福兰克林则发现了雷电的存在。后来，人们发现了电流、电磁感应的存在，并发明了电池。

　　在电能的利用上，1832年，法国发明家皮克希制造了第一台手摇发电机；1834年，德国发明家雅可比制造了第一台实用的电动机；1867年，德国工程师西门子制造了第一台自激式发电机，发电量大大增加，电开始在人类生活生产和生活中发挥越来越大的作用。此后，人们又解决了远距离传送电的问题，电气化时代向人类走来。

　　图为爱迪生在1890年代的初期，首次制作直流式电扇成功，就家用马达而言，或许电扇使用要比吸尘器早；美国的家用电器制品在1916年—1920年间，呈直速上升。这是1891年制品。

内燃机的发明与改进

18世纪工业革命以后，人类在交通运输的动力和手段上取得了重大突破。在陆路，人们依靠蒸汽机来为火车提供动力；在水陆，人们发明了用蒸汽机驱动的汽船。但是，到19世纪下半期，这些交通运输的方式已经远远不能满足人们生产和生活的需要。于是人们开始探索新的动力机和交通运输手段。

18世纪末，欧洲人已经能够从煤炭中提取煤气，并在汽缸中使之燃烧以推动交通工具的行驶。1876年德国工程师奥托研制出第一台新式的煤气内燃机，这种内燃机可以广泛地应用在工业生产和交通工具中。1854年，美国工程师西里曼成功地从石油中提取了汽油、煤油和柴油等可以用于内燃机的燃料。1859年，美国人在宾夕法尼亚打出了世界上第一口油井。从此汽油内燃机成为人们争相研制的重点。

19世纪80年代，内燃机已被运用于工业和交通运输领域。内燃机的广泛运用，促进了石油的开采和提炼，石油和电力、煤炭构成了三大能源。石油工业成为重要的工业部门。

✠ 卡尔·本茨与内燃机汽车

卡尔·本茨（1884年—1929年）是现代汽车工业的先驱者之一，他的发明标志着现代汽车的诞生，因此被尊称为"汽车之父"。

1844年，本茨以遗腹子的身份出生于德国，父亲原是一位火车司机，但在他出世前的1843年因发生事故去世了。从中学时期，本茨就对自然科学产生了浓厚的兴趣，1860年进入卡尔·斯鲁厄综合科技学校学习。在这所学校，他较为系统地学习了机械构造、机械原理、发动机制造、机械制造、经济核算等课程，为他日后的发展打下了良好基础。他于1872年组建了"奔驰铁器铸造公司和机械工场"，专门生产建筑材料。由于当时建筑业不景气，本茨工场经营困难，面临倒闭危险，他决定制造发动机获取高额利润以摆脱困境。于是，他领来了生产奥托四冲程煤气发动机的营业执照，经过一年多的设计与试制，在1879年12月31日制造出第一台单缸煤气发动机，转速为200转／分，功率约为0.7千瓦。不过，这台发动机并没有使奔驰摆脱经济困境。

卡尔·本茨决定将奥托四冲程发动机进行改装，1886年1月29日，在经历无数次试验之后，本茨发明的世界第一辆三轮汽车获得了"汽车制造专利权"。这种汽车在汽车史上第一次采用了一台单缸发动机。他在进气口前装了

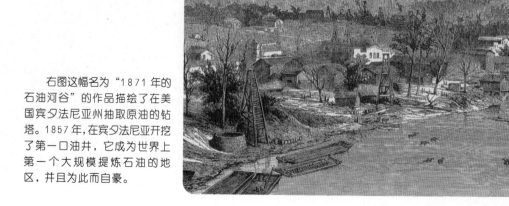

右图这幅名为"1871年的石油河谷"的作品描绘了在美国宾夕法尼亚州抽取原油的钻塔。1857年，在宾夕法尼亚开挖了第一口油井，它成为世界上第一个大规模提炼石油的地区，并且为此而自豪。

一个滑动阀以及采用高压点火线圈的火花塞，利用表面化油器产生混合气，而把调速器置于进气歧管上。本茨的单缸发动机排量为 0.954 升，转速为 250 转／分，输出功率为 0.49 千瓦。同年 6 月，这辆汽车开始在曼海姆市的街道上奔驰。本茨这辆车的车速为 5000 米／小时，车子靠皮带把动力传到驱动轮，把皮带套在不同大小滑轮间滑动，可改变车速。车上最早使用伞形差速齿轮，用来补偿因转弯引起两个驱动轮距离的差异。汽车车架用钢管制造，车轮采用钢丝辐条，外形美观大方。

　　1893 年，本茨研制成功了性能先进的"维克托得亚"牌汽车。它采用本茨专利的 3 升发动机，方向盘安装在汽车中部。尽管该车性能先进，但由于价格高达 3875 马克，因而很少有人购买得起，成为公司的滞销品。这样，这种在技术上为奔驰带来了极高荣誉的汽车，在经济上并没有给他多大的好处。后来，本茨听从了商人的建议，于 1894 年开发生产了便宜的"自行车"（定价 2000 马克）。这种"自行车"销路很好，在一年时间内就销出了 125 辆。由于是世界上第一种批量生产的机动车，因而给奔驰带来了较高的利润。后来，奔驰又对前期生产的"维克托得亚"牌汽车进行了改进，将车箱座位设计成面对面的 18 个，它因此成为了世界上第一辆公共汽车。

留米也尔兄弟

　　图为法国的留米也尔兄弟（兄奥古斯特，弟路易），于 1895 年将爱迪生的 35 厘米软片的摄影机与透视式的放映机加以改良，设计出一种新的装置，以每秒能在软片上呈现 16 张画面的速度摄影，同时以同速度放大投射在银幕上，从而奠定了今天电影的基础。

图为 1896 年的一台奥福德电车。它的速度很有限。尽管电车干净、无噪音，但它在速度和行驶距离方面无法同靠汽油驱动的交通工具竞争。

汽车的时代

汽车世纪开端于20世纪初，西方国家为汽车带来地面运输革命的发明欢呼雀跃。到了20世纪20年代末，汽车不仅给成百万的人带来了交通的便利，而且还改变着社会的面貌。

汽车的成功发明关键在于内燃机，内燃机的原理来自于对人类第一枝枪的子弹发射原理的理解。19世纪末期，由汽油或柴油这样的物质被点燃后产生的受控爆发力，被广泛地用做机车的动力。1900年，在德国发明家卡尔·本茨和科特列·戴姆勒的发明问世以后，全世界的工程师们都在生产着汽油驱动的交通工具，被人称作"没有马的马车"。

早期的汽车只有富人买得起，开起来后震动得让人感到难受，性能也不可靠，嘈杂且缓慢。到了20世纪，汽车变得既结构复杂又广泛适用。美国生产商亨利·福特完善了批量生产的技术，使汽车价格呈螺旋下降趋势，市场不断扩大。第一次世界大战中机械化交通工具的使用促进了汽车的生产，加速了技术的进步。由战时的飞机工程师首创的用于增强飞机动力的增压器，后来也被汽车产业采纳。

同时，战争使人们熟悉了汽车。有许多服役人员1919年返回家乡时，都渴望得到一辆自己的车。许多工厂便急切地重新考虑满足新的需要，在经济发展势头良好的20世纪20年代，全球掀起汽车生产的高潮。这个需求增长最快的就是美国。1915年，美国的公路上行驶着250万辆汽车；到了1929年，数量增至2700万辆。这时，机械化的运输条件已经实质性地影响人们的生活方式了，人类进入了汽车的时代。

✠ 福特创建汽车公司

亨利·福特（1863年—1947年），是美国早期垄断资本家之一。1903年他在底特律创建福特汽车公司，经十余年的努力，福特汽车公司成为20世纪初期世界最大的汽车公司。福特本人与福特汽车于是享誉全球，福特家族也成为美国最大的垄断资本家族之一。

福特对汽车有着浓厚的兴趣。他在13岁时，就对一辆不用马驾驶的"马车"着了迷。17岁进机械厂当学徒，当1891年福特28岁时，他已在爱迪生照明公司的底特律发电厂当了夜班机修工，对他来说是学习电的好机会。在他向往已久的制造汽油引擎计划中，电可是用得着的玩艺。在以后的两年里，亨利·福特全神贯注地搞他的汽油引擎，竟时常忘记去爱迪生发电厂领工资。1893年，圣诞节前夕，福特设计的第一部汽油机获得了成功。接着，福特又着手制造双缸汽油机。1896年7月4日，他的第一辆汽车制成了。这是一部与众不同的汽车，它一改过去以蒸汽作为车的动力，而是用比较廉价的汽油作动力。这为福特后来创建汽车公司，成为汽车大王，产品风靡全球打下了基础。

图为1908年12月28日，第一辆"T"型福特牌汽车问世。

上图为莱特兄弟设计的飞机于 12 月 7 日在北卡罗来纳州小鹰镇飞上天空，这是人类首次飞上天空。

福特并不是汽车的发明者，然而，他是第一个着眼于大众市场的汽车制造商。1903 年，亨利·福特经过努力创建了汽车公司，开始制造一种坚固耐用、结构简单、重量轻、易装配的汽车。这种汽车价格低廉，一般人都能买得起，从而实现了交通工具史上的伟大革命。于是，汽车很快成为陆上的主要交通工具。

1903 年，福特汽车公司成立，当年就生产了 195 辆汽车。1908 年—1909 年，产量高达 10660 辆。1921 年年产量达到 100 万辆。福特成了美国家喻户晓的汽车大王。他首创的这种生产组织形式，被称为福特制。他建立、发展起来的汽车工业，为人类创造了现代交通，推动了各国各地区经济贸易、文化学术的交流，使人类文明发生了巨大变化。

此图为 1903 年莱特兄弟制造的飞机。

莱特兄弟

威尔伯·莱特（1867 年—1912 年），奥维尔·莱特（1871 年—1948 年）是兄弟俩。1894 年，莱特兄弟在代顿市开了一家自行车铺，积累了丰富的经验。1899 年他们开始飞机的研究设计工作。不久，他们便设计出一种性能优良的发动机和高效率的螺旋桨，然后成功地把各个部件组装成了世界上第一架动力飞机。

1903 年 12 月 17 日，莱特兄弟在美国基蒂霍克海滨试飞。弟弟奥维尔·莱特率先登上飞机，引擎发动，螺旋桨飞快地旋转起来。奥维尔打开刹车，强大的拉力开始带动飞机滑动。一切都像预料中那样，飞机飞行稳定，操纵性良好。12 秒钟后燃料用毕，飞机平隐地降落在沙地上，成功地完成了试飞。

到 1908 年，莱特兄弟的飞机已可以持续飞行 1 小时以上，飞行距离可以超过 100 千米。1908 年 8 月 8 日，威尔伯·莱特驾驶着他的飞机在众多法国名流面前进行公开表演。这架飞机已经在空中盘旋 100 多圈，停空时间达 1 个多小时，而且能够爬高、倾斜、平衡地飞 8 字。从此，一股航空热潮逐渐掀起。10 个月之后，奥维尔·莱特和他的飞机也在华盛顿梅雅要塞大出风头，它的飞行性能大大超过了美国国防部所制定的苛刻要求，终于得到了政府的采纳，飞机终于到了实用阶段。1909 年 11 月，兄弟俩在代顿镇创立了莱特飞机公司，一架架性能更为优异的飞机从飞机厂出厂。到了第一次世界大战末期，莱特公司生产的 2000 多台发动机正在世界各个角落上空运转。

莱特兄弟是人类历史上第一架动力飞机的设计师，为开创现代航空事业做出了不巧的贡献，实现了人们多年来的梦想。

✖ 电话的发明

上图展示的是贝尔的电话机。最左与最右的是电话受话机和送话机，其他是送、受话机的零件。从这个时候起，不但是美国，世界的通信史也大大地改变了。

上图为1898年美国的莫尔斯发明的电报发送机。莫尔斯还发了利用"点"、"划"、"空白"的不同组合构成的莫尔斯电码。为电通信开创了新的纪元。

人们很早以前就想像过远距离通话，许多发明家也有过各种各样的设想，但都没有成功。在莫尔斯发明电报不久，人们对电的作用产生了极强烈的印象。波士顿大学的语音学家贝尔教授也怀着浓厚的兴趣在业余时间进行研究，贝尔为了研究电话，辞去了工作，全身心地投入到电话的研制中去。

贝尔为了解决问题还专程到华盛顿求教老科学家亨利，亨利给了贝尔以极大的鼓励，从而增强了他的信心。一位志同道合的18岁的技师沃森成了他的搭档，经过努力奋斗，电磁铁片的振动膜研制成功了，螺旋线圈的振动簧片，已达到设计要求，讯号共鸣箱也宣告完成了。贝尔和沃森还在波士顿柯特大街109号租下了两间废弃多年的马车棚，把它们改造成了隔音效果非常理想的"听音室"和"喊话室"。经过两年的研究，无数次地拆装实验，经历了无法统计的挫折失败。1875年6月2，贝尔和沃森像往常一样重复着讯音共鸣试验，坐在听音室的贝尔，突然听见了放在桌上的模型里传来微弱不清的声响。贝尔依靠着自己特殊的语音学家的敏锐听觉，判断出它不是脉冲电流产生的声音，而是从喊话室里传来的声音。两个人的奋斗，到今天可以听见机器的响声，不论怎样，研究是取得了初步成果。他们继续实验，废寝忘食地一点点试着磨金属板，一次次实验，声音也一次比一次逐渐清晰起来。

1876年，他们终于制成了第一套传话器和听筒，贝尔还获得了美国专利局的专利证书，这时，贝尔刚刚29岁，沃森仅22岁。1878年，贝尔和沃森在波士顿和纽约之间首次进行了长途电话实验，两地相距300千米，实验取得了圆满成功，这一成功是得益于爱迪生的发明的。为了使电话跨越长距离，爱迪生改进了电话的送话器，在其中加大了感应线圈，使电话达到了实用化。这一年，贝尔电话公司正式成立。

由于电话的社会信息传递异常便利，因此在世界范围内广泛发展，成为各个领域中的必要设施。最初的电话体积非常大，通话声音也不是很清晰，讲话的人必须大声说话，而且通话距离也不能太远。随着科技的发展，电话越来越先进，功能也越来越多。

✠ 马可尼开创无线通信

古列尔莫·马可尼出生在意大利北部的波伦亚城，在赫兹发现电磁波时，马可尼才14岁。他在杂志上读到赫兹电磁波实验的文章，产生极大的兴趣，开始进行研究，并在1894年他20岁时，取得了初步的成功。那天，他把母亲请到楼上的实验室来，一按电钮，楼下客厅里传来一阵铃声，而楼上楼下并没有导线相连。这是马可尼第一次实现无线电信号传送。

1895年秋天，马可尼使电磁波的传送距离扩大到2.7千米，他把发信机放在村边的小山顶，而将接收机放在家中，实验获得了成功。

1898年6月，马可尼的发明在英国取得了专利。不久，英国举行游艇竞赛，终点是在距离20海里外的海上，游艇一到终点，马可尼就用无线电传递消息，这是无线电通信的第一次实际应用。从此，无线电通信走进了人们的生活，和有线通信一起成为现代通信技术的两大支柱。

1899年，跨越英吉利海峡51千米无线通信实验获得成功。1901年12月，马可尼在美国实验成功了在纽芬兰与英国昆沃尔间横跨大西洋3000千米的无线通信。1909年，马可尼因此获得了诺贝尔物理学奖。

图为1892年，贝尔在纽约到芝加哥的电话线启用典礼上，向一群商人示范操作他的电话，从纽约打电话到芝加哥进行试音。

电磁波的发现

图为德国物理学家赫兹，他证明了电磁波的存在。

1873年，英国物理学家麦克斯韦在他的《电磁学》一书中提出电磁理论，预言了电磁波的存在。在他逝世8年后，这一预言被德国物理学家赫兹的实验证实。

1887年，赫兹以电火花放电实验证实了电磁波的存在。赫兹在两根铜棒的两端分别安上了一个大金属片和小金属球，将铜棒置成一条直线使两个小球相向，中间留下空隙，将大金属片充上正负不同的电荷，在两小球间便窜出火花。每次火花的出现，都能使铜棒分离出自由运动的电磁波，它们以震荡器为中心向各个方向发射，这不仅证实了电磁波的存在，也说明电磁波不用导线能传播。

赫兹的实验是划时代的突破，它奠定了无线电通信的基础。为了纪念他，人们将电磁波的频率单位定名为"赫兹"。

家庭革命

电器为现代家庭主妇提供了理想的助手，它清洁、安静、经济。在世界大战之间的年月里，美国（还有后来的欧洲）的中产阶级家庭被一股使用家用电器的浪潮所改变：冰箱、熨斗、炊具、洗衣机，以及更多的由新能源带动的东西。

其实，家庭技术革命的大多数新产品早在几十年前就已经问世了。但是早期的产品不易使用，容易损坏，且比较昂贵。在那个时代，电器还是一种相当可怕的新鲜玩意，然而第一次世界大战后，随着电灯在街道和家庭中的使用，以及一直颇受欢迎的家用收音机的出现，人们对新技术的担心被冲淡了。由于工人开始离开服务行业而转向获利更多的工业部门，能够节省劳动力的家用设备市场逐渐扩大。

在电器供应商的推动下，工厂开始投入家用电器生产，大量投资被用于研究和开发领域之中。从新兴的汽车工业引进的完善的生产技术，为进行高效的大规模生产和设计制造更精致的产品提供了可能。

如图所展示的20世纪初期的这种电熨斗，充分展示了新电器的优点：耐用、方便而美观。

上图为20世纪初，进入电器时代后正在使用电器的妇女。

✠ 现代工业的崛起

电、电灯以及其他电器的发明和使用是具有划时代意义的大事。当时，从家庭照明到家用电器，从工厂动力到运输方式，奇妙的电都给人们带来了惊喜，给人类的生产和生活带来巨大的变化。

从20世纪初开始，电成为西方国家生产和生活的不可或缺的能源，电熨斗、洗衣机、电风扇、电冰箱等家用电器相续进入了电气化时代。电的发明和使用成为人类技术史上的一个重要的里程碑。由于使用电力，其他工业部门也快速发展起来，特别是钢铁行业的发展，使人类在材料领域告别了棉花时代进入了钢铁时代。电气化和钢铁时代的到来标志着现代工业的崛起。

✠ 垄断资本主义

资本主义社会的发展，经历了两个阶段，即自由竞争的资本主义阶段和垄断资本主义（即帝国主义）阶段。垄断资本主义是资本主义发展中的一个新阶段，是前一个阶段的直接继续。它在经济方面的基本特征，就是自由竞争为垄断所代替。

垄断的形成和发展，经历了一个历史过程。在自由竞争阶段，"大鱼吃小鱼"的结果，使生产和资本越来越集中到少数资本家手里。到19世纪60年代和70年代，垄断组织就开始出现了。1873年，爆发了一次空前深刻的世界性经济危机，它使资本家之间的竞争更加剧烈，加速了生产集中的过程，从而，使垄断组织也得到广泛的发展。到了19世纪末20世纪初，在各个主要资本主义国家中，垄断已经成了全部经济生活的基础，这时，资本主义就进入了它发展的最高阶段即帝国主义阶段。几个主要资本主义国家，如英、法、德、美、俄、日等国，都在这个时候，先后成为帝国主义国家。垄断组织形成后，帝国主义国家的经济命脉被操纵在垄断组织的手中。不仅如此，垄断组织还操纵了国家的政权，左右国家的对内对外政策，使整个国家机器直接为垄断资本家的利益服务。

垄断资本家所统治的帝国主义国家，对外则依靠强力，实行对外侵略和扩张。它们以资本输出的形式，使金融资本的势力范围从国内扩展到国外，在全世界范围内形成了一个金融资本的剥削网，把经济上不发达的国家变为它们的殖民地或半殖民地。帝国主义列强在从经济上瓜分世界的同时，还从领土上瓜分世界，进行殖民地的争夺。从1876年—1914年，英、俄、法、德、美、日等六大列强占有殖民地领土的面积，从4000万平方千米扩张到6500万平方千米，相当于这六个国家本土面积（共1650万平方千米）的四倍。这样，世界上的领土就被少数帝国主义国家瓜分完了，所有经济落后的国家，都成了它们的殖民地或半殖民地。帝国主义国家直接或间接地控制了这些国家的政权，掌握这些国家的经济命脉，贪婪地压榨这些国家人民的血汗。

右边这幅题为"锻铁炉"的油画创作于1893年。当时，钢铁工业在欧洲极其重要，没有钢铁工业就不可能造就经济和军事的强国。

资本主义国家发展不平衡

19世纪晚期到20世纪初期，主要资本主义国家的经济都有所发展，但发展不平衡。美国、德国的步伐较快，后来者居上；英国、法国相对缓慢；日本开始崛起；俄国也有所发展。

美国、德国是新兴的资本主义国家，它们更多地采取新技术、新设备、起点高、发展快。19世纪末20世纪初，美国和德国分别成为世界头号、二号资本主义工业大国。

与此同时，由于过分依赖殖民地和资本大量输出，以至技术相对落后，法国和英国的经济发展缓慢下来，工业生产逐渐被美国、德国赶上。

日本在明治维新以后，走上了对内发展资本主义，对外侵略扩张的道路，成为亚洲资本主义经济最强的国家。俄国在废除农奴制以后，资本主义经济有了较快的发展。但是当时日本和俄国的资本主义经济发展水平还远远落于具有军事封建帝国主义特点的美、德、英、法等国之后。

资本主义的新管理体系

19 世纪晚期，垄断资本家把追求最大限度的垄断利润作为企业目标，而组建集团公司就是惟一可行的方法。

1907 年，荷兰皇家石油公司和英国壳牌运输与贸易公司合并成立了英荷壳牌石油公司。新的公司把生产、运输和销售结合起来，并于 1913 年乘新的经济危机到来之机，又兼并了许多小公司和石油企业，扩大了欧洲、亚洲、澳大利亚、非洲和美洲的销售机构，很快便跃居世界石油企业首位，它的分公司遍布世界 100 多个国家和地区。

根据 1907 年的合并协议，分公司的股权直接或间接地、全部或部分地属于荷兰皇家石油公司和英国壳牌运输与贸易公司所有，但这两家母公司行使行政管理权而不经营具体业务。这样的行政和经营相分离的集团公司是极为少见的，它反映了垄断资本主义新的经营思想和管理体系，是资本主义发展到垄断阶段的一个典型代表。

图为俄国沙皇亚历山大三世、奥匈帝国皇帝弗朗兹·约瑟夫和德国皇帝威廉一世相聚在 1884 年的华沙会议上。当时任德国首相的冯·俾斯麦亲王在会议期间作了极大的努力，力图维持与俄国的联盟，而威廉一世日后却声明放弃该联盟。

✖ 托拉斯垄断组织的源起

1901 年美国钢铁公司组成，标志着进行了一个世纪之久的大规模经济运动达到了高潮，产生了托拉斯这种垄断组织。

美国从殖民地时代初期起，就一直在阿巴拉契亚山脉开采铁矿石，到了 19 世纪初，采铁业集中于宾夕法尼亚州东部和新泽西州北部。19 世纪 40 年代末期，密执安半岛北部又发现了巨大的铁矿。就在人们蜂拥前往加利福尼亚淘金的那一年，也有很多人蜂拥前往铁矿场，其场面的壮观与淘金业相比几乎毫不逊色。19 世纪 70 年代，美国开发了密执安半岛北部的梅诺米尼矿区；10 余年后，位于苏必利尔湖西端下方的广大的戈盖比克矿区也得到开发。19 世纪 80 年代中期，费城的沙勒曼·托尔打开了湖北岸丰富的佛米利恩铁矿区，每年可运出 100 万吨铁矿石。

贝西默式与平炉式的炼钢方法以及将化学和电学应用于制钢，对美国钢铁业的发展起了举足轻重的作用。 在 1875 年，美国著名的钢铁制造商安德鲁·卡内基认识到了贝氏炼钢法的好处，在他巨大的埃德加·汤姆森炼钢厂中

图为美国钢铁巨头安德鲁·卡内基（1835 年—1918 年）。

采用了它。到了1890年，合众国的生铁生产已超过大不列颠；1900年美国炼钢炉炼制出的钢，等于英、德两国产量的总和。

在美国钢铁工业的发展过程中，值得一提的是安德鲁·卡内基，他是美国钢铁工业最伟大的领袖和工业时代的模范。凭着从不松懈的勤奋、无与伦比的商业机智和多谋善断，卡内基建立起了世界上最大的钢铁企业。他在1901年退休，赠送掉他的4.5亿美元的巨大财富。当时他把他的产业卖给了芝加哥律师埃尔伯特·加里和纽约银行家约翰·摩根控制下的一个与他相竞争的组织。结果，就产生了"美国钢铁公司"这一由全国大多数重要钢铁制造商组合而成的垄断组织。

✠ 缔结三国同盟

19世纪末20世纪初，由于帝国主义经济政治发展不平衡的加剧，后起的帝国主义国家要求重新分割世界，争夺霸权的斗争越演越烈。当时欧洲大陆上最具有竞争力的大国是德、法、俄三国。法国和俄国都是老牌大帝国，他们领土大、殖民地多，在欧洲大陆很有影响。

在地理位置上德国正好夹在俄国和法国中间，这两个国家的领土和势力范围都在德国之上，而且在历史上曾经与德国多次发生战争和领土争执。为了避免在未来的冲突中处于腹背受敌的困境，德国曾想笼络俄国一起对付法国，或让俄国中立。但俄国出于自身利益的考虑，几次对德国打击法国的企图表示异议，使得德国与俄国的关系急剧恶化。1879年10月7日，《德奥同盟条约》在维也纳签订。为了进一步孤立法国，德国又积极拉拢意大利。

1882年5月20日，德奥意三国终于在维也纳签订了三国同盟条约。条约规定：意大利遭到法国进攻时，德奥予以全力援助；德国遭到法国进攻时，意大利应对它同样援助，奥国将保持中立；奥俄发生战争时，意大利将保持中立；任何一个缔约国遭到同盟以外的两个或两个以上的国家进攻时，其他两个缔约国均应参战。条约有效期为5年。从此，德奥意三国同盟宣告成立。它标志着以德国为中心的的同盟体系的形成，对法国和俄国，甚至对英国都构成了严重的威胁。因此，德奥意军事集团的形成，大大推动了它的竞争对手法俄两国的接近与联合。

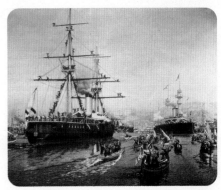

本图是1893年时，俄国海军中队在法国地中海沿岸港口城市土伦港的情景。第二年，法俄两国对德国的不信任，导致法俄同盟的建立。

三国协约的签订

1882年德奥意三国同盟条约的缔结使俄国感到不安。1892年，俄法两国签订秘密军事同盟，规定：如果意大利或奥匈帝国年进攻俄法任何一国，另一个国家都要全力相助。这样形成了俄法协约，它是三国协约的雏形。

在欧洲大陆各国掀起结盟狂潮时，英国凭借它"世界工场"的工业垄断地位和别的商业霸权，以强大的海军为后盾，奉行独立自主政策，以保持自己的行动自由。英国首相索尔兹伯里称这种外交政策为"光荣孤立"。

19世纪末20世纪初，欧洲和世界的形势发生了变化。后起的美国和德国实力不断增强，其经济实力已经超过了英国和法国。英国不得不放弃这种危险的外交政策，开始四方联络，1904年英法两国签定了军事协约。1907年8月，英俄又签定了《英俄协议》。它标志着英法俄三国联盟的成立，其目的在于对抗德奥意三国同盟，这样，第一次世界大战的两大敌对军事集团便正式形成了。

专题六： 近代社会生活的变化

近代社会的家具

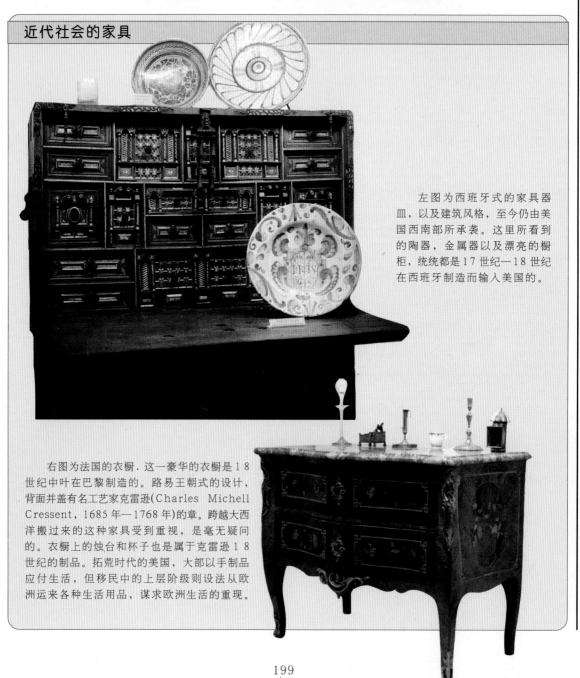

左图为西班牙式的家具器皿，以及建筑风格，至今仍由美国西南部所承袭。这里所看到的陶器，金属器以及漂亮的橱柜，统统都是17世纪—18世纪在西班牙制造而输入美国的。

右图为法国的衣橱。这一豪华的衣橱是18世纪中叶在巴黎制造的。路易王朝式的设计，背面并盖有名工艺家克雷逊(Charles Michell Cressent, 1685年—1768年)的章。跨越大西洋搬过来的这种家具受到重视，是毫无疑问的。衣橱上的烛台和杯子也是属于克雷逊18世纪的制品。拓荒时代的美国，大部以手制品应付生活，但移民中的上层阶级则设法从欧洲运来各种生活用品，谋求欧洲生活的重现。

在19世纪末，对很多欧洲人来说，移居美国会给欧洲人提供旧世界所无法提供的机会。这幅1878年的雕版画描绘了德国汉堡移民们正登上将穿越大西洋开往美国的远洋客轮。

✠ 移民潮

　　欧洲文化随着欧洲的对外移民而得到传播。除美国之外，欧洲海外移民中两个最大的的群体是南美和英国殖民地的白人移民。19世纪的大部分时间中，前英国殖民地虽然在形式上属于伦敦直接统治，但实际上长期以来既不是完全独立的国家，也不是真正的殖民地，而是二者的奇特混合。在19世纪，这两个群体和美国一样，靠大量的欧洲移民来补充，人数之多，正符合这个时代欧洲人口统计学上的一个名称：移民潮。

　　1800年前，除了英伦诸岛之外，欧洲其他地区几乎没有对外移民。此后，约有6000万欧洲人移居海外。到了19世纪30年代，移民潮开始变得声势浩大。19世纪，大多数移民先是迁往北美，后来再迁往拉丁美洲、澳大利亚和南非。同时，在占世界陆地面积六分之一的俄罗斯帝国，还发生着一股隐蔽的、迁往西伯利亚广袤地区的移民潮。欧洲海外移民的高峰实际上是发生在第一次大战前夕。在1913年，就有150多万人离开了欧洲，其中三分之一以上是意大利人，还有近40万英国人和20万西班牙人。而美国一直是其他国家移民的最大接纳者。

19世纪后半期大量的移民涌入美国，引起了美国人的排外情绪。在这幅1888年的漫画中，一群混杂的移民在街道上直瞪瞪地看着"最后一个真正的美国佬"，街道两旁异国情调的商店招牌，把自己标榜成真正的美国商店。尽管有偏见，各种血统的人还是成功地融入了美国的文化中。

　　上图显示了19世纪90年代英国的一个洋娃娃的住房。到19世纪末期，富有的中产阶级所拥有的房子都能反映出家庭等级的存在。就连这个洋娃娃的住宅也是如此。在这幅画里，一些屋子的家具就有很大差别：厨房和餐具室(右下)以及洗衣房(右上)都是仆人的空间，基本没有装饰；而其他房间则是主人个人用的储藏间、卧室、保育室和客厅，装饰很好，客厅更是装修得很正规。居室和女人会客厅是女人的领地。还有台球游艺室(二楼右边)、图书馆和男人吸烟室。在富有人家的较大的房子里房间可能分得更细，可能拥有专供未婚男子和未婚女子分开的楼梯和走廊。

✦ 近代社会生活变化的诸多因素

对近代社会生活产生过重大的影响的因素有很多。近代以来，随着科学技术的进步、生产力的发展以及人类思想文化的变革，社会生活的各个方面都发生了很大的变化。

在近代历史上资产阶级是新兴力量的代表，以尼德兰革命为开端，英、法、美等国先后发生了资产阶级革命，民主取代了专制，法制取代了人治，平等取代了特权，为近代生活的变化创造了条件。新兴的资产阶级成为了社会生活变革的巨大动力。他们的人生观和价值观都给传统的社会生活带来了巨大的冲击。

随着16世纪前后的地理大发现，商品流通的范围扩大了，商品经济逐步取代了自然经济，世界市场开始逐渐形成。西方殖民者通过殖民掠夺为本国工业的发展提供原材料产地和市场。

而工业革命也是推动近代社会进步的又一因素。机器的应用虽然在开始阶段遭到工人的反抗，但在一定程度上代替了最艰苦的体力劳动。技术的应用则方便了人们的生活。工业革命的出现为社会创造了巨大的社会财富，促进了近代资产阶级生活方式的形成，也促进了世界范围的城市化建设。

17、18世纪自然科学的飞速发展，深刻地影响着人们的生活方式和思想方式。新的发明创造不断涌现，1840年，英国推行了世界上第一个现代邮递制度，第一封电报也在同年面世。以后随着火车、铁路、电灯、有线无线电报、电话、电影、唱片、高速印刷机、合成织品、留声机、轮船、打字机等等的出现，对人们日常生活的改善提供了前所未有的帮助，日常生活也出现了革命性变化。石油的发现和汽车的普及则促进了交通事业的发展，扩大了人们居住范围。火车的制造和应用，促进了人们交往活动范围的扩大和信息传递速度的提高。人们日益关心更广大的世界中所发生的事，视野更加开阔。

另外，启蒙运动是欧洲继文艺复兴之后的第二次思想解放运动，启蒙思想家提出的"天赋人权"理论及在此基础上发展起来的对人权的尊重和保护是人类社会的一大进步。

邮递制度的发展

所有国家都有官方的邮政服务，但收取、运输以及投递邮件的系统却各有不同。有些国家把信件送到收信人的家里。有些国家的人则要到附近的邮政局取信。不过基本的邮政系统是一样的：发件的国家收取邮费，并投递由其他国家寄来的邮件，不收取额外的费用。

1837年，英国人希尔提议由发信人而不是收信人支付邮费，又提出一个简化的收费比例，就是在国内根据邮件的重量，而不是邮递的距离来收费。1840年，随着希尔的改革，第一枚1便士黑色邮票在5月1日发行。1874年，通用邮政联盟把不同国家的邮政服务组织起来，建立国际合作。1878年，通用邮政联盟改名为万国邮政联盟。

图为送报袋。美国的小孩子们，常把送报当作第一次外快工作。为了这些报童，各报社竞相动脑筋，设计些有趣的送报袋。

生产工业化

在中世纪的欧洲，由人、畜或水流提供动力的机械，被用来从淹没的坑道中排水以及从很深的地下坑道中提升矿物。

铁矿石通常用于制造工具、武器、盔甲，为了开采铁矿石，粉碎岩石的炸药成了锤子和楔子的补充工具。在冶炼中，木材用量的减少导致煤用量的增加，尤其是在英格兰和威尔士，至公元1700年，煤产量等于世界其余国家的5倍。由苏格兰工程师詹姆士·瓦特在大约1765年发明的蒸汽机，提供了一种新的动力资源，用它可以带动水泵以抽排洪水。在19世纪早期，蒸汽驱动旋转的钻机被采用后，人们就能开掘到更深的地层。

这幅当代插图展示了19世纪早期英国煤矿使用蒸汽机的情景。

工人地位的变化

在工业革命前，工人的地位很低下，常常要忍受恶劣的待遇，加上当时的工厂体制不健全，因此工人的安全、健康都没有保障。于是在英国和欧洲的其他资本主义国家都曾制定、颁布过不少调整工人与资本家之间雇佣关系的法律，但是那些法律都是为了保证资本家获取最大的利润，而不是为了保障劳动者的安全、健康。一直到18世纪中叶工业革命后，随着工人运动不断高涨，才使有利于保障劳动者的安全、健康的法规得以产生。1802年，英国议会首先通过了十项限制纺织厂童工工作时间的《学徒健康与道德法》。接着在1833年颁布了世界上第一个《工厂法》，该法对工人的劳动安全、卫生、福利作了规定。

19世纪中叶以后，随着资本主义经济继续发展和各国工人运动的持续高涨，有关职业安全和卫生的立法逐步发展起来。在这个时期工厂立法的内容和范围有了较大的发展，除规定限制工作时间外，还增加了改善劳动条件和其他规定，如雇佣童工、女工从事夜间工作，工厂及矿山的安全卫生条件和建立工厂检查制度等。适用的范围也逐步扩大，如英国在1867年和1878年通过的两

这是１８２０年的一幅画，描绘了伦敦的一个私人教室的孩子们在老师不在的时候随便活动的情形。教室里有很多书和一个地球仪。当时，在教育中通过知觉、感觉的运用和发掘的重要性已经能够越来越被人们所接受。英国哲学家约翰·洛克曾在１６９３年就说过："孩子不能通过总是在他们的头脑里一闪即过的法则来教育，这里的艺术性在于尽最大可能使他们运动和玩。"

个法规把1832年所颁布的《工厂法》的适用范围推广到雇佣50人以上的所有工业企业。

1884年，德国实行了《工人补偿法》，对因工作事故而受伤或死亡的工人实行补偿，它的影响遍及全欧。英国也于1897年颁布了《工人补偿法》，规定在某些特殊行业中，尤其是危险行业，工人由于各种事故受伤有权得到补偿。美国也酝酿制定、颁布了《工人补偿法》。但是资本家并没有积极采取措施改善劳动条件，预防事故的发生。

近代教育的开展

为了改变穷人的处境和避免烦乱，统治阶级开始重视兴办教育。

在法国，17世纪末创建的基督教学校兄弟会负责对穷人进行教育，19世纪初，爱尔兰基督教兄弟会也在爱尔兰的大部分土地上对穷人进行教育，他们的事业后来超过边界线。在英国，慈善学校越来越多，除了这些有组织的学校外，还有个人兴办的学校。英国政府还出资资助教会办的学校。1880年，英国颁布强制义务教育法，规定所有适龄的儿童都必须上学。

变革社会中的妇女

宪法的变革显示了发达社会中政治民主的必然性。

至1914年，法国、德国和几个较小欧洲国家的成年男性已普遍获得选举权。于是产生了一个具有置疑性的问题：要是男子有选举权，难道女子在国家政治事务中就不该有选举权吗？

由于妇女能得到的职业日益增多，而且她们在社会中传统角色开始转变，因此，在许多欧洲国家中，妇女渴望得到公民权的要求开始获得支持。

该杂志封面描绘了1908年时法国出现争取女权运动的抗议场面。法国妇女直到第二次世界大战以后才获得投票选举权。

✿ 妇女解放运动

几乎在每一个文明民族，包括西方世界的文明民族中，妇女一直受权利至高无上的男性的支配。长期以来，妇女天生的职业一直被看作是料理家务。妇女参与公共事务也受到限制，并且她们的行动自由由于受到父亲或丈夫的监护而受到约束。随同法国革命而来的是知识世界的变化和社会的变革。在这种气氛中，对男女不平等现象的批判开始了。在第一批倡导妇女新的社会作用的出版物中，有马奎斯·德·孔多塞的《论准许妇女行使独立自主权》（1790年），奥林匹亚·德·古热的《妇女和公民权利的宣言》（1791年），以及玛丽·沃尔斯通克拉夫特的《妇女权利的证明》（1792年）。然而，甚至连革命的法国议院也不支持给妇女以更大限度的自由，却支持在拿破仑长期实行性别歧视的状况下制定的法国《民法》。

然而政治权利仅仅是社会中整个妇女权利问题中的一个方面，如同在这方面领先的的任何伟大的文明民族一样，这一社会的一切都偏袒男子利益和价值观，然而对妇女在社会中的作用问题的讨论却始于18世纪。不久，各种假设体系中长期隐含的缺陷就显露出来了。19世纪时，围绕着妇女受教育权、就业权、财产处置权、道德独立权，甚至衣着舒适权展开的辩论越演越烈。这些问题的提出本身隐含着一场真正的革命，欧洲和北美妇女提出的权利要求，对几个世纪，乃至上千年以来的制度化问题的设想和见解构成了威胁，因为它们与根深蒂固的家庭观念相联系。

这种情形在19世纪中叶，尤其在20世纪期间开始发生变化。至少在西方世界，妇女已逐渐获得公民应有的政治上的平等，有权接受高等教育，从事报酬较好的职业和享有更大限度的个人自由，尽管许多人认为，男女平等的发展进程还没有完成。在世界上一些最年轻的国家和地区中，妇女首先获得了投票选举权，它是早期主张男女平等者的基本而重要的证明手段。这些地区是：北美的怀俄明（1869年）、英联邦自治领的新西兰（1893年）和澳大利亚（1902年），以及新近独立的挪威（1913年）。

1900年，英国妇女仍没有选举权，但男子1884年已有权选举。从此，妇女选举权组织致力以和平方式争取

"妇女选举权"，她们企图改变国会的法律，却遭受多次失败。1903年，潘克赫斯特夫人坚信"要行动，不空谈"，创立妇女社会和政治联盟。许多中产阶层的女青年都参与争取妇女选举权运动。她们用链把自己拴在唐宁街10号首相府官邸的栏杆上，焚毁空置的楼房和信箱，又打破商店的橱窗。

争取妇女选举权的妇女非常坚决，一旦遭逮捕，很多人绝食。政府不想他们因此而死去，强喂她们食物。这是十分痛苦的。妇女选举权运动的招贴画大事宣传，要每个人都知道这件事。1913年，"鼠法"准许绝食的妇女出狱，但她们身体好转时，又把她们监禁。双方都不肯让步。

1914年，世界大战改变了一切。争取妇女选举权的妇女支持战争，证明自己能做各种工作。1918年30岁以上的妇女获选举权，1928年，妇女选举年龄与男子一样降至21岁。

妇女的新机遇

妇女的政治化以及对她们感到具有压迫性的法律体系和社会结构进行的政治抨击，与其他改革相比较对妇女所起的的作用较为次要。当时一场削弱传统势力的改革正在缓慢进行，先进的资本主义经济在迅速发展。

到了1914年，经济的发展使一些国家能够为妇女提供打字员、秘书、电话接线员、工厂工人、百货商店售货员、教师之类的新职业，这些职业在一个世纪以前的社会上几乎不存在。它们给妇女带来了事实上的巨大经济权的转移：妇女若有能力自行谋生，就踏上了一条最终将改变家庭结构的道路。出于对劳动力的需求，社会在更大范围内向妇女提供职业，而工业社会中竞争的需要也很快地促进了女性职业化的发展。

与此同时，对于20世纪初日益增多的女孩来说，在工厂或商店找到一份工作，就意味着有机会摆脱父母的管束和婚姻苦役的陷阱。虽然大多数妇女到1914年尚未得益于此，但妇女就业和解放的进程却在加快，因为这种发展会刺激其他如教育、职业培训之类的需求。

左边这尊妇女骑在马背上的陶瓷像题名为《自由》，创作于1905年，陶瓷像的动态感反映了对妇女的新眼光。

✠ 地下动脉

这是一幅现代漫画，画上英国人对1807年在伦敦帕尔购物中心首次挂出的煤气灯感到吃惊、疑惑。这是出生于德国的企业家温泽的一项革新，他首先是从附近的一个房子来给自己家供煤气，但他已经预见到，要修建煤气厂，用地下管道把煤气输送到千家万户，代替当时使用的煤油灯。1812年，他创建了煤气灯和焦炭公司供应伦敦市区的客户，经过3年时间，管道总长近200千米。起初，整个输送方式是十分原始的：输送煤气的地下管道用凿空的榆树干来充当，然后再用军队过剩的旧式步枪管把煤气引往各家各户，因为这种步枪管在拿破仑战争后很便宜，而且货源充足。

1840年—1880年间，许多西方城市获得新的水供应并开始建地下水道。此类措施减少了霍乱的发生并极大地提高了城市生活质量。然而，与此同时，新技术对供水系统的压力不断增加。煤气街灯在该世纪早期推行，大约从1880年起，电力提供了更有效的能源，而电话则使通讯革命化。

电缆和管道的地下迷宫逐渐地扩展以满足城市居民新的需求和期望。在马路上平行地延伸着的提供水、气和电力的供应线，不时地与路面下的分配系统连结。建筑和阴沟里的污水流入一个联合地下道；在更下层是一个缓解风暴的下水道，接纳地表水；检查室提供了修理入口。在一些国家，这些服务设施还被辅以供应压缩空气带动机器，以及蒸汽用于中央供热。这些设施在地表上看不到，却是任何现代城市至关重要的生命支持系统。

✠ 城市建设

任何一个城市的现代性都可以由服务业的数量来衡量，例如供热、照明、电话、空调等，这些是居民们认为理所当然的服务。通过提倡提高生活标准，城市自己创造了对此类生活福利设施的需求；同时，当对空间的压力增加，负责供应城市相应需求的设施也出现了问题。

大多数早期城市依赖河水来供水并处理废物。在几个世纪里，劣质而不规律的水供应以及街道上排泄物的恶臭是城市生活无法逃避的特征，而且直到19世纪西方工业化国家城市人口激增时，规划者和工程师才开始严肃地处理卫生问题。

其中，古罗马的工程师，对于从周围山地引水供应城市浴池和喷泉，并冲刷地下下水道的跨越式输水道是个了不起的例外，有些水道至今仍在使用。

上图是托马斯·罗兰森的一幅卡通漫画，被称做"伦敦的痛苦"，充满了人性的讽刺，他不顾已经改进了的街道设计，在19世纪开始的时候，去了噩梦般的伦敦。在一辆又一辆的奔驰的马车边，行人不得不横步走过尘土呛人的房檐，躲避着从楼上掷下来的一团团的粪便，店牌匾下（就像画左边的那块匾）蹒跚挪步，这种店铺牌匾总是会掉在人行道上。更多的危险来自轿车，那是有钱人的交通工具，赶车人喜欢用鞭子打走得慢或不留神的行路人的脊背。

上图的背心是 1740 年左右，由纽约的法语移民所缝制的，是丝制品，相当豪华。下图的皮背心是以 16 世纪西班牙兵穿在甲胄下的内衣为原型所缝制的。在新墨西哥穿这种皮背心可以防止印第安人所射的箭。

✠ 服饰的变化

近代社会，资产阶级更加追求实用舒适的生活方式，引起了某些社会习俗的改变。人们的消遣活动、生活习俗发生了重大变化，陈规陋习和清规戒律被打破了，各种娱乐活动重新兴起。

随着人类的发展进步，服饰不仅成为人类生活的需要，还代表了一定时期人类文化的积淀。17 世纪后半期，第一批时装商店出现在巴黎。1672 年在巴黎出现第一本定期介绍服装式样的刊物《风流信使》，及时向世界各地传播巴黎的时装信息。1794 年，伦敦出版的《时装画廊》刊登了服装设计效果图。1850 年，英国的《时装世界》刊有服装裁剪图。19 世纪末，法国人玛丽穿着她英国丈夫设计的服装进行表演，成为世界上第一位服装模特儿。

17 世纪的欧洲女服上身是紧身衣，下裙大部分仍采用裙撑，即使没有裙撑也要用肥大多褶的数层裙子来衬出细腰。18 世纪，裙撑和紧身衣十分流行，大裙撑使妇女活动非常不便。随着钢丝弹簧的出现，人们设计出后裙撑，使妇女终于可以自如地坐在椅子上了。

18 世纪末，裙撑不再流行，女服开始趋向简朴。随着交通的发展，户外活动和旅行的增加，更轻便的女性服装也逐渐出现。19 世纪末，随着妇女地位的提高，少数妇女像男子一样开始穿长裤。为了适应上流社会妇女参加体育活动的需要，轻便实用的款式丰富起来。缝纫机开始广泛用于服装制作，服装工厂在欧美大量出现，促进服装更进一步地简洁化。

长期以来女服的中心在巴黎，而男服的中心则在伦敦，当时衣着考究的男士都是到伦敦定制服装的。英国工业革命后，男服逐步摆脱了法式男服繁琐华丽的特点，开始表现男子的绅士气派，并吸取军服的特点向简洁、齐整方向发展。英国男服成为世界男服的样板。到了 19 世纪中叶，西装外套、马甲、衬衣、裤子成为男装的主流。

近代的童装基本上是成人服装的微缩型，没有儿童的特点。小男孩的服装与成年男子基本一样。水手服已经在孩子中流行起来，虽然它在童装中占有相当比重，但也只是当时水兵军装的翻版，改动不大，也没有多少儿童化趋向。

❋ 近代社会的闲暇生活

　　欧洲，随着民族独立国家的财富不断增长。在当时不仅仅反映在他们城市的雄伟壮美，而且也反映在这些城市的居民所支配的闲暇生活不断的增多。

　　中世纪的娱乐活动包括短期的集市、应时的游行或者是比赛等，在任何可以找到的场地上举行。更多永久的集合场地为了满足缺少欢娱的社会的需要而出现。从戏剧院到公共会堂和咖啡屋，这些环绕它们的楼房和地区交织着新的城市的结构。通常这些结构都有运动的、娱乐的主题。也有一些地方，人们仅仅是为了相互见面而前往，咖啡屋为谈论生意和窃窃私语提供了合适的气氛。欧洲新街道有着开阔的视野，是人们社会交往常去的地方，在伦敦，特别设计的娱乐花园，完整地包括乐队、饭店、酒吧。剧院也是大众集会和娱乐的场所。所有的这些都给人一种感性的刺激。

　　法国资产阶级的细腻生活方式在下面这幅讽刺版画中得到了夸张的描绘。3 位打扮入时的女士正在选中的咖啡店里浏览菜单。当 10 年的大革命风暴过后，稳定的局面重现于巴黎时，资产阶级心怀感激地转到追求愉悦生活方面。奢多的消费长期以来一直是经济生活的中心，法国的威望也以新的形式呈现在世界面前：女士们穿着流行式样的古典式高腰长裙，徜徉于沙龙、剧院以及舞池等社交场所；手艺高超的厨师们摒弃了原来贵族府邸的工作，专门经营餐馆，这无疑又刺激了外出用餐的物质欲望。

日本积极接受西方思想

这是1887年的一幅日本画，描绘了一个日本演奏者正在弹一架西方式的风琴。19世纪80年代期间，吸收了西方乐曲的日本音乐曲谱开始公开出版，以供学校和家庭使用。

由于日本群岛相对来说地域狭小，交通便利，新思想容易得到传播。所以日本对西方的思想观念早已不再封闭，其潜在社会的不稳定性明显加强。少数的学者以阅读西方书籍自娱。在接受新技术方面，日本人很快掌握和利用了西方的火器技术，并且开始大批量生产火器，日本人向欧洲学习是非常迫切的，且不受其传统的束缚。

右边这张1872年的印刷品中，身穿和服的女孩子在东京一家丝绸厂的织机旁工作。西方为日本提供了机器和消费者。

✠ 亚、非、拉美地区的近代社会生活

近代的亚、非、拉地区，伴随着殖民者的到来，传统的社会受到强烈的冲击和破坏，殖民者不仅在政治上统治着殖民地，而且把欧洲先进的技术和文化传输进来。无论亚洲、非洲、还是拉丁美洲，都不可避免地面临着传统与外来文化的冲突与融合的过程。这是一个影响重大的过程，其所造成的破坏性远大于殖民者对这些地区落后或愚昧习俗的改造。

欧洲殖民者的残酷掠夺对非洲产生了深远的影响。非洲原有的宁静的生活被打破，经济、道德等方面不断衰落。虽然欧洲殖民者客观上把西方社会习俗传入非洲，促进了非洲在传统生活习俗等方面的改进，但给非洲带来的灾难却是无法估量的。

在亚洲，英国对印度的统治一方面给印度带来了深重灾难，另一方面，印度在英国的影响下，逐渐废除了杀婴、人祭、童婚和寡妇自焚等传统恶俗。法律上也认可寡妇再嫁。印度上层的生活方式更加西方化。

随着西方殖民者的入侵，鸦片大量输入中国。吸食鸦片在社会上成为一种风气，全面侵蚀着中国社会的肌体。工业文明和西方殖民主义的入侵，对中国的自然经济造成了巨大的冲击和破坏，但从总体上来说，在20世纪以前，中国的社会生活没有发生革命性的变化。能够享受西

非洲传统生活方式中的某些方面在殖民统治时期被保留了下来。这幅法国艺术家莫里斯·贝谢尔的作品描绘了利比亚儿童正在驱赶小鸟以保护庄稼。

方物质文明的主要还是人数很少的上层阶级。中国城市虽然有所发展，但进程非常缓慢。农村的变化就更为微小。

日本在"明治维新"的推动下，社会生活变化很大。19世纪中晚期，日本提倡学习欧美资本主义文明，吃西餐、穿燕尾服、理分发、跳交际舞、兴建洋楼。但是日本政府同时注意保持民族传统的教育。

随着西方殖民时代的到来，欧洲的家畜，如马、牛、山羊则影响和改变了北美印第安人的生活方式。同时，随西、葡殖民者而来的天主教也在拉丁美洲传播开来。

总之，到了近代社会的晚期，资本主义的发展扩大了资本主义世界与非资本主义世界的差距。遭受殖民奴役的广大亚、非、拉美等地区，社会生活的变化比起西欧要缓慢得多。

日本的西方化

日本在"明治维新"以后迅速吸收了西方政治和社会制度诸方面的长处。在第一个五年中，政府的行政体系、邮局、报纸、教育部、征兵制、第一条铁路、宗教容忍和格列高利历法都有所革新和创建。

他们还进行了社会习俗的变革。在服装上，明治初期最早穿西服的是城市的军人、官吏、学生，以后逐步在民间流行开来。但这一时期的西服是十分奇怪的"混合式"。男士西装上半身是英国式，长裤是美国式，脚上却穿着木屐，头发是长及颈部的披肩发。在1872年，政府定西式礼服为官员礼服。到1871年，开始实行男子断发令。明治天皇于1873年断发，从而使新发型为一般百姓接受。为鼓励断发，政府免去各地理发店的税收。在饮食上，明治之前，日本人禁食猪肉和牛肉，明治维新后，猪肉和牛肉先是出现在少数大城市的餐桌上，而后逐步被百姓接受。同时，西式糕点开始流行，咖啡和烤面包也受到欢迎。

1853年，西方旅游者在两个多世纪以来首次得以访问日本。此时，日本已经拥有高度精湛的文化。旅游者从日本带回来的纪念品使得日本在19世纪接下来的时间里迅速风行欧洲。日本的一些传统将成为它的显著特性。这包括：使用美丽茶具且仪式繁多的茶道；歌舞伎剧；优雅的艺伎；日本武术等。

自从19世纪60年代打开国门以后，日本与世界其他地方开始了贸易活动，他们的商品也大宗出口，其中主要是家具、服装和外国发式的假发。

上图是取自1873年英国的，本名为《家庭经济》的教科书上的一幅画，描绘了一张餐桌上放着8个人的餐具，包括一排银刀叉和折好了的餐巾。

✣ 欧洲饮食习惯

在中世纪欧洲，每个用餐者面前都有一些没盖盖的大盘子，里面装着大块的肉，如果想吃，自己就用刀割下一块。然后用手抓起来塞进自己的嘴里。但是到了1700年，吃饭变得有序了，也开始用餐具了。

在欧洲，用餐的桌椅和用餐的方式的讲究是伴随着职业中产阶级的崛起而发展起来的。那些中产阶级人物不愿意改变自己的吃饭方式。但在其他一些文化中，那种复杂的用餐方式早就存在了。

左图是20世纪早期英国的一张贺卡。画面上是一个复活节彩蛋，它是人丁兴旺和新生活开始的象征。

简明世界史

专题七： 第二国际和列宁主义

✠ 第二国际建立

　　1883 年 3 月，马克思与世长辞，指导国际共产主义运动的重任落在了恩格斯的肩上。工人运动的蓬勃发展、各国社会主义政党的建立、马克思主义的广泛传播，为建立工人阶级的新的国际联合创造了条件。但是，恩格斯一直持有这样的看法：新的国际联合应该建立在马克思主义基础之上，如果这个条件没有成熟，就应努力创造条件，而无需仓促行事。19 世纪 80 年代后期，恩格斯鉴于无产阶级觉悟的提高、各国工人党对国际团结的向往，开始考虑组织新国际的问题。

　　1889 年 7 月 14 日，是法国人民攻占巴士底狱 100 周年纪念日。这一天国际社会主义工人代表大会在巴黎开幕，实际上这就是第二国际成立大会。参加大会的有来自欧美 22 个国家的 393 名代表。李卜克内西当选为大会执行主席。拉法格致开幕词，号召工人阶级尽一切力量加速摧毁资本主义社会的"巴士底狱"。大会的胜利召开，标志着第二国际的成立。恩格斯在世时期，第二国际基本上执行了马克思主义的路线，团结了工人阶级队伍，进行了反对无政府主义的斗争以及反对右倾思潮的斗争，广泛地传播了马克思主义，促进了各国工人组织和工人运动的广泛发展。

　　国际社会主义工人代表大会听取了各国社会主义政党代表的工作报告，经过激烈斗争，否定了机会主义者的谬论。通过了《关于保护劳工国际立法》的决议和《关于政治和经济斗争问题》的决议。

　　大会还通过了一项重要决议，规定 5 月 1 日为国际无产阶级的节日，号召各国工人阶级在每年的这一天，组织大规模的游行示威，显示国际无产阶级的团结力量，为实现代表大会的决议而斗争。巴黎代表大会以后，各国无产阶级热烈响应关于庆祝"五一"节的号召。1890 年 5 月 1 日，在法、德、意、比、荷、美、瑞典、挪威的许多城市，举行了规模空前的示威游行，70 岁高龄的恩格斯亲自参加了英国伦敦工人的"五一"节游行。

　　右图为 1 8 8 3 年马克思去世后，恩格斯在马克思墓前演说。

工人运动高涨

　　随着资本主义大工业的发展，工业无产阶级的人数大幅度增加。但是工人阶级的生活仍然非常贫困。

　　到 1 9 世纪 8 0 年代前后，欧美各国工人运动重新发展壮大起来。1 8 7 2 年夏，德国鲁尔区的矿工为争取八小时工作日和提高工资而进行罢工。1 8 8 6 年 5 月 1 日，美国芝加哥等城市 4 0 多万工人为争取八小时工作日举行罢工，后来发展到同警察英勇搏斗，震动了资本主义世界。这一全国性的罢工浪潮，使近 1 0 万名工人争得了八小时工作日或缩短了劳动时间，抗争取得了重大胜利。另外 1 8 8 9 年，英国码头工人总罢工斗争也取得了胜利，奥匈帝国、意大利、俄国、法国以及其他欧洲国家同样也都发生了罢工运动。在罢工斗争中，各国无产阶级彼此声援，相互支持。

列宁

图为列宁在制定社会主义建设计划。

弗拉基米尔·伊里奇·乌里扬诺夫·列宁（1870年—1924年），俄国共产党革命的领袖，新成立的苏维埃社会主义共和国联盟首位领导人。

1887年，他的哥哥亚历山大因参与暗杀俄国沙皇未遂被绞死。这给他以很大的震动。1887年，他因参加一次学生示威而被喀山大学开除。后又被圣彼得堡大学录取，1891年取得法律学位。他继续参与政治活动，被监禁在圣彼得堡的彼得保罗要塞内，接着流放到西伯利亚。他在那里与克鲁普斯卡娅结婚，并开始用列宁这个名字。

1905年—1917年间，列宁过着流亡生活。他趁沙皇被推翻，临时新政府上台执政的机会，秘密回到俄罗斯。此后他主张发动革命，由布尔什维克党人领导的政府执政，并领导布尔什维克党人取得十月革命的胜利。列宁就任人民委员会会议主席，成为俄国实际的领导者。布尔什维克政府变成无产阶级专政政权，并在俄国内战中击败反对派。列宁领导期间，昔日的俄罗斯帝国开始变成苏维埃社会主义共和国联盟。革命后七年，他因中风去世。

✠ 布尔什维克政党的建立

马克思主义开始在俄国传播开来。它的先行者普列汉诺夫于1880年在日内瓦创立了俄国第一个马克思主义团体劳动解放社，并积极传播唯物史观和科学社会主义。随后，俄国各城市在马克思主义的影响下都相继出现了社会民主工党组织，它是俄国新型的马克思主义政党组织。

1895年5月，列宁受俄国社会民主工党各城市代表联席会议的委托，前往瑞士与普列汉诺夫为首的"劳动解放社"取得联系。这次与普列汉诺夫的会面使列宁坚定了筹建俄国社会民主工党的决心，因为，俄国的革命形势迫切地需要把各地分散的社会民主工党组织成一个真正统一的革命政党。1898年，俄国各地的马克思主义者在明斯克市召开了一次大会，宣布成立统一的俄国社会民主工党。然而，这次大会虽然宣告了党的成立，但它既没有制定党纲、党章，也没有把各地分散的组织真正联合起来。党实际上并未真正建立。

1903年7月17日，在比利时首都布鲁塞尔的一家面粉厂仓库里，聚集着43个俄国革命者，俄国社会民主工党第二次代表大会在这里举行了，大会主席团主席由代表中最年长的普列汉诺夫担任，副主席是列宁。

在这次大会上，年轻的社会民主工党发生了严重的分歧。马尔托夫主张凡是"在党的机关监督和领导下为实现党的任务而积极工作者"，都可以自行宣布成为党员。列宁则坚持认为："党应当是一个有组织的队伍，每个成员不能自行宣布加入，而应由某一专门机构批准吸收。他们不仅要承认党纲，而且必须参加党的一定组织活动，服从党的纪律。"两种意见分歧反映了在建党路线上的根本对立，这个分歧直到最后都没有得到解决。

最后在选举党的中央机构时，拥护列宁的革命派获多数票，被称为布尔什维克，支持马尔托夫的革命派只得到少数票，被称为孟什维克。这就是布尔什维克名称的由来。

这样，俄国建立了主张无产阶级革命和无产阶级专政的马克思主义政党布尔什维克党，具有鲜明时代特色的列宁主义诞生了。

✚1905 年俄国革命

20 世纪初，俄国工人处于沙皇专制主义的政治压迫与资本主义生产体系的剥削中。受社会民主党思想影响的工人迫切地要求推翻沙皇专制，争取更多的工人权利。

1905 年 1 月 9 日，沙皇政府屠杀请愿工人，这事件成了导火线，仅数天时间全国参加罢工人数即达 44 万人。布尔什维克的各个地方委员会领导了罢工斗争，有的地方甚至与军警发生了激烈的巷战。罢工中，工人们不仅提出了诸如增加工资之类的经济要求，而且还提出了不少政治要求，显示了工人阶级运动的逐渐成熟。接着农民也展开了斗争。他们焚烧地主庄园，抢夺生产工具，开仓取粮，有的地方还分田分地，到五六月间农民运动发展到 90 几个县，尔后更扩展到 240 个县。6 月，俄国海军主力"黑海舰队"的一艘战舰"波将金"号铁甲舰的水兵们枪杀了舰上长官，宣布反抗沙皇，但由于势单力孤而失败。

10 月，各地的罢工发展成了规模巨大的总同盟罢工，罢工工人已达 175 万多人。除工厂和铁路工人占大多数之外，农业工人、学生、店员等行业的人都加入了这一场非武装革命。12 月 20 日，在莫斯科布尔什维克委员会的指导下，苏维埃发动了莫斯科总政治罢工，22 日转变为武装起义，其他城市也起而响应。然而就在这个时刻，沙俄军队开进了莫斯科和其他城市，进行了血腥镇压。

12 月底，武装起义失败，革命者被屠杀无数。但这次革命锻炼了无产阶级，它为 1917 年十月革命的胜利准备了条件，是一次无产阶级革命的演习。

图为列宁在拉兹里夫湖畔。

日俄签署《朴茨茅斯和约》

持续一年多的日俄战争，在 1905 年夏天以俄国失败而告终。在英法美等国的斡旋与撮合下，俄国只得放下列强大国的架子，与日本进行谈判。

1905 年 8 月 10 日，会议在美国小城朴茨茅斯正式开始。沙俄全权代表为维特，日本全权代表为外务大臣小村寿太郎。这次会议的中心议题，是讨论日方提出的 12 条条件。其中有：沙俄承认日本对朝鲜半岛的独占权；沙俄军队限期撤出"满洲"；俄国转让辽东半岛的租借权给日本，并且要转让哈尔滨到旅顺的铁路。这是日本政府志在必得的三条。其次，还要求沙俄赔偿战争费用、割让库页岛、交还俄方扣留之日本船只，以及给日本人在俄国沿海捕鱼的权利等。

经过多次讨价还价，日方对"志在必得"的三个条件打了个小折扣：关于哈尔滨到旅顺的铁路转让改为从长春到旅顺。最后，争吵的焦点便是俄国的割地赔款问题。日方在罗斯福的怂恿下，坚持要求割让库页岛南部。至于已被日军占领的北部，如果俄方想要，可以以 12 亿日元的价格买回。1905 年 9 月 5 日，日俄《朴茨茅斯和约》正式签订。

这一和约的签署，使日本人得到了极大的好处，库页岛南部也归到了它的名下。从此，中国东北部转而成了日本帝国主义的势力范围，而俄国则仍是中国北部的殖民统治者。

日俄《朴茨茅斯和约》是典型的帝国主义强盗分赃条约，是套在中、朝两国人民头上的枷锁，也是帝国主义重新瓜分亚洲的可耻记录。

《火星报》创刊

1900年2月6日，列宁到达鸟发的第一天，就会见了当地的社会民主党人，并向他们介绍自己在国外出版全俄秘密政治报纸的计划。后来在莫斯科，列宁会见了当地同他政治观点一致的人，就《火星报》出版计划等重要问题进行了讨论。不久，列宁又秘密前往彼得堡。在那里，他会见了从国外回来的社会民主党人维·伊·查苏利奇，同她就工人阶级组织"劳动解放社"参加在国外出版全俄马克思主义报纸和科学政治杂志的工作进行商谈。

1900年2月26日，列宁到达普斯科夫。他在这里筹备和召开了会议，在会上讨论了他所写的《火星报》和《曙光》编辑部声明草案。同年5月，列宁领到了当局准许他去德国的出国护照，于7月出国。列宁来到瑞士，先在苏黎世访问了阿克雪里罗德，然后去日内瓦，同马克思主义理论家普列汉诺夫商谈报纸和杂志的出版问题。普列汉诺夫赞同创办马克思主义机关报的主张，马尔托夫和波特列索夫也从俄国赶来帮助列宁出版报纸。

8月25日，列宁到达慕尼黑，1900年10月，列宁所写的《火星报》编辑部《声明》出版。声明强调要严格按照马克思主义的方针办报，坚决反对流行的机会主义。12月下旬，列宁前往莱比锡作报纸创刊号出版前的最后校订工作。至此，标有"1900年12月"字样的俄国第一份马克思主义的报纸《火星报》创刊号出版了。

1905年米兰的铁路工人聚集在工会大楼里，对是否举行罢工进行表决。当时，好几个国家的工会已经成立，许多工会得到合法的承认，因此拥有自己的房产和报纸。

✠ 第二国际斯图加特大会召开

1907年8月，第二国际第七次代表大会在德国斯图加特举行。出席大会的有来自五大洲25个国家的社会党团和884名代表，列宁也参加了这个国际大会。辛格尔、倍倍尔等德国党的领袖掌握着大会的领导权，以伯恩施坦、福尔马尔等人为代表的各国右派，也在大会的领导机构里。整个大会"中派"和右派占了大多数，而以列宁为代表的左派则处于少数地位。

反对军国主义是这次大会的中心议题。列宁联合著名左派卢森堡揭露了福尔马尔利用倍倍尔草案并加以歪曲和引申的意图。最后，列宁和卢森堡在倍倍尔草案基础上提出修正案。修正案的核心是："应该利用战争引起的经济危机和政治危机来唤起受压迫最深的社会阶层，来加速资本主义统治的崩溃"。这一修正案终于获得通过，它为无产阶级反对帝国主义战争指明了行动路线。

大会经过激烈的斗争，还通过了关于谴责殖民政策的决议以及关于党同工会的关系、妇女、侨居工人等问题的决议。

总之，斯图加特大会是第二国际后期活动中一次光荣的大会。它鲜明地批判了机会主义和各种反动思潮，并运用马克思主义的精神解决了一系列的问题，使第二国际暂时回到了正确的道路上来。

✠ 哥本哈根大会召开

　　1910 年 8 月 28 日，第二国际的第八次代表大会在丹麦首都哥本哈根召开，出席会议的有五大洲 23 个国家的 889 名代表，列宁出席了大会。大会共有 9 项议程，主要讨论了工会运动的统一、反对军国主义和战争、关于合作社与政党的关系、谴责日本镇压社会主义运动等问题。

　　关于工会运动，会议出现了严重分歧，即是否建立统一的国际性工会组织。这种分歧是以当时国际工人运动中民族主义情绪的滋长为背景的。截至 1904 年第二国际的阿姆斯特丹会议，在国际内部一直存在一个统一的工会运动，但此后情况发生了变化。捷克坚持搞本民族的工会运动，他们在布拉格成立一个自己的工会中央。所以在会议上，捷克代表要求建立民族的、自治的工会，使工会权力不受限制的呼声最高。但是，以捷克为首的这种主张遭到了与会代表的反驳。最后，大会经过激烈讨论通过了决议，强调各国工人运动要在道义上和物质上最大限度地相互支援，每个国家的工会运动都应在组织上保持统一，从而抵制了把国际统一工会按民族划分的企图。

　　关于合作社问题，大会也进行了激烈的辩论。比利时的草案要求社会党人警惕把合作社看成是某种独立自主的机构或解决社会问题的手段。而根据饶勒斯的观点拟定的法国社会党多数派的草案，则标榜合作社是社会改革的必要因素。在会上，俄国代表团也宣布了根据列宁提纲拟定的草案，指出既要承认消费合作社有助于工人的群众性经济斗争和政治斗争的一面，但是消费合作社只能略微改善工人的生活状况，它不仅不是同资本进行直接斗争的工具，而且容易造成不用剥夺资产阶级就可以解决社会问题的错觉。因此，必须在合作社中传播阶级斗争和社会主义思想。列宁这一思想提供了正确处理无产阶级政党和合作社关系的重要原则。但是，俄国代表团的决议被会议否决了，会议通过了一个调和折衷的方案。

　　面对战云密布的国际形势，大会也讨论了反对军国主义和战争的问题，重申了斯图加特大会的原则。哥本哈根大会表明，第二国际内部机会主义的倾向和势力加强了，大会通过的决议具有更加明显的改良主义色彩。这是第二国际走向瓦解的又一重要信号。

罗莎·卢森堡

　　罗莎·卢森堡（1871 年—1919 年），国际共产主义运动著名政治活动家和理论家，德国社会民主党和第二国际左派领袖。1892 年成为一名马克思主义者。1893 年 7 月她与吉希斯创办了《工人事业》杂志，第二年 3 月又创建了波兰王国社会民主党。是一个波兰犹太人籍马克思主义者。战后，她在德国于 1919 年 1 月组织了大规模示威游行，15 日，她与李卜克内西被资产阶级"自卫民团"逮捕，同日被右翼极端分子杀害。

专题八：　亚、非、拉的民族民主运动

✠ 英国女王对印度的统治

在女王维多利亚的漫长统治时期（1837年—1901年），英帝国达到其顶峰。19世纪中期以后，印度已经完全沦为英国的殖民地。英国资本控制了印度的经济命脉，印度的农产品大量出口。英语成为印度的官方语言，而印度的传统手工业日趋破产。19世纪后半期，印度饥荒不断，饿死的人达到2800万。随着资本主义向帝国主义过度，英国更把印度视为自己的生命线，加以直接控制。英国的掠夺政策激起了印度劳动人民的愤恨，也引起印度资产阶级的反感。

印度反英情绪高涨

这幅1902年的意大利报纸所刊登的图画，描绘了印度一场干旱期间施舍食物的场面。

和其他的帝国政府统治一样，英国在印度的统治也不能永远抗拒变革。英国统治者制止了战争和冲突，却引起人口的增长，其结果是饥荒的频频出现。印度工业化过程中的种种问题，使得通过农业以外的其他方式进行谋生变得十分困难。这在很大程度上是由于按照根据制造商利益所制定的关税政策造成的。因此工业化过程中缓慢形成的印度企业家阶级不仅对政府没有由衷的好感，而且产生了对抗情绪。

图为1880年英国女王维多利亚及其女儿比阿特丽斯公主。1876年，维多利亚被加冕为印度女皇。

✠ 孟买工人大罢工

　　20世纪初，印度人民的民族解放运动在国大党的领导下，开展得有声有色。英国殖民者慌了手脚，赶忙用明托伯爵代替了治理不力的寇松担任新的印度总督。

　　明托在镇压革命方面是个心狠手辣的人物，在管理与处理事务方面，又是个聪明狡猾的家伙。他主张对印度资产阶级和自由派地主作妥协，以分化民族解放运动。同时，还由他把持成立了伊斯兰教联盟和印度教大会，并把他们的共同矛头引向国内正在指导革命的国大党。

　　国大党果然在受到外部攻击的同时，内部的斗争也日趋激烈，并于1907年2月的苏拉特年会上，发生了温和派与极端派的激烈争吵。此后，国大党便正式分裂。极端派在革命干将提拉克的领导下，单独召开代表大会，宣布另建"民族主义者党"，继续进行毫不妥协的反英斗争。从此，提拉克和"民族主义者党"成了殖民当局的眼中之钉，而温和派却得到了殖民当局的赏识和欢心。

　　由于国大党的分裂，使印度的民族解放运动日益低落，也给了殖民者反扑的机会：1907年年底—1908年年初，殖民当局颁布了《治安条例》和《新闻出版法》，禁止人民集会、游行，宣布取缔"民族主义者党"，查禁极端派的各种报刊。面对这一严峻形势，提拉克毫不畏惧，他与当局据理力争，并准备联合党人举行武装起义。但是，殖民当局先走一步，以"阴谋推翻女王政权"的罪名于1908年6月23日逮捕了提拉克。

　　提拉克被逮捕的消息传出，人民群众立刻游行请愿，要求将其释放，但殖民当局在7月22日判处提拉克6年苦役。由此，孟买工人举行了政治总罢工，要求立即释放提拉克。参加罢工的有纺织工人、铁路工人、码头工人和城市运输工人等10多万人。殖民当局见此，当即调来了成千上万的警察前来镇压，于是示威的工人同警察发生了冲突，展开了街垒战，鲜血顺着大街汩汩流淌。最后，殖民当局又调来了大批正规军进行残酷镇压和屠杀。7月29日，提拉克终被押上服苦役的道路。

　　孟买工人以提拉克被判苦役为导火线而发生的政治总罢工，是1905年—1908年民族解放运动的最后一战。工人们展开的街垒战，为这一次总罢工谱写了最后的强音。

印度总督寇松勋爵

　　图为从1898年到1905年任印度总督的寇松勋爵（1859年—1925年）和夫人在1903年举行的盛大的接见会上，他们作为英国主权力量的象征成为接见会上的主角。

　　19世纪末，大英帝国是欧洲诸帝国中最大的帝国，印度是英帝国"皇冠上的宝石"。和同时代的其他殖民主义者一样，寇松坚信他清楚什么对印度是最好的，并对印度国大党和印度国内日益加强的民族主义情绪嗤之以鼻。然而，欧洲诸帝国受到了日益发展起来的遍及全球的独立浪潮的冲击。到了1918年，英国政府被迫同意印度自治。

这幅 19 世纪晚期的照片上的人物是印度国大党的创建者。

✖ 印度国民大会党

由于英国人在印度宣扬种族优越论，印度人遭受歧视及低报酬的状况日益加深，使得印度人不满的情绪也日益高涨。这些便是印度国民大会党创建的背景。其导火线是，由于欧洲移民的强烈抗议，政府对其关于在法庭上平等对待印度人和欧洲人的提案进行了修改，这在社会上引起了普遍的激动情绪。一名前英国公务员在失望之余采取了行动，于 1885 年 12 月在孟买召集了印度国大党的第一次会议。会议建立的这一政党将领导印度在 1947 年获得独立，并将成为独立后前几十年间的执政党。组建国大党的 70 名代表并非想要与英国的统治作斗争。然而 1886 年随着印度民族主义情绪的高涨，国大党逐渐成为反对英国在印度政治事务的强大力量。

20 世纪初，印度教徒与穆斯林之间关系的日益紧张，使印度的政治局势变得极为复杂。尽管激进的民族主义者选择了恐怖主义，但是国大党仍然长期对大不列颠表示忠诚。

✤ 青年土耳其党人起义

　　在俄国革命和伊朗革命的影响下，安纳托利亚的人民运动、马其顿的民族解放运动、资产阶级的自由立宪运动汇合成了一股反帝反封建的革命洪流。

　　1907 年，萨洛尼卡成了青年土耳其党人活动的中心。他们以"统一与进步"协会的名义到马其顿各地建立支部，特别利用统一与进步委员会与军方的渊源，在当地驻军的青年军官中发展组织，并着手建立农村游击队。在青年土耳其党人的努力下，驻马其顿地区的第二、第三军团的大批青年军官和士兵倒向革命派，改变了这一地区革命派与反革命派力量的对比，为 1908 年的起义打下基础。

　　1907 年 12 月底，青年土耳其党里各派的统一进步协会、地方分权联盟、马其顿和亚美尼亚等地的民族主义团体在巴黎召开了大会，会议决定采取包括武装起义在内的各种斗争手段，废除苏丹的专制独裁统治，实行君主立宪议会制度，并上书请求恢复 1876 年宪法。大会还决定，如果哈米德二世不同意恢复 1876 年宪法，全体青年土耳其党人即于 1909 年举行武装起义，用武力建立宪政。1908 年 6 月，俄皇尼古拉二世及英王爱德华七世在勒法尔会谈，准备干涉土耳其局势，于是将 1909 年起义的计划提前了。

　　1908 年 7 月 3 日，统一进步协会雷斯内支部的负责人、土耳其第三军团的恩·贝伊少校率领 150 人进入山中，首先以"自由、平等、博爱、正义"八字纲领为号召，宣布反对苏丹专制政府和外国瓜分阴谋。接着，已转入地下活动的思维尔少校也率部起义，并同恩·贝伊会合。在这两支部队的影响下，青年土耳其党人策动的起义迅速影响第二、第三军团的许多将士。仅十多天时间，马其顿地区便成了统一进步协会的控制区域。

　　许多地区的游击队也加入了起义队伍，农民武装和小资产阶级的士兵武装顿时结合在一起。7 月 23 日，起义军浩浩荡荡开进萨洛尼卡，通电苏丹限期恢复 1876 年宪法，否则立即进军首都伊斯坦布尔。于是哈米德二世不得不在 24 日下诏恢复 1876 年宪法，重开国会，举行选举。

　　至此，青年土耳其党人也认为革命目的已经达到，满足于政府"监督者"的地位，未能把反帝的任务进行到底。这次起义是一次只完成一半任务的小资产阶级革命。

这幅图所描绘的是 1913 年 1 月，一群青年土耳其党人军官，在恩·贝伊上校率领下，穿过君士坦丁堡高门，宣布推翻另一派军队一年前建立的土耳其内阁。

第一次世界大战临近时，青年土耳其党人的国防大臣恩·贝伊正与英国大使的武官交谈。

印尼民族运动

俄国革命的火种传遍了亚洲各国，以伊朗、中国、土耳其、印度等国资产阶级革命为标志的"亚洲觉醒"开展得轰轰烈烈。印尼民族运动也终于开展起来了，首先组织起来的是受帝国主义、封建主义和资本主义压迫最深的无产阶级。

1905年，印尼无产阶级的第一个组织国营铁路工会成立了，但领导权掌握在以自由主义为指导思想的改良主义者手中。真正有战斗力的工人组织是1908年在三宝垄成立的铁路工会，它团结广大铁路工人并领导他们进行斗争。稍后，其他工商部门以及机关、学校等也都先后组成了工会组织。这些组织在唤醒民众的民族意识、宣传革命思想方面起了不小的作用，可惜他们缺乏强有力的领导，没能团结起来进行更强大的斗争。

1908年5月20日，爪哇退休医生瓦希丁·胡索莫多，创建了印度尼西亚第一个资产阶级政治组织"至善社"。至善社成立初期是一个文化与教育组织，其宗旨是在爪哇和马尼拉地区重振爪哇传统文化和促进农业、工业、商业的发展。青年学生、爪哇贵族和政府文职官员是这个组织的主要成员。

同年，留学荷兰的印尼青年学生成立了"印度尼西亚人联合会"。这是一个政治色彩鲜明的团体，它积极要求实现印尼的独立，代表了1908年印尼民族运动的主流，虽然没能在印尼产生重大影响，但毕竟还是唤起了民众的民族意识，为今后的印尼民族解放起了积极作用。

从右边这幅描绘1886年爪哇街道的图画上可以清楚地看到欧洲对它的影响。

✠ 列强缔结协定瓜分摩洛哥

19世纪末20世纪初，西方主要资本主义国家掀起了一场瓜分非洲领土的狂潮。1904年，法国和西班牙秘密缔结协定瓜分摩洛哥，便是列强瓜分非洲的一个明证。

19世纪末期，摩洛哥是一个落后的封建国家，外国势力扩张日益加强，法、德、英、西等国在这里展开了激烈的争夺。1876年，苏丹哈桑一世向列强提出修改领事裁判权制度的要求。1880年在马德里召开了包括摩洛哥在内的14国会议。根据会议签订的协定，参加会议的各国承认摩洛哥的独立主权，摩洛哥则须承认所有缔约国在外交和领事方面均享有最惠国待遇，承认一切外国人在摩洛哥土地上享有产业权。可是，摩洛哥国王哈桑一世并没有受会议协定的束缚，继续采取改革措施维护国家独立。他的继承者阿卜德·阿齐兹继续执行改革政策。

法国利用阿尔及利亚和摩洛哥边界纠纷，不断派军队侵入占领了摩洛哥东部的一些重要战略据点。19世纪末，法国又占领了摩洛哥大西洋沿岸的一些据点和港口。1901年—1902年间，法国强迫摩洛哥签订条约，接受法国的"协助"和"合作"，协助镇压东摩洛哥的叛乱部落。

法国为了占领摩洛哥，1902年与意大利达成协议，法国允许意大利占领的黎波里，意大利则同意法国在摩洛哥"行动自由"。1904年英法签订协约，法国承认英国在埃及的特权，英国则承认法国在摩洛哥的特殊地位。同年的10月，法国同西班牙秘密签订协定，划分了两国在摩洛哥的势力范围：西班牙占领北部和西南部，法国则占领其余部分。从此，法国便开始对摩洛哥进行侵略和蚕食。

✠ 马赫迪反英起义

19世纪末，英帝国殖民势力侵入奥斯曼帝国统治下的埃及，并由埃及逐渐向苏丹渗透。1873年，埃及国王伊斯梅尔帕夏任命英国殖民者戈登为苏丹总督。戈登在苏丹横征暴敛，致使苏丹经济凋敝，人民痛苦不堪。不久，戈登的残酷统治在苏丹引起了马赫迪起义。

马赫迪于1881年6月举行了武装起义，号召民众进行"圣战"，把土耳其人、埃及人和欧洲异教徒都赶出苏丹。到1882年9月，义军由原来的300余人发展到15万之众，手中的刀矛也换上了枪炮。1883年初，马赫迪率领义军攻打科尔多凡省首府欧拜伊德。由于城池坚固，义军损失很大，却没有丝毫进展。马赫迪决定停止攻城，采取围困的策略。三个月后各地援兵纷纷被消灭，城中粮草渐渐匮乏，守军只好献城投降，欧拜伊德城被攻陷。

不久，英国以苏丹政府名义派前驻印度军官希克斯统率13000多人进剿义军。1883年9月，希克斯率军从白尼罗河的杜怀姆出发了。马赫迪立刻和副首领穆罕默德·阿卜杜拉商量，决定由阿卜杜拉和另一个将领带领一支义军假装撤退，诱敌深入，另派一支队伍断敌后路。

到了10月，马赫迪义军在欧拜伊德以南等地带，围歼了近万名敌人。马赫迪乘胜前进，率领义军直指首府喀士穆，把喀士穆团团围住。英国政府立即再次任命戈登为苏丹总督。戈登上任后，亲手写信给马赫迪，并带去一份委任状和一件精美华贵的长袍，任命马赫迪为科尔多凡省省长，却被马赫迪回绝。1885年1月26日，经过数月的围困，喀士穆城中的粮食及物资渐趋紧张，义军只用了两天的时间就攻入城中。戈登从房间里逃出，却被一个义军将长矛刺进胸膛，当场毙命。两天后，英军被迫撤出苏丹。

攻下喀士穆后，以马赫迪为元首，建立了马赫迪国，定都于恩特曼。为促进经济繁荣，在苏丹历史上第一次发行了货币。马赫迪因病于1885年6月22日去世，年仅41岁。他的事业便由副首领阿卜杜拉继续完成。

1896年，使用新式武器的英国殖民军再次向苏丹发动进攻。1898年4月，喀士穆陷落。1899年，英国和埃及签订了英埃共管埃及的协定，苏丹再次丧失独立地位。马赫迪派转入地下活动，成为秘密教派。

上图创作于1884年，图中手持欧式枪支的为苏丹马赫迪士兵。与欧洲人作战就必须使用欧洲的武器。

中间这幅1884年的版画描绘了埃及驻军准备守卫在苏丹境内的一个要塞，以抵御逼近的马赫迪军队。1882年英国成为埃及的保护国。

最后这幅雕版图描绘了埃及的英军1898年攻进苏丹城市恩图曼时的情形。

埃塞俄比亚

埃塞俄比亚联邦民主共和国位于非洲东北部，系内陆大国，与苏丹、吉布提、索马里、肯尼亚和厄立特里亚接壤。面积110万平方千米，人口5988万；有奥罗莫、阿姆哈拉、提格雷等80多个民族；45％的居民信奉伊斯兰教，40％信仰埃塞正教。阿姆哈拉语为联邦工作语言，通用英语。首都亚的斯亚贝巴，人口约300万。埃塞俄比亚有3000年的文明史。1889年，孟尼利克二世统一全国后称帝，上世纪末和二战期间两度遭意大利入侵。1941年，海尔·塞拉西一世归国复位。1974年，门格斯图等军人发动政变，废除帝制；1987年，成立埃塞俄比亚人民民主共和国。1991年，埃塞人民革命民主阵线（埃革阵）武装推翻门格斯图政权，建立过渡政府。1995年8月，成立埃塞俄比亚联邦民主共和国。

此图描绘了埃塞俄比亚人的后裔到达古罗马寻求和平的场景，它让我们看到了在15世纪时欧洲人想象中的非洲人形象。

✠ 孟尼利克诱歼意军

19世纪末，意大利企图以外交手段吞并埃塞俄比亚，但遭到失败，于是意大利悍然出兵进行武装入侵，结果又屡屡遭挫。埃塞俄比亚提出停战谈判，但意大利竟提出了要使埃塞俄比亚成为意大利保护国的无理要求，被孟尼利克二世国王严辞拒绝，双方谈判破裂。意大利殖民主义者决定发动更大规模的军事进攻。孟尼利克二世决心痛击来犯之敌，并进行了周密的军事部署。针对意军强大而埃军相对弱小的实际情况，孟尼利克决定以智挫敌。

孟尼利克首先派出一支小部队佯攻被意军占领的沿海港口。同时，孟尼利克又派遣一些人装扮成当地居民，给意军传递假情报。一切准备就绪后，孟尼利克亲自率领15万装备着来复枪的埃塞俄比亚大军，在阿杜瓦埋伏起来，等待意军的到来。

埃塞俄比亚军的小部队出动后，意军统帅巴拉蒂里将军误以为埃军的进攻目标是意大利的沿海殖民地厄立特里亚，便放弃已经占领的阿迪格拉特，向阿杜瓦方向集结。由于仓促行军，粮食补给出现困难，而埃军小部队专门袭击意军辎重，饥饿不断困扰着意军。不久，意军从埃塞俄比亚百姓里得到一份假情报，说是圣母玛丽亚节快到了，大批埃军官兵都前往阿克苏姆古城朝圣去了，埃军营中十分空虚。巴拉蒂尼信以为真，立即命令达博米达·阿尔伯东尼和阿利蒙德少将带领大批意军兵分三路强行军，抢占阿杜瓦的制高点，企图一举击溃埃军。

意军行军途中碰上滂沱大雨，便在泥泞中艰难地行进。阿尔伯东尼少将率领的支队中途迷失方向，只好找当地农民作向导。意军在雨夜中东绕西绕，行军两天，也没到达阿杜瓦，却走进了埃军早已设下的包围圈。孟尼利克下令开始攻击。仅用了一个小时，这支意军就全军覆灭，阿尔伯东尼少将被生擒。孟尼利克指挥埃军乘胜前进，出动骑兵大队，又在安巴约拉一带全歼了敌阿里蒙支队。

这一战意军大败，损失惨重，意军共损失了11000余人。意大利政府见无法征服英勇不屈的埃塞俄比亚人民，又迫于国内外压力，只得同埃塞俄比亚政府签订了《亚的斯亚贝巴条约》，承认埃塞俄比亚为一个独立的主权国家，还答应支付战争赔款1000万意大利里拉。

✖ 墨西哥革命

1914 年 7 月 15 日，面对宪法军强大的攻势，韦尔塔宣告下台。8 月，宪法军领袖卡兰萨在欢呼的人群簇拥下进入首都，革命又一次取得胜利。

墨西哥革命在阻挠革命的国内外威胁翦除后，资产阶级和农民的巨大分歧，使革命阵营再度出现危机。农民军领袖比利亚和萨帕塔仍然要求解决最重要的土地问题，但遭到了卡兰萨的拒绝。愤怒的农民领袖们依靠农民军雄厚的实力，控制了国民大会，会上宣布剥夺卡兰萨的最高权力，选举古铁雷斯将军为临时总统。会议还通过了一个由比利亚和萨帕塔签署的"政治社会改革纲领"，其中阐述了农民对土地、劳工等社会改革问题的看法。卡兰萨于是将总部撤离首都，转移到维拉克鲁斯。

1914 年 12 月 6 日，比利亚和萨帕塔率领农民军进入墨西哥城。为了削弱农民军的影响，争取革命的领导权，卡兰萨到达维拉克鲁斯之后，立即着手制定了包括"土地法"、"最低工资法"、"财政法"、"限制外资法"在内的一系列社会改革法令。

1915 年 1 月颁布的土地法宣布，将在全国实行土地改革，把非法掠夺的土地归还农民，并将以公共需要的名义征收土地，满足农民对土地的要求。这些法令提高了卡兰萨的声望，包括农民在内的各阶层人民都开始向资产阶级靠拢。

1915 年 2 月，卡兰萨鼓动工人成立"红色兵团"，对农民军作战，经过激烈的战斗，农民军损失惨重，比利亚被迫退回了他的家乡，萨帕塔的军队也被围困在莫雷洛斯州的深山里。后来，两位农民军领袖遭到了杀害。资产阶级用血腥手段镇压了他的农民同盟军后，转过身又来对付工人。

1916 年 1 月，卡兰萨下令解散"红色兵团"；8 月，签署特别法令，凡参加或鼓吹罢工者将处以死刑，工人的工会组织"世界工人之家"也被取缔。至此，墨西哥革命的果实完全落到了资产阶级手里。这时，国际上英、法、意、俄、日、德、美等国，也都先后承认了卡兰萨政权。

墨西哥制定新宪法

1916 年 12 月 1 日，在克雷塔罗城召开了制宪会议。1917 年 1 月 29 日，一部新的墨西哥宪法诞生了。宪法宣布矿藏、水源、山脉和森林是国家财产，严格限制外国人利用墨西哥天然财富的权利；教会的财产也宣布为农民起义军领袖萨帕塔家所有，从农民手中夺得的土地一概归还原主。

图为萨帕塔像。

专题九：第一次世界大战

✠ 第一次巴尔干战争

巴尔干半岛地处欧洲的东南端，扼地中海和黑海咽喉，是连结欧、亚、非三大洲的要塞。这种重要的战略地位决定了它成为20世纪各种矛盾的交汇点。帝国主义矛盾和民族矛盾在这里错综交织，不断尖锐化。巴尔干半岛在历史上一直处在奥斯曼土耳其的统治下，到19世纪，巴尔干各国开始走上独立发展的道路。但是到20世纪初，这个地区的大部分领土仍受土耳其控制。

在巴尔干各国的对外政策中，起决定作用的是这个地区日益增长的民族资产阶级的侵略意图和欧洲列强的干涉，使得巴尔干半岛的矛盾更加复杂化。已经获得独立的希腊、保加利亚、塞尔维亚和门的内哥罗等国的资产阶级政府，为了获得更大利润，急需向外扩张，夺取新的市场。它们乘巴尔干地区民族主义情绪高涨的时机，把矛头指向仍处在土耳其统治下的马其顿、色雷斯、爱琴海诸岛屿和阿尔巴尼亚。这时已形成的帝国主义两大军事集团对巴尔干半岛也各怀野心。同盟国集团特别是德国，为了确保自己在土耳其帝国的利益和影响，反对巴尔干国家的联合反土；协约国集团尤其是俄国，则主张调解巴尔干各国的分歧，使其结成同盟以对抗德奥。这样，巴尔干地区也同时成为帝国主义列强争夺的焦点。

自从1911年的摩洛哥危机和1911年—1912年的意土战争之后，欧洲的火药味越来越浓了，新的危机终于又在巴尔干半岛发生。1912年10月—1913年8月，不到一年的时间里连续爆发了两次巴尔干战争，从而列强又向日益迫近的世界大战迈进了一步。

20世纪初，巴尔干半岛成为欧洲列强争夺的焦点。在1912年9月，保加利亚、塞尔维亚、希腊和黑山结成巴尔干同盟。10月9日，同盟在俄国支持下对土耳其宣战。由于同盟军是为民族解放而战，士气旺盛。经过激战，塞尔维亚和黑山两军占领马其顿和亚得里亚海沿岸，保加利亚军队控制了君士坦丁堡以西地区，希腊军队进占爱琴海诸岛；土耳其军队则败退到埃迪尔内、约阿尼纳和斯库台等地。11月3日，土耳其被迫请求欧洲列强进行和平调处。同盟国得到俄国支持，土耳其则得到德国和奥匈帝国支持。在大国干涉下，直到1913年5月30日双方才签订了《伦敦协约》。这次战争具有进步的民族解放的性质，土耳其几乎丧失了其欧洲地区全部领土，巴尔干各国人民则摆脱了土耳其的长期封建统治。

这幅插图描绘了1903年塞尔维亚国王亚历山大一世和他的王后遭暗杀时的情景。套印在画中的小画是其继承人彼得一世的肖像。内外的倾轧斗争使巴尔干半岛各国成为欧洲最不稳定的地区。

左边的照片展示了1914年6月28日奥匈帝国王位继承人，弗莱茨·斐迪南大公及其夫人来萨拉热窝访问。照片拍摄后不久，他俩就遭到恐怖分子的暗杀。该事件引起的复杂反响导致了第一次世界大战的爆发。

✠ 萨拉热窝事件

萨拉热窝是1908年被强行并入奥匈帝国的波斯尼亚首府，居住在这里的塞尔维亚人中有着强烈的反对奥匈统治的民族情绪。

1914年6月28日，奥国军队在波斯尼亚举行夏季演习，皇储弗兰茨·斐迪南夫妇前来检阅。贝尔格莱德的大塞尔维亚秘密爱国军人组织"黑手党"便积极行动起来，准备刺杀斐迪南，以打击奥匈的侵略气焰。这天上午10时，斐迪南夫妇在检阅完军事演习之后，乘坐敞篷汽车进入萨拉热窝城内，车上还坐着波斯尼亚总督波多列克。当汽车驶近一座桥时，混在路旁人群中的黑手党成员查卜林诺维奇突然冲出来，投掷了数枚炸弹，司机见后加足马力，结果炸坏了跟随其后的一辆汽车，一个军官和几名群众被炸伤。斐迪南仍硬着头皮说："先生们，我们继续前行吧！"于是车队继续向市政府驶去。在参加完市政府举行的欢迎仪式后，斐迪南一行驱车返回，在街口的拐角处，被早已等候在那里的另一名黑手党成员、爱国青年普林西匍连发两枪，一枪击中斐迪南的颈部，一枪击中其夫人索菲娅的腹部，奥国皇储夫妇就这样被打死了。

萨拉热窝事件给蓄谋已久发动战争的帝国主义尤其是德、奥以伺机寻衅的借口。德奥加紧策划，俄法也积极应战，人类历史上一场前所未有的血腥战争就以萨拉热窝事件为导火线拉开了序幕。

第二次巴尔干战争

第一次巴尔干战争结束后签定的《伦敦条约》，不仅没有消除巴尔干各国之间以及帝国主义列强的矛盾，反而使这些矛盾更加激烈和复杂化。巴尔干同盟各国因战果分配不均，导致矛盾激化。保加利亚企图独占马其顿；塞尔维亚没有得到亚得里亚海出口，要求在马其顿得到补偿；希腊企图扩大在马其顿的占领区；罗马尼亚则要求从保加利亚获得南多布罗加。德国和奥匈帝国利用巴尔干各国矛盾，极力煽动保加利亚反对其他盟国。

1913年6月29日保加利亚国王斐迪南的军队在奥匈的唆使下突然向塞尔维亚、希腊、黑山3个同盟发动进攻，第二次巴尔干战争爆发了。不久，罗马尼亚、土耳其两国相继向保加利亚宣战。保加利亚的军队屡战屡败，首都索非亚也被联军包围导致全线溃逃，于7月13日被迫求和。同第一次巴尔干战争一样，在经过各国的讨价还价和列强的干涉后，1913年8月10日，保加利亚与塞尔维亚、希腊、黑山、罗马尼亚4国签订《布加勒斯特和约》。

9月29日，保加利亚、土耳其两国又签订《君士坦丁堡和约》。战败国保加利亚丧失了在第一次巴尔干战争中所分得的大片土地。这次战争，导致欧洲列强之间的矛盾进一步激化，加速了第一次世界大战的爆发。

宣传一战

海报常常是欧美杰出艺术家的作品，对每个参战国家来说，也是最基本的临战武器。这些海报被用来为新兵鼓舞士气，或者为战争征集贷款，有时也用以扰乱敌军军心或者激起人们对敌人的仇恨。

在海报的鼓动和影响下，民众们对事业普遍支持的程度，使英国一直到1916年都显得几乎没有必要进行广泛的参战宣传运动。年轻人谎报年龄以便被作为志愿军的情况屡见不鲜。然而，参战人员中，有空前数量的人一去不复返，参战双方的伤亡规模都很巨大。

这幅招贴画督促英国妇女鼓励丈夫、儿子参加第一次世界大战。（图中的英文文字为：英国妇女说："上前线去吧！"）

图为1914年的塞尔维亚城。

✠ 第一次世界大战爆发

自萨拉热窝事件后，1914年7月5日，德皇威廉二世在波茨坦亲自接见了奥地利大使赛根尼，他表示德国希望奥对塞尔维亚采取坚决行动。在协约国方面，沙俄表示支持塞尔维亚，想避免损害它在巴尔干半岛的利益；法国则表示誓作俄国的后盾。英国则保持暧昧态度，使德国下了发动战争的决心。

奥匈于7月23日向塞尔维亚政府发出最后通牒，限令塞尔维亚于48小时内作出答复。塞尔维亚作了最大限度的让步，它除对通牒的极少数内容持保留外，准备全部接受条件。可奥匈仍于1914年7月28日，向塞尔维亚发出宣战的通电，奥匈帝国为侵略而宣战。

紧接着，欧洲列强纷纷宣布总动员。8月1日，德国对俄国宣战，同日，德国向法国发出最后通牒，并于8月3日向法国宣战。英国以德国破坏比利时的中立为由，于8月4日向德宣战，6日奥匈向俄宣战，后来日本向德国宣战，出兵占领中国山东；意大利从同盟国转向了协约国；美国、中国等也参加了协约国；土耳其、保加利亚则加入同盟国方面作战。大战终于全面展开，遍及欧、亚、非三大洲，前后有33个国家，15亿以上的人口卷入了这场疯狂的大屠杀。人类历史上第一次真正的世界大战开始了。

✠ 马恩河战役

　　1914年8月4日，德军第一、二集团军先头部队在埃米希将军的率领下，于8月16日终占领列日。不久，德军攻占了比利时首都布鲁塞尔。随后，根据"史里芬计划"，德军兵分五路，直扑法国北部。法国总司令霞飞，立即命令法军向东北出击，准备乘机收回阿尔萨斯和洛林。而德军在撤退后，迅速展开了猛烈的反攻，法军全线溃退，法国政府被迫迁到波尔多。此时德军参谋总长毛奇，迫不及待地下令兵分几路进攻法军，企图全线击溃法军，又抽调了两个军到东线去对付俄国，改变了"史里芬计划"，使德军右翼的进攻力量，从16个军减少到11个军，在数量上少于法军。

　　同时，法军改变了战略部署，对德军形成两面夹攻之势。9月5日，英法联军在巴黎以东的马恩河畔200千米的战线上与德军展开大战，双方投入兵力总计150多万人。9月，德军全线退却，死伤21万多人。此后，在广大西部约700多千米的战线上，双方由运动战转入旷日持久的以壕堑掩体相对峙的阵地战，整个西线战争进入了相持状态。此役一结束，毛奇就告诉德皇说："陛下，我们已经输掉了战争！" 9月14日，毛奇被解除参谋总长的职务。

图为1914年，比利时居民被迫撤离家园。

"史里芬计划"

图为1900年时的德国皇帝威廉二世。

　　第一次世界大战爆发后，地处中欧的德国，将面临着东西两线作战的局势。为此，德国早在1905年就由时任参谋总长的史里芬伯爵制订了周密的作战计划。

　　"德军在东线取守势，只用9个师的兵力对付俄国。西线兵分左右两路，左纵队8个师的兵力部署在阿尔萨斯——洛林地区，凭深壕高垒坚守防线，维持现状；右纵队则以70个师的兵力越过比利时与卢森堡，进入法国北部，占领多佛尔海峡，阻止英国援军。然后从北向南横扫法兰西，逼迫法军退到洛林地区，再将其消灭在德军左右纵队的铁钳之中。在4—6个星期灭亡法国后，移师东线，击溃俄国。三个月左右取得东西线的胜利，结束这场战争。"这就是著名的"史里芬计划"。

　　以集中兵力在西线进行速决战为基本思想的"史里芬计划"，是第一次世界大战时期德国战略计划的基础。但他高估了德国自身的力量，终于遭到彻底的失败。

凡尔登战役

图为1916年，凡尔登战役中，被炮轰后的凡尔登城镇。

从1915年起，德军主力西调，计划全力攻击英法。当时凡尔登是法军全线的枢纽，德国的总参谋长法尔根汉选择了凡尔登作为"碾碎法军的磨盘"，并想通过占领凡尔登来彻底摧垮法军、英军的士气。自1916年1—2月，德军调集了17个师27万人的兵力和1400门大炮，向凡尔登开火。而凡尔登守军只有10万人，大炮也只600门，形势极端不利。2月21日，德军炮击开始，强大的火力猛烈扫射，炮弹、燃烧弹、毒气弹24小时不停，200万发各种炮弹，凡尔登附近被炸得一片狼藉。

炮击次日，德国步兵主力开始冲锋，法军与德军展开了惨烈的肉搏战，凡尔登失陷。25日，德军又占领了都蒙高地，这是控制凡尔登的要塞和整个凡尔登地区的重要据点。法军阵地被切成几段，与后方的交通线也被切断，整个法国的防御体系受到震撼。

在都蒙失守的同一天，贝当将军被任命为凡尔登地区法军司令官，负责保卫凡尔登，贝当将军的首要任务是恢复交通线，他组织了抢修队修复旧路，开辟新路，同时征调3900辆运输车将军用物资和生活用品运到战役的最前线，使法军重新振作了士气。战争持续了3个月，德军于6月中旬进攻到仅离凡尔登中心6千米处，至此他们才被法军挡住。此后，德军再无进展，士气也越来越低落，至8月，法尔根汉被德国当局撤职，由兴登堡继任总参谋长。至9月，德军的攻击完全停止，法军则开始有力的反攻。直到年底，法军收复了包括都蒙高地在内的许多失地。

凡尔登战役作为第一次世界大战的转折点，最后以德国的失败告终。它使德国企图歼灭法军主力，迫使法国投降的战略计划再次破产。整个德、奥、土、保阵线再也找不到出路，失败的阴影笼罩着德军。

✖ 加里西亚战役

　　1914 年—1915 年冬季期间，交战双方的视线转移到加里西亚战线上，在那里，俄军为夺取喀尔巴阡山隘和喀尔巴阡山脉而进行顽强的战斗。3 月 22 日，奥匈驻守普热密斯尔要塞的 12 万军队投降了。但是俄军的武器弹药已经不足，特别是缺乏炮弹。到了 4 月中旬，俄军转攻为守。

　　不久，德军对俄国西南战线右翼大举进攻。按照德国指挥部的意图，这次战役的最初目标是消除俄军侵入匈牙利平原的威胁。但是到了后来，它已经发展成为战略"钳子"的一环了。这个战略"钳子"就是从喀尔巴阡山和东普鲁士同时出击，首先包围在加里西亚和波兰的全部俄军，然后加以消灭。德军从西欧战场抽调几个精锐军，新编一个第 11 集团军。他们决定在戈尔利查地区突破俄国战线。在突破地段，德国大炮比俄国多 5 倍；如果按重炮来说，则多 39 倍。俄军阵地没有良好的工事，后方阵地完全没有准备。5 月 2 日，德军突破了战线。俄军指挥部不赶紧把部队撤到新的地区，而让他们与优势敌军进行徒劳无益的血战，这种战术上的错误使俄军处境更加困难，最终被德奥联军远远赶到东方去了。5 月末，普热密斯尔要塞易手；6 月 22 日，俄军失里沃夫城。同时，德军对俄国战线的北翼也展开攻势，占领丁利巴瓦（利帕雅）。6 月末，德国最高统帅部企图实现"钳"形夹攻俄军的计划。他们打算使右翼从西布格河和维斯拉河进击，使左翼从纳列夫河下游进击。可是，兴登堡和鲁登道夫所设计的"坎尼会战"并没有实现。俄国最高统帅部决定撤兵，摆脱德国准备好的袭击，并放弃波兰。7 月 13 日，德军进攻开始，8 月初占领华沙，然后又占领新格奥尔吉耶夫斯克（莫德林）。9 月下旬，德军的进攻缓慢下来。1915 年末，形成西德维纳河—纳罗奇湖—斯泰尔河—杜布诺—斯特雷巴河战线。

　　总之，1915 年东欧战场的战局造成了巨大的后果。虽然 1915 年德奥两国把一半以上兵力集中到俄国战线上，可是俄军并没有失去作战能力。但是沙俄的惨败暴露出其军事组织的一切缺点和国民经济的落后性，使士兵群众蒙受巨大的牺牲。开战以来，俄国折兵 300 余万，其中阵亡达 30 万名，同时，也加速了军队革命化的过程。

日德兰海战

　　由于英国对德国进行海上封锁，德国陷入困境，德国海军决定同英国海军进行一次决战，以获得海上行动的自由。这是第一次世界大战中英、德两国海军的决定性战役，也是整个大战期间最大的一次海战。

　　1916 年 5 月 31 日下午，英国皇家海军司令杰立克率领 24 艘战列舰、3 艘战斗巡洋舰驶离因沃内斯，与另一支舰队分别向东行进。不久即与由德国舰队前锋司令余伯所率领的舰队在丹麦日德兰半岛以西斯卡格拉克海峡海面上遭遇，爆发激烈海战。此后双方又各自向海战区域提供增援。6 月 1 日战役结束。在战役全过程中，英国出动各种舰只 151 艘，德国 101 艘。英国被击沉军舰 14 艘，损失有 6000 余人；德国被击沉军舰 11 艘，损失 2500 余人。尽管英国损失大于德国，但英国仍然控制着制海权。此后德国海军的作战逐渐陷于被动。

　　上图这种德式便携战地电话是孤立的部队小分队用于联系的惟一方式。

索姆河大战

从1916年7月1日起，英法联军的索姆河战役开始。在对德军实行了一周的炮轰之后，联军便对德军发动了全面进攻。布罗森将军的第四集团军以13个师的兵力向索姆河北岸一条24千米长的战线挺进；法国的5个师则向河南岸一条13千米长的战线进攻。但索姆河一带视野开阔，不利于步兵掩蔽前进，加之英法联军的炮轰未能摧毁德军的铁丝网和堑壕，联军损失严重。一天之中，英军伤亡达57400人，创英军在大战中一天伤亡数的最高纪录。

7月14日，英军再次发动攻势。这次放弃了那种秩序井然的出操式的前进方法，采用了较为灵活的战术，由此英国人占领了德军的第一道防线。此后，英法联军又连续发动了许多次进攻。

9月15日，英军将命名为"坦克"的装甲战车从英国运到索姆河战场，于是英军对德又发动了新的进攻。37辆黑亮的钢铁怪物以每小时6千米的时速轰隆隆地碾向德军阵地，它们摧毁了铁丝网、跨过了堑壕，还从来不及逃跑的德军士兵头上开了过去，致使德国人在惊恐中丢失了许多阵地。

英法联军的进攻一直持续到11月中旬，因天气恶劣而停止。不到半年时间的索姆河大战，联军在40千米战线上伤亡了60万人，前进了30千米；德军伤亡约50万人。联军收复了180平方千米领土，还使凡尔登战场形势转危为安，出现了协约国强而同盟国衰的新局面，第一次世界大战开始发生转折。

✠ 美国对德宣战

第一次世界大战爆发以后，美国宣布保持中立。但美国统治集团一直在进行战争准备，寻找时机参战，并且利用中立的地位同各交战国做生意，通过出售军火，提供贷款，大发横财，国力大增。

1917年初，美国在获悉德国有可能恢复"无限制潜艇战"后，认为时机已到。1月31日，德国向美国递交了一份备忘录，宣布德国从2月1日起再次实行"无限制潜艇战"。美国政府随即于2月2日宣布将德国驻美国大使驱逐出境，并召回美驻德大使，2月3日，总统威尔逊在美国国会宣布与德国断绝外交关系。1917年4月，美国对德宣战。同年12月，美国对奥匈帝国宣战。美国的参战对当时的局势发生了重大的影响，无论在政治、军事还是财力方面，都使协约国收益极大，使战争进程及军事局势朝着有利于协约国的方向发展。由于美国的参战，一系列亚洲和拉丁美州的国家也相继加入到协约国集团中来。

1917年4月，美国政府宣布参加第一次世界大战。不久，约翰，约瑟夫·潘兴将军作为美国远征军司令官率领

这幅画显示了第一次世界大战中一辆坦克在冲锋陷阵的情景。

本图描绘了1917年，美国对德宣战后秋季参加第一次世界大战的120万美国官兵中的一部分开赴欧洲途中的情景。美国的参战对当时的局势发生了重要的影响，它使协约国的经济、军事实力大增，为协约国的取胜起了关键的作用。

美参战部队赴欧。至1918年11月，美国赴欧参战的远征军兵员共达43个师，抵达法国。在战争过程中，潘兴坚持美国军队必须单独行动，由其直接统帅而不受协约国管辖。但在远征军参与欧战的13次重要战役中，仅默兹—阿尔贡及圣米歇尔两次战役是由潘兴单独指挥的。第一次世界大战结束后，美国远征军分批返回美国。1919年，潘兴获得美国军队五星上将之衔。

"十四点"方案

1917年4月，美国对德宣战后，一方面往欧洲快速运兵，一方面伍德罗·威尔逊总统又以和平调停者的身份在欧洲列强之间进行斡旋和调停。它扩大了美国的威望，动摇了同盟国的斗志，当然，也提高了威尔逊总统的政治声誉。

为了和平谈判，1918年1月8日，威尔逊在国会演说中，提出有关实现和平的"十四点"方案。这个著名方案的提出，对世界的和平停战产生了很大影响，它成了和平停战的先声！

"十四点"方案的内容是：（1）不搞秘密外交，公开的和平条约应该公开地达成。（2）海上航行自由。（3）各国应排除经济方面对和平造成的障碍。（4）把1899年第一次海牙国际和平会议以来各国所作出的裁军努力继续下去，认真地削减军费，减少武器的生产和士兵的数量。（5）公正地调整各国对殖民地的要求，满足大多数战胜国的欲望而不致引起新的纷争。（6）敌对双方在俄国领土内的部队全部撤回。（7）恢复比利时的独立和完整。（8）把阿尔萨斯和洛林还给法国。（9）使意大利完成国家统一。（10）原奥匈帝国的各民族在帝国崩溃后有自决权。（11）巴尔干半岛各民族也应有自决权。（12）奥斯曼土耳其帝国内各民族也应有自决权。（13）恢复波兰的独立。（14）成立国际联盟。

这"十四点"建议在战争并未停止之时提出虽嫌过早，但其内容充分照顾交战各方，也比较务实，因而受到大多数国家欢迎。这一建议反映了威尔逊本人在政治上的远见卓识，也代表了美国大多数人的想法。

康布雷战役

康布雷战役是英国统帅部经过周密考虑而实施的战役。英国首次组建一个坦克军，由埃利斯将军指挥，并调来了宾将军的英国第3集团军，它的组成是7个步兵师、3个坦克旅和3个骑兵师，兵力总数为7.2万名步兵和2万名骑兵，部队的技术装备也很充足，机枪1536挺，火炮1009门，作战坦克378辆，辅助坦克98辆，飞机1000架。与英军作战的德军为4个师，共3.6万名步兵，900挺机枪，224门火炮和272门迫击炮。德军阵地上有很好的防御工事，防御纵深为7千米～9千米。英军的作战计划是根据这一原则制定的，即预先不作持续多天的炮火准备，便以坦克突然实施突击。坦克首次要独立地作为军事力量突破德军筑垒阵地。

战役中英军方面总共有10个师参加作战。德军总共调集了16个师，16万步兵，3600挺机枪，1700门火炮，1088门迫击炮，1000多架飞机。他们用7个步兵师对付英军的右翼，用4个师对付左翼，按校正射击法进行短暂的炮火准备之后，德军实施反突击，打算合围敌人。炮兵射击掩护着德军步兵的攻击，航空兵压制着英军步兵的抵抗。英军用73辆尚有战斗力的坦克击退了德军的反突击，并于1982年12月5日开始后撤，放弃了马尔库恩、康坦和布尔隆森林。康布雷战役对战争的进程虽然没有任何明显的影响，也未能获得战役发展。然而它对作战艺术却有重大的影响，大量集中使用坦克而出现的武装斗争的新方法和新样式；由步兵、炮兵、坦克兵和航空兵协同动作的诸兵种协同战斗的战术，得到进一步发展。对坦克防御战就产生于康布雷。一种新的作战武器和作战形式诞生了。

图为1917年11月，在康布雷战役中，一辆英军的坦克正把从敌人手中缴获的一门大炮拖到英军的防线。

康边停战

1918年春，德国集中兵力向西线发动攻击，它从东线调来了大批援军，动用了69个师的兵力和6800门大炮，想夺取战争的胜利。3月初，德军完成在西线兵力新的集结。3月21日4时40分，德国使用了化学炮弹对索姆河畔的英军阵地进行轰击。遭受严重伤亡的英军被迫放弃前沿阵地，向后方撤退。5天后，亚眠失守，德军初战告捷。

3月26日，英法两国领导人在杜朗召开紧急会议，几天后，正式任命法国元帅福煦为协约国军队总司令。英军在法军的支持与配合下，巩固了新的阵地，挫败了德军扩大战果的计划。

从4月到7月，德军又相继在伊普雷、埃纳河畔的达姆公路和马恩河发动了3次大规模攻势，虽然取得了一些进展，但无法撕破英法防线。7月初，德军后备兵力已经用尽，补给中断，不得不停止进攻。此时，大批美军在欧洲登陆，加入协约国的军队。7月18日，协约国在马恩河战线开始反攻，占领苏瓦松。德军退出5月以来所占领的全部地区，并损失兵力6万人。战场主动权转入协约国一方。

8月8日，英法军队在亚眠地区集中了优势兵力，于凌晨4时20分开始了进攻。英法军队动用2684门大炮、511辆坦克，并同样使用了化学武器。在坦克的掩护下，英法军队突破了德军防线，歼敌48000人，仅俘虏就3万人。

8月13日，德军最高统帅部在斯巴召开紧急会议。鲁登道夫公开承认，德国已无法取得军事胜利，必须以和平谈判来结束战争。此时，西线的德军防线开始土崩瓦解。在德国国内，协约国的海上封锁开始对德国经济造成毁灭性打击，饥饿和贫困威胁着大多数德国家庭。威廉二世十分清楚德国的危险处境，8月14日，他主持御前会议，决定通过中立国来寻求与协约国和平谈判的途径。

9月22日，协约国军队在西线发起总攻，德军防线全线崩溃。9月29日，保加利亚投降，德国的另两个盟友奥匈帝国与土耳其也已决定投降。为了避免德军遭受更严重的打击，兴登堡和鲁登道夫发表公开声明，直接向威廉二世施加压力。在军方压力下，10月3日，威廉二世改组了政府，任命了以自由派著称的麦克斯·巴登亲王为首的新政府。10月4日，新政府向美国求和，同意接受"十四点"。在11月5日，协约国通知德国，同意就签订停战协议举行谈判。11月6日，德皇任命外交大臣艾尔茨贝尔为首的代表团与协约国谈判。

11月8日，艾尔茨贝尔一行来到巴黎东北部的康边森林的雷通德车站。协约国首席代表福煦元帅拿出协约国拟定的停战协定，这是最后通牒，德国必须在72小时内答复。它规定德国立即从法国、比利时、卢森堡和阿尔萨斯—洛林地区撤出，交出莱茵河左岸由协约国占领，交出全部潜艇以及大量武器弹药和车辆，裁减德国远洋海军，与此同时继续保持协约国对德国的封锁。

1918年11月11日凌晨5时，在协约国最后通牒截止时刻到来之前，艾尔茨贝尔走进福煦专车的车厢，代表德国在停战协定上签字。上午11时整，协约国各国礼炮齐放，庆祝第一次世界大战的结束。在这"终场曲"的炮声中，人类迎来了第一次世界大战劫难后的和平。

右边这块默默矗立的花岗石纪念碑印证了一个英国小镇在大战中所经历的令人敬畏的牺牲。萨默塞特郡曼海德镇有106人阵亡，其中许多人都出自同一家族。他们只是后来被称作"迷失的一代"中的一小部分，整个欧洲的数千座城镇都竖立起了自己的纪念碑。除了那些被纪念者外，还有活着的受害者那些被毁容者、沉缅于酒精者、伤残者、炮弹恐惧症者和神智不清者，他们的存在是过去战争恐怖所挥不去的阴影。

一战的损失

第一次世界大战始于1914年6月，历经4年3个月。在此期间，地球上6大洲的33个国家、3/4的人民卷入了战争。这场世界大战，人员伤亡极其巨大。协约国共出兵4000万人，同盟国出兵2000万人。至大战结束，几乎1/6的生命死于战场，1/3的人受伤。

在财政上，各国为了支付庞大的军事开支而拼命借款，债务扶摇直上。各交战国共支出2080亿美元的战争经费，这个数字是1793年—1907年所有战争开支的10倍，或等于战前英德法三大国国民财富的总和。仅欧洲协约国向美国的借款即达100亿美元。

而科学的进步也带来巨大的负作用，无数的新式武器被制造出来用于杀人：毒气、烈性炸药、实心炮弹、手榴弹、机枪、75和77毫米野炮、飞艇、战机、鱼雷、潜水艇、坦克等等。与此相适应，除步兵、海军等常规兵种之外，空军、装甲兵、化学兵等新的军兵种的发展并开始应用。给一战造成了极其严重的后果。

飞机的应用

战争的压力把飞行器的发展从几十年压缩成短短的 4 年。过去那种脆弱的侦察机，1914 年后发展了大马力的专用机型，有用于对地摄影侦察的，有用于对地炮火袭击的，还有用于战略轰炸的。但是，这些功能在没有空中指令的情况下是无法实现的，所以最重要的任务便交给了能完成这一任务的机种即战斗侦察机。

右图展示的英国"索普威斯骆驼"飞机，它不仅机体牢固，机动性能优良，机身前端还装有机关枪，其发射速率能与螺旋桨同步，可以防止自己的螺旋桨被打中。而其击落敌机的数量比任何其他机型击落的都要多。

✠ 坦克的发明运用

坦克这座能移动的城堡，早在第一次世界大战爆发之前，人们就已经开始认真考虑它的建造了，并仿照海上船舶的装甲，造出陆地上的装甲运输工具。

1914 年，法国首先试验了装甲炮车，但大部分开发工作是由英国人完成的。有刺的铁丝网和密集机枪的火力阻挡不住的坦克在说明书中，被称为"机关枪毁灭者"。坦克是在第一次世界大战开始之时，由英国人试验和制造的。为了保密，坦克的车体和底盘是在不同的工厂制造的，当时人们叫这种车辆为机动"水箱"，并说它是为前线供水用的。"坦克"一词即由英文"水箱"（Tank）音译而来。

英国海军大臣温斯顿·丘吉尔早已预见了这种新武器的前景，力主制造和使用，并于1916年首次在西线战场投入使用。在此后不久，德国人就发明了一种有效的反坦克武器。

左图所展示的是英国ＭＫⅣ坦克，在良好状况下，坦克是所向披靡的。它的菱形躯体能跨越２.５米宽的壕沟。在行动中，坦克经常携带一个２吨重的大"柴捆"，这使它逾越战壕的能力大大增强。机身上装备的防陷杠能使坦克履带在最泥泞的地方畅通无阻。

✠ 毒气的使用

致死之云，无声无形，毒气从静置的气罐、野外施放枪和臼炮中涌出来，充斥了战壕和防空洞，使伤员和无警觉的人在躺卧之中出现窒息，还经常引起未受害人员的极度恐慌。

德国人作为化学的世界领先者，首开毒气试验先例，但是英国和法国也并未远落其后。双方开始都使用氯气，进而用光气，最后则采用了更具伤害力的芥子气。芥子气是一种油性液体，其挥发物能侵蚀肺部，损害眼睛，引起皮肤疱疹。双方都没有指望把毒气作为专门的杀生武器，他们的实际目是迷惑对方，造成战壕中防御者的混乱，使攻击更容易获胜。然而，还是有上千人死亡，几千人失明，更多的人在战后疗养院里苟延残喘，他们的肺部永久性地损坏了。

至1918年时止，落在西部战区的炮弹中，4枚里就有1枚是毒气弹。然而，毒气从不是胜败的决定性因素。在雨天或潮湿的天气里，它就可能沉积在膝盖以下的高度里；强风会吹散这些致死之云，甚至把毒气赶回敌人的阵地。各方都在寻找对策，比如口罩、面具及所谓的"防烟头盔"等，这些都能使部队在令人窒息的空气中继续忍耐和战斗下去。在战争结束之前，这种保护措施甚至用到了动物的身上。由于攻击者和防御者所能受到的伤害是相似的，因此战壕僵持状态并未出现什么改变，只是使通常的不适和痛苦有所增加。

上图是用来预防毒气的防毒面具。左图的装备展示的是：防化法兰绒面罩用来防毒气；一枚德国手榴弹，一颗英国国米尔斯炸弹，钉满平头钉的木棍。每名士兵都有其特别的武器 —— 装满炸药的铁筒或圆头棒，但是尖利的有正面劈刺能力的掘地工具最受青睐。

专题十： 近代社会的文化艺术

微积分

图为莱布尼茨(1646年—1716年)画像，他是德国的数学家、唯理主义者、哲学家和逻辑学家。他把罪恶看作是一系列"误解"的结果。

如果一个物体，不受外力干扰，进行等速运动，就可以用一条直线来描述，用初等数学就能求出它的运动速度或者所走过的路程。

但是行星围绕太阳运动的轨道是椭圆，怎样计算行星每时每刻在变化的运动速度，并精确地描述椭圆的方向变化。科学家牛顿和莱布尼茨认为，可以把任意时刻的速度看作是在微小的时间范围里的速度的平均值；当这个微小的时间间隔缩到无限小的时候，就是微分的概念。一个变速的运动物体在一定时间范围里走过的路程，可以看作是在许多微小时间间隔里所走的路程的和，这就是积分的概念。

科学家从这些基本概念出发，建立了微积分。它是真正的变量数学，为对变化着的事物进行精密的测量和计算奠定了基础。

✖ 笛卡尔创立解析几何学

笛卡尔(1596年—1650年)是法国的数学家和哲学家，17岁进大学，20岁大学毕业，主要著作有《方法论》《哲学原理》等。他是解析几何学的奠基人。几何学进行着空间形式的研究，如长度、面积、体积的测量。解析几何学的所谓"解析的"，其意义实际是"代数的"，它实现了几何和代数的结合，即形和数的结合。笛卡尔为把几何学、代数学等学科统一协调起来。首先确立坐标系统，用坐标来描述空间，空间的点和坐标值相对应，然后进一步创立了解析几何学。还创造了由两条互相垂直的直线建立的坐标系统（分别用 x、y 表示这两个互相垂直的坐标轴），并引入了变量，把过去从来没有过的点和数（实数）的对应关系、函数关系这些在近代数学中很重要的概念都随之引入到数学中来。这么一来，欧几里得几何学的直线在解析几何中不过是一次方程式：$ax+by+c=0$。只要 a、b、c 的数值确定，它就代表一条"确定"的直线，用这条直线与两个坐标轴的交点在固定的位置上，因而与两个坐标轴的交角也是固定的。圆在解析几何中不过是一个特殊的二次方程式，而且在解析几何里，圆只是圆锥曲线的一种特殊情况。解析几何把变数的概念引进了数学。有了变数，运动进入了数学；有了变数，辩证法进入了数学。

✖ 微积分的发明

随着解析几何学的建立，必然导致微积分的产生。牛顿在1665年发明了微积分，但他只是把研究结果通知了自己的一些朋友。

莱布尼茨最早关于微积分的笔记写于1673年，他在这方面的著作发表于1684年，比牛顿公开发表自己的研究成果的时间要早。于是，就引起了关于微积分的发明权的争论，欧洲大陆的数学家们站在莱布尼茨一方，英国的数学家们站在牛顿一方，双方剑拔弩张，甚至进行人身攻击。在牛顿和莱布尼茨死后，经过调查证明：双方都是在前人的基础上独自发明的。微积分的发明是人类思维的伟大成果。它不仅在数学史上，乃至在整个人类的认识史上都是一次巨大的飞跃，称得上是一次"革命"。

✠ 牛顿

图为艾萨克·牛顿(1642年—1727年)的肖像。

　　牛顿在上中小学时表现很平常，在剑桥大学学习时，他的才智才得到开发。在那里，他被介绍去读笛卡尔的著作，从而显示了在数学和科学方面的天赋。

　　当牛顿还是学生的时候，他就发明了用于分析数量运动和变化的微积分数学技巧。随后进行的光学和反射望远镜方面的工作，使牛顿对运动和"力"及导致运动变化的原因产生了持久的兴趣。他发表了许多杰作：1687年的《自然哲学的数学原理》探讨了力对物体的作用。这部著作包含了他的三大运动定律：物体在没有受到外力作用的情况，会保持静止或在直线上保持匀速运动；物体的加速度与同一方向上受到的外力成正比例；每个作用力都有与之相等的反作用力。

　　他还提出重力万有引力的存在，宇宙间每个物体都会对其他物体产生引力，引力随物体的大小和相互之间的距离发生变化。这股把苹果吸向地球的力，与决定行星绕日轨道的力是相同的，这是一条宇宙统一的原理。

力学

　　力学是研究物质的机械运动规律的科学。它是物理学中发展得最早的一个部门。

　　在古代，人们进行农业、手工业、建筑等生产活动，使用工具和发明机械，又通过军事行动，制造和运用兵器。人们在实践中，长期观察自然界的力学现象，积累了丰富的材料和事实，获得了最初的力学知识。

　　16世纪以后，借助系统的科学实验，人们对力学现象的研究，更加精密、准确。许多物理学家、天文学家如哥白尼、布鲁诺、伽利略、开普勒等人，都对力学的发展做出了贡献。不久，牛顿把天体力学和地球上物体的力学统一起来，建立了完整、严密、系统的经典力学。

　　此图为反射望远镜，是由牛顿于1671年制成，后由赫歇耳(1738年—1822年)加以改进。这台望远镜能生成大的映像，并反射大量光线，使用者用它研究遥远的天体。

电磁学的发展

17、18世纪时，人们对电和磁的认识很少，是关于电和磁的知识积累阶段。当时的科学家们，把电和磁看作本质上不同的、互不相关的两码事。

在19世纪，丹麦物理学家奥斯特（1777年—1851年）初步揭开了磁和电的联系。1820年他作了一个实验：在导线附近放了磁针，导线有电流通过时，磁针发生了偏转；拉开电键，导线没有电流通过，磁针随即回到原来位置。奥斯特的实验证明：不但磁铁有磁性，电流也具有磁性，可以产生磁的作用，这就是电流的磁效应。从此，人们开始认识电和磁这两种现象之间的联系，它们是同一种过程的两种不同表现形式。电磁学的新时代开始了。

不久，法拉第证明了导体在磁场中运动时可以产生电流，从而发现了电磁感应原理，他以对电磁学作出的贡献而成为19世纪最伟大的物理学家之一。

✠ 道尔顿和近代原子学

道尔顿不屈不挠地勤奋自学，对科学事业作出了巨大贡献。他早期的研究工作偏重在气象和气体性质的研究。从1796年开始，道尔顿把主要精力转向化学研究。1808年，他提出了近代的、科学的原子论。在道尔顿之前，古希腊的原子论为西欧的先进科学家所普遍接受。但古希腊人没有进行过实验，他们是从"事物的本原"来推理的。真正科学的原子论却是从道尔顿开始的。

道尔顿的原子论的要点有：（一）一切物质都是由极小的微粒原子组成的，而原子是不可再分的，也就是不生不灭的。（二）每一种物质都由自己的原子组成。在自然界里，物质的种类非常多，有几百万种以上，但是组成这些物质的元素并不多，约100多种。每一种元素由一种原子组成。（三）化合物是由几种不同元素的原子按固定的比例结合而成。（四）同一种元素的原子的重量相同，不同元素的原子重量不同。每一种元素都有它特有的原子量。

道尔顿是近代原子学说的创始人和奠基者，在现代自然科学中占据重要地位。

✠ 阿佛加德罗创立分子学

在1811年，阿佛加德罗在论文中提出：分子是由原子组成，分子是具有物质特性的最小单位。他认为，气体的分子可以由两个或多个原子组成，如氢、氧、氮的分子由两个原子组成。分子概念的提出，解决了道尔顿学说的一些缺陷，为道尔顿的体系提供了一个达到精确的新手段。原子—分子结构学说合理地解释了很多的化学现象和定律，给化学奠定了重要的理论基石。

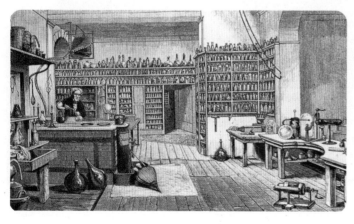

本图描绘了英国物理学家迈克尔·法拉第（1791年—1867年）在实验室里工作的情景。他于1831年发现了电磁感应原理，由此极大地推进了对电以及电的潜在应用性的研究。

✠ 达尔文和《物种起源》

达尔文的以自然选择为基础的生物进化学说把生物进化思想上升到理论的高度。他的《物种起源》一书，是生物科学的一次理论综合。其包括两个主要内容：

一、明确认为，生物界具有悠久的历史，动物、植物，包括人在内都是在自然条件作用下，从简单到复杂，从低等到高等，逐渐变化形成的，不是一成不变的，也不是突然出现的，更不是"上帝"创造的。二、自然选择学说，用它来说明物种变化的

图为达尔文像。

过程。它的基本内容可以表述为：（1）高度的生殖率。（2）地球上的食物和空间是有限的。（3）每一生物为了争取生存和传留后代，势必要进行生存斗争。而生存斗争的形式主要分为三种。一是生物与无机界的斗争，二是种间斗争，三是种内斗争。（4）同一物种的不同个体，彼此总是有些差异的，这种差异就是变异。变异的根本原因是环境即生活条件的变化。（5）在生存斗争中，有利的变异得到保存，有害的变异被淘汰掉，结果是适者生存，这种过程叫"自然选择"。达尔文的进化论是19世纪生物科学的最大成就，他把生物科学作为一个整体来研究，并且从发展的观点对生物进行研究。进化论的提出，在人类整个思想史上也是划时代的大事。

诺贝尔

诺贝尔（1833年—1896年），在小学就表现出非凡的接受能力，学习成绩名列前茅。1850年17岁时便以工程师的名义去美国学习和实习，又到欧美考察，四年后才重回祖国。在这一段时间里，诺贝尔不仅勤奋读书，掌握了多国语言文字，还了解到当时工业发展的实际情况和迫切需要解决的问题，并为自己定下了从事化学研究和改进炸药的意愿。

从1862年开始，诺贝尔用了三四年的时间，经过多次反复试验，首先制出了炸药引爆药雷酸汞。后来，诺贝尔在研制硝化甘油的引爆剂，同时也在研制硝化甘油的稳定剂。诺贝尔又经过一系列的失败之后，终于找到一种叫做硅藻土的多孔性固体物质，用来吸收硝化甘油，第一次制成了十分安全的猛烈炸药。因此，他和他的父亲，在1868年获得了瑞典科学会颁发的"雷特斯泰特"奖。1875年，诺贝尔又成功地由硝化甘油和火棉（硝化纤维）制成不怕水的胶体炸药，并在这一基础上又制成了颗粒状的无烟火药，为现代军事工业奠定了基础。

诺贝尔对多种科学都很感兴趣，富于创造革新，一生共获得过355项发明专利。诺贝尔终身未婚，由于长年夜以继日地在实验室里被各种药品熏蚀，还多次经受爆炸创伤，后来又患有心脏病，在1896年12月10日与世长辞了。诺贝尔临终前留下遗嘱，将他遗产的一部分共920万美元作为基金，以其利息设作奖金。从1901年开始，全世界已有500多位科学家（物理、化学、生理学和医学）、文学家、经济学家及和平战士和十多个群众团体获得过"诺贝尔奖金"。

门捷列夫和化学元素周期表

1834年，门捷列夫出生在俄国的托波尔斯克。他毕业考进了彼得堡师范学院物理系，23岁就当上了副教授。当彼得堡大学化学工程学教授时，年仅31岁。

1869年，门捷列夫在前人研究的基础上，把当时已知的63种元素的主要性质和原子量分别写在卡片上，用"牌阵"法，先把常见的元素按原子量递增的顺序排列，然后排不常见的元素族，最后是稀有元素，在排列比较中他发现，相似元素依一定间隔出现周期律，即某一元素后，每隔7个元素，便会出现一个与这个元素性质相近的元素。所有的这一切都是在1869年3月1日完成的，在化学史上被称为"伟大的一天"。

周期表首次出现是在1869年3月18日，门捷列夫撰写并在俄国化学会议上宣读的题为《元素属性和原子量的关系》论文中，向世人公布了他的研究成果：（1）按原子量大小排列起来的元素，在性质上呈现明显的周期性；（2）原子量的大小决定元素特征；（3）可根据原子量和元素的性质，预见未知元素；（4）可根据周期律修正已知元素。

元素周期律的发现，找到了化学元素的性质与其原子量之间关系的规律性的钥匙，结束了人类盲目探索元素间内在联系的时代。它指导着人们不断去发现化学新元素。镓元素的发现，是第一次伟大胜利。门捷列夫的元素周期律终于赢得了它在科学史上应有的辉煌地位。科家们为了纪念他，还特将第101号元素命名为"钔"。

✴ 巴斯德和微生物学

此图描绘了路易斯·巴斯德在对狗进行免疫实验时的情景。

微生物学是研究微生物结构和功能的科学。微生物是指一大类极为多样的微小生物，包括细菌、酵母菌、霉菌、病毒等。这些生物不同于动物和植物，统称为原生生物，它们几乎无处不在，与人类生活息息相关，因此微生物学是一门涉及面很广的科学。

巴斯德（1822年—1895年），是法国化学家、微生物学家。他证明发酵及传染病是微生物引起的；在1885年研制成了对付狂犬病的疫苗，开创应用疫苗接种以预防狂犬病等传染病；证明食物只有与细菌接触才会腐败，发明巴氏消毒法（加热灭菌），解决了酒、醋、牛奶等食物在生产、贮存和运输过程中变质的问题。

⚒ 伦琴发现了X射线

在电磁学兴起以后，气体放射现象得到了深入研究。1879年，英国科学家克鲁克斯创制了一种高真空管，被称为克鲁克斯管。在这种管中，从阴极发射出的一种射线，称做阴极射线，碰到玻璃管壁等物质会发出荧光。

伦琴（1845年—1923年）是德国物理学家。1895年，伦琴把一个克鲁克斯管放在纸盒里，又把纸盒放进暗室。在他给克鲁克斯管通电的时候，纸盒外的一块荧光板突然亮起来。这种类似现象，以前就有人观察到，但没有被重视。伦琴却敏锐地抓住这个现象。他想到一定有某种看不见的射线穿过纸盒，使荧光板发光。通过进一步的实验，他还发现，这种射线甚至可以透过黑纸使照相底片感光。他把这种奇妙的还不了解的射线称做X射线。这一年的12月他发表了研究报告。科学界把发现X射线归功于伦琴，把X射线也叫做伦琴射线。

X射线很快被用于医疗工作，它在科学领域，把人们引向微观世界。

图为居里夫人在做实验。

居里夫妇

居里夫妇是法国著名的科学家。丈夫叫皮埃尔·居里（1859年—1906年），是法国的物理学家。他的夫人叫玛丽·居里（1867年—1934年），是著名的物理学家、化学家。玛丽出生于波兰华沙一个教师的家庭，本姓斯克罗多夫斯卡。她家境贫困，但艰苦的生活磨炼出玛丽的坚强意志。她中学毕业时，因成绩优异而获得金质奖章。为了攒足学费上大学，她当了几年家庭教师。1891年，她考上法国巴黎大学。1895年大学毕业。同年，她和皮埃尔·居里结婚。居里夫人在研究工作中，发现沥青铀矿的放射性比放射性元素铀和钍强得多，她相信其中必定含有一种放射性更强的新元素。居里放下手头原有工作参加他妻子的实验。1898年，居里夫妇发现了新的放射性元素，为纪念居里夫人的祖国波兰，取名叫"钋"。后来，他们又发现铀矿中还有一种放射性极强的未知元素，把它定名为"镭"。镭的拉丁文原意为"放射"。他们用沥青铀矿的废渣做原料，开始在一个破棚屋里提取纯镭盐。这是一个在极端困难条件下的工作，他们既是学者，又是技师、工人。繁重的劳动使他们筋疲力尽。但是，居里夫人的意志坚强，不达目的决不罢休。经过将近4年的艰苦奋斗，居里夫妇终于在1902年提取了氯化镭。1903年，居里夫妇等科学家获得了诺贝尔物理学奖。

1906年，皮埃尔·居里因车祸不幸去世。居里夫人用超人的毅力克服各种困难，继续前进。1910年，她成功地提炼出纯金属镭。第二年她又荣获诺贝尔化学奖。

弗洛伊德

弗洛伊德（1856年—1939年），奥地利心理学家、精神病学家，1881年获医学博士学位。　在治疗精神病的实践中，创立了精神分析学说，它不仅是精神病诊疗技术和关于潜意识的心理学说，而且是一种体系庞大、标新立异的人生哲学，迅速渗入各国政治、法律、文化等方面，影响着人们对人性的看法。著作有《释梦》《精神分析纲要》。作为一种心理学说，　精神分析已经成为当代世界上最有影响的派别。

图为西格蒙德·弗洛伊德，他在维也纳进行的工作改变了全世界对人的意识的看法。由于弗洛伊德是犹太人，他的著作在希特勒吞并奥地利以后，被纳粹第一批焚毁。

✖ 爱因斯坦的三个理论

图为艾伯特·爱因斯坦。

爱因斯坦是最富于创造力的科学家。1905年他发表了三个理论：1.提出了光量子的概念，得出了光电效应的基本定律，揭示了光的波粒二重性本质，为量子力学的建立奠定了基础，并荣获1921年度的诺贝尔物理学奖。2.证明了热的分子运动论，提出了测定分子大小的新方法。3.创立了狭义相对论，对牛顿的力学体系和绝对时空观进行了根本性的变革。他指出物质运动与时间、空间不是各自孤立地存在着的，而是有机地联系在一起的。他认为物体不是只有三维空间，而是有四维。根据狭义相对论的原理，他推导出了著名的质能关系式 $E = mc^2$，即物体的能量相当于质量与光速的平方的乘积，揭示了原子内部所蕴藏的巨大能量的秘密。十年以后，爱因斯坦又创立了广义相对论（1916年完成了总结性论文《广义相对论基础》）。广义相对论是一个关于引力的理论，它在狭义相对论的基础上进一步揭示了时空结构同物质分布的关系，指出了物质间所存在的万有引力，是由于物质的存在和分布使时间和空间的性质不均匀（即时空弯曲）而引起的。1917年，他的论文《根据广义相对论对宇宙学所作的考察》，是现代宇宙学开创性文献。相对论理论加深了人们对运动和物质的认识，在科学上和哲学上都有重要意义。

✠ 笛福和《鲁宾逊漂流记》

图为19世纪《鲁宾逊漂流记》插图里的鲁宾逊与礼拜五。

丹尼尔·笛福（1660年—1731年），英国现实主义小说的奠基人。他出生于商人家庭，自己也经过商，又参加过政治活动，有着丰富而艰险的经历。1719年在他59岁时发表了第一部长篇小说《鲁宾逊漂流记》获得成功。《鲁宾逊漂流记》是根据亚历山大·塞尔克的真实故事写成的，塞尔克独自在智利海岸外南太平洋一个无人的海岛胡安·费尔南德斯生活了好几年。

莫里哀和《吝啬鬼》

莫里哀（1622年—1673年），是17世纪法国古典主义剧作家，原名让·巴蒂斯特·波克兰，莫里哀是他的艺名。

莫里哀出身于商人家庭，父亲要他学法律，继承商业，但他却对戏剧有浓厚兴趣。1643年，莫里哀21岁时，他与同伴组成"盛名剧团"，但首演惨败，经营亏损，1645年莫里哀被关进牢房，靠他父亲替他还债，才得出狱。1646年，他参加另一剧团，随艺人们离开巴黎，去外省巡回演出，度过了12个颠沛流离的春秋。其间，他接触形形色色的各阶层人物，目睹了法国光怪陆离的社会风情现状。他深入生活，为他的创作提供了丰富的素材。

1655年莫里哀的第一部喜剧在里昂演出成功，为他赢得了名声。1658年，莫里哀率领剧团返回巴黎，得到国王路易十四的支持，从而立足巴黎，专事喜剧创作。莫里哀一生写有37部喜剧。他的名作对贵族、教士和资产者的吝啬、势利、伪善、阴险等阶级本质进行了尖锐的揭露和有力的讽刺。

其中《吝啬鬼》创作于1668年，主人公阿尔巴贡是个靠放高利贷发财的资产者。他嗜钱如命，要儿子娶一个有钱的寡妇，让女儿嫁给一个不要赔嫁的年过半百的富翁，自己却打算不花钱娶一个年轻貌美的姑娘。他埋在花园里的一万金币被窃后，痛哭流涕，把家里所有人都看成贼。《吝啬鬼》反映了在资产阶级家庭中的冷酷无情的金钱关系。莫里哀用喜剧夸张的手法，塑造了处于资本原始积累时期一个资产者贪婪吝啬的典型，剧中阿尔巴贡的形象已成为欧洲文学史上著名的吝啬鬼的典型之一。

《少年维特之烦恼》

此图是尤金·克林姆希于1886年所作。描绘的是年轻的歌德与弗雷德里克·布里昂告别，她曾使歌德在写早期抒情诗时得到灵感，但是后来歌德却离弃了她。

歌德于1774年创作了书信体小说《少年维特之烦恼》。主人公少年维特多愁善感，爱上聪明俏丽的夏绿蒂姑娘，可她已经订婚。维特想通过工作摆脱失恋的痛苦。但上流社会的污浊庸俗，人和人之间的倾轧，门当户对的婚姻，不可跨越的等级制度，使维特处处碰壁，求自由而不得，求摆脱而不成，最后开枪自杀。这是对当时德意志封建制度的揭露和控诉。

✠ 歌德和《浮士德》

歌德（1749年—1832年）出生于莱茵河畔法兰克福城的一个富裕市民家庭，1765年入莱比锡大学学法律，1770年转入斯特拉斯堡大学，次年回到故乡当律师，但主要精力却在文学创作。从1775年起，他在魏玛公国从政十年。此后，歌德一生勤勉写作，确立了他作为世界大作家的地位。其作品数量之大达到惊人地步，《歌德全集最后手定本》达40册，他逝世后的补充本《歌德遗著》达20册。

歌德最主要的代表作是倾注了几十年的精力写成的诗剧《浮士德》。他把主人公浮士德写成为一个在人间不断追求最丰富的知识、最美好的事物、最崇高的理想的人物。浮士德经过书斋、爱情、宫廷、美的梦幻等阶段的历程，每阶段都以悲剧结束，最后在改造自然的事业中得到智慧的结论，但他却在这瞬间死去。作者对与浮士德结盟的魔鬼也赋予深刻的意义，魔鬼处处阻得浮士德向上，但都以失败告终，因为魔鬼的行动总是刺激着浮士德不断努力的追求。浮士德与魔鬼这两个绝然不同而又结成伙伴的形象体现出美与丑、善与恶、积极与消极的辩证关系。《浮士德》展现了文艺复兴以后300年资产阶级精神生活的历史。

✠ 席勒

席勒（1759年—1805年）是德意志诗人、剧作家，出生于符腾堡公国的一个医生家庭，曾在制度严格的军事学校接受教育。他不顾学校禁令，于1781年写作了反抗封建暴君的剧本《强盗》，演出后他名声大震。1784年写成《阴谋与爱情》，它是席勒青年时代最优秀的剧作。故事发生在德国某公国。宰相之子斐迪南同平民乐师之女露依斯相爱。宰相为了加强自己在宫廷的势力，强迫儿子娶公爵的情妇。斐迪南执意与露依斯结合，不从父命。宰相及其秘书阴谋破坏，斐迪南中计，毒死了露依斯和自己，露依斯临终前揭露了阴谋。《阴谋与爱情》是德国第一部有政治倾向的戏剧。1787年，他来到歌德所在的魏玛公国，中断创作，转向历史和哲学研究。1794年与歌德结为挚交，重新执笔创作，与歌德合作，为发展德意志文学作出贡献。

✠ 普希金

图为普希金像（特纳宾尼画于1827年）。

亚历山大·塞尔盖耶维奇·普希金（1799年—1837年）出生于莫斯科一个贵族家庭，杰出的俄国诗人，俄罗斯近代文学的奠基者和俄罗斯文学语言的创建者。普希金从学生时代起就开始写诗，一生共写了800多首抒情诗，内容丰富，形式多样，《普希金全集》多达17卷。他青年时代创作的政治抒情诗《自由颂》《乡村》《致西伯利亚的囚徒》等等充分反映了渴望自由、反对沙皇专制的思想，并在进步的贵族青年间广为流传，对解放运动起了促进作用，也引起了沙皇的惊恐。他的代表作是关于普加乔夫起义的长篇小说《上尉的女儿》。1837年2月，普希金在彼得堡因决斗受伤去世。

巴尔扎克和《人间喜剧》

巴尔扎克（1799年—1850年），出生于巴黎西南面图尔城的一个中产者家庭，1814年迁居巴黎。1816年，他入法律学校攻读法律，曾在诉讼代理人事务所和公证人事务所当实习生，目睹了围绕财产而展开的形形色色的激烈斗争，接触到金钱统治一切的社会的黑暗内幕。毕业后他走上文学创作的道路。1829年他发表了成名之作，历史小说《朱安党人》。此后20年他集中精力，进行了规模宏大的《人间喜剧》的创作，最终因劳累过度，于1850年逝世。他的生命是短暂的，但给人类留下了丰富的遗产。

《人间喜剧》是巴尔扎克自1829年开始创作的大规模的系列性小说的总称。作者原计划写137部，实际完成91部，塑造人物2400多人。巴尔扎克采取两种办法把作品连成整体。一种办法是分类整理。他把作品分为"风俗研究"、"哲学研究"、"分析研究"三大类。"风俗研究"是主体，其中又分为私人生活场景、外省生活场景、巴黎生活场景、政治生活场景、军事生活场景和乡村生活场景六个方面。第二种办法是人物再现法，即同一个人物出现在几部作品中，许多作品联系起来才完成这个人物性格的发展。作品最初定名为《社会研究》，后来受了但丁《神曲》（"神曲"原文意为"神的喜剧"）的启示，才改用《人间喜剧》这个名字。

创作于1833年的《欧也妮·葛朗台》是巴尔扎克《人间喜剧》中的一部重要小说。主人公葛朗台是一个资产阶级暴发户的典型。小说通过葛朗台的发家丑史及其女儿的爱情、婚姻悲剧，表现了19世纪初期法国社会人与人之间的赤裸裸的金钱关系。

狄更斯

狄更斯（1812年—1870年），是英国小说家，出生于小职员家庭。12岁时父亲负债入狱，被迫辍学做工。15岁在一家律师事务所当缮写员，后又担任报社采访记者。因此他了解底层生活，也了解上层社会的种种罪恶，熟悉司法界和议会政治中的诸类弊端。

1837年，他发表第一部长篇小说《匹克威克外传》，获得成功。从此专门从事文学创作，一生写了14部长篇小说及许多中短篇小说。其作品广泛而深刻地描写这时期社会生活的各个方面，鲜明而生动地刻画了各阶层的代表人物形象，并从人道主义出发对各种丑恶的社会现象及其代表人物进行揭露批判，对劳动人民的苦难及其反抗斗争给以同情和支持。揭露封建贵族和资产阶级贪婪、伪善、狡诈、腐朽的生活习性，但同时他也宣扬以"仁爱"为中心的忍让宽恕和阶级调和思想，对劳动人民的反抗斗争抱行动上支持而道德上否定的矛盾态度，表现了他的现实主义的强大力量和软弱空想。其中最著名的作品是描写劳资矛盾的长篇代表作《艰难时代》（1854）和描写1789年法国革命的另一篇代表作《双城记》（1859）。其他作品有《奥列佛·特维斯特》（又译《雾都孤儿》1838）、《老古玩店》（1841）、《董贝父子》（1848）、《大卫·科波菲尔》（1850）和《远大前程》（1861），等等。

狄更斯是19世纪英国现实主义文学的主要代表。艺术上以妙趣横生的幽默、细致入微的心理分析，以及现实主义描写与浪漫主义气氛的有机结合著称。马克思把他和萨克雷等称誉为英国的"一批杰出的小说家"。

雨果和《悲惨世界》

这是法国浪漫主义大师雨果78岁时画像。他虽然年已垂暮，却依然斗志昂扬。几年前他还发表了诗集《做祖父的艺术》。画像作者是雷昂·波纳（1880年）。（巴黎维克多·雨果纪念馆）

雨果（1802年—1885年），法国文学史上最伟大的诗人和小说家之一。他出生于法国东部贝藏松城，童年时随父到过意大利、西班牙，1814年定居巴黎。雨果才华横溢，文学生涯达半个世纪之久。资产阶级人道主义是贯穿于他创作的主线。1831年发表的小说《巴黎圣母院》，表现出强烈的反封建、反教会的思想。1852年雨果遭迫害，流亡国外达19年之久，1870年拿破仑第三垮台才返抵故土。1872年完成了他最后一部小说《九三年》，1885年病逝巴黎。

他创作于1845年—1862年的《悲惨世界》，围绕主人公冉阿让的生活经历，展现了19世纪上半期在法国资本主义制度下，生活在底层的劳动人民的悲惨遭遇：冉阿让因偷了一块面包，竟服苦役19年；女工芳汀因受骗失身生了一女孩，就被剥夺了工作和生活的权利，等等。作品体现了作者对不幸者的同情，对资本主义制度黑暗的揭露。

✠ 果戈里

果戈里像。他被称为俄罗斯现实主义文学之父。他的《鼻子》《外套》等故事以及他未完成的小说《死魂灵》使他走在了卡夫卡及象征主义派文学的前面。

果戈里（1809 年—1852 年）生于乌克兰的一个地主家庭。受父亲影响，自幼喜爱文学和戏剧。中学时深受资产阶级启蒙思想的影响。1831 年结识了普希金，在创作上思想上得到启发，开始出版一些短篇、中篇小说集。1836 年，讽刺喜剧《钦差大臣》首次在彼得堡公演，获得惊人成功，但遭到俄国官僚社会的攻击和诽谤，果戈里被迫出国。五年后回国，于 1842 年发表了长篇小说《死魂灵》，深刻揭露和批判了专制农奴制社会。继《钦差大臣》之后，《死魂灵》再次震撼了俄罗斯。果戈里再次出国。由于长期脱离俄国现实，果戈里后来的思想发生了激烈的变化，1847 年发表了为专制制度辩护的《与友人书信选集》，引起了俄国先进知识分子的反对和批判。

屠格涅夫

伊凡·谢尔盖耶维奇·屠格涅夫（1818 年—1883 年）出生在俄国奥勒尔省城的一个贵族家庭，他是 19 世纪中叶俄国优秀现实主义作家。凭借其独特的敏锐观察力和杰出的现实主义艺术才能，屠格涅夫的作品成为记载 19 世纪 40 年代—80 年代俄国社会生活的艺术性编年史。童年的屠格涅夫随父母在姆钦斯克县的斯巴斯科耶一卢托维诺沃庄园里度过。屠格涅夫家于 1827 年迁居莫斯科，他于 1833 年进莫斯科大学，1834 年转入彼得堡大学，1836 年毕业。大学期间他参加过进步的学生小组活动，思想倾向于民主，对文学也感兴趣，曾写过诗。1838 年去柏林大学留学，先后旅行过荷兰、法国、奥地利、瑞士、意大利等地。他的《贵族之家》《前夜》《阿霞》《初恋》《春潮》等小说所写的充满诗意的爱情，这正是作者亲身的经历和心声。

屠格涅夫从 1847 年起经常在《现代人》和《祖国纪事》杂志上发表作品。他的第一部现实主义作品《猎人笔记》，其中包括二十五篇特写，创作于 1847 年—1852 年。各个短篇虽然题材多样，贯穿首尾的主题思想则是一致的，即反对农奴制度。

屠格涅夫的主要成就在于长篇小说。他从 19 世纪 50 年代—70 年代先后写成 6 部长篇小说：《罗亭》《贵族之家》《前夜》《父与子》《烟》和《处女地》等，标志着他创作道路的新阶段。《父与子》创作于 1860 年—1861 年，并于 1862 年在《俄罗斯导报》上发表，代表了屠格涅夫作品的最高成就。

列夫·托尔斯泰

列夫·托尔斯泰(1828年—1910年)，是俄国现实主义文学最伟大的代表。他于1844年求学于喀山大学，1852年从军高加索，同年发表处女作《童年》(与后来发表的《少年》《青年》合成自传体三部曲)，开始文学活动。1856年发表《塞瓦斯托波尔故事》，开创了俄国文学描写战争的现实主义传统。

托尔斯泰的主要创作活动，是在从1861年农奴制改革到1905年俄国第一次资产阶级革命期间进行的，这正是俄国社会大变动时期。1863年—1869年，他完成了史诗性的长篇小说《战争与和平》，1873年—1877年完成了第二部著名长篇小说《安娜·卡列尼娜》。1889年—1899年完成了集中体现他晚年的思想和艺术特征的长篇小说《复活》。

被公认为世界文学史上最光彩夺目的杰作之一的《战争与和平》是一部描写拿破仑入侵时期，俄罗斯波澜壮阔的人民战争的史诗。全书以包尔康斯基、别祖霍夫、罗斯托夫、库拉金四个豪族作主线，在战争与和平的交替中，展现了当时社会、政治、经济、家庭生活的无数画面，描绘了559个人物，上至皇帝、大臣、将帅、贵族，下至商人、士兵、农民，反映了各阶级、各阶层的思想情绪，提出了许多社会、哲学和道德问题。小说成功地把大规模的战争场面和多方面的和平生活有机结合在一起，描绘了19世纪最初20年纵横俄国城乡的广阔画面。在小说中人民被描写成决定俄国命运的伟大力量。由于列夫·托尔斯泰的作品深刻反映了从1861年农奴制改革到1905年俄国革命期间俄罗斯的社会现实，被列宁称为是俄国革命的镜子。

图为列夫·托尔斯泰肖像。

✠ 哈代

哈代（1840年—1928年）英国诗人、小说家。他是横跨两个世纪的作家，早期和中期的创作以小说为主，继承和发扬了维多利亚时代的文学传统；晚年以其出色的诗歌开拓了英国20世纪的文学。哈代一生共发表了近20部长篇小说，其中最著名的当推《德伯家的苔丝》《无名的裘德》《还乡》和《卡斯特桥市长》。他的作品反映了资本主义侵入英国农村城镇后所引起的社会经济、政治、道德、风俗等方面的深刻变化以及人民（尤其是妇女）的悲惨命运，揭露了资产阶级道德、法律和宗教的虚伪性。他的作品承上启下，既继承了英国批判现实主义的优秀传统，也为20世纪的英国文学开拓了道路。

✦ 莫泊桑

　　基·德·莫泊桑（1850年—1893年），是19世纪下半期法国杰出的批判现实主义作家。他一生写了350多篇中短篇小说、6部长篇小说和3部游记。莫泊桑在短篇小说创作方面艺术成就尤为突出，被称为"世界短篇小说巨匠"。

　　莫泊桑于生于诺曼底一个破落的贵族家庭。他的童年是在乡间度过的。母亲出身于名门且富有文学修养，舅父是诗人与小说家，因此，莫泊桑从小就受到文学的熏陶。13岁时他进伊佛修道院附属学校学习，因写诗讽刺教规被开除教籍。后到里昂中学学习，在著名诗人路易·布耶的指导下，开始了多种文体的习作。1870年莫泊桑去巴黎学习法律。

　　不久，普法战争爆发，莫泊桑应征入伍。这场战争时间虽短，却给他留下了极为深刻的印象，他后来写的不少小说是以普法战争为题材的。战争结束后莫泊桑定居巴黎，从1872年起，先后在海军部和教育部任小职员，前后长达数十年。这段经历使他对小职员的生活状况及精神境界有了深刻的认识，成为他日后小说创作的重要主题。同时，他利用业余时间进行文学创作。自1873年开始，莫泊桑受教于福楼拜的门下，并因此结识了左拉、都德、龚古尔、屠格涅夫等著名作家。在福楼拜的严格要求和精心培养下，莫泊桑成长为一名优秀的艺术家。

　　莫泊桑的中短篇小说描绘了各色各样的生活场景，刻画了各个社会阶层各种职业的人物形象，从不同的角度和侧面反映了1870年—1890年间法国社会生活的状况。

　　《羊脂球》是莫泊桑发表的第一篇小说，也是其短篇小说中的珍品。它写的是被敌军占领的里昂城里十名居民同乘一辆马车出逃的故事。居民中有贵族地主、资本家、暴发户以及他们各自的妻子，还有两位天主教的修女、一名自称"革命党"的假爱国者，一名外号为"羊脂球"的妓女。一辆马车就是一个社会的缩影。

　　莫泊桑一生中创作了6部长篇小说：《一生》《漂亮朋友》《温泉》《皮埃尔和若望》《像死一般强》《我们的心》。

　　莫泊桑二十多岁时就为疾病所折磨，在同疾病的顽强搏斗中，他依然坚持写作。1893年不幸病逝，年仅43岁。

马克·吐温

图为马克·吐温像。

　　马克·吐温（1835年—1910年），19世纪后半期美国现实主义文学的杰出代表，卓越的幽默讽刺作家。原名萨缪尔·朗荷恩·克莱门斯，12岁时便开始独立谋生，当过报童、排字工人。

　　1863年，开始用马克·吐温（即水手术语，意为水深足以使船安全）的笔名发表文章。1874年，发表第一部长篇小说《镀金时代》。1876年发表《汤姆·索亚历险记》，描写少年儿童汤姆·索亚因不能忍受周围枯燥乏味的生活，而同另一儿童哈克出外冒险的故事，作者运用富于诗意的描写和浪漫主义的手法，描绘了妙趣横生的儿童生活。1884年发表了著名的作品《哈克贝里·费恩历险记》，通过白人小孩哈克跟逃亡黑奴吉姆结伴在密西西比河流浪的故事，批判封建家庭结仇械斗的野蛮，讽刺宗教的虚伪愚昧，谴责蓄奴制的罪恶，宣传不分种族地位人人都享有自由权利的进步主张。作品文字清新有力，审视角度自然独特，是美国文学史上具划时代意义的现实主义著作。马克·吐温被誉为"美国文学中的林肯"。

泰戈尔

泰戈尔(1861年—1941年)是印度诗人、作家。他在一生60多年的创作活动中，写出了大量的作品，计有50多部诗集、12部中篇和长篇小说、100多篇短篇小说、20多部剧本以及有关文学、哲学和政治方面的大量论著。他的作品反映了印度人民的悲惨处境，表达了他们要求改变命运的强烈愿望，充满了人道主义和爱国主义的激情。

他的小说《摩诃摩耶》，写一个年轻姑娘摩诃摩耶正和一个青年相爱，但她的家长强迫她同一个垂死的老婆罗门结婚，婚后第二天她成了寡妇，又被迫和她丈夫一起火葬。只是由于突然出现的暴雨，她才没有被烧死，可是美丽的脸庞上留下了疤痕。她逃到情人家里，要他发誓永不拉开她的面罩。后来，他终于看到了她的面孔，她头也不回地出走了。在这篇小说中，作者愤怒地谴责了封建包办婚姻的危害和寡妇殉葬制度的野蛮。《沉船》是泰戈尔的代表作品之一，它通过一个青年大学生的曲折复杂的恋爱和婚姻故事，揭示了封建婚姻制度和争取婚姻自主的青年男女之间的矛盾，批判了印度资产阶级反封建的软弱性和妥协性。1912年，他的颂神诗集《吉檀迦利》问世，这部诗集共收录了103首诗，它的问世给泰戈尔带来了世界荣誉，1913年，泰戈尔获诺贝尔文学奖。

《泰戈尔像》。这是徐悲鸿写生肖像画的代表力作，创作于1940年。图中背景以中国的传统花鸟画方法处理，以突出人物性格特征。画面注重主要人物的内在心理刻画，整个画面显出文雅、静寂、文化氛围浓厚。

✠ 契诃夫

契诃夫(1860年—1904年)是俄国作家、戏剧家。1860年1月生于塔甘罗格市一个小商人家庭。1879年进莫斯科大学医学系，次年开始用笔名给幽默杂志写短篇小说。

19世纪80年代中叶前，他写下大量诙谐幽默的小说，其中不乏优秀的作品，如写大官僚飞扬跋扈和小人物的卑微可怜的《一个官员的死》，写见风使舵的小市民奴性心理的《变色龙》。19世纪80年代后半期，契诃夫的创作进入成熟阶段，写下了一系列杰出的短篇小说。《万卡》《苦恼》《渴睡》，对于下层人民的穷苦悲哀寄予深切同情。1889年写出《套中人》，以讽刺手法描写了沙皇专制制度的忠实卫道士的典型形象。1890年他到库页岛考察苦役犯和当地居民的生活状况，进一步加深了他对俄国专制制度的认识。此后不久写出震撼人心的中篇小说《第六病室》。契诃夫的中、短篇小说共470多篇，其中大多数是短篇。作品题材多样，文笔精练。作为戏剧家，契诃夫写了5部多幕剧，有《万尼亚舅舅》《三姊妹》等，其中最著名的剧本是创作于1903年—1904年的《樱桃园》。

✠ 伦勃朗

图为伦勃朗的自画像（约创作于1662年），藏于伦敦的肯伍德馆。从画中可以看见伦勃朗生活潦倒时期的模样。

　　伦勃朗（1606年—1669年）是17世纪荷兰伟大的现实主义画家，早年受过良好教育，20岁左右成为独立画家。他一生经历坎坷，但他以惊人的才智和勤奋，给人类留下了丰富的艺术遗产。被保存下来的油画有500多幅，版画250幅，素描有1500幅，这些作品闪耀着不朽的艺术光辉。

　　伦勃朗的作品大胆地描绘当时上层社会的残暴，对于穷苦人民则寄于深切的同情。他善于用聚光的效果，对比强烈的色彩来突出作品主题、刻画形象。西洋绘画中的明暗色调和色彩的变化是画家表现事物的主要艺术手段。在伦勃朗的画中经常运用暗的背景，与受光对象形成强烈的对比，给观众的印象既强烈醒目，又和谐统一。他的名画有《夜巡》《戴头盔的胸像》等。

日本"浮世绘"

　　"浮世绘"属于日本民间绘画艺术，兴盛于日本江户时代，相当于我国的清朝。最初的浮世绘是用笔墨色彩来绘制，不久开始木刻印制，才正式形成它特有的民间版画风格。要完成一幅画，必须画、刻、印三者协作，才能使之尽善尽美。浮世绘的题材大都是民间民俗生活，所谓"浮世"，即指现世的各种社会现象。它反映的生活面极其广泛，有社会时事、民间传说、历史掌故、戏曲场景、古典名著图绘等，有的画家还专门抒写山川景物或描写妇女生活。浮世绘大致有两种形式"绘本"和"一枚绘"。"绘本"即插图画本，开始时有古典小说的插图本，后来出现了通俗的插图读物。"一枚绘"即单幅木刻画，尺寸大小不等，但要求画工更精细些。

18世纪的一幅日本"浮世绘"画。

德拉克洛瓦

右边这幅反映了1830年法国"七月革命"的历史名画《自由领导人民》，是欧仁·德拉克洛瓦创作的。

欧仁·德拉克洛瓦（1798年—1863年）出生于一个外交官家庭。17岁时，进入画家格朗的画室学习，后来进入美术学院。1822年，受到籍利柯《美杜萨之筏》的影响，画了著名的《但丁之舟》，描绘但丁与维吉尔乘小舟游地狱，受到罪恶之河中种种幽魂的困扰，其凄厉与阴森之情令人惨不忍睹。1824年，又以巨作《希阿岛的屠杀》而令人瞩目。从而成为法国浪漫主义画家的杰出代表。所谓的浪漫派绘画一般喜爱选取激动人心的事件作题材，表现一种充沛的激情。

德拉克洛瓦一生勤于作画，临终前还握着调色板。他喜欢用鲜明的色彩来描绘丰富多变的大自然，用笔触和色块表现出丰富的光的变化。所以他不仅是素描大师，而且是色彩大师，并将19世纪上半叶法国绘画的光荣推到了顶点。他的著名作品有《希阿岛屠杀》《自由引导人民》（又称为《1830年7月28日》）等。

✠ 大卫

大卫·雅克·路易（1748年—1825年），于1748年诞生在巴黎一个服饰用品商人的家庭。18岁进艺术学院学画，并表现出很强的艺术才能。

1784年，他以古罗马的历史为题材，创作的《荷拉斯兄弟的宣誓》，反映出人民的英雄气概。作为18世纪法国新古典主义艺术的倡导者，他抨击前代花哨的洛可可风格，提倡回归古典的理念，表现为写实主义，一种构图的有力感觉和涂色明快的处理手法。大卫在政治上也是活跃的革命分子，投票赞成对法王路易十六执行死刑。他很支持拿破仑，并为他画了不少肖像。他的艺术活动与整个革命斗争紧密相联系。《马拉之死》更以严谨的写实手法表现刚刚发生的悲剧，突出了细节。

大卫的绘画，在艺术技巧方面，坚持严谨的造型，强调素描的完整性与准确性。

米勒和《拾穗者》

图为《拾穗者》，创作于1857年，是布面油画，尺寸为83×110厘米，现收藏于法国巴黎奥塞美术馆。

米勒·让·弗朗索瓦(1814年—1875年)是法国现实主义的杰出画家。他主张按照客观存在的真实来塑造艺术形象。米勒生于法国农村，从小在田间劳动，一生创作了大量的描绘土地和农民的绘画。他的素描具有雕刻般的精炼单纯的形式以及不朽的特性。米勒所描绘的农民是精神凝集的、沉思的、含着忧愁的。由于在绘画中表现了农民痛苦的、沉重的生活，他成了当时社会制度的揭露者。

《拾穗者》是米勒的代表作。它所描绘的是一个极普通的农村田间场面：在秋天的收割季节，三个上了年岁的农妇正在麦茬地里捡拾撒落下来的麦穗。在远处，一望无际的田野上收割者正把丰收的谷物盛装上车，麦堆堆得高高的，麦垛旁停着两匹马拉的大车和忙碌的雇农，远远立着一个骑马人他是这块土地的主人。画面中的这些农民已沦落到为了捡拾遗留下的些麦穗而不得不付出艰苦的劳动。画面冷静而金色的光线使人物显得端庄平凡中隐含着严肃的社会内容，揭示了农民的命运和处境，是贫穷的农民阶层对社会所提出的尖锐的批评。米勒将令人心碎的贫穷转变成英雄般的史诗，以婉转真切的写实精神描绘农民崇高的劳动，还有他们与土地之间的亲情。寓强烈的呼声于无声之中，被称为是"反对贫困的起诉书"。虽然这幅作品在他同代人之中引起不少批评，今天它却被公认为19世纪的名作之一。

伟大的俄国现实主义派画家伊里亚·列宾的这幅画，描绘的是19世纪70年代俄国运河上的纤夫在伏尔加河上费力地为驳船拉纤的场景。

塞尚

保罗·塞尚（1839年—1906年）是后期印象画派的代表人物，他反对传统绘画观念中把素描和色彩割裂开来的做法，追求通过色彩表现物体的透视。他的画面，色彩和谐美丽。面对写生对象，他总是极其审慎地观察、思考和组织画面的色调，反复推敲，反复修改。在这些精心组织的静物画中，塞尚并不过多地重视空间、体积和透视关系的科学性，而是更加注重画面形和色的平面布局，力求达到一种类似图案一样的平面的和谐与均衡。

塞尚提倡按照画家的思想和精神重新认识外界事物，并且在自己的作品中依照这种认识重新组构外界事物。正由于这种认识方法上的彻底变革，塞尚在西方美术界一直被誉为"现代绘画之父"。

✤列宾

列宾（1844年—1930年）是俄国现实主义的杰出画家，1844年7月24日生于乌克兰的丘古耶夫，1863年秋末，列宾到彼得堡求学，于第2年1月通过考试，成为皇家美术学院的学生。

1871年，列宾参加了学院的毕业生命题创作竞赛，获得金质大奖章。在此同时，他开始构思《伏尔加河上的纤夫》。为了描绘沙皇统治下俄国劳动人民的痛苦生活，他对纤夫的生活作了长期的观察，画了许多速写，在经过反复推敲和长时期的酝酿之后，列宾笔下的纤夫们，既是苦难的生活底层的人们，也是有毅力的生活的强者。在构图上，列宾利用了沙滩的地形和河湾的转折，使11个纤夫犹如一组雕刻群像，被塑造在一座黄色的、高起的底座上。画面上对伏尔加河的景色作了很好的布局，使这幅尺寸不很大的画面具有宏伟深远的感觉。它不仅揭示了现实的矛盾，同时肯定了社会的积极力量，使俄国风俗画增添了新的语言。作为民主主义艺术家，列宾的作品深刻反映人民的生活，表现人民的力量。代表作还有《意外归来》《萨布罗什人给土耳其素丹写信》等。

✠ 莫奈与《日出》

克劳德·莫奈(1840年—1926年)是印象画派的开拓者，他的画对19世纪末期的法国画坛影响极为深广。

莫奈巧妙地运用了作为印象主义技法的基本原理的色彩分解论，形成了印象画派。他认为对自然的一切描绘都必须"在现场"完成。画家要是希望抓住一个具有特点的侧面，就必须疾挥画笔把颜色直接涂到画布上，多考虑整幅画的总体效果，较少顾及枝节细部。即以一个主题为基础，然后在画布上不断发展这一主题的各种变奏。因而以莫奈为代表的印象派的油画，是一种完全独特的面貌，阴影是用蓝、粉、绿各种色点拼凑起来的，没有一点单色和黑色，放眼看去一片色彩闪烁。所以印象派的画是外表草率，缺乏修饰的画法，但这种"点彩法"却是极难的画技，不易改动，更要求对艺术的精益求精。1874年，莫奈等画家举行了第一次画展，其中有莫奈的《日出·印象》，这幅画画的是透过晨雾看到的港湾景色。

印象主义和印象画派

印象主义是19世纪下半期到20世纪初流行于欧洲的艺术创作思想，它发端于绘画，扩展到雕塑、音乐、电影等领域，形成广义的印象主义艺术，范围也从最初的法国扩大到欧洲乃至世界。

1874年—1886年间，印象主义画展共举办了8次。1877年，莫奈举行第三次画展时，便以印象主义者自称。此后，印象画派逐渐成为社会上具有很大影响的艺术流派。稍后，法国出现了"新印象主义"，新印象主义是主张采用光学原理将纯粹的色彩用小点块的方法，彼此相邻近地排列在画布上，以求得比在画板上进行色调混合的更高明度亮度，所以新印象主义又叫作点彩派。

图为莫奈的《日出·印象》。画布油彩，48×63厘米。1872年收藏于巴黎马摩坦博物馆。

后期印象派

凡高耳朵缚著绷带的自画像，布上油画，60×49厘米；创作于1889年，现存于伦敦古托学院画廊。

19世纪80年代以后，法国出现了一群画家，他们主张重新重视美术中形成的观念和强调作者主观的重要性，他们强调艺术形象要异于客观物象，要渗透作者的主观感情和情绪，这些画家被称作"后期印象派"，代表人物有塞尚、凡高和更高等。

印象主义的出现是受多方面因素作用的结果，首先它明显受到了19世纪中期的写实主义美术的影响。著名的写实主义画家库尔贝就主张以写实的手法去真实地反映客观对象，他的作品《乡村姑娘》《库尔贝先生，你好》《浴女》《画室》《泉》等都有很大影响。

印象派绘画在世界美术史上占有重要的地位，它推动了西方美术技法的革新和观念的转变，对欧美、日本以及对中国的画家都产生了不同程度的影响。

✠ 凡高

荷兰画家凡高·文森特（1853年—1890年），是当今世界上最受重视的艺术家之一。他是个热爱自然并能从简单的事物看到纯粹之美的画家，他说他宁可画从窗户向外看到的树影而不愿画想像中的幻像。凡高是一位十分聪明、敏锐，而且有毅力的人，曾广泛地研读文学、哲学以及历史方面的书籍，并且对于19世纪的艺术与社会现象颇有独特的见解。对现代人而言，凡高之所以极具魅力，主要是因为他似乎能正确地描绘出现代人的特征。

根据凡高所到过的地方而将他的绘画事业划分为几个阶段：公元1880年的艾登时期，公元1881年—1883年的海牙时期，公元1883年的德伦特时期，公元1883年—1885年的鲁恩时期，公元1885年—1886年的安特卫普时期，公元1886年—1888年的巴黎时期，公元1888年的艾尔斯时期，公元1889年—1890年的圣雷米时期。

凡高了解所有的绘画新观念，但他随即在色彩丰富的日本木刻画强烈的影响下，开始摸索出自己创作的方向。凡高对色彩有着敏锐的感觉，而他不只是想以色彩来表现出事物的表面而已，还恣意地运用色彩，将自己的意念更为有力地表达出来。为了达到这个目的，凡高几乎组合了所有的色彩和图案，同时他想赋予其画以某种活力，因此以宝石般鲜艳的色调，在明亮的星星与太阳四周，勾绘出放射状的光线和舔舐着火焰般的树木枝干。他以方向各异的线条分割了画面并表现出物体的远近距离，然后以闪烁不定的光线补满整个画布。在他生命即将结束之前的某些时刻，凡高似乎已无法控制他的气力了，画中的形体常被切割得肢离破碎，而画中人物的关节则扭曲而肿胀。在凡高最伟大的作品中，可以看到他在以自己的知觉重新创造自然世界的过程中，结合了线条与色彩，成功地表现出事物外在的形体与内在的活力。

凡高的画作能将其心境表露无遗。同时，他还在其画作中鲜明地表达了他对艺术、文学、音乐以及政治的观点。他那超越了视觉表现的艺术成就，为文化和艺术史上的各种风貌又做了一次新的整合并引导了所有愿意开拓视野的观赏者。凡高是现代艺术家中，最为人所接受，同时也是在绘画史上影响后人最深远的画家之一。

凡高的这幅《向日葵》尺寸为92×73厘米，创作于1888年，现收藏于英国伦敦国立美术馆。

这些简单地插在花瓶里的向日葵，呈现出令人心弦震荡的灿烂辉煌。凡高以重涂的笔触施色，好似雕塑般在浮雕上拍上一块黏土，黄色和棕色调的色彩以及技法都表现出充满希望和阳光的美丽世界。这幅画是将太阳强烈的光与热深刻地表现出来的最佳范例，同时也是绘画史上无与伦比的精品，凡高在这幅画中以其对人性与爱的观照，表达了他的井然有序的境界。

然而在画此作的同时，画家死命抓住的这个世界还是缓慢却无情地溜走了。或许这画的表面反映了他悲剧性的短促一生接近终结时期的心理状态。

莫扎特

图为沃尔夫冈·阿玛笛尤斯·莫扎特像。

莫扎特（1756年—1791年）是著名的奥地利作曲家。莫扎特从小就显露出极高的音乐天赋，即兴演奏和作曲都十分出色，被誉为"神童"。他在短短的一生中留下了12部歌剧、大量交响曲、协奏曲等。莫扎特在音乐里倾注了美好的理想，那诉诸心灵的渴望是那样优美、甘甜，使他的音乐异常迷人。他的所有作品，极为严谨而优美，且各有其独特之处。

莫扎特是维也纳古典乐派成员之一。他的创作，是18世纪欧洲音乐文化各方面成就的光辉总结。他为德国民族歌剧奠立了基础，创造出一种现实主义音乐剧的新体裁；他扩充并革新了器乐作品的内容，使交响曲和室内乐曲的形式格外严谨。莫扎特把18世纪的音乐艺术提到一个新的高度，并为后来的音乐的进一步发展准备了条件。

✠ 音乐的发展

在各种艺术门类中，音乐运用人声和乐器声音作为材料，它的表现手段如旋律、和声、配器、复调等，都是一种有组织的乐音，都是由声音构成的。音乐是凭借声波振动而存在，在时间中展现，通过人类的听觉器官而引起各种情绪反映和情感体验的艺术门类。因此，音乐是一种时间的艺术、表现的艺术和听觉的艺术。音乐艺术以它特有的方式去反映人的社会生活和抒发他的思想感情。我们可以通过音乐家创作的音乐作品，体会到不同历史时期不同社会阶级人们的不同的思想感情。

随着人类历史的发展进程，音乐也经历了长期的发展过程。欧洲音乐经历了"巴罗克时期"、"古典主义时期"、"浪漫主义时期"三个风格演变的历史阶段。17世纪初—18世纪中的欧洲音乐是巴罗克音乐。这时期，音乐仍然被利用为教会和帝王服务。威严神圣的宗教精神与显赫富丽的宫廷气概，是巴罗克音乐风格的主流。18世纪下半叶—19世纪20年代是欧洲的古典主义音乐时期。古典主义音乐主要是靠结构的力量来获得艺术魅力的。19世纪20年代—19世纪末是欧洲的浪漫主义音乐时期。主观感受取代了客观现实，感情取代了理性，夸张激越的手法取代了严谨沉静的形式，鲜明的个性取代了共性，这些是浪漫主义音乐的主要特征。20世纪初出现的"象征主义音乐"，则标志着欧洲近代音乐的终结和欧洲现代音乐的最初发展。音乐的思想蕴藏于深刻的感情内容之中，通过作曲家对生活的感情态度而体现出来。

✠ 海顿

基者约瑟夫·海顿（1732年—1809年）出生于奥匈边境卢瑙的一个铁匠家庭，是奥地利著名作曲家，维也纳古典乐派的奠基者之一。他出身贫困，从小在很艰苦的条件下学习音乐，作曲主要靠自学，成年后长期任乐队队长，至18世纪90年代初，成为当时首屈一指的音乐家。

1791年、1794年他曾两度去伦敦旅行，写了12部《伦敦交响乐》，这是他一生中最优秀的作品，从此名扬全欧备受欢迎。海顿主要从事主调音乐的创作，并且确立了成熟的"弦乐四重奏"和古典"交响曲"的结构形式，把交

图为贝多芬像。

贝多芬

路德维希·凡·贝多芬（1770年—1827年），伟大的德国作曲家、维也纳古典乐派代表人物之一，也是欧洲音乐史上最伟大的艺术家。

贝多芬创作活动的成熟过程表面看来是相当迟缓的，但实际上却非常稳固。他从1796年开始便已感到听觉日渐衰弱，但他对艺术和生活的热爱战胜了他个人的苦痛和绝望，苦难变成了他的创作力量的源泉。在这样一个精神危机发展到顶峰的时候，他开始创作他的乐观主义的《英雄交响曲》。《英雄交响曲》标志着贝多芬的精神的转机，同时也标志着他创作的"英雄年代"的开始。

他生活的不幸，对现实的憎恨，对自由、欢乐的渴求，对自然的热爱，同命运的搏斗，他的高傲、不驯的性格，都在音乐里得到充分的表现。

在贝多芬的音乐里，跳动着强烈的时代脉搏，充满资产阶级革命时期的精神，他的痛苦、欢乐、悲哀、沉思、豪迈、悲壮、强烈的自尊、自信等，都是动荡时代在他感情上的回声。特别是贝多芬后期的作品，贯穿了渴望自由，并为之奋斗的英雄主义基调。他的创作集中体现了他那巨人般的性格，反映了那个时代的进步思想，他的作品既壮丽宏伟又极朴实鲜明，它的音乐内容丰富，同时又易于为听众所理解和接受。贝多芬的音乐集中体现了他那个时代人民的痛苦和欢乐、斗争和胜利，因此它过去总是那样激励着人们，鼓舞着人们的斗志，即使在现在也使人们感到亲切和鼓舞。

响曲固定为四个乐章套曲形式：一、奏鸣曲式；二、抒情性的慢板；三、民间舞曲风格的小步舞曲；四、活泼欢快舞曲类型。后来的作曲家基本上是按这种四乐章的组合原则创作交响乐的。以完整的交响乐队编制进行配器，为近代交响乐的发展奠定了基础。他一生共创作了100多部交响曲、四重奏80多首及大量其他作品，其中较著名的交响曲有《告别》《时钟》《狩猎》《惊愕》《军队》《伦敦》《牛顿》等，所以后人称他为"交响乐、四重奏之父"。

海顿的音乐语言朴素、简洁、平易近人，感情明朗、乐观。其作品不重深刻抒情和戏剧性刻画，而主要是以普通人的日常生活为题材，常用"说话原则"，进行世态风俗性的表现。他的音乐充满了热情、欢快、和平的气氛，大多表现人的纯朴感情，富于乐观主义和生活情趣。

肖邦

肖邦（1810年—1849年）是伟大的波兰音乐家。他对音乐心驰神往，对钢琴尤其喜爱，并很快就以创作多产而获得天才神童的赞誉，那时他才16岁。他19岁时进入华沙音乐院，此时已创作了《夜曲》《波兰舞曲》《圆舞曲》及两首钢琴协奏曲。

肖邦生活在波兰亡国的时候。流亡国外的肖邦创作了很多具有爱国主义思想的钢琴作品，以此抒发自己的思乡情、亡国恨。肖邦的作品具有浓厚的波兰民谣色彩，又异常纤细华美，隐藏着热情与忧郁的情绪，这些因素使肖邦的音乐显得非常独特。

✵ 舒伯特

舒伯特（1797年—1828年）是奥地利杰出的作曲家，1797年1月31日生于维也纳近郊一个中等市民家庭。童年时代，他从家庭音乐生活中学会了演奏风琴、钢琴和小提琴，也掌握了基本的作曲方法和合唱艺术。11岁起，他进免费的神学院读书。在学校里他参加了学生乐队，有时还担任指挥，熟悉了维也纳古典乐派作曲家的许多作品。与此同时，他从13岁起就开始了紧张的创作活动。1813年，16岁的舒伯特离开神学院后，在父亲的学校里担任助理教师。这时他虽然忙于教课，但仍然创作出许多焕发着活力的作品。

1818年舒伯特毅然辞去教学职务，全心投入音乐创作。由于没有固定收入，他穷困潦倒，31岁就英年早逝。但他短暂的一生给后世留下了14部歌剧、9部交响曲、600多首艺术歌曲。人们根据他的遗愿，把他葬在他所崇拜的贝多芬的墓旁。舒伯特生活在古典主义和浪漫主义的交接时期。他的交响乐风格继承的是古典主义的传统，但他的艺术歌曲和钢琴作品却完全是浪漫主义的。他绝妙的抒情性使李斯特称他为"前所未有的最富诗意的音乐家"。舒伯特在传统的室内乐中注入了自己的精神特性，他的作品都带有真正的舒伯特的印记，它们也是维也纳古典主义的最后一批作品。

而在"即兴曲"和"音乐瞬间"中，舒伯特使钢琴唱出了新的抒情风格。他是第一个把艺术歌曲的地位提高到与交响乐、歌剧同等的水平。他对诗有特殊的敏感，善于发现诗歌所蕴含的韵味和意境，并使音乐与诗完美地融合。它们的随想性、自发性和意料不到的魅力都成了浪漫主义的要素。舒伯特最广为流传的是他的600多首歌曲。这些歌曲都是从诗的内心情感中直接产生出来的，没有人能胜过他那洋溢的才华和清新的情感。舒伯特的歌曲大都反映现实中的生活、感情问题，又具有鲜明的民歌风格，深得人民的喜爱，流传很广。　谈到舒伯特的歌曲，可以引用舒曼对《C大调交响曲》的评论："这种音乐把我们引入一种境地，使我们忘却了以前曾有过的东西。"

左图为弗朗茨·舒伯特的画像。

✣ 柴可夫斯基

　　彼得·伊里奇·柴科夫斯基（1840 年—1893 年），19 世纪伟大的俄罗斯作曲家、音乐教育家，被誉为伟大的俄罗斯音乐大师。他1840 年5 月7 日出生于乌拉尔的伏特金斯克城，父亲是一个冶金工厂的厂长兼工程师，母亲爱好音乐，很会唱歌，也会弹琴，因此，他们家庭充满了音乐气氛。他自幼便已显示出非凡的音乐才能。

　　柴科夫斯基的创作体裁范围广泛，他在交响曲、歌剧、舞剧、协奏曲、室内乐等方面都留下了大量名作。著名的歌剧作品有《叶甫盖尼·奥涅金》《黑桃皇后》等，著名的舞剧有《天鹅湖》《睡美人》《胡桃夹子》，都是世界舞剧艺术中影响巨大的作品。他的许多作品的主题，深刻体现了主人公对光明、幸福的渴望，同黑暗现实的激烈矛盾，反映了当时俄国社会的黑暗与腐败。他善于把高度的专业创作技巧同俄罗斯民族音乐传统有机地结合起来，为俄国和世界音乐文化作出了宝贵的贡献。

　　柴科夫斯基总结了全欧洲音乐发展的整个时代的特点，并且建立了自己宏大的交响音乐体系，它不同于贝多芬的体系，而是以俄罗斯风格概括了贝多芬之后的交响音乐的许多发展，这使他成为交响音乐方面登峰造极的人物之一。他的音乐是俄罗斯文化在艺术领域内的最高成就之一。他的音乐力求用最直接的抒发个人感情的方式，来表达最有普遍意义的东西，他以大家都能理解的音乐语言组织出一层生活中的诗意和人类感情中风流迷人的成份，因而能触动人们的心灵。

　　图为《天鹅湖》的剧照。1958 年，北京舞蹈学校在苏联作家古杰夫的编导下，首次演出了芭蕾《天鹅湖》，由孙正廷和白淑湘主演王子和公主奥杰塔，本图即是当时的剧照。后来，芭蕾《天鹅湖》一直是我国中央芭蕾舞团的保留剧目。

《天鹅湖》

　　《天鹅湖》是一部四幕（有的版本是三幕）芭蕾舞剧，由柴可夫斯基作曲，别吉列夫和格利采尔编剧，珀蒂帕和伊万诺夫编导，首演于1895 年1 月15 日圣彼得堡玛利亚剧院。后来，《天鹅湖》成为芭蕾的经典剧目。剧情描写了王子齐格弗里德与被魔法变成天鹅的公主奥杰塔的爱情故事。王子勇敢地与魔王搏斗，忠贞的爱情最终战胜了魔法，奥杰塔重新获得自由（有的版本写王子与奥杰塔双双投湖殉情）。

上图为凡尔赛宫建筑群的一部分。

建筑艺术

建筑是实用性的物质产品或实用艺术，它不可能像绘画那样再现生活，不可能提供具体事物的真实形象和生活现象的真实图画，因此它不是真正意义上的造型艺术，只能算作一种广义的造型艺术。建筑运用种种表现手段和装饰手段，构成一种意境，给人以联想，从而构成建筑的艺术形象。黑格尔认为，建筑是最原始的一种艺术，建筑所表达的艺术语言是"象征型"的。它的感情含义，它的爱憎，它的一切观念形态，都是十分朦胧的。然而在建筑艺术语言的朦胧中，却又清晰地透出人的观念形态及其演变。这就是说，建筑艺术能以一种比较抽象的形式反映出一个时代的社会生活。

✠ 凡尔赛宫

凡尔赛宫为世界闻名的法国王宫，位于巴黎的西南，在法国封建君主制度的鼎盛时期—路易十四和路易十五统治期间，经过1661年—1756年将近100年断断续续的努力才建成。凡尔赛宫包括宫殿部分和大花园。凡尔赛宫正面的总宽度达到了402米。宫殿部分有"大理石院"和镜厅等著名建筑。大理石院是整个宫殿建筑群的中心，为法王路易十四和皇后的生活起居用房。内部装饰得十分华丽，宽大的厅堂和大楼梯都用彩色大理石贴面，墙面上还嵌着浮雕，画着壁画。室内放着胸像、立像等雕刻作品。在凡尔赛宫朝西面向大花园的那一面的正中为镜厅，它长73米，宽9.7米，高13.1米，镜厅的西墙面上开了17个大圆拱券窗子，相对的东墙面上是 17面大镜子。一排镜子把客厅扩大了一倍，加上各种装饰、灯光，造成的意境是极其豪华奇特的，贵族们终日饮宴游乐其中。大理石院和镜厅的室内装饰非常豪华富丽，体现了巴罗克建筑的特色。

凡尔赛宫的另一特色就是建筑群西边的一大片花园，它是世界著名的大花园之一，与中国园林的风格不同，完全是人工雕琢的，极其讲究对称和几何图形化。凡尔赛宫是法国封建统治鼎盛时期的一座纪念碑，它也体现了当时法国经济、技术的进步和劳动人民的智慧。

✠ 彼得宫

彼得宫位于俄国圣彼得堡西南29千米处。彼得大帝在涅瓦河口建筑了俄国新都彼得堡后，于1717年决定建造一座与凡尔赛宫媲美的行宫。他聘请德、法两国的建筑师担任园林总设计。1723年行宫初具规模，此后200年间，经过不断的扩建、改建，彼得宫终于成为俄国建筑、工艺、园林、艺术的集粹之地。可惜这座艺术宝库在二次大战中被德国法西斯夷为平地，致使苏联人民经过几十年的努力尚未完全恢复。彼得宫的建筑群以大宫为中心，其前后依天然地势分上、下两园。大宫东西长300米，色调黄白相间，为典型的巴罗克式建筑。彼得宫有"喷泉之都"的美名，位于大宫前斜坡上的大瀑布闻名于世。

✠ 宗教建筑

　　古代和中世纪的建筑艺术，主要体现在宗教建筑上，所以宗教建筑在建筑史上占有很重要的地位，它的许多常用的艺术手法一直影响着千百年来的建筑。一切宗教建筑，不仅为宗教活动提供了物质空间，而且也提供了精神环境。因此，人们可以从宗教建筑的风格中看出当时历史条件下宗教的状况，进一步看出处于不同历史阶段的社会风貌。如古希腊的神庙，以亲切近人的体量、和谐的比例关系、富有人间生活活动情趣的柱廊形式，反映古希腊的宗教观念。古希腊的宗教是那个时代的生产水平、社会结构、生活习俗和人们的观念形态的产物。古罗马继承了这种宗教格局。随着奴隶社会的消亡，这个体系被否定了，这时的宗教建筑也开始发生变化。12世纪—16世纪的宗教建筑，盛行高直式建筑形态。它以柱、窗、屋顶等建筑部件的向上拉伸为特征。圆拱的顶受到一个向上升腾的力而构成尖拱的形式；坡度平缓的屋顶在屋脊或尖顶处受到一个向上升腾的力而构成尖顶或尖塔。这种建筑形式给人一种联想，高耸入云的塔尖好像会引导人们的灵魂上天似的。高直式建筑又称为哥特式建筑。这个名称来自哥特族，即西罗马帝国末期"蛮族"大迁徙中日耳曼族的重要一支。传统的建筑形式已满足不了新社会的需求，新建筑，即近现代建筑，正是在这种境况中诞生的。19世纪以后，人类利用先进技术和材料建造一些具有突破性的工商业建筑和民用建筑，以追求最大限度的经济效益。

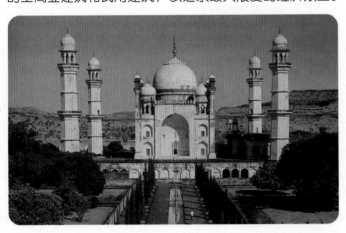

泰姬陵

　　泰姬陵是世界闻名的印度伊斯兰建筑的代表作。它位于印度北方邦亚格拉市郊。泰姬陵是莫卧尔王朝第五代皇帝沙·贾汗为其爱妻泰姬·玛哈尔修建的陵墓。

　　它始建于1631年，每天动用2万名工匠，历时22年才完成。陵墓的四周砌有长576米、宽293米的红砂石围墙，陵园占地17万平方米，其中间有一个十字形水池，中心为喷泉。从陵园大门到陵墓，有一条用红石铺成的直长甬道，甬道尽头就是全部用白大理石砌成的陵墓。陵墓建筑在一座7米高、95米长的正方形大理石基座上，寝宫居中，四周各有一座40米高的圆塔。寝宫高74米，上部为一高耸的穹顶，下部为八角形陵壁。宫内墙上，珠宝镶成繁花佳卉，光彩照人。寝宫分五间宫室，中央宫室里罗放着泰姬和沙·贾汗的大理石石棺。陵墓的东西两侧矗立着两座形式相同的清真寺翼殿，用红砂石筑成。泰姬陵建筑的艺术水平很高，集中了印度、中东及波斯的艺术特点。

　　整座建筑体形雄浑高雅，轮廓简洁明丽。由于它坐落在具有一片常绿的树木和草坪的陵园内，在碧空和草坪之间，洁白光亮的陵墓更显得肃穆、端庄、典雅。

　　左图是奥朗则布皇帝在奥兰加巴德为其妻拉比娅·道拉尼建造了比比卡·玛卡巴拉陵。该陵模仿了在25年前竣工的泰姬陵，但规模仅为其一半。这类在莫卧儿王朝期间建造的精美陵墓结构反映了该朝代对伊斯兰教的信仰。

右图是世界上最具魅力的建筑物之一泰姬陵。它是由悲痛欲绝的沙·贾汗为妻子泰姬·玛哈尔(意为"宫廷中的宝石")所建造的陵墓。她于1631年在第14个孩子分娩时去世。当时已开始走向衰败的莫卧儿帝国几乎难以承受如此豪华的工程。为了给他的爱妻立一个碑，这位帝王差点使整个国家破产。据说建造此陵用的白色大理石是由1000只大象从莫克兰的采石场长途跋涉30029千米运来的，所镶嵌的贵重宝石也来自遥远的俄罗斯和中国。

上面这幅18世纪的图画是端坐在孔雀宝座上的莫卧儿皇帝沙·贾汗。他在位的时间是1628年—1658年。

✠ 雕塑巨匠罗丹

　　罗丹（1840年—1917年）是人类有史以来最有影响的雕塑巨匠，被世界人民所熟悉。他一生中塑造了许多技艺精湛的传世之作。其中那尊极具艺术感染力的作品《思想者》，既是罗丹的代表作，也是罗丹一生的写照。

　　罗丹学习艺术，并不是一帆风顺的。他在法国动物雕塑家巴里的工作室工作，又给一位学院派的雕刻名家做了六年的助手。迷上了雕塑后的罗丹决心雕塑一件大作品，他把自己关在工作室中，一连干了18个月。1876年，雕塑史上的一件精品《青铜时代》诞生了。这是一座身体匀称而完美的青年男子立像。他挺胸昂首，面对青天，舒展双臂，好似解脱了一切束缚，正从沉睡中醒来，象征着"人类的觉醒"。整座雕塑不但人体结构均匀完美，而且表现了准确的解剖知识。作品展出后，立即引起了轰动。雕像因人体造型非常精确和真实，使观众为之震惊。甚至有人指责这是从真人的尸体上翻制出来的模型。罗丹特地翻制了一个真人模型，让观众将两者进行比较。人们不再怀疑，对这个作品进行了充分的肯定和称赞。

　　从此，罗丹开始名扬巴黎，成为世界的知名人物。他后来又相继创作了《地狱之门》《加莱义民》和《思想者》等著名雕塑。他的艺术既继承了古代的优秀传统，又大胆地走出了一条创新道路，从而赋予法国19世纪后半叶的雕塑以新的生命。

　　引起美术史最大争议的是他晚年所作的《巴尔扎克》，这是罗丹应法国作家协会的邀请，为法国19世纪文坛巨擘巴尔扎克所作的雕像。整个作品经过7年的努力才得以完成。然而它首次在沙龙展出后，一些人把雕像称为"丑八怪"、"大麻袋"、"癞蛤蟆"等各种攻击、嘲笑充斥了各大报刊。巴黎作协也否认这是他们预订的作品，巴黎市政府甚至不允许雕像在市内任何地方摆放。面对采自各方面的攻击，罗丹虽然深感痛心，但并没有因此而退缩。他郑重地向人们宣称："我的雕像将立于不败之地。"在罗丹逝世22年之后，雕像《巴尔扎克》终于得到了人们的承认，并且一举奠定了罗丹在欧洲雕塑史上的不朽地位。

图为罗丹作品《吻》。

第六部分 世界现代史的开端

　　世界现代史大体上相当于 20 世纪的历史。20 世纪是人类历史上变化最大、发展最快的世纪，人类在这 100 年中所取得的成就要比以往任何一个世纪都大，甚至可以说超过各个世纪的总和。在大约一个世纪的时期里，以 1945 年为分界线，1945 年以后的半个世纪变化更大、更快，成就尤为突出。

　　这是一个辉煌的世纪，也是一个空前惨烈的世纪，因为给人类带来浩劫的两次世界规模的战争就发生在 20 世纪。

　　第一次世界大战和俄国十月革命使人类历史进入了现代史时期。继十月革命后，国际无产阶级和殖民地半殖民地人民多次向资本主义世界发动冲击，沉重地打击了垄断资产阶级的统治，并为下一阶段的斗争打下了基础。在一些帝国主义国家中，统治阶级抛开议会民主制度建立了法西斯政权，对内残酷镇压劳动人民，对外发动侵略战争。国际垄断资产阶级为重新瓜分殖民地、势力范围和争夺世界霸权，引发了两次世界大战，致使世界经济发展缓慢。

专题一：　苏联社会主义的建设

俄国爆发二月革命

1917年1月22日，彼得格勒工人在纪念1905年1月22日"流血的星期日"12周年时，举行了大规模罢工与游行，莫斯科、巴库等城市也爆发了类似的罢工与游行。

3月8日，彼得格勒妇女9万多人走上街头，借纪念国际妇女节之机为面包呐喊，次日，参加罢工示威的人数增加到20万，人们冲破封锁线，进入市中心，喊出了"打倒专制"的革命口号。10日，首都的所有工厂和工业企业陷于停顿，郊区的工人甚至解除了警察的武装，并与军队发生冲突。沙皇命令首都卫戍司令部以武力镇压罢工，并解散了形式上的民主机构杜马，全俄人民被激怒了。

3月12日，工人们举着大旗，喊着"要面包"和"打倒沙皇政府"的口号，掀起了二月革命高潮。傍晚，起义者攻占了军火库、兵工厂、炮兵总部和火车站，电话被切断了，工人们得到了武器，整个首都被起义者控制了，卫戍部队早成了起义者的一部分。宪兵、大臣和将军们被抓了起来，杜马所在地塔夫利达宫被占领了。

当日晚，罢工委员会领袖、工厂代表和各社会主义政党的代表举行集会，成立了工人代表会议苏维埃。十月党人、立宪民主党人和社会党议员控制领导权，宣布废除旧政权，建立新政权。3月15日，选举以李沃夫大公为首的资产阶级临时政府，社会革命党人克伦斯基以个人身份参加政府任司法部长，苏维埃迫使沙皇退位并将其监禁。统治了俄国300多年的罗曼诺夫王朝被推翻了。

✠ 俄国十月革命

1917年4月，在国外侨居10年之久的列宁回到了俄国，提出了"社会主义革命万岁"的响亮口号，并发表了著名的《四月提纲》，它标志着俄国社会主义革命的开始。6月16日，列宁在彼得格勒召开第一次全俄苏维埃代表大会。7月1日，首都的游行表明列宁的策略在首都开始获得信任，布尔什维克获得了工人士兵的拥护。

10月，列宁在党中央委员会会议上详细分析了国内外形势，提出了党立即领导工人、农民和士兵举行武装起义夺取政权的建议。并得到了托洛茨基、斯大林、捷尔任斯基等多数委员的赞成。

1917年11月6日夜，托洛茨基等人控制的革命军事委员会发动了起义。到7日凌晨，彼得格勒被革命者掌握了，布尔什维克党人接管了俄罗斯的政权。"阿芙乐尔"号巡洋舰当天参加了炮击冬宫的战斗。当晚10时，列宁参加了苏维埃第二次代表大会，提出了著名的《和平法令》与《土地法令》，还成立了无产阶级的政权—苏维埃政府，即人民委员会，列宁被选为主席。凌晨6点，全俄工人士兵苏维埃第二次代表大会在"社会主义万岁"的欢呼声和雄伟的国际歌声中胜利闭幕。俄历10月25日成了人类历史上一个被永久纪念的日子。通过这次革命，建立了世界上第一个社会主义国家，开辟了人类历史的新纪元。

图为"阿芙乐尔"号巡洋舰。

上图为1917年12月在布列斯特—立托夫斯克举行的和平谈判预备会上德国和俄国的代表。

✠ 俄国内战

十月革命后，苏维埃俄国的执政党已由"俄国社会民主工党"改称俄国共产党，列宁为党和国家的最高领袖。社会主义国家的出现，共产党人所主张的各种学说与思想，使帝国主义和资产阶级感到了惊恐。因此，《布列斯特和约》公布不久，英、法、美、日等便开始对俄"干涉"。同时，俄国国内的反革命武装也开始活动起来。

同年3月9日，英法美军队联合在俄国北方港口摩尔曼斯克登陆，4月5日，日本和英国军队联合在远东海参崴登陆。反革命的邓尼金将军，也在外国干涉军支持下在南方发动叛乱，建立了反动政权。俄国的内战开始了，在这极端困难的时刻，列宁领导人民采取紧急措施，提出"一切为了前线，一切为了战胜敌人"的口号，将全部工作转移到战争的轨道上来。这场战争的胜负，决定着国家的命运、无产阶级革命的命运、社会主义事业的命运。7月，苏维埃政府实行"战时共产主义"体制，集中使用一切人力、物力、财力，同时成立了以列宁为首的工农国防委员会，领导全国财、政、军各部门投入战争。

战争于7月在伏尔加、乌拉尔以及中亚细亚边境一带展开。内战中红军面对的情况极其复杂。敌人不单是国内的反革命分子，还有四五个帝国主义国家进行了干涉。

俄德签订《布列斯特和约》

十月革命胜利后为了巩固革命成果，以列宁为首的布尔什维克党中央，决定尽快与交战国缔结停战协定，以取得一定时期的行动自由，来继续进行和巩固社会主义革命。因此，1917年11月下旬，苏维埃俄国不顾英、法、美等国的反对，在布列斯特—里托夫斯克与德国签订了停战协定，双方在前线实现了停火。停战后，双方又于12月上旬开始签订和平条约的谈判。

然而，这一策略却为国内的许多政治派别所反对。党内激进的"左"派人物也站出来反对，攻击列宁"出卖"了国家利益等等。而作为外交人民委员的托洛茨基，竟违背列宁和党中央的指示，拒绝在这个条约上签字。

1918年2月18日，德国军队向苏维埃俄国发动了新的大规模进攻，迅速占领了俄国的不少地区，并威胁着彼得格勒。由此，苏维埃政府不得不迁都莫斯科，同时向全国人民发出号召，10多万人民与守军一道作战，挡住了德军进攻，守住了彼得格勒。

鉴于这个形势，党中央当即举行会议，通过了列宁的建议，重新与德谈判，接受德国的全部条件。1918年3月3日，苏维埃俄国代表团团长齐契林同德、奥、土、保等国代表团签订了正式和约，即《布列斯特和约》。和约规定，俄国割让西部约15万平方千米的土地，赔偿战费60亿马克，红军撤出乌克兰。

该条约确实使苏维埃俄国蒙受了耻辱和重大损失，但其重大意义却在于使俄国赢得了极其宝贵的调整时间。同年11月德国投降，《布列斯特和约》也就随之废除。

简明世界史大事记 (3)

1870 年—1918 年

1870 年	——————————————	意大利统一
1870 年	——————————————	普法战争
1871 年	——————	德意志统一全部完成，德意志帝国成立
1876 年	——————————————	贝尔发明电话
1878 年	——————————————	爱迪生发明电灯
19 世纪 70 年代后	————————	第二次工业革命
1882 年	——————————	德、奥、意三国同盟形成
1883 年	——————————————	卡尔·马克思逝世
1884 年	——————————————	柏林会议
1885 年	—————————	巴斯德研制成狂犬病疫苗
1887 年	——————————————	赫兹发现了电磁波
1889 年	——————————————	第二国际成立
1895 年	————————	弗里德里希·恩格斯逝世
1895 年	——————————————	伦琴发现了 X 光线
19 世纪末	——————————————	孟尼利克诱歼意军
19 世纪末 20 世纪初	———————	主要资本主义国家进入帝国主义阶段
20 世纪初	——————————————	非洲被瓜分完毕
1903 年	————————	俄国布尔什维克党建立，列宁主义诞生
1904 年	——————————	列强缔结协定瓜分摩洛哥
1905 年	———	爱因斯坦提出"狭义相对论" 现代物理学诞生
1907 年	——————————————	三国协约
1908 年	——————	孟买工人大罢工 青年土耳其党人起义

1910 年 ————————————————— 哥本哈根大会召开

1912 年 ———————————————— 第一次巴尔干战争

1914 年 ————————————————— 墨西哥革命

1914 年—1918 年 ——————————— 第一次世界大战

1915 年 —————————————— 爱因斯坦提出"广义相对论"

1916 年 ————————— 凡尔登战役　日德兰海战　索姆河大战

1917 年初 ———————————————— 美国对德宣战

1917 年 11 月 7 日 ———————— 俄国爆发十月社会主义革命（俄历十月）

1918 年 ———————————————"十四点"方案　康边停战

CONCISE HISTORY OF

简明世界史　简明世界史　简明世界史　简明世界史　简明世界史　简明世界史

WORLD

简明世界史　简明世界史　简明世界史　简明世界史　简明世界史　简明世界史

新课标新读物 简明世界史

CONCISE HISTORY OF WORLD

第四册

目录

共产国际宣告成立

俄国十月革命的胜利，使世界无产阶级革命迎来了新的转机。1919年3月2日，世界各国共产党和左派社会民主主义组织的代表大会在莫斯科开幕。

出席大会的有34名有表决权的代表和18名有发言权的代表。代表们不但来自欧美等发达国家，还有来自中国、朝鲜、土耳其、伊朗等东方国家，共代表着35个组织，其中包括13个共产党和6个共产主义小组。

列宁在大会上作了关于资产阶级民主和无产阶级专政的报告。会议就是否立即成立共产国际问题展开了讨论，最后决定建立第三国际，定名为共产国际，同时解散1915年成立的齐美尔瓦尔得联盟。大会通过了《共产国际宣言》《共产国际行动纲领》等文件。大会的最后一项议程是选举由共产党代表组成的执行委员会。执委会选举了列宁、季诺维也夫、托洛茨基、拉科夫斯基和普拉廷组成执行局。除普拉廷是瑞士人外，另4人均是俄国人。1919年3月6日，共产国际成立大会胜利闭幕。

共产国际特别关心殖民地、半殖民地的民族解放运动。列宁在《民族和殖民地问题提纲初稿》一文中，深刻阐述了民族和殖民地问题在世界革命中的重要地位及世界革命力量的联合是战胜国际资产阶级的根本条件这一思想，给与会的殖民地、半殖民地国家代表以极大的鼓舞。

共产国际的成立，标志着国际共产主义运动进入了全世界革命力量联合起来为争取实现无产阶级专政而斗争的新阶段。

这幅当代的绘画描绘了列宁1920年在彼得格勒群众集会上发表演说的情景。一战后，俄罗斯的广大地区已遭受战争的严重摧残。布尔什维克政党在十月革命后接踵而来的社会动荡中有能力坚持政权，其领袖坚定不移的决心和充沛的精力起了主要的作用。

✠ 俄国实施新经济政策

自1919年起，苏俄发生饥荒，广大农民对竭泽而渔的余粮收集制已经怨气冲天。1920年，农民瞒产抗交、武力驱走征粮队等暴动事件遍及各地。苏维埃政府与农民的矛盾日益加剧。

1921年春，刚打败200万国内外武装敌人进攻的苏维埃俄国，满目疮痍，灾难深重。以工商业全面国有化、余粮收集制、普遍义务劳动制和实物配给制为特征的"战时共产主义"，已经无法继续实行。

1921年2月18日，喀琅施塔得发生了水兵暴动，暴动很快被平定，但时局表明，苏维埃政权正处在生死存亡的危急关头，必须制定新的经济政策来取代战时共产主义了。列宁认为，要紧的是立即满足农民的迫切愿望，用粮食税代替余粮收集制，减低粮食税数额，扩大农民税后余粮投入地方经济流转的自由。1921年3月，俄共召开第十次代表大会，这是一个历史转折点。它宣告战时共产主义正式终结，苏维埃将从此转到新经济政策的轨道上，开始探索一条崭新的走向社会主义的道路。

粮食税是新经济政策的主要内容。每年春季开种前定好农民用粮纳税的数量，其余归农民自由支配。中农纳税不多，贫苦农民享有一定的免税权利。国家则通过粮食税和市场上的实物交换两个途径获得农产品。从1923年—1924年，国家准许农民自愿用农产品或货币纳税；1924年—1925年，改为向农民全额征收货币税。

实施新经济政策，国家允许出租土地，允许在租种地上使用雇工；私人企业雇工可在20人以上，后来增到100人以上；部分企业实行租赁和租让；取消工业管理中的"总管理局"制，实行经济核算；打破国家对贸易的垄断，实行自由贸易；取消义务劳动制和实物配给制，实行货币工资制。

列宁还号召苏维埃国家的人民和广大共产党员学习经商和管理。他说，不会经商，不会管理，没有文化，没有本领，同资本主义在经济领域进行真正的"谁战胜谁"的斗争就不能赢得胜利，我们就不能建成社会主义。列宁痛切感到：在发展生产力这场比任何战争都更激烈和残酷的战争里，要想胜利，必须向资本家学习。他向全党发出号召：要研究市场；要向不理解新经济政策实质的党员疾呼：抛弃本能地轻视商业的"感情社会主义"和半贵族半农民式的宗法情绪；要掌握商业，引导商业，完成精于商业和管理这个非常残酷和严肃的学习任务。

新经济政策的实施是列宁对社会主义的一次新探索，其中不乏远见卓识。但后来并未在苏联得到很好的贯彻。

图为苏维埃政权在工厂中建立工人监督。

俄国内战在继续

俄国十月革命成功后，不少旧俄反动武装仍然拥有实力，他们随时准备向革命政权进行反扑；此时，协约国也积极参加干涉苏维埃政权的活动，并大力扶持旧俄反动军队。

1918年，红军与反动派展开了斗争。1919年3月4日，高尔察克指挥30万人的白卫军，在长达2000千米的战线上发动全面进攻。很快就占领了布古利马和乌发，并于4月中旬推进到了离工业重镇喀山和萨马拉85千米的地区。为此，列宁发出了"必须全力粉碎高尔察克"的号召。

4月底，红军展开了反攻。在强烈的进攻下，白卫军溃败了。6月，红军解放乌发；8月，收复乌拉尔；11月14日，解放东方重镇鄂木斯克；12月，英勇的红军攻破了高尔察克的大本营伊尔库茨克，活捉高尔察克。反革命武装在东线的进攻被粉碎了。

10月末，彼得格勒全民皆兵，水兵、陆军和工人武装联合起来，给予尤登尼奇迎头痛击，终于解除了北方反革命势力的威胁。

此时，协约国中的英国派了2000名军事顾问到北高加索，还运来了大量武器；美国派出了以海军上将麦科利为首的特别代表团。1919年6月，邓尼金的部队自北高加索发起进攻，6月底攻占了哈尔科夫、察里津等战略要地，然后兵分三路直指莫斯科。

7月9日，以列宁为首的党中央向全国人民发出"大家都去同邓尼金作斗争"的号召。10月下旬，红军开始全面反攻，一路收复了奥勒尔、沃龙涅什、库尔斯克，12月收复哈尔科夫和基辅，第二年彻底击溃了邓尼金的反动军队。

苏维埃社会主义共和国联盟成立

图为弗拉基米尔·伊里奇·列宁（左），这位苏维埃联盟和国际共产主义运动的领导者与其接班人约瑟夫·斯大林（右）在一起。

从1920年秋—1921年初，俄罗斯联邦先后同其他苏维埃共和国签订条约，将对外贸易、邮电等部门合并，进一步密切了彼此之间的关系。此时，将各苏维埃共和国统一起来，在新的条件和形式下建立新的联盟，被提上了各苏维埃共和国的议事日程。

1922年，各共和国酝酿建立新联盟。新联盟的结构方案受到各方面关注，在俄共中央也发生了争论。8月，俄共中央成立了由斯大林领导的委员会，不久即提出了有名的"自治化方案"，即其他各苏维埃共和国均作为自治共和国加入俄联邦。这个方案受到广泛的反对，特别是格鲁吉亚。病中的列宁知悉后，严厉批评斯大林操之过急，主张各共和国应在自愿联合又保留其平等权利的基础上结成新的联盟。

斯大林对其方案作了修改，并要求格鲁吉亚、阿塞拜疆和亚美尼亚组成南高加索联邦之后，再同俄罗斯、乌克兰和白俄罗斯结合为新联盟。1922年10月，列宁得知在成立联盟问题上的沙文主义行为后，特地"宣布要同大俄罗斯沙文主义决一死战"，后来口授了反对沙文主义的著名文章，但问题并没有彻底解决。

1922年12月30日，俄罗斯、乌克兰、南高加索和白俄罗斯4个苏维埃共和国在莫斯科大剧院举行第一次代表大会，组成苏维埃社会主义共和国联盟。大会批准了苏联成立宣言和联盟公约，规定各苏维埃共和国是平等的，它们自愿参加，也有权自由退出。大会选出了以加里宁等4人为主席的中央执行委员会，成立了以列宁为主席的联盟人民委员会。这就是苏联的诞生。

✠ 苏联实施第一个五年计划

正当资本主义世界陷入空前的经济大危机而难以自拔之际，新生的苏维埃社会主义共和国联盟在以斯大林为核心的联共领导下，从1928年—1933年，轰轰烈烈地实施了第一个五年计划，由农业国转变为工业国。

苏联拟订国民经济建设第一个五年计划的工作，是从1925年开始的，到1929年完成。在苏联国家计划委员会和最高国民经济委员会主持下，1925年—1927年间制定了最初几个五年计划草案发展苏联国民经济的远景目标，这也是拟定正式计划草案的准备阶段。接着，1927年12月党的第十五次代表大会通过决议，发布"关于拟定国民经济五年计划的指示"，根据这一指示精神，制定了五年计划的草案。最后，草案提交1929年4月党的第十六次代表会议讨论，并提交5月的全苏第五次苏维埃代表大会批准。在制定五年计划过程中充满了不同意见和方案的比较、选择、争论。苏联国家计划委员会编制了两个方案，即初步方案和最佳方案。最后，联共和苏维埃代表大会采纳了最佳方案。

苏联第一个五年计划从1928年10月起实施。苏联人民饱含热情投入了轰轰烈烈的建设事业。从1929年初开始，工人掀起了以提高劳动生产率和降低成本为主要内容的社会主义劳动竞赛运动，普遍开展突击队、突击手活动。这年10月27日，"红色索尔莫沃"工厂的工人向全国工人呼吁："五年计划四年完成！"这一口号得到了全国工人的积极响应。

到1932年底，第一个五年计划以四年零三个月的时间提前完成。这时，全国工业的比重已从1927年—1928年度的48%提高到1932年的70.7%，而工业中的生产资料生产又从1927年—1928年度的44.5%提高到1932年的53%。在计划期间，新建成1500个大企业，出现了一大批旧俄时代没有的新工业，如拖拉机、汽车、飞机制造业，化工、机床制造业等等。失业现象基本消失，劳动人民的物质文化水平提高到了一个新水平。

尽管苏联在第一个五年计划实施中产生了一些消极结果，但这是次要的，所取得的成就是主要的，伟大的。第一个五年计划意义重大、影响深远。

图为斯大林模范工人阿列克谢·斯达汉诺夫在一张宣传照中微笑的表情。为了强化高产目标，国家精心地组织了一场劳动竞赛。据称，这位乌克兰煤矿工人在6个小时的夜班中完成了普通人15倍的工作量。但事实上这种成绩掺有水分，因为斯达汉诺夫还有两位助手，此外，由于他极力追求高产，结果造成了质量低下且危害了工人的安全。

从而可以看到第一个五年计划的实施也有一定的消极现象和消极后果。它片面追求高速度、高指标，不遵循经济发展的客观规律，以至许多项重要指标并没有完成。以此为模式，在以后几个五年计划中强化了国家计划的力度，逐步形成了一个无所不包的、高度集中的计划经济管理体制。

美苏建交

1933年5月16日，罗斯福向参加国际裁军会议的54国首脑发出呼吁书，要求"实行裁军以保障和平"。呼吁书同时送给苏联中央执行委员会主席加里宁。这是美国改善同苏联关系的一个信号。

11月初，李维诺夫率代表团到达华盛顿。11月8日—16日，代表团同罗斯福总统和赫尔国务卿进行了会谈，并达成如下谅解：关于债务问题，解决的方案是苏联只要向美国支付7500万~1.5亿美元了结双方的债务。关于赔偿问题，苏联政府也放弃对美国的某些要求。关于宗教问题，双方同意，在苏联的美国公民有宗教信仰的自由，苏联对其正常的宗教活动予以保障。11月16日罗斯福和李维诺夫互换信件，决定建立正常外交关系，并互派大使。双方明确作出下列承诺：（1）相互尊重主权和不干涉内政；（2）严格避免和制止对另一方的武装干涉行为；（3）双方政府保证，不建立、不资助、不支持旨在反对对方政治制度和社会制度的军事组织和集团。

美苏建交对国际形势产生了十分有益的影响。它不仅增加了维持和平事业的机会，而且改善了两国之间的贸易联系，打下了相互合作的基础。

右图是庆祝乌拉尔山脉建立钢铁厂时的招贴画，画面的标语是"我们的国家已经实现了社会主义！"在前两个5年计划中，苏联工业确实达到了一些预期的目标。例如从1929年—1938年间，煤的生产总量增加了230%，电力增长了540%，机器制造则让人震惊地增加了15000%。

✳ 第一部社会主义宪法《苏联宪法》

苏联经过两个五年计划，社会主义的工业已经建立，集体农庄成为主要的农业经济形式，农业机械化取得了一定的成就；资本主义经济成分已基本消灭，富农和资本家作为剥削阶级已不复存在，社会上只存在工人、农民和新型的知识分子；各民族团结进一步增强，1936年已有11个加盟共和国加入了苏联。国内政治经济的巨大变化，需要对原有的宪法，即对1924年宪法进行修改。

1935年2月第七次苏维埃代表大会讨论了修改宪法的问题，并确定了修改宪法的方针。同年2月7日，中央执行

委员会确定了由斯大林任主席的 31 人宪法起草委员会。并于 1936 年 6 月 11 日，公布新宪法草案，以供全民讨论。11 月 25 日，为审查新宪法召开了非常的第八次苏维埃代表大会，斯大林作了《关于苏联宪法草案》的报告，大会 12 月 5 日正式批准了新宪法。这一天被定为苏联宪法日。这部宪法一直沿用到 80 年代初。

　　1936 年宪法共分 13 章、146 条。宪法规定：苏维埃社会是由工人阶级和农民这两个友爱阶级组成。苏维埃社会主义共和国联盟是工农社会主义国家。苏联的经济基础是社会主义经济体系和生产资料社会主义所有制 —— 全民所有制和集体所有制两种形式；实行"各尽所能、按劳分配"的社会主义原则；苏联的政治基础是劳动者代表苏维埃，国家一切权力属于劳动者。宪法规定，各级劳动人民代表苏维埃实行普遍、直接、平等、无记名投票的选举方式。当选的苏维埃代表是工人阶级、集体农民和知识分子中最优秀的人物。苏联国家由 11 个社会主义共和国自愿联合组成。这些共和国是：俄罗斯、乌克兰、白俄罗斯、阿塞拜疆、格鲁吉亚、亚美尼亚、土库曼、乌兹别克、塔吉克、哈萨克、吉尔吉斯。宪法规定，苏联最高国家权力机关是苏联最高苏维埃，它由联盟苏维埃和民族苏维埃两院组成，两院享有平等的权力。最高苏维埃行使立法权、选举最高苏维埃主席团和苏联政府 —— 人民委员会。

　　宪法规定公民的基本权利是：劳动权、休息权、受教育权以及年老、患病和丧失劳动能力时享受物质帮助权。宪法保障公民有言论、集会、出版、信仰、结社、人身不受侵犯等自由权利。同时，新宪法也规定了公民必须履行的义务：遵守法律和劳动纪律，履行社会义务，遵守社会主义公共生活准则，保护和巩固社会主义所有制，保卫社会主义祖国。宪法规定，苏联公民不分男女、不分民族和种族，一律平等。另外，宪法还规定了党的领导的原则、地位等。

　　1936 年的宪法把苏联社会主义革命和建设的伟大成果用立法形式巩固下来，这是第一部社会主义的宪法。它在世界上第一次庄严宣布私有制被废除，社会主义公有制成为神圣不可侵犯的社会基础。肯定了苏联人民在国家生活的各个领域内所享有的充分权利和自由，使苏联人民受到极大鼓舞。它标志着苏联建成了社会主义制度。

反对托季联盟的最终胜利

图为列昂·托洛茨基的照片。

　　1926 年 4 月，两个反对派开始了联合。6 月，托季联盟完全形成，并在苏联各地举行公开或秘密的派别会议，号召反对派分子同党中央作斗争。7 月，党中央和中央监察委员会鉴于党内派别活动日益发展，召开联席会议，决定撤销季诺维也夫政治局委员职务。

　　经过一段时间后，1927 年 9 月，反对派再一次发起进攻，他们发表了《反对派政纲》。10 月，中央委员会和中央监察委员会联席会议决定，将托洛茨基和季诺维也夫开除出联共（布）中央委员会，暂保留他们的党籍。

　　1927 年 11 月，联共（布）中央反对托季联盟的斗争达到高潮。反对派组织各种集会、游行示威对抗中央，同群众的庆祝游行相抗衡。11 月 14 日，托洛茨基和季诺维也夫被开除出党。托季联盟终告失败。

专题二：　战后资本主义国家的恢复

巴黎和会的召开

1919年1月18日，和平会议在法国巴黎召开。这是人类历史上第一次召开的具有世界规模的缔约会议。参加和会的代表共有70人，分别来自全世界各大洲的32个国家。战败国和苏维埃俄国被排斥在大会之外。总统、首相、政治家、外交家、地理学家、银行家、将军等各种人物聚集一堂，而协助这些代表工作的秘书、历史学家、地理学家、金融家以及各种专家等，有数百名之多。然而，在整个和会期间操纵一切的，不过是美、英、法、日、意5国而已，决定命运的人物也只有3个：美国的威尔逊总统，英国首相劳合·乔治，法国总理克列孟梭。

帝国主义强国各有各的打算，因而整个和会期间充满了争吵，最后总算取得一致，签定了和约。条约由5大国拟好，然后把战败国召来签字。其他27个国家的代表只在条约内容与其利益有涉时才参与讨论。

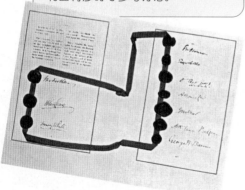

图为凡尔赛和约条约文本的最后一页，上有美国威尔逊总统率领的代表团代表的签名和盖章。

✸ 《凡尔赛和约》

巴黎和会经过长达五个月的争吵和协商。条约签定的结果大致如下：1919年6月28日在凡尔赛著名的镜厅签定对德和约；9月10日在巴黎市郊签定了对奥和约；11月27日在巴黎近郊的纳伊签定对保和约；对匈牙利和土耳其的和约定于1920年6月和8月签定。一系列和约构成了战后帝国主义的凡尔赛体系，并由此确立了资本主义在欧、亚、非三大洲的新秩序。

条约内容极其复杂。其主要的有：最大限度解除德国武装，没收其大部分船舰和所有潜艇，剥夺它的所有殖民地，停止德国的所有军事工业，1921年5月1日前德国首先偿付200亿金马克赔款。而保加利亚则应在27年内偿付22.5亿金法郎的赔款。让英国控制西亚，并与法、澳等国瓜分德国在非洲、大洋洲等两洲的殖民地。日本则"继承"德国在中国的权利。法国分得阿尔萨斯—洛林等地的主权。意大利完成了国家的统一，从奥地利得到许多领土。日本除中国山东以外，还得到了太平洋赤道以北的所有德属岛屿。美国是惟一没有从和会上得到领土的国家，但在战争期间它在南美和加勒比海的扩张以使它获得不少殖民地。至于其他中欧、东欧、巴尔干、西亚等地的领土更改变迁，也很频繁和迅速。

总之，新的地图、新的法律和新的观念被确立了。世界，以一个新的面孔又开始了前进。

✸ 华盛顿会议召开

1921年5月，英国和日本的同盟条约将要期满。为了钳制英国和日本，美国便邀英、日、中、法、意诸国参加军备限制及太平洋与远东问题会议。荷兰、比利时和葡萄牙等拥有太平洋及远东属地的国家主动要求参加会议，于1921年11月12日—1922年2月6日华盛顿会议顺利召开。

美国代表团团长、国务卿休斯当选为大会主席，英国枢密大臣贝尔福、日本海军大臣加藤友三郎、法国总理白里安、中国北洋政府代表施肇基等，分别代表各自的政府参加会议。会议的正式议程是两项，即限制军备和太平洋及远东问题。英日同盟问题虽未列入议程，却是会议讨论的一个主要问题。

1921年12月13日，英美日3国经反复密商，并征得法国应允，签署了美、英、法、日《关于太平洋区域岛屿属地和领地的条约》。至此，英日同盟终止。英国不得不加紧改善同美国的关系。海军军备问题争论尤其激烈，这是争夺海上霸权的要害。英国乃海上霸主，受到美国极力钳制；日本则受到英美联合压制，最后达成美英日海军主力舰5：5：3的比例。会上签署了一个《九国公约》，这是美、英、法、日、意瓜分它们在远东及太平洋的战略利益的契文，中国是被瓜分的重点。公约肯定了"门户开放"原则，中国又陷于被列强共同支配的局面。

华盛顿会议确立了以实力为基础的各列强在远东太平洋的利益体系，形成了第一次世界大战后的凡尔赛—华盛顿体系，暂时的国际均势得以形成。

由威廉·奥彭爵士（1878年—1931年）创作的这幅名画描绘了1919年6月28日在凡尔赛镜宫签署和平条约时的情景。

"国际联盟" 建立

在巴黎和会开幕一个月后，会议于1919年2月14日通过了威尔逊提出的"国际联盟"盟约。盟约规定，行政院由英、美、法、意、日5个常任理事国和4个（后增为9个）非常任理事国组成。"国联"总部设在日内瓦。

盟约遭到美国国内反对派的攻击。他们要求将门罗主义纳入"国联"盟约。1919年4月28日，经过修正的盟约在和会上被一致通过。美国始终拒绝批准盟约，没有加入威尔逊总统倾心构筑的联盟。美国垄断资产阶级不愿被联盟捆住手脚，它想要独自图谋霸业。

1920年1月10日，《凡尔赛和约》正式生效，这标志着"国联"正式成立。中国、英国、法国、意大利和日本等44国，是"国联"的第一批参加国。美国因达不到原目的而拒绝参加。"国联"的主要机构是会员国全体代表大会和行政院，下设秘书处。

"国联"的宗旨是崇高的：增进国际间合作和保持和平与安全；它提出的任务是庄严神圣的：各国承受不从事战争之义务，裁减本国的军备至足以保卫国家安全及共同履行国际义务的最低限度，尊重并保持联盟各国领土完整和现有政治独立。但它捍卫和平的手段则是软弱无力的：发生争议应将争议提交仲裁或司法解决，会员国如不顾盟约而发动战争者，即视为对联盟所有其他会员国的战争行为，并给予经济军事制裁。

"国联"维护和平的历史平淡无奇，而它蒙受的羞辱却难以尽数。最终于1946年4月，正式宣告解散。

《洛桑和约》的签订

第一次世界大战后，协约国强迫土耳其苏丹签订了《色佛尔条约》。根据这一条约，土耳其领土只剩下原有国土的1/5，其余皆被瓜分；土耳其所有战略要地和战略资源都被协约国操纵；土耳其军队被限制，规定不得超过5万人，等等。《色佛尔条约》是协约国宰割土耳其的奴役性条约，它把土耳其推到亡国的边缘。

1922年11月20日，英、法、意、希腊及日本等国代表，同土耳其代表一起，在瑞士洛桑正式举行和会，商讨重新签订对土和约。英国外交大臣寇松、法国总理普恩加莱、意大利首相墨索里尼和希腊首相维尼塞洛斯同土耳其全权代表伊斯美特巴夏，参加了会议。美国派驻意大利大使蔡尔德以观察员身份列席会议。苏俄、保加利亚、罗马尼亚和南斯拉夫等国应邀到会，但只参加有关黑海海峡问题的讨论。黑海海峡问题是洛桑谈判中的一个焦点，它事关土耳其的主权和领土的完整，又与海峡沿岸各国的利益与安全休戚相关。最后基本同意了寇松方案。

在洛桑会议上，土耳其代表提出收回主要石油产地摩苏尔。并且还提出取消外债，废除领事裁判权。协约国坚持土耳其要偿还奥斯曼帝国的全部外债，保留10年领事裁判权作为"过渡"，被土耳其严正拒绝。1923年2月4日，谈判破裂中断。4月9日，和谈在洛桑继续进行，直到1923年7月24日，才终于签订了《洛桑和约》和《黑海海峡公约》，《色佛尔条约》被正式废除。

《洛桑和约》为土耳其赢得了主权和独立，并给凡尔赛体系打开了缺口，极大地鼓舞了东方被压迫民族和人民的反帝斗争。

✠《洛迦诺公约》签订

自《凡尔赛和约》缔结后，战胜国与德国的关系一直相当紧张。1923年的"鲁尔事件"使德国痛感自身的安全没有保障。早在1922年底，德国总理古诺就曾建议德法缔约，保证在30年内互不侵犯，并邀英意比参加。1923年5月和9月，德国在要求法比撤出鲁尔的同时，又再次提出这一建议。

1925年1月—2月，德国分别向英国、法国发出了备忘录，提出一项关于缔结安全保证公约的方案，受到欧洲各国的欢迎。经过几个月磋商和酝酿，1925年10月5日，洛迦诺会议开幕。

1925年10月5日—16日，欧洲主要资本主义国家的代表：英国外交大臣张伯伦、法国外长白里安、德国总理路德和外长斯特莱斯曼、比利时外交大臣王德威尔德、意大利驻"国联"代表夏洛雅等7国代表在瑞士旅游胜地洛迦诺举行了一次重要的国际会议。这次会议的中心议题是安全保证问题。会上签订了一系列文件，总称《洛迦诺公约》。《公约》于10月16日草签，12月1日在伦敦举行了正式签字仪式。

《洛迦诺公约》包括1个议定书和 6个附件。议定书宣布，此次会议的目的，是寻求避免战争及和平解决争端

图为1923年1月，10多万法国和比利时军队进入德国工业的心脏地区—鲁尔。

图为1925年，古斯塔夫·施特莱斯曼博士率德国代表团离开柏林，与欧洲其他国家政府代表签定洛迦诺公约。公约体现了运用外交手段和平解决国际冲突的巨大成功。

的办法。6个附件可分为：（1）关于德国同西邻关系的3个条约：《德、法、比、英、意保证条约》《德法仲裁条约》《德比仲裁条约》；（2）关于德国同东邻关系的2个条约：《德波仲裁条约》《德捷仲裁条约》；（3）与会各国就《国联盟约》第十六条的解释，致德国代表的联合照会。

在会上，由于有关各国在德国同它西部邻国的关系问题上立场接近，很顺利地草签了《德、法、比、英、意相互保证公约》，即《莱茵保证安全公约》。公约规定：德法和德比边界维持现状；德法和德比互不侵犯，和平解决争端；德国和法比任何一方对另一方发动侵略，越过边界或在非军事区集结军队时，英意应立即援助被侵犯的一方。它是《洛迦诺公约》诸文件中最重要的一个。

《洛迦诺公约》草签后，欧洲一片兴奋。白里安说："和平终于到来了。"斯特莱斯曼称：公约将成为国家之间和人民之间关系史上的"里程碑"。张伯伦则誉之为"战争和和平年代的分水岭"和"欧洲历史的转折点"。他们3人还由此获得了诺贝尔和平奖。

《公约》对于缓和德法矛盾，稳定欧洲局势有一定作用。也为德国重新跻身政治大国铺平了道路。

《日内瓦议定书》

"国际联盟"自1920年1月成立以来，就一直在讨论国际和平和裁军问题。华盛顿会议后，在各列强加紧军备竞赛的同时，"国联"召开了一系列裁军会议。各国代表都在为自己的权利作努力：领土、边境、冲突、争端……

在1924年9月，"国联"第五届大会第一委员会拟定了《和平解决国际争端议定书》（简称《日内瓦议定书》）。

其内容如下：宣布除反抗侵略的战争以外，一切战争均属非法；保证维护《凡尔赛和约》规定的领土，国际联盟解决和平争端时，属于政治方面的争端采用仲裁制度，在特殊情况下得采取强制制裁，凡不接受"国联"行政院的和平解决争端的建议，侵犯别国主权，不把争端提交给"国联"大会或行政院讨论的国家，经"国联"行政院决定，将视其为侵略国；对于进行侵略而又不服从仲裁的国家，依据"国联"盟约第十六条，将对该国从经济、财政和军事上加以制裁，在议定书上签字的国家约定参加1925年6月15日召集的国联裁军会议。

《日内瓦议定书》于1924年10月经出席第五届"国联"大会的47个国家一致通过。其后有十几个国家在议定书上签字，但英国因国内政局变动，保守党鲍德温政府重新执政，英国外相张伯伦于1925年3月在"国联"行政院发表长篇声明，表示英国政府拒绝《日内瓦议定书》。而其他西方主要国家也把《日内瓦议定书》都束之高阁。1931年，日本侵略中国东北，意大利侵略埃塞俄比亚，德国侵占奥地利，《日内瓦议定书》成了一纸空文。

资本主义的相对稳定时期

第一次世界大战后，资本主义国家间的关系暂时缓和，欧洲革命运动陷入低潮，各国资产阶级竭力稳固统治、恢复经济。1924年—1929年，资本主义处于相对稳定时期。在此期间，世界资本主义生产发展较快，出现了一时的"繁荣"。

20年代，主要资本主义国家的工业生产增长速度较快。前五年，急剧的通货膨胀中所投入的的流通货币，再次变得稳定。许多国家重新使用金本位制，显示了他们对于恢复1914年以前的繁荣岁月已经有了信心。到1925年欧洲食品和原材料的生产量首次超过了1913年，制造业也在复苏之中。

美国、日本的工业生产，没有受到一战的破坏，不断向前发展。20年代的美国，汽车工业、电气工业、钢铁工业和建筑业的生产都出现高涨的局面。

此时日本的工业基地已初具规模，它的制造业也开始影响其他亚洲国家。其新工业力量在20年代开始左右国内政治经济的对外关系，特别是它同亚洲大陆的关系。

到1929年止，受大战破坏严重的法、德、英的工业生产也先后超过了战前水平。凭借全球范围内贸易的恢复和如今资本输出国的美国的巨额投资，欧洲在1929年达到了较高的贸易水平。

图为1929年，当股市崩溃的消息突然传出时，震惊的人群围聚在纽约华尔街财政部大楼。

◈1929年—1933年世界经济大危机

1929年10月24日，星期四。这一天，纽约华尔街证券交易所刚一开盘，便刮起一股不可遏制的股票抛售狂风。1300万股股票被一古脑儿地抛出，价格急剧下跌，连股票行情自动收录器都赶不上。下午，当摩根公司和其他大银行拿出2.4亿美元联合基金大量购买股票，以维持证券市场，并保护他们的贷款和股资时，还是有数千经纪人和数十万小股投机者破产。此时，证券市场陷入了一片惊恐之中，一场世界性的经济大危机降临了。

10月29日，上午10点钟，随着纽约证券交易所开盘锣响，大批股票涌入市场盲目地抛售。开盘后半小时内，交易量达到了300万股以上。这一天，抛售额达1600万股之多，50种主要股票的平均价格下跌了40个百分点。由此，股票市场狂泻一发不可收拾。到11月中旬，纽约交易所的全部有价证券贬值50个百分点，折合损失260亿美元。于是，股票市场全部崩溃，信用宣告破产。

在这金融大崩溃的日子里，无数投资者和股票持有者发现自己在霎时间变得一无所有。破产、跳楼、自杀的消息在报纸上比比皆是。这次金融大崩溃是20年代资本主义经济中积聚起来的各种危机因素的综合反应。

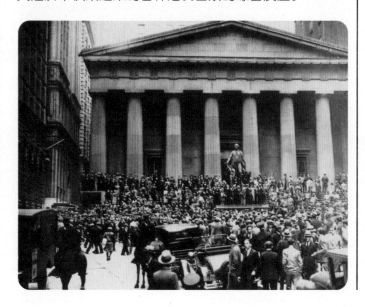

图为在经济大萧条时期，美国的施食所把免费食品分配给穷人。

从这次股票恐慌开始，美国最先陷入了经济危机。一时间，金融危机、工业危机和农业危机迸发，继而引起深刻的政治危机。危机很快从美国蔓延到加拿大、日本和西欧各国，形成了全面的、深刻的、漫长的世界性经济危机。危机震撼了整个资本主义体系，使资本主义世界遭受了价值 2500 亿美元的损失。

30 年代经济大危机，以 1929 年 10 月股市大崩溃为开端，一直延续到 1933 年。从绝对数字看，到 1932 年，这场经济危机才达到顶点。从 1933 年开始，资本主义世界经济开始进入"特种萧条"阶段。

这场经济大危机激化了资本主义世界的各种矛盾，劳资矛盾、社会矛盾、宗主国与殖民地半殖民地之间的矛盾，帝国主义之间的矛盾，都暴露无遗和不断尖锐深化。这次危机还打破了战后建立起来的赔款制度和债务关系。各主要资本主义国家在对付危机时，尽管采取的措施不同，但都加强了国家对经济生活的干预。它标志着统治资本主义世界几百年的自由放任主义开始破产。在 30 年代大危机的推动下，在凯恩斯经济学的影响下，各主要资本主义国家先后走上了国家垄断资本主义的道路。

大危机的最严重后果之一是，导致德国、日本和意大利 3 个法西斯国家经济的军事化，并先后走上了侵略扩张道路，从而在欧洲和亚洲形成了两个战争策源地。从这个意义上讲，它是促成第二次世界大战爆发的因素之一。

"经济危机"

资本主义的经济危机，是生产"过剩"的危机。所谓"过剩"，并不是说生产出来的东西劳动人民不需要了，真的"多"得吃不尽、用不完了。而是因为生产出来的商品超过了劳动人民的购买能力，使得这些商品卖不出去而显得"过剩"了。它具体表现在：大量商品卖不出去，生产猛烈下跌，许多工厂、商店、银行倒闭，失业人数激增，人民生活困苦，整个社会经济陷入瘫痪状态，甚至大量的商品被销毁，社会生产力遭到极大的破坏。

资本主义经济危机是由资本主义制度所造成的。资本主义社会的生产是社会化的大生产，这就要求社会对生产实行统一的管理。但是，资本主义社会的生产资料却被资本家私人所占有，就产生了生产社会化与资本主义私人占有之间的矛盾。在资本家私人占有生产资料的情况下，生产是资本家私人的事情，他为了赚钱，就盲目地扩大生产，形成社会上的产品越来越多。另一方面，广大劳动人民遭受着资本家的剥削，很多人的工资只能维持最低限度的生活需要，购买能力很低。这样，往往会造成生产的盲目扩大与劳动人民购买力相对缩小之间的矛盾。社会上大批商品堆在货架上卖不出去，劳动人民又无力购买。所以，这种生产和消费之间的矛盾发展到一定程度，就必然导致经济危机的爆发。

战后，西方各国政府加强干预经济，减轻了危机的破坏影响。但是，经济危机是资本主义制度的必然产物。只要资本主义制度存在，经济危机就是不可避免的社会现象。只有消灭了资本主义制度，才能最终消灭这种经济危机。

罗斯福当选美国总统

从经济危机开始到1933年春，美国的工业生产下降53.8%，对外贸易缩减3/4，约有14万家工厂企业倒闭，1700万工人失业，100多万农民破产，整个国民经济的收入从1929年的810亿美元下降到1932年的410亿美元。在这种混乱的背景下，美国开始了第三十二届总统竞选活动。共和党仍推胡佛作为总统候选人，民主党则推出了富兰克林·罗斯福。

罗斯福是纽约州一个富家子弟，在哈佛大学和哥伦比亚大学受过美国上流社会的传统教育。1910年，28岁的罗斯福竞选当上纽约州参议员。不到40岁被民主党提名为副总统候选人，名噪全国政坛。那时罗斯福因病导致下肢瘫痪而放弃了竞选。1928年和1930年他又两度出任纽约州长，对州政进行大胆改革，政绩显著。

罗斯福一向表白自己是美国民主传统的继承人。主张继续维持"民主"的传统，在政治上采取更多的改良措施。在经济上，他赞成实行大规模地国家干预的政策。在对外政策方面，他是个"世界主义者"，主张在全球范围内建立美国优势。从1932年7月2日始，罗斯福公开以"新政"作为竞选纲领，并强调国家对经济的管理，表示要用国家行政和经济力量，整顿经济混乱状况，扩大就业机会，增加社会消费资金，克服经济危机。1932年7月，罗斯福在演说中郑重宣布："我向你们保证，也为我自己立下誓言，要为美国人民实行新政。"

罗斯福的纲领得到广泛的支持，1932年11月8日当选为美国第三十二届总统。并于1933年3月4日，在白宫前面的草坪上宣誓就职，开始实施"新政"。

✠ "蓝鹰行动"

1933年3月9日，新上任的富兰克林·罗斯福总统签署了国会刚刚通过的《紧急银行法》，迈出了新政改革的第一步。在此后100天里，他促使国会通过70多项法案，涉及金融、工业、农业、贸易、保险、劳工等领域，大张旗鼓地开始了他的新政。在这些法案中，最为重要的是《全国产业复兴法案》。

图为福兰克林·罗斯福总统（右）1932年在竞选车上。

《全国产业复兴法案》还规定，工人有权组织起来选派代表与资本家谈判集体雇佣合同，并有权组建工会。它要求各企业必须接受最高工作时数和最低工资标准的限制。为了推行《全国产业复兴法案》，罗斯福下令设置全国复兴总署，任命约翰逊为署长，领导这个机构。

约翰逊上任不久，在一次与农业部长华莱士的谈话中得知印第安人有一种他们崇拜的神鸟，叫蓝鹰。他受此启发，决定画一只蓝鹰作为全国复兴总署的标志，在蓝鹰下面写到：我们尽自己的本分。从此，人们就把新政中推行与贯彻《全国产业复兴法案》的运动称为蓝鹰运动。

约翰逊首先为美国各工商企业制订一项普遍适应的"公平竞争法规"，其核心内容是接受和执行《全国产业复兴法案》。在几周之内，雇佣1600万美国工人的260万美国企业主与全国复兴总署签署公平竞争法规。

此后，约翰逊和他的助手们开始忙碌地组织各行业的资本家，制订各行业的专门的公平竞争法规。他们的努力取得不俗的成绩，许多行业的资本家签署了自己行业的公平竞争法规。但是，有许多大资本家仍在观望，美国十大行业仅有纺织业资本家与总署订立了公平竞争法规。

为了推行蓝鹰运动，罗斯福下令，对参加复兴运动，签署行业公平竞争法的工商企业可享受政府在贷款、税收等方面的优惠政策，并下令所有政府部门只许向那些与全国复兴总署合作的工商企业购货。面对强大的舆论和政府压力，资本家们屈服了，石油、钢铁、木材、批发商业、零售商业和建筑业的资本家很快与复兴总署签署了公平竞争法规，收到了颁发的蓝鹰徽章。最后，美国十大行业中仅存的拒绝签署公平竞争法规的采煤业也不得不与总署订立公平竞争法规。到1935年初，美国全国复兴总署共批准 3577 种行业公平竞争法规和 208 个补充法规。

蓝鹰运动推动了美国产业的恢复，股票和债券停止下跌，开始反弹，工业生产指数在几个月里从 59 上升到了 1000。美国经济形势好转后，资本家们不愿继续接受公平竞争法规的束缚。1935年5月5日，在《全国产业复兴法案》两年有效期到来之前，在保守势力的鼓动下，美国最高法院宣布《全国产业复兴法案》违宪，提前将之废除。蓝鹰运动结束了，但这一运动却开创了美国政府大规模干预经济的历史。美国进入了国家垄断资本主义时代。

图为1937年，美国田纳西河上的水坝。

图为田纳西流域管理处的标志。经罗斯福总统批准后不久便在1934年醒目地排印出来。开发广袤的田纳西流域的宏伟政府规划，结果创造了数千份工作，极大地提高了国家的电力生产水平。

专题三：· 法西斯的兴起

✠ 建立法西斯党

　　一战后意大利的整个国民经济被摧毁，社会矛盾激化。而意大利外交上的失败，也引起资产阶级的不满。社会党左翼成立了共产党，加入共产国际。对于这一切，墨索里尼将共产党和左翼视为死敌，决心改造意大利，建立独裁体制，他发起法西斯运动，创建战斗法西斯党。

　　法西斯原是古罗马执政官权威的象征，为一束棍棒和一柄战斧，墨索里尼把它作为党的名称和党徽的图案。他要求法西斯党徒像古罗马一样行举手礼，绝对服从他本人，以"信仰、服从、战斗"为党的口号。法西斯党攻击共产党和腐败的政府造成了意大利的灾难，鼓吹只有法西斯主义才能拯救意大利。一战后许多意大利人对前途失去信心，对生活失去目标。墨索里尼蛊惑人心的宣传，对他们产生极大的诱惑，法西斯党的队伍迅速扩大。墨索里尼将他们组织起来，统一身着黑衫，以军队建制，配有战斗武器，分为战斗小分队，被人们称为黑衫党。黑衫党人在街头屡屡向共产党和左翼力量寻衅，不断制造血案，加剧了意大利国内恐怖气氛。

图为贝尼托·墨索里尼（左），与作家布里埃勒·邓南遮在一起的照片。邓南遮在一战结束时，仍积极倡导极端的民族主义。

✠ 意大利法西斯

　　1922 年 9 月，法西斯在意大利已成为一支具有可怕力量的政党，法西斯武装匪徒为 50 万，党员 100 万，它控制的工会及其他团体成员有 250 万人。墨索里尼认为夺权的时机已经成熟，他成立法西斯党最高司令部，统一指挥法西斯武装匪徒，并亲赴克雷莫纳、那不勒斯、米兰等地，检查法西斯党武装政变的准备状况。当他提出解散国会，由他组阁的建议被拒绝后，他决定实施政变计划。

　　10 月 20 日，墨索里尼下令全国总动员，宣布将进军罗马，推翻腐朽政府，实现武装夺权。24 日，墨索里尼在那不勒斯法西斯代表大会上说："假如我们不能和平地接收国家政权，我将带兵去罗马，清君侧，以武力夺权。"会上，他下令法西斯党徒分 4 路进军罗马，沿途占领城市、邮局、政府机关、警察局和兵营，如遇军队或左翼抵抗，就以武力对付。

　　10 月 24 日，5 万多全副武装的黑衫党人，分为 4 路向罗马进军，占领意大利北部到罗马的沿途各城。同时，墨索里尼在法西斯机关报上发表《革命宣言》："从今日起，法西斯宣布临时戒严，所有军事的、政治的、行政的职务，都由 4 军团负责人以独裁的形式指挥。"法西斯党徒的进军，并没有遭到政府军和警察的阻拦，只有一些共产党人和左翼人士试图抵抗，但都被黑衫党人残酷镇压下去。10 月 27 日，法西斯大军兵临罗马城下。

　　意大利资产阶级各政党对于法西斯党悍然以武力夺权，完全束手无策。首相法克达为缓和局势，邀请墨索里尼加入他的内阁。墨索里尼一心要建立法西斯独裁政权，他拒绝了法克达首相的建议。法克达只好决定实行戒严，试图以武力阻止墨索里尼夺权，但国王拒绝在戒严令上签字，法克达只得辞职。随即，法西斯大军进入罗马。

　　10 月 29 日，意大利国王电令墨索里尼前来罗马，负责组建新政府。次日，墨索里尼抵达罗马，建立以法西斯党人为主的新政府。墨索里尼随即发表文告，宣称："全意大利法西斯，我们的运动胜利了。我党领袖已把持国家政权，内政外交都持于一人之手。"意大利成为第一个法西斯专政的国家，墨索里尼成为它的独裁者，意大利历史进入最黑暗的时期。

图为 1922 年 10 月 31 日，墨索里尼的 25000 名黑衫党人在广场举行检阅仪式。

上面这幅画理想化地描绘了 1922 年的"进军罗马"事件，墨索里尼正站在法西斯党徒队伍的最前列。实际上他根本没有步行去罗马，而是乘坐火车，并在他的追随者之前抵达罗马的。

希特勒《我的奋斗》

1923年在阿道夫·希特勒入狱期间，由自己口述，鲁道夫·赫斯笔录，完成了《我的奋斗》一书。这本书极力宣扬其种族主义理论和建立大帝国的梦想。并于1925年7月18日，在慕尼黑的艾尔出版社出版。

《我的奋斗》渗透着极端帝国主义、极端民族主义、极端沙文主义、极端反共产主义和极端复仇主义的观点。在这本长达700多页的冗长的书中，希特勒随心所欲地对他能够想到的一切问题发表议论。这些问题不仅包括外交、政治、军事，甚至还包括文教、艺术、历史，以及婚姻制度、卖淫制度、性病等。反映了希特勒的纳粹党所追求的目标，以及为达此目的而准备采用的手段。他在书中绘出了未来纳粹帝国的蓝图。

这是装在礼品盒中的《我的奋斗》。盒面上的标记是党卫队的徽标。

图为1923年11月8日，希特勒发动慕尼黑啤酒店暴动失败。

希特勒上台

1929年—1933年的世界经济危机，使德国工业生产下降42％，贸易减少60％，大批工商企业和银行倒闭，失业人数高达100万。经济危机使阶级矛盾激化，群众运动高涨。德国垄断资产阶级最终抛弃了议会制度，取而代之以法西斯独裁统治。以便对内镇压人民革命，对外用大炮坦克去夺取殖民地。于是希特勒和他所控制的纳粹党，便在垄断资产阶级的支持下日益壮大起来。

阿道夫·希特勒于1889年4月20日出生在奥地利莱茵河畔的勃劳瑙小镇的一个海关小职员家庭。1909年，希特勒在其母亲去世后，离家出走，在维也纳过流浪生活。在维也纳期间，他在反犹太人思想熏陶下，也极端仇视犹太人。希特勒从青年时代起就是一个种族狂，一个狂热的反犹太主义者。

1913年，他移居德国慕尼黑。纳粹党创建后，希特勒开始从事职业政治活动。1923年11月8日晚，希特勒率领冲锋队在一家名叫贝格勃劳凯勒的啤酒馆发动了一场旨在推翻魏玛共和国、"建立一个新式的国家"的"啤酒馆暴动"。暴动失败入狱，并编写了自传《我的奋斗》一书。

1932年，是德国政府的换届选举年。纳粹党认为夺取政权的时机已经成熟，便出动参加竞选。他们在全国大小城镇张贴了100万张印有"德国猛醒"、"希特勒就是独立、工作和面包"等字样的彩色招贴画，散发了800万本小册子和1200万份纳粹党报特刊。希特勒到处进行竞选活动，甚至乘飞机一天跑十几个地方进行"飞行演说"。一些处于绝望中的小资产阶级、公务员、大学生，以及一部分农民和失业工人被他蛊惑。在1932年7月的国会选举中，纳粹党竟获得了230个席位，成为国会中的第一大党。

　　1933年1月30日，总统兴登堡正式授权希特勒组阁，希特勒出任德国总理。这位85岁的前陆军元帅在法律上有权否决纳粹立法，但希特勒却利用共产主义颠覆的威胁为借口，以法令形式通过了其纳粹党纲。1934年8月，兴登堡去世，希特勒僭取国家大权，开始独裁统治。一个最反动、最富有侵略性的法西斯政权在德国建立，它标志着欧洲已形成一个最危险的战争策源地。

图为1933年3月，希特勒在保尔·冯·兴登堡总统的授权下，在波茨坦举行国会开幕庆典。

纳粹党

　　上图是一枚国家社会主义工人党（纳粹党）成员的党徽，它是纳粹党的象征，后来又成为德意志第三帝国的标志。曲十字形图案"卐"在古亚洲文化中原本是好运的象征，早期基督教徒也曾以这种曲十字来掩盖自己的宗教信仰。希特勒是从战后他曾参加过的一个奥地利民族主义小党派那里借鉴的此徽记以及该党的名字。

　　1919年9月16日，希特勒加入了德国工人党，成为该党的第七名委员。1920年4月1日，他将德国工人党更名为民族社会主义德国工人党（简称纳粹党）。纳粹党仇恨工农，憎恨革命，以消灭共产主义为目标，鼓吹民族沙文主义，宣扬扩张主义和复仇主义，公然提出要通过战争夺取生存空间。很快受到垄断资产阶级的扶植，他们出钱帮助纳粹党建立庞大的机构，扩大党卫队和冲锋队这一类的恐怖组织，使纳粹势力在20年代迅速发展；在1925年底，纳粹党人数仅为2.7万人，1929年增至17.8万人，1930年更增至38万人。1930年9月的国会选举，纳粹党获得的议席由12席增加到107席，从第九位一跃而成为国会中的第二大党。1930年，纳粹党的武装组织冲锋队有10万多人，比国防军的人数还要多。

反犹太主义

希特勒还以"国会纵火案"为借口，加强法西斯统治，逐步建立起法西斯独裁体制。1933年3月23日，希特勒强迫国会通过了一项名为"消除人民和国家痛苦法"的所谓授权法，希特勒可以不受宪法约束，制订任何法律，从而使纳粹独裁统治完全合法化。

1933年5月，希特勒下令解散一切工会，并逮捕了工会领导人，没收了工会的财产，接着成立了由法西斯头目把持的"德国劳工阵线"。6月，取缔社会民主党。7月，又取缔解散了一切资产阶级政党，宣布纳粹党为惟一合法的政党。

为了加强法西斯统治，希特勒建立了一支由特务头子希姆莱主持的秘密警察队伍，肆意捕人、杀人，人民生命和财产毫无保障。

与此同时，纳粹党徒又疯狂排挤犹太人。4月7日颁布文官法，规定政府中所有的非雅利安人官员以及公证员、教师和其他半官方的公务人员，都应予以辞退。接着冲锋队和党卫队对犹太人进行疯狂的迫害和屠杀。反犹太主义一直是希特勒思想的重要基石。他掌权后，便采取严厉的措施把犹太人从整个社会中彻底清除出去。犹太人商店、律师、医生都受到了官方的抵制，犹太人的儿童被禁止进入公立学校读书，在学校里，纳粹种族思想已经被纳入其课程之中。

1935年，希特勒正式实行了纽约堡法令，剥夺了犹太人的公民权，并禁止犹太人与高贵的雅利安人（德意志种族的纳粹名词）通婚。

✠ "国会纵火案"

希特勒被任命为德国总理后，为了建立法西斯独裁统治，希特勒于2月发表了一个文告，宣称德国经济高涨的先决条件是制止共产主义对德国的渗透。兴登堡宣布解散国会后，3月5日重新进行国会选举。这时德国共产党的势力也有很大增长，法西斯分子于是阴谋策划了骇人听闻的"国会纵火案"，并嫁祸于共产党以打击进步势力，为建立法西斯独裁政府铺平道路。

图为柏林的国会大厦在1933年2月27日的大火中焚毁。

　　1933年2月27日晚，法西斯二号头目戈林指使一群纳粹冲锋队员点火焚烧了国会大厦。希特勒政府马上发表公告，反诬国会纵火是共产党干的，是共产党发动武装暴动的信号。接着以此为借口，在全国范围内肆无忌惮地迫害革命者。2月28日，根据希特勒政府的建议，兴登堡总统颁布紧急法令，停止对言论自由、出版自由和其他自由权利的宪法保障。纳粹冲锋队立即出动，到处逮捕共产党员和进步人士，有1.8万名共产党员被捕，其中包括德国共产党主席台尔曼和保加利亚共产党领袖、国际工人运动著名活动家季米特洛夫。德国共产党被取缔，转入地下活动。9月22日，法西斯政府在莱比锡开庭审判纵火案。在法庭上，季米特洛夫面对长达235页并附有105个"证人材料"的起诉书毫不畏惧。他大义凛然，为共产主义革命荣誉和信仰声辩，把包括亲自出马的法西斯头目戈林、戈培尔在内的法西斯分子反诘得无辞以对。季米特洛夫在莱比锡法庭上的英勇行为，鼓舞了人民反法西斯的斗志。在世界进步人士的抗议下，1934年2月27日，季米特洛夫被宣布无罪释放。他当天离开德国飞往苏联。

　　"国会纵火案"是希特勒及其党徒妄图消灭德国共产党以及其他进步势力而策划的一个大阴谋，是为在德国建立法西斯独裁体制而耍弄的卑劣伎俩。

　　两位"专家"在测量一位老人鼻子的宽度，以便整理出一套数据以证明其种族起源。1936年，一个种族知识宣传同盟成立，它在德国的一些较大城市设立了办事处，邀请人们前去验证他们的"种族纯度"。

德国撕毁《凡尔赛和约》

　　希特勒上台后，决定挣脱《凡尔赛和约》对德国的束缚，以便对内摆脱经济危机，巩固其法西斯独裁统治，对外进行侵略扩张。1933年10月14日，希特勒政府借口德国在军备上没有平等权，宣布退出日内瓦裁军会议，五天后又宣布退出国际联盟。

　　1934年秘密下令，在10月1日前把《凡尔赛和约》规定的陆军限额10万人增加到30万人，海军人数增加一倍，并秘密建造2艘2.6万吨的战斗巡洋舰。到1934年底，德国正规军人数已达29万人，还不包括拥有30万～40万的党卫军和100万人的冲锋队。

　　1935年1月，通过公民投票，德国从法国手中收回了鲁尔区。3月，希特勒政府公然宣布不受《凡尔赛和约》关于禁止德国拥有空军这一规定的束缚。5月21日，德国通过新的《国防法》，改组武装部队。6月18日把舰队扩大到相当于英国舰队吨位的35％，并建造相当于英国45％吨位的潜艇，同法国海军力量相当。

　　希特勒政府还利用埃塞俄比亚危机，并以受到法苏结盟威胁为借口，于1936年3月7日声明，废止《洛迦诺公约》，同时决定停止实施《凡尔赛和约》不许驻军的条款，下令德军开进《凡尔赛和约》规定的莱茵非军事区。从而《凡尔赛和约》被彻底地撕毁了。

日本法西斯化

1929年—1933年的经济危机，对日本打击同样严重。工农业生产严重衰落，阶级矛盾尖锐。

为了摆脱经济危机和政治危机，日本以军部为主力的法西斯势力得以发展，他们积极怂恿向外侵略扩张。于1931年9月18日，日本发动了侵华战争，很快霸占了中国整个东北。1936年，受到军部控制的内阁上台，世界大战的亚洲策源地形成了。1937年7月7日，日本帝国主义发动了全面侵华战争。

图为1922年希特勒和墨索里尼参观罗马时代的艺术品。

✠ 法西斯轴心国侵略集团建立

意大利与德国虽然都是法西斯国家，但关系一直并不融洽，导致这种情况的根本原因是两国都试图把他们的邻国奥地利占为己有。希特勒在掌权之前就公开告诉世人，他的目标是建立一个包括所有日耳曼人在内的大德意志国家，这首先包括以日耳曼人为主要居民的奥地利。纳粹政权一建立，这个计划就开始实施。德国妄图吞并奥地利，公然违反《凡尔赛条约》和《圣日耳曼和约》，严重威胁到第一次世界大战后的欧洲国际秩序，遭到英法的强烈反对。在围绕奥地利问题的国际斗争中，意大利站在英法一边。

墨索里尼的法西斯政权在意大利建立后，他梦想恢复意大利在罗马帝国时代的"伟大"和"光荣"，建立一个囊括整个地中海地区的新帝国。在这项扩张计划中，吞并奥地利必不可少。奥地利位于意大利东北部，一旦夺取奥地利，意大利就可以长驱直入进入巴尔干和中欧。相反，奥地利一旦被别的大国占有，就会堵死意大利向巴尔干扩张的通道。因此，意大利支持英法，反对德国与奥地利合并。

1934年7月25日，德国策划奥地利纳粹党徒发动政变，枪杀奥地利总理陶尔菲斯，企图乘机吞并奥地利。墨索里尼闻讯后，立即向意奥边界地区派出4个师的兵力，向德国显示实力，迫使德国暂时放弃夺取奥地利的计划。

图为1936年12月，日本为征服东亚作准备，天皇视察形状怪异的高射炮式的高音喇叭。

　　1936年9月23日，希特勒派汉斯·弗朗克访问意大利。在罗马，弗朗克拜会了墨索里尼表明德国希望与意大利合作的意图。而墨索里尼在与心腹们商量后作出决定，放弃对奥地利的要求，以此作为与德国结盟的代价。

　　1936年10月21日，齐亚诺一行访问柏林，与德国外长牛顿特进行了几次会谈。并阐明意大利不再反对德国对奥地利的要求。这一表态使希特勒大喜过望，在他的指示下，德国外交部迅速与齐亚诺就划定各自在中欧和巴尔干地区的势力范围达成协议。

　　10月24日，希特勒在位于德奥边境的阿尔卑斯山麓的伯希特斯加登的别墅，会见墨索里尼的这位特使，并扬言只要意大利与德国联手，英法根本不在话下。在齐亚诺结束德国之行时，德国和意大利正式签订一个秘密协定，内容为德国承认意大利兼并埃塞俄比亚；意德两国共同支持西班牙的佛朗哥政权，并加强对西班牙的军事援助；两国在重大国际问题上采取一致立场；在多瑙河流域和巴尔干划定两国势力范围。

　　墨索里尼对齐亚诺的德国之行非常满意，他大言不惭地宣称，这次齐亚诺对德国的访问，标志"新的时代已经开始"，"这条从罗马到柏林的垂直线不是壁垒，而是轴心"。欧洲国家应当围绕这个"轴心"进行合作。从此，人们就把德意法西斯集团称为柏林—罗马轴心。就在齐亚诺访问德国的一个月后，日本与德国在柏林签订《反共产国际协定》，这标志着日本也加入了德意法西斯集团。

　　在30年代，这些6厘米高的玩偶士兵的产量达到数百万个，它有利于促进纳粹军国主义思想在德意志第三帝国的儿童中间传播。图中负责指挥的那具模型代表希特勒自己，他正转动胳膊行纳粹军礼，从他面前走过的3位旗手，从左到右依次代表：空军体育俱乐部，一个违反《凡尔赛和约》禁止德国拥有空军规定的训练飞行员的组织；德意志女儿团，一个纳粹女子组织；希特勒青年团，一个纳粹男子组织。

《德日防共协定》签订

　　德国和日本于1936年11月25日签署《德日防共协定》，以图"共同抵制共产主义势力的蔓延"。

　　《德日防共协定》在德国柏林举行了签字仪式，希特勒与日本驻德大使武者小路签署了这个协定。这个协定由3条本文及3条秘密附属协定为主体，协定的全称为《对共产第三国际的德日协定》。这个协定在3条本文中，述说了为防共产国际活动，两国必须相互协力。这个所谓"防共产国际活动"，实际上指的是苏联。德日所以签订这个条约旨在维护国际治安，共同合作以抵抗莫斯科共产国际的一切活动，然而欧洲各国疑虑这是一项军事同盟条约。德国和日本对此均发表声明予以否认。

　　在此以前，德国和意大利也签署了一项类似的防共条约。至此，这三个国家共同组建起一个反共产主义的轴心国。

修筑马其诺防线

马其诺防线是法国为防御德国进攻而修筑的军事防御工程。它南起与瑞士北部边境城市巴塞尔相对的法国地界，沿莱茵河左岸朝正北方向延伸，从法德两国莱茵河天然边界的北部尽头折向西北，一直延伸到法比交界的阿登山区以南的梅蒙迪，全长750千米。

防线的整个防御系统分地面和地下两部分。在肉眼看不到的地下，钢筋水泥的地道蜿蜒曲折，纵横交错，把前沿工事与复杂的地下工程串连在一起。如果将这些地道连接起来，长达240千米。每个地面前哨阵地都由地道与主防线接通，在地道的每一开口处都架设着轻机枪，后备发射阵地上配备了特大口径的火炮和反坦克武器。坑道内，装有清除瓦斯和有毒气体的电动装置。为了确保同外界的通讯联络，各条电话线都深埋在地下，总机房设在离地面50米的安全之处。防线内还铺设了小型轨道以及独立的供水、照明、空调及升降机系统。生活在地下防线的战斗人员有舒适的食宿环境，甚至设有电影院和现代化的医疗设施。

工程开始于1929年，1934年完成。政府为它投资了2000亿法郎的经费。由于这项工程由当时陆军部长安德烈·马其诺将军主持兴办，所以，法国人称之为马其诺防线。在德法边界750千米的国境线上，马其诺防线确实固若金汤。

✠ 共产国际"七大"召开

随着德、意、日法西斯专政的建立和欧亚战争策源地的形成，形势的发展向共产国际提出了新的任务：积极组织和领导国际无产阶级和各种民主力量，组成反法西斯统一战线，同法西斯势力和帝国主义战争威胁作斗争。

1935年7月—8月，共产国际在莫斯科召开了第七次代表大会，来自65个国家的共产党的510名代表出席了大会。代表们听取了由皮克所作的"关于共产国际执行委员会的报告"；季米特洛夫所作的"法西斯主义的进攻和共产国际争取工人阶级反法西斯统一行动任务的报告"；陶里亚蒂所作的"帝国主义对新世界战争的准备和共产国际任务的报告"等。

季米特洛夫在报告中揭露了法西斯主义的阶级实质，指出它是金融资本的极端沙文主义、极端帝国主义分子的公开恐怖独裁。大会号召各国共产主义尽一切努力防止帝国主义大战，如果爆发了大战，那么共产党人就必须利用战争引起的危机去推翻资本主义的统治。并通过了《关于共产国际执行委员会工作的决议》，还特别提到共产国际不干涉各国共产党内部事务和反对教条主义问题。

"七大"是共产国际最后一次代表大会。大会所通过的关于反法西斯统一战线的策略方针和不干涉各成员国党　内事务的决议，对世界人民反法西斯斗争和各国党的建设，都具有重要的意义。

右图为1936年举行的第八届苏维埃代表大会上所拍摄的照片。

✠ 意大利入侵埃塞俄比亚

1934年12月5日，意大利向埃塞俄比亚的瓦尔地区进行武装挑衅，为入侵埃塞俄比亚进行试探。埃塞俄比亚政府屡次向国联要求对意大利的侵略活动进行干预，"国联"不予理睬，这种默许态度纵容了意大利。

1936年10月3日，意大利悍然发动了对埃塞俄比亚的全面进攻，30万意大利军从南北两面夹击埃塞俄比亚。埃塞俄比亚人民在皇帝海尔·塞拉西一世的率领下，为保卫祖国而战斗。埃塞俄比亚军队在人民群众的配合下，给侵略军以沉重的打击。他们利用山区地形的有利条件，顽强抗击敌人。人民群众则组织起游击队，进行伏击战，截断侵略军的交通线。1936年1月，埃塞俄比亚人民又一次大败意军，战斗进行了5个月，意军只前进了100千米。

1936年4月开始，侵略者对埃塞俄比亚的城市和乡村进行狂轰滥炸。法西斯分子还践踏公约，灭绝人性地使用毒气。当时埃塞俄比亚内部不团结，在军事指挥方面严重失误，军队被击溃。1936年5月5日，首都亚的斯亚贝巴被意军攻占，抗战失败后，皇帝海尔·塞拉西流亡英国。5月意大利军占领了埃塞俄比亚全境。5月9日，墨索里尼宣布意大利国王兼"埃塞俄比亚皇帝"称号，埃塞俄比亚和厄立特里亚、索马里一起组成意属东非帝国。作为国际联盟会员国的埃塞俄比亚被意大利吞并，是英法美纵容侵略，实行绥靖政策的结果。

图为1936年5月5日，埃塞俄比亚陷落，归属意大利。

《中立法》

1933年，罗斯福要求国会授权总统：当总统认为将武器输往某个国家会危及和平时，有权自行决定不向该国输送武器。这可以说是中立法的最早的原型，因为所谓中立法，其主要内容就是实行武器禁运。

从1934年3月起，美国开展了对中立法案旷日持久的争论。国会议员大多数赞成中立法，但对制订一个什么样的中立法才更符合美国的利益，却分歧很大，争论不休。极端孤立派主张美国对欧洲一切事情都不要过问，只要禁止出售军火和禁止贷款给交战国，美国就能避免卷入战争。而反对孤立派的人认为，美国应当避免卷入欧洲战争，但是不能完全孤立于世界事务之外，主张执行灵活的中立政策，即为了维护和平，可以采取除战争之外的一切手段。美国国会经过长期而激烈的争论，参众两院联席会议终于在1935年8月31日通过了《中立法》。当天，经罗斯福总统签署后生效。法案规定："在两个或两个以上外国之间发生战争，或战争在进行之中，总统应宣布此项事实。宣布之后，凡以军械、军火，或战备，自美国任何地方，或其属地之任何地方，输出而运至该交战国，或运至任何交战国所利用之任何中立国港口者，均为违法。"

《中立法》从法律上把美国的欧洲政策固定下来。但美国的《中立法》客观上对当时欧洲的绥靖主义起了推波助澜的作用，助长了德意法西斯的侵略扩张。

西班牙内战

上图是战后的一幅壁画，其中把弗朗哥描绘成统一军队和教会的十字军战士。

从 1936 年—1939 年，是西班牙人民反对国内反革命叛乱和外国武装干涉的民族民主革命战争。

1931 年 4 月，西班牙发生资产阶级民主革命，推翻君主制，建立共和国。1936 年 2 月，西班牙举行国会选举，人民阵线（1936 年组成，由共产党、社会党、左翼共和党、共和联盟、劳工总会等参加的反法西斯统一战线）获胜，成立联合政府，进行民主改革。西班牙地主资产阶级、保皇党人以及教会势力对此极端仇恨。

7 月 17 日，驻摩洛哥的西班牙殖民军在弗兰西斯科·佛朗哥等反动将领策划下发动叛乱。叛乱迅即蔓延到西班牙本土各大中城市。内战初期，西班牙共和军奋起保卫共和国，在人民的支持下阻止了叛军在南部的进军。迅速平定了马德里、巴塞罗那等大城市的叛乱，将叛军压缩到边境地区，在叛军处境危急之

际，德、意法西斯应佛朗哥请求出兵干涉，企图乘机推翻西班牙共和国，控制直布罗陀海峡，把西班牙变成制约英、法的战略基地。9 月，叛军在德、意援助下向首都马德里发起进攻。西班牙人民在 54 国共产党人和进步人士组成的"国际纵队"配合下，取得了马德里保卫战的胜利。此后，双方多次交战。由于兵力悬殊等原因，共和国军接连失利。

1938 年 12 月，叛军在加泰罗尼亚地区发动最后一次大规模进攻战役，共和国军边打边撤。次年 3 月，共和国军队内部发生兵变，首都马德里被沦陷。4 月，叛军占领全部国土，人民阵线领导的共和国政府被颠覆，佛朗哥在西班牙建立了法西斯专政。

在近 3 年的西班牙内战中，共有 70 万人丧生，西班牙人民蒙受了巨大灾难。共和国被颠覆后，德、意两个法西斯国家结成同盟，西班牙随后加入反共产国际协定，造成欧洲政治关系和战略格局重大变化。

专题四： 第二次世界大战

✠ "慕尼黑阴谋"

捷克斯洛伐克位于欧洲中心，是一个工业发达、资源丰富的国家。德国吞并奥地利得逞后，便把侵略的矛头指向捷克斯洛伐克。

1938年9月29日—30日，张伯伦、达拉第、希特勒和墨索里尼代表英、法、德、意四国，在德国的慕尼黑举行会议。会议在没有捷克斯洛伐克代表参加的情况下，把由德国起草的宰割捷克斯洛伐克国家的决定确定下来，产生了《慕尼黑协定》。协定规定：捷克斯洛伐克必须在10天以内把苏德台和奥地利接壤的南部地区割让给德国，上述地区的防御工事、工矿企业、铁路及一切建筑一并移交，不得损坏。英法等国对捷克斯洛伐克的新疆界给予国际保证。这样希特勒不费一兵一卒从捷克斯洛伐克夺走了1/3（1100平方千米）以上的领土和一半的工业实力。捷克斯洛伐克被肢解了。

《慕尼黑协定》并没有阻止法西斯的侵略扩张，它纵容了法西斯的扩张野心。1939年3月，德国出兵占领了捷克斯洛伐克的其余部分，又过了5个多月，就侵略波兰挑起对英法的战争。

图为1938年，英国首相张伯伦向空中挥舞着文件说这份文件保证了"我们时代的和平。"

德国吞并奥地利

奥地利位于欧洲中部，与德国的南部接壤。把奥地利并入德国，这是希特勒建立大德意志帝国的第一个步骤。

1934年7月25日，奥地利发生了"七月暴动"，奥地利总理陶尔斐斯在这次政变中被杀。德国在1936年7月11日与奥地利缔结了所谓的"友好条约"。条约中德国承认奥地利的主权，并保证不干涉奥地利的国内事务。1938年初，德国探明西方大国对德奥合并采取"不干涉"的立场。

于1938年2月12日，希特勒向奥地利总理舒士尼格提出最后通牒：释放奥地利法西斯罪犯；由奥地利法西斯头目担任内政、国防、财政部长；德奥交换军官，建立两国军队的"密切关系"；奥地利的经济体系和外交关系由德国控制。舒士尼格被迫接受德国的要求。

2月16日，奥地利政府改组，赛斯—英夸特等法西斯分子入阁任要职。舒士尼格在人民的支持下，于3月9日宣布就奥地利独立的问题举行公民投票。希特勒则向奥地利再次提出最后通牒，要求舒士尼格停止举行公民投票，并自行辞职，如拒绝，将有20万德军开入奥境。舒士尼格在最后通牒期限之前辞职，由纳粹党人赛斯—英夸特任总理。接着20万德国正规军于3月11日晚在飞机大炮的掩护下侵入奥地利，开进维也纳。

3月13日希特勒亲临奥地利，签署了德奥合并法令，奥地利并入"德意志第三帝国"版图，称为"东方省"。4月10日，在法西斯政权的操纵下，德奥两地举行"公民投票"，通过奥地利并入德国。

德意《钢铁盟约》

从1938年1月起，德日开始进行关于缔结军事政治同盟的谈判。同年7月，日本原则上表示同意，同时又认为需要明确双方承担义务的范围和条件。于是希特勒又向墨索里尼提出了订立德意日三国军事同盟的建议，墨索里尼也表示完全同意。

1939年2月，伊藤率领的日本特使团访问罗马和柏林，向德意两国政府转告日本政府关于应将苏联作为条约的主要针对对象的意见，并强调英法美不是条约所要针对的国家。德意认为当前的主要敌人是英法，为了避免两面受敌，应暂时缓和同苏联的关系。结果，最终未能取得一致意见。

由于日本坚持不肯无条件加入三国军事同盟，于是德意决定撇开日本先缔结军事同盟。1939年4月，德国空军司令戈林访问意大利。5月，德外长里宾特洛甫到罗马和意大利齐亚诺外长会谈。

1939年5月22日，双方签订了《德国和意大利同盟条约》，即所谓《钢铁盟约》。条约的本文共7条，其主要内容是：如果缔约一方的安全或其他重大利益受到外来威胁时，缔约另一方将给予受威胁一方充分的政治上和外交上的支持，以消除该威胁；在缔约一方同一个或几个国家发生战争时，另一方应立即以盟国的身份以其全部的军事力量在陆地、海上和空中予以援助和支持；两缔约国一经共同参加战争，对缔约停战协定或和约，则采取一致的行动。两国还决定在军事和经济范围内加强合作，并为此建立常设委员会。

图为1939年4月，在德军入侵的4个月之前，手拿长矛和军刀的波兰军队在演习作战。在德国入侵初期，一些波兰骑兵队甚至误认为德军的坦克只不过是套了厚木板并刷了油漆的汽车而已。不到一个月的时间，波兰作为独立的国家被消灭了，其领土被德国及其暂时的盟国苏联所瓜分。

✠ 德国突袭波兰

1939年，德国占领捷克斯洛伐克后，为掠夺波兰的丰富资源，1939年4月3日，希特勒秘密颁布了准备战争的指令，并附有进攻波兰的"白色方案"。指令中命令德军于9月1日以前完成作战的一切准备，并以"闪电战"方式突然袭击，速战速决，给对方一个措手不及。

1939年9月1日凌晨4时45分，德军分三路向波兰发起闪电式的进攻。在这一战争中，德军投入战斗的陆军共65个师（160万人），1万多门大炮，2800辆坦克，2000多架飞机。德波军力的对比是：德军的步兵为波军的1.8倍，炮兵为5倍，坦克为6.5倍，飞机为7倍。波兰政府要求盟国英法立即履行对波的保证，在西线出兵，以减轻德国对波的压力。英法在9月1日晚向德国提出抗议，警告德国如不从波撤军，英法将出兵。2日上午，意大利建议：双方军队留在目前原地停火，举行英、法、波、德、意5国会议，解决德波争端。法国对此表示赞成，但英国再也不能容忍希特勒破坏慕尼黑会议形成的欧洲格局，提出要以德军撤军作为开始谈判的条件。3日上午9时，英国送给德国一份通牒，提出到上午11时，德国如不撤退，"英德两国即处于战争状态"。11时20分德国拒绝接受英国的最后通牒，随后法国向德国表示，9月3日下午5时起，法国政府将充分地履行对波兰的义务。英国的自治领地澳大利亚、新西兰、南非联邦和加拿大也相继对德宣战。这样，欧洲的几个大国全都卷入战争，第二次世界大战终于爆发。

虽然英、法对德宣战，但却迟迟不采取进攻行动。波军节节败退，国家陷入一片混乱。10月5日，希特勒向波兰发起突袭，迅速突破波军防线。6日，波兰政府从华沙迁往卢布林。德军长驱直入迅速向波兰腹地推进，于14日完成对华沙的包围。16日，南、北两路德军在弗沃达瓦地域会师，对波军主力形成合围。17日，苏军进占波兰东部。此后，波兰政府流亡到罗马尼亚，各地爱国者继续与法西斯侵略军展开英勇斗争。被围困的华沙军民在极其困难的条件下顽强战斗。

28日，华沙终于失陷。德波战争是第二次世界大战欧洲战场大规模军事行动的起点。战争期间，波军亡6.6万人，伤13.3万人，被德军俘69.4万人，被苏军俘21.7万人，10万人逃至邻国；德军亡1万余人，伤3万余人，失踪3400余人。战争中，德军首次成功地使用闪击战法，显示了坦克兵在航空兵协同下实施大纵深快速突击的威力。

图为苏维埃外交委员莫洛托夫签署苏德互不侵犯条约。后排中间立于斯大林旁边的是德国外长里宾特洛甫。

《苏德互不侵犯条约》

30年代后期，德意日法西斯势力相继走上了对外扩张的战争道路。面对紧张的国际形势，1939年4月中旬到8月下旬，英法苏三国进行了关于缔结互助条约的谈判。

在谈判过程中，英法对苏提出要求：当英法两国提供安全保证的国家即波兰、罗马尼亚、希腊、土耳其、比利时、荷兰和瑞士受到侵略的时候，苏应向它们提供军事援助。苏联提出三国应订立苏英法互助条约，即三国有任何一国遭到德国进攻时，彼此必须立即提供包括军事援助在内的各种援助。苏联的建议被英法拒绝，谈判陷入僵局。直到1939年7月9日，苏联提出在政治谈判达成协议之前进行军事谈判，由于英法政府缺乏谈判诚意，军事谈判破裂。

苏联被迫决定对德国作出妥协。8月22日德国外长里宾特洛甫带着希特勒亲笔签发的全权证书飞抵莫斯科，和斯大林及苏外长莫洛托夫会谈。1939年8月23日，签订了《苏德互不侵犯条约》。

《苏德互不侵犯条约》条约规定：缔约双方保证决不单独或联合其他国家彼此进行任何武力行动、任何侵略行动或者任何攻击；如果缔约一方成为第三国敌对行为的对象时，缔约的另一方将不给予该第三国任何支持；双方应以和平方式解决两国间的一切争端，双方就彼此有关问题保持接触，互相咨询，交换情报；条约有效期为10年。《苏德互不侵犯条约》的签定对双方都有利可图。

丘吉尔上台组阁

这张温斯顿·丘吉尔（1874年—1965年）1940年在视察英国东部北防务时叼着雪茄试用汤姆冲锋枪的照片流传甚广。

丘吉尔1946年出访美国期间展示他的"胜利V"的照片，和上图的照片一起成为抵抗和不屈的象征。丘吉尔体现了英国人民决心同希特勒战斗到底的决心。

20世纪30年代，当主张向德国妥协的绥靖主义思潮在英国流行之时，丘吉尔就反对张伯伦政府推行绥靖政策，主张对希特勒采取强硬路线。可是当权者把丘吉尔的主张当做耳边风。

1940年5月，纳粹德国以优势兵力侵入荷兰和比利时，6月又占领丹麦和挪威。这些地方的沦陷，使德国有了从海上进攻英国的前哨阵地，从而给英国带来了严重的威胁。英国舆论界对张伯伦政府的无能表示了极大的愤慨；许多人转而支持丘吉尔，主张对希特勒采取强硬政策。丘吉尔此时已被公认为"惟一能够出任首相的人"。

1940年5月7日—8日，英国下院对英国军队在挪威的失败进行激烈的辩论，张伯伦被迫辞去了首相职务。5月10日，丘吉尔出任首相，组织有保守党、自由党和工党参加的联合政府。

5月13日，年逾65岁的丘吉尔满怀信心地在下院向全体英国人民保证："我没有别的，我只有热血、辛劳、眼泪和汗水贡献给大家。你们问：我们的政策是什么？我说：我们的政策就是用上帝所能给予我们的全部能力和全部力量在海上、陆地上和空中进行战争；同一个在邪恶悲惨的人类罪恶史上从来还没有见过的穷凶极恶的暴政进行战争。这就是我们的战争。你们问：我们的目的是什么？我可以用一个词来答复：胜利——不惜一切代价去争取胜利，无论多么恐怖也要去争取胜利，无论道路多么遥远和艰难，也要去争取胜利。"丘吉尔的这次演讲，鼓舞了同胞，使英国人民在患难中看到了希望。事实正是这样：丘吉尔联合政府成立后，英国政府才完全抛弃绥靖政策，走上了毫不妥协的反法西斯道路。

丘吉尔上台仅一个月时间，法国败阵，纳粹已经进逼英吉利海峡。英国，此时已经处在生死存亡关头。面对希特勒的威胁利诱，丘吉尔号召英国人民："我们决不投降！"在"不列颠空战"的日日夜夜，丘吉尔亲临前线，奋不顾身地指挥这场决定英国命运的战争。在抗击法西斯的斗争中，丘吉尔与罗斯福、斯大林一起促成建立世界反法西斯统一战线，为摧毁法西斯势力作出了积极贡献。

⚔ 敦刻尔克大撤退

第二次世界大战初期，德军向荷兰、比利时、卢森堡和法国发起进攻。英、法军队在德军围攻下向英国本土实施战略撤退。20日，德军进抵英吉利海峡，切断法国北部和比利时境内的英、法、比、荷盟军与索河以南法军主力的联系。英、法军虽实施多次反突击，但因兵力不足和行动时间先后不一等原因，未能奏效。大约40万英、法联军陆续退缩到敦刻尔克地区。24日，希特勒突然命令先头部队停止追击，使联军得到一个喘息机会。

26日晚，英国政府下令执行代号为"发电机"的撤退计划。英、法、比、荷4国共派出各种舰船861艘，其中包括鱼船、客轮、游艇和救生艇等小型船只。撤退开始后，德军加强了进攻，在对敦刻尔克和英吉利海峡进行轰炸的同时，还派出潜艇和鱼雷攻击英、法的运输船队。英、法联军顽强抗击，在英空军掩护经9昼夜奋战，将33.8万人（其中法军12.3万人）撤至英国本土。6月4日，德军占领敦刻尔克，4万余名法军被俘。这次撤退虽然丢掉了几乎全部的武器装备，但是成功地保存了英、法军的实力。为日后对德军进行反攻创造了条件。

德国侵法战争

第二次世界大战期间，法西斯德国入侵法国的战争。1940年4月德国占领丹麦全境和挪威各战略要地后，形成进攻法国的有利态势。

5月10日，德国进攻西欧，对法、比、荷、卢境内的72个机场及纵深目标实施航空突击，并在鹿特丹、海牙实施空降。此后，德军"B"集团军群（辖第6、第18集团军）在一周内占领荷、比许多战略要地。德军主力"A"集团军群（辖第4、第12和第16集团军）经阿登攻入法国，并快速进抵英吉利海峡，使盟军约40个师在敦刻尔克陷入重围。德军"C"集团军群（辖第1、第7集团军）突破法军马奇诺防线。法军在德军打击下迅速瓦解。

6月14日巴黎沦陷。17日对德求和。至25日，法国全面停火。此战，法军亡8.4万人，被俘154.7万人。

图为1940年6月3、4日，面对来势汹涌的德国进攻，英军和法军从敦刻尔克大撤退。

意大利对法国宣战

德国进攻波兰后，意大利曾宣布自己是"非交战国"。这是因为意大利还没有作好战争准备，害怕参战会损害意大利的利益，因而反对过早卷入欧洲战争。

短短几个月里，希特勒德国占领欧洲一半的领土，控制了大半个欧洲。当英法军队在敦刻尔克撤退之时，墨索里尼认为争夺势力范围的时机终于来到了。于是1940年5月30日，他写信告诉希特勒：意大利将于6月5日参战。然而希特勒认为自己已稳操胜券，不愿让意大利由于参战而分享胜利果实，因而他要墨索里尼推迟参战日期。

6月10日，当德国在法兰西的胜利已成定局之时，墨索里尼在威尼斯宫的阳台上匆忙宣布：为了解决意大利的疆界问题，意大利决定对法宣战，并在11日发动进攻。意大利集中32个师的兵力，在阿尔卑斯山发动进攻。法军虽然力量单薄，但没有后退一步，他们出动6个师对其进行拚死抵抗，使意军陷入进退两难的境地。尽管如此，法国还是腹背受敌，终于加速了法兰西的溃败。

✠ 法国灭亡

德国吞并波兰后，就开始为消灭法国制订计划。1940年3月德军入侵北欧，北欧各国投降，德国便完成了对法国的包围。1940年2月24日，希特勒批准进攻法国的曼斯坦因计划，其战略构想是：充分利用集群坦克的攻击力，对具有战略决定性的突破口阿登森林地区实施主要突击，以攻其不备、出奇制胜地攻入法国北部。

德军占领敦刻尔克后，于6月5日分两路进犯巴黎。意大利也对法宣战，并越过阿尔卑斯山进入法境，使法军两面受敌。而法国统治集团中的投降派开始掌握军政大权，加快了法国败降的步伐。6月16日，法国雷诺总理辞职，由贝当组阁。17日，贝当便命令法军放下武器，正式向德求和。20日，贝当政府正式向德国宣布停战投降。

6月22日下午7时，在康边森林公共客车车厢里，法国代表发表了简短的声明，然后便签署了康边停战协定。协定规定，贝当政府在法国境内以及所有的殖民地、保护地、委任统治的领地、海域停止对德的军事行动；法国武装力量解除武装进行复员；武器装备和军用物资移交给德国统帅部；法国150万战俘在德国一直留到签定和约为止；德国占领将近66%的法国领土，法国政府必须负担德占领军的给养费；在非占领区，贝当政府有权拥有一支维持内部秩序的的军队。协定还规定，如果法国政府不履行它所承担的义务，德国则有权废除协定。6月23日法国向意大利投降。意大利要求沿边界建立一条50千米长的非军事区和占领被皮埃蒙特攻占的那些地区。

7月1日，贝当政府迁往维希。7月10日，贝当又建立了卖国傀儡政府。至此，拥有300万大军、号称欧洲第一陆军强国的法兰西第三共和国灭亡了。

图为1940年6月23日，希特勒接受法军投降的第2天，他以征服者和旅游者的双重身份，参观了埃菲尔铁塔。

❈ 英国伦敦空战

　　1940年6月法国败降后，7月16日希特勒就发布入侵英国的"海狮计划"。但要实施"海狮计划"把庞大的的登陆部队运过英吉利海峡，首先得取得空中的绝对优势。为此，希特勒决定先用空军对英作闪电战式打击，然后再进行"海狮计划"。德国空军在数量上占有绝对优势。在空战前夕，德国已拥有1500多架轰炸机和1300多架战斗机。然而英国的空防力量也有它的优势：第一，它在沿岸建立了一系列雷达系统，对敌人了如指掌；第二，英国的空军已采用无线电通讯技术；第三，战争在英国领空进行，就作战领域来说英国占有优势。

　　7月10日—8月7日，德国空军集中轰炸英国的机场、雷达站和海军基地。7月10日，德国对英国的空中打击正式开始。那天轰炸机群在接到撤销进攻的命令之前已经出发，而护航机群因为这道命令而没有起飞。因而前去袭击英国的轰炸机群失去了支援，德国损失了45架轰炸机。8月15日，德国出动了1790架次飞机，其中轰炸机520架次，战斗机1270架次。德国空军倾巢而出，是想吸引英国空军全部出动以便在空战中一举歼灭。而英国采取机动灵活战略战术，结果，德国损失了75架飞机，而英国仅损失34架。

　　9月14日，希特勒和他的部下在柏林举行会议，会议再次作决定，为了实施"海狮计划"，德国空军将在9月15日对英国空军进行一次摧毁性打击。

　　由于德军总参谋部的密码被英国情报局破译，丘吉尔在得到戈林将大规模空袭英国的情报后，便于9月15日一早就亲临伦敦郊区空军指挥部指挥这场战斗。戈林计划用1000架次轰炸机和700架次战斗机袭击伦敦，但第一批德国飞机飞临伦敦上空就遭到皇家空军的迎头痛击。空战一直持续到下午5点，德国空军被英军击退。由于消灭皇家空军计划无法如期实现，希特勒决定对伦敦等地进行恐怖空袭。这些空袭虽然使英国遭受很大损失，但希特勒的"海狮计划"终成泡影，英国赢得了最终战胜法西斯的时间。从1940年7月10日到10月底，德共损失飞机1773架，而英国仅损失915架。

　　英国军民经过英勇战斗，终于粉碎了希特勒妄图一举歼灭英国的"海狮计划"，保卫了英国的独立和生存。

图为1940年，德国纳粹空军在数星期内连续对英国伦敦进行战略性轰炸，空袭后，英国本土一片悲惨凄凉的迹象。

图中是1940年8月，英国皇家空军与入侵的德军飞机在伦敦上空展开近距离激战时，双方飞机所留下的尾气。

苏联建立"东方战线"

从1939年9月—1940年8月，苏联为了确保自身的安全，建立了一条从波罗的海到黑海的被称为"东方战线"的新西部边界线。

1939年9月29日，苏联政府与爱沙尼亚签订互助条约；同年10月5日，与拉脱维亚签订互助条约；10月10日，又与立陶宛签订互助条约。苏联与上述三个国家所签订的互助条约，内容基本相同，即条约规定苏联在三国境内有驻军的权力，并割让这三国的部分领土以供苏联修筑海、空军基地之用。

1940年6月，苏联政府分别照会爱沙尼亚、拉脱维亚和立陶宛三国，要求改组三国政府并提出这三国的领土应让苏军自由通行。三国政府和议会根据苏联的意向进行改组。1940年7月14日，三国议会又同时举行议会选举，宣布成立苏维埃政府，并"要求"加入苏联。同年8月初，苏联最高苏维埃"同意"三国加入苏联的"要求"，从此，这三国便成为苏联的加盟共和国，波罗的海东岸进入了苏联版图。与此同时，1940年6月26日，罗马尼亚政府在苏联政府的压力下，只得将比萨拉比亚"归还"苏联，并将罗马尼亚的北布科维纳"移交"给苏联政府。

1940年6月28日，苏军开入罗马尼亚这两个总面积达5万多平方千米、人口达350万的地区。同年8月2日，苏联最高苏维埃和政府将比萨拉比亚并入摩尔达维亚加盟共和国；同时将罗马尼亚的北布科维纳并入苏联的乌克兰苏维埃社会主义共和国。如此，苏联在一年时间里将它的西部国境线向西推进了二三百千米。

图为1941年，德中路集团军向苏军发起进攻。

✠ 列宁格勒保卫战

自1941年6月22日，苏德战争爆发后，根据希特勒的命令，德国以32个步兵师、4个摩托化师、4个坦克师和一个骑兵旅的兵力，配以6000门大炮、4500门迫击炮和1000多架飞机向列宁格勒发动猛烈进攻。

德军统帅部以北方集团军群从普鲁士向东北方向、以芬兰军从其本国东南地域向南和东 　南方向实施突击，企图消灭波罗的海沿岸地区和卡累利阿的苏军，切断苏联内地和北方各港口的联系，而后集中兵力进攻莫斯科。于7月10日德芬联军发起进攻，遭到苏军顽强抵抗。7月底，德军调整部署，组成北、中、南3个突击集团，连续发动攻势。至9月8日德军攻占施吕瑟尔堡，切断了列宁格勒与外界的陆上联系。从此，列宁格勒被封锁，只能通过拉多加湖水运和空投方式向军队和居民运送物资，守城军民开始了长达近900天的保卫战。与德军进攻的同时，芬兰军队亦从拉多加湖以北向彼得罗扎沃茨克 、奥洛涅茨方向发起进攻，于9月初为苏军所阻。

在列宁格勒被封锁期间，该市居民遭受深重灾难，饿死达64万多人。苏军击退德芬军队一次又一次的进攻，于1944年苏军炮兵对封锁之德军进行炮击，1月底突破敌军对列宁格勒的封锁，8月初击溃德军北方集团军群和芬军主力，终于取得列宁格勒保卫战的胜利。

✠ 日本偷袭珍珠港

　　日本要确立在亚洲和太平洋的霸权，就必须实施"南进"战略。它的第一个目标就是坐落在瓦胡岛南部的，美国太平洋舰队最大的海军基地，夏威夷群岛的珍珠港。

　　在偷袭珍珠港之前，日本作了周密的准备。1941年3月20日，军部司令情报部派出川猛夫以驻檀香山总领事馆外务书记的身份，积极搜集太平洋舰队的各种情报。袭击珍珠港的南洋部队根据情报，制定了具体的作战计划。

　　1941年12月7日早晨，潜行到珍珠港附近的日本舰队对港内的美舰发动袭击，第一批183架飞机于7时53分起飞突袭，几分钟内，美国大部分舰艇被炸沉炸毁；第二批日机167架于8时55分再次袭击，使整个美军基地完全处于一片浓烟烈火之中。由于美国的疏忽和未作准备，珍珠港内的太平洋舰队损失惨重。共有8艘战列舰被炸沉或重创，3艘轻巡洋舰和3艘驱逐舰被炸沉，损失飞机231架，死伤官兵3784人，致使美国太平洋舰队丧失战斗力达半年之久。

　　12月8日，美国对日宣战。此后，英荷等20多个国家对日宣战。于是第二次世界大战在欧洲和大西洋、北非和地中海、亚洲和太平洋三大战场全面展开。

图为珍珠港烈火中的美国战舰"西弗吉尼亚"号和"田纳西"号。

美英《大西洋宪章》

　　美英两国出于反对法西斯的共同目的，于是决定举行首脑会晤。1941年8月9日—12日，罗斯福和丘吉尔在停泊于大西洋北部纽芬兰附近阿根夏湾的英国战列舰"威尔士亲王号"和美国巡洋舰"奥古斯都号"上，举行了会谈。

　　8月14日，罗斯福和丘吉尔签署的联合宣言即《大西洋宪章》正式发表。宣言的主要内容是："两国不谋求领土和其他方面的扩张"，"不愿目睹与有关人民自由表达的愿望不相符合之领土变更"；"尊重各国人民选择他们在其管辖下生活的政府形式的权利"；"在纳粹暴政最后摧毁以后，两国希望目睹和平将告建立"；"使所有国家在平等条件下进行贸易，取得原料和航海自由"。

　　在这次大西洋会谈中，美英两国首脑还讨论、协调了两国的对苏政策，双方一致同意"给予俄国的大批援助将是一种有利的投资"，决定以武器供应援助苏联。

　　《大西洋宪章》是美英两国正式联盟的标志。它以民主原则和反纳粹的条款而被各国所认可，得到世界上爱好和平人们的热烈赞同。1941年9月24日，在伦敦召开的有比利时、捷克斯洛伐克、希腊等国代表参加的会议上，与会国决定共同采取行动和成立反希特勒同盟。美英的《大西洋宪章》成为这个同盟的基本原则。尔后《大西洋宪章》又成为国际反法西斯同盟的政治基础，对建立广泛的国际反法西斯同盟产生了重大的影响。

法西斯国家的暴行

德、意、日法西斯把战争强加给许多国家，同时还犯下了骇人听闻的罪行。他们灭绝人性，烧杀抢掠，无恶不作。

在中国，日本侵略者推行"三光"政策，屠杀大批无辜居民。仅南京一地，就有30多万无辜居民惨死在日寇的屠刀之下。

在欧洲，德国法西斯实行种族灭绝政策，570多万犹太人遭到杀害；此外还杀害了数以百万计的受侵略国家的人民。

德国法西斯还建立了许多集中营，用以关押和集中屠杀反法西斯战士、战俘和犹太人。有些集中营里还用释放毒气的"浴室"，囚犯们脱光衣服被推进"浴室"，喷头里喷出的不是水而是毒气，"沐浴者"立刻被毒死。"浴室"旁边就是大型的焚尸炉。于1940年建立在波兰的奥斯威辛集中营，德国法西斯杀害了三四百万人，每天都有大约一万人在"浴室"中被害。而死于此集中营的人数至少占犹太人死亡总数的2/3左右。

右图为犹太囚犯的尸骸散布在德国西部卑尔根—贝尔森集中营的地面上。当英国人1945年4月解放这座集中营时，他们发现了1万名死者和另外4万名余息尚存者。甚至在英国人到达这里时，党卫队还在向他们射击，他们声称这是在执行命令。有关德国屠杀营的传闻已经流传好多年了，但最后总被认为是对手为激起人们的恐慌情绪而进行的宣传，结果不了了之。第三帝国的灭亡向人们揭示了德国人实行的让人难以想像的大规模屠杀的确凿证据。

✠ 世界反法西斯联盟宣告成立

1942年1月1日，世界反法西斯国家的代表在华盛顿召开会议。出席这次会议的美国、英国、苏联、中国、澳大利亚、比利时、加拿大、哥斯达黎加、古巴、捷克斯洛伐克、多米尼加、萨尔瓦多、希腊、危地马拉、海地、洪都拉斯、印度、卢森堡、荷兰、新西兰、尼加拉瓜、挪威、巴拿马、波兰、南非联邦和南斯拉夫等26个国家，在华盛顿当即签署了《联合国家宣言》。宣言规定：每一政府保证运用其军事与经济之全部资源，以对抗与之处于战争状态的"三国同盟"成员国及其附从国家，每一政府保证与本宣言签字国政府合作，并不与敌国缔结单独之停战协定或和约。这是人类历史上空前的大联合。尽管参加《二十六国宣言》的国家，社会制度和参加战争的根本目的不同，种族、肤色、信仰各异，但战胜法西斯是所有签字国的共同目标和心愿。在《二十六国宣言》的基础上，以苏联、美国、英国和中国为核心的国际反法西斯联盟正式宣告成立。

宣言签署之后，在国际上引起巨大反响。至1942年底，又有20多个国家宣布加入国际反法西斯联盟。《二十六国宣言》动员了世界各国人民，团结了反法西斯力量，孤立和打击了德日意法西斯势力。它为世界各国人民最终取得第二次世界大战的胜利，起了巨大的推动作用。

✠ 斯大林格勒保卫战

1942年德军在制订夏季战略攻势时，为了夺取盛产石油的高加索，确定斯大林格勒为德军的进攻目标。希特勒为了进攻斯大林格勒，竟集结了欧洲战场上的150万兵力，为抗击德军进攻，苏军也集结了100多万人马，并在城市外围构筑了一道弧形防御地带和三个筑垒地域，在市内也修筑了一道道防御工事。

1942年6月，德军发起对塞瓦斯托波尔的围攻。6月28日，德军在北起库尔斯克、南至塔甘罗格的近700千米的战线上发动了进攻，直逼斯大林格勒。从9月13日开始，两军之争夺进入到白热化程度。苏军在市区顽强抗击了德军的突击，对每个街区、每栋楼房、每层楼都展开了激烈的争夺战。

11月，苏军又向斯大林格勒调集了50万兵力，开始反攻，12月包围了德第六集团军。1943年1月31日凌晨，第六军总司令保卢斯成了苏军俘虏。至2月2日，斯大林格勒战役胜利结束。苏联军民经过200个昼夜的艰苦奋战，取得了辉煌的胜利。德军在会战中总共损失约150万人，占其在苏德战场总兵力的1/4。

斯大林格勒战役是第二次世界大战中苏德战场上的一次决定性战役。从此苏联卫国战争发生了根本性的转折，开始由战略防御转入战略进攻。

左图为1942年，苏联的反战车步兵手持反坦克枪在参加斯大林格勒保卫战之前，围成一圈，正在向苏维埃祖国宣誓效忠。

莫斯科会战

在苏德战争中，德军集中兵力78个师180万人、各种火炮1.4万门、坦克1700辆、飞机1390架，准备向苏联首都莫斯科实施大规模进攻。

为保卫莫斯科，苏军最高统帅部决定动用全部兵力的30%以上，在莫斯科以西建立纵深300千米的3道防线，即维亚济马防线、莫扎伊斯克防线和莫斯科防区。

1941年9月30日德军小央集团军群在充分准备后发起猛烈进攻，一举突破维亚济马防线。14日德军攻占加里宁市。10月下旬德军突破莫扎伊斯克防线，其先头部队距莫斯科仅65千米。苏军奋勇抵抗，同时以战略预备队实施有力的反突击，并集中使用统帅部预备队航空兵直接支援步兵和坦克部队作战，终于遏止住德军的攻势，迫其转入防御。

12月5日、6日，苏军加里宁方面军、西方面军和西南方面军相继发起反攻，使其向西退到了壁垒森严的莫斯科街道。1942年1月8日苏军3个方面军计124万余人发起总攻，相继进行了一系列的进攻战役。至4月20日苏军向西推进100~350千米，收复莫斯科州、加里宁州、取得了战役的最后胜利。

在莫斯科会战中，德军损失50万人、坦克1300辆、火炮2500门、汽车1.5万余辆。苏军的胜利宣告了希特勒"闪击战"的彻底破产，改善了苏军的战略态势，提高了苏联的国际地位。

"曼哈顿计划"

1941年底，美国决定全力进行原子能的研究，指定总统科学顾问布许博士为新近成立的科学研究及发展总署署长，以协调各项工作。

同年，罗斯福与丘吉尔达成协议，成立美国、英国和加拿大共同研制原子能委员会，将英国、加拿大所有的研究原子能的科学家都集中到美国的新墨西哥州，成立了专门的工程区曼哈顿工程区。

1942年8月，罗斯福总统主持制定了研制原子弹的"曼哈顿计划"，制造超级炸弹的工程便正式开始了。

为实施这个庞大计划，美国在田纳西州橡树岭、华盛顿州汉福德、新墨西哥州洛斯阿拉莫斯等地建立了庞大的研究和开发设施，就连芝加哥大学和加利福尼亚大学伯克利分校的研究实验室也全部投入这项工作。主持这项计划的是军方代表格罗夫斯陆军少将和物理学家奥本海默教授。

美国政府调集了15万名的工作人员和科技人员为它服务。该项计划耗用了美国1/3的电力，投资达22亿美元。

1942年底，参加曼哈顿计划的科学家们在芝加哥第一次试制成功自持链式核反应堆，尔后参与该计划的科学家和工程师便研制出一颗实验用的原子弹。1945年7月16日在新墨西哥州靠近阿拉莫戈沙漠区试爆成功。它产生的爆炸威力，相当于1～2万吨TNT炸药。主持"曼哈顿计划"的奥本海默因此被誉为"原子弹之父"。

右图为海葬1943年在中途岛战争中牺牲的美国海军陆战队士兵。

✠ 中途岛海战

太平洋战争期间，美、日海军在中途岛附近海域进行的海战。1942年，日本企图夺取中途岛，美军"无畏"式俯冲轰炸机准备攻击日舰，日海军航空母舰在全力躲避美机轰炸作为前进基地，将海上防线推进到中太平洋，迫使美军退守夏威夷及美国西海岸。

6月4日，日军出动200余艘舰艇向中途岛发起进攻。由于美国破译了日本海军的无线电报密码，事先令航空母舰编队群进至中途岛东北海域展开，隐蔽待机，从而掌握了主动权。当日凌晨4时30分，日军的第1波飞机108架从航空母舰起飞，攻击中途岛。此时，美航空母舰编队群立即向日军航空母舰编队群接近。美舰队在距日舰队150海里时，于7时02分开始接连派出第1、第2波飞机200多架，乘日军第1波攻击中途岛飞机返舰、第2波飞机卸下炸弹改挂鱼雷的混乱时机，对日航空母舰实施连续攻击。日军虽有部分战斗机临空迎战，但为时已晚。结果，日军损失航空母舰4艘、重巡洋舰1艘、飞机285架，人员3500名；驱逐舰1艘、飞机150架、人员307名。

中途岛海战改变了太平洋地区日、美航空母舰的实力对比。日军损失大量飞行员，仅剩重型航空母舰1艘和轻型航空母舰4艘，从此在太平洋战场丧失战略主动权。

图为１９４２年法国和美国的将军及有关的人士在卡萨布兰卡向北非阵亡的法、美两国军人致敬。

✠ 阿拉曼战役

　　第二次世界大战期间，英军在埃及阿拉曼地区对德、意军发动的进攻战役。1942年6月以前，英军在北非战场节节败退。7、8月间，德、意军进攻受挫，转入防御，与英军在埃及北部的阿拉曼地区形成对峙。

　　8月中旬蒙哥马利接任英军第8集团军司令。他到职后，立即着手补充兵员和装备，加强部队训练，准备以攻势行动把德、意军队从北非驱逐出去。10月23日，英军集中23万部队对隆美尔的德国非洲军和意军发起突然进攻。由于炮兵未能有效地压制对方，英军进展缓慢。11月2日，英军凭借优势兵力和制空权再度发起进攻，终于在德、意军结合部打开突破口，坦克部队乘胜突入纵深，对德军形成围歼之势。4日，德军急速西撤，免遭全歼。此次战役中英军伤亡1.3万余人。德军的损失比英军惨重，德意联军计死伤3.2万人，其中1万名是德国士兵。德军还损失1000多门大炮和450辆坦克。

　　阿拉曼战役是二战中东北非战场上的一个重要战役。它标志着北非战场形势发生了重大转折，英军取得了战略主动权，开始由防御转向进攻。

北非登陆战役

　　第二次世界大战期间，美、英联军在法国维希政府控制的法属阿尔及利亚和摩洛哥实施的登陆作战。

　　英、美为夺取北非要地，控制当地战争资源，决定进行代号"火炬"的登陆战役。1942年11月7日夜，艾森豪威尔指挥美英盟军（13个师、450艘舰船和1700架飞机）在阿尔及尔、奥兰和卡萨布兰卡等登陆。

　　由于维希政府法军部分军官接应盟军突击上陆，因而未能组织有力抗击，除个别登陆地点战斗较激烈外，大部分登陆地点的法军很快停止抵抗。盟军迅速巩固登陆场并立即东进，插向由隆美尔指挥的德军背后。德军虽紧急部署实施反击，但没有奏效。25日，盟军在比赛大附近进攻受阻，战役结束。此役是战争史上第一次使用登陆舰艇进行"由舰到岸"的大规模渡海登陆战役。

图为1942年，在北非战场的澳大利亚军。

墨索里尼下台

墨索里尼在意大利上台执政后，他的独裁统治和侵略的政策使意大利陷入苦难的深渊，经济恶化，粮食奇缺，物价飞涨，民不聊生。与此同时，二战局势于1942年又发生根本变化，盟军在各个战场上开始大反攻，轴心国军队节节败退。形势危急，意大利法西斯政权陷入混乱。

7月24日，意大利法西斯党最高委员会举行特别会议，墨索里尼的女婿、外交部长齐亚诺和法西斯党创始人之一格兰第发难，指责墨索里尼造成了意大利这种不可收拾的局面，要求他立即下台。大会最后进行表决，以19票赞成，8票反对，1票弃权通过墨索里尼下台的决议。

7月25日，墨索里尼被国王召进宫去，当面宣布解除他的一切职务，并受到拘留。不久，他被转移到亚平宁山脉最高峰大萨索山峰拘留。7月28日，新总理巴多里奥宣布解散法西斯党，结束了长达21年的法西斯专政。9月3日，意大利政府与盟军秘密签约，向盟军投降，退出战争。

墨索里尼的倒台使希特勒十分恐慌，他害怕法西斯军心就此崩溃。9月13日，希特勒派党卫队亡命之徒将墨索里尼从大萨索山救出。9月15日，墨索里尼宣布成立新的"意大利社会共和国"。在纳粹军队的庇护下，他在德国占领的意大利北部当了一年多法西斯领袖。这时他仅仅是希特勒手中的一个傀儡。1945年初，意大利反法西斯起义席卷整个意大利北部，德意军队溃散。4月25日，墨索里尼被游击队抓获，4月28日被处决，尸体运至米兰街头示众。

✠ 《开罗宣言》

1943年，第二次世界大战在东、西各个战场均发生转折性变化。斯大林格勒保卫战胜利结束，意大利投降，德意日轴心解体，盟军取得战略进攻的主动权。而此时中国国民党军队在对日作战中战绩不佳。

为此，1943年11月22日—26日，中国国民党政府主席蒋介石和美国总统罗斯福、英国首相丘吉尔在开罗举行代号为"六分仪"的首脑会议。这是第二次世界大战期间，同盟国十几次最高级会议中惟一一次有中国参加的会议。

对缅甸作战的问题是开罗会议的一个重要议题，罗斯福提出折衷方案，将在缅甸作战计划延期至1944年11月，由三方共同承担。英中两国对此表示同意。开罗会议的另一个议题是讨论与中国和亚洲有关的重大政治问题，

图为1945年4月28日，墨索里尼和他的情妇及同僚的尸体被挂在洛莱托广场一个加油站的屋顶上。

图为1942年9月9日，盟国军队在意大利萨勒诺登陆。

包括战后处置日本问题。蒋介石、罗斯福、丘吉尔在开罗的会谈结束后，起草了一份会议宣言，于1943年12月1日在开罗正式发表。《开罗宣言》宣布，中美英三大盟国，将坚持进行为获得无条件投降所必要的重大的长期作战。

《开罗宣言》宣布，将"使日本所窃取于中国之领土，例如澎湖列岛、台湾、满洲等归还中华民国"。这一条具有重大意义。它谴责日本自甲午战争和"九一八"事变以来对中国的侵略；承认了东北和台湾、澎湖列岛都是中国固有领土；它肯定了中国应收复包括上述领土在内的全部失地和恢复国家领土主权完整的正当权利。《开罗宣言》是中国政府和中国人民同一切妄图将台湾从祖国分裂出去、破坏中国统一大业的阴谋进行斗争的有力的法律武器。《开罗宣言》还宣布，要让日本的殖民地朝鲜独立。但它没有同意让英国的殖民地马来亚和缅甸、法国的殖民地印度支那、美国的殖民地菲律宾、荷兰的殖民地印度尼西亚独立。

开罗会议是有利于中国与亚洲殖民地人民的，也符合世界反法西斯战争的根本利益，是具有积极意义的重要会议。

德黑兰会议

1943年，由于斯大林格勒战役、北非战役的胜利，太平洋战局的转机以及德意日占领区各国人民反法西斯斗争的蓬勃发展，使世界战局和政局发生了根本变化。为推动战局进一步发展，尽快结束战争，筹划战后秩序安排，盟国需要共同磋商一系列问题。

1943年11月28日—12月1日，德黑兰会议正式召开。罗斯福、丘吉尔飞赴德黑兰同斯大林会晤。

会议首先讨论了开辟第二战场问题。经过反复磋商和争论，最后商定开辟第二战场的时间，不能晚于1944年5月1日。此外，三国还"就东部、西部和南部发动战役的规模和日期分别达成协议"。

其次，会议讨论关于苏联对日作战问题。斯大林在会上宣布："一旦德国最后垮台，那时苏联就有可能把必要的增援部队调到西伯利亚，然后我们联合起来打击日本。"还有关于战后对德国处置问题。三国首脑同意这个问题由欧洲咨询委员会去研究。也涉及到了关于建立国际组织的问题。另外关于波兰问题，三国首脑阐述了各自的意见，都希望会议作出有利于自己国家的决议。

德黑兰会议对世界反法西斯战争的进程和结局有着重大作用和影响。会议协调了三大国对德日的军事战略行动，对加速法西斯的覆灭具有重大意义，对正在反对法西斯侵略和奴役的各国人民是一个巨大的鼓舞。然而，美英苏三国为了维护其大国地位，各自从本身利益着想，达成一些损害他国利益的妥协或默契，给战后国际关系的发展造成了不良影响。

右图为1944年6月6日，美军士兵正涉过齐腰深的海水，顶着德军密集的火力，向奥马哈海滩挺进。

诺曼底登陆

1943年，苏德战场、太平洋战场进入反攻阶段，整个战争形势发生了有利于同盟国的战略转变。经主要同盟国首脑多次会晤协商，最后确定盟军于1944年在西欧登陆，开辟第二战场。

1944年6月6日晨，盟军第21集团军群由同盟国远征军最高司令艾森豪威尔指挥。在诺曼底奥恩河口至科唐坦半岛间的5个地段突击上陆，随即对德军"B"集团军群发起盟军登陆进攻。登陆前，盟军首先出动3个空降师实施伞降，抢占海滩堤坝和桥梁，占领登陆地段翼侧要地。当日，盟军登陆部队在空降部队和舰炮火力的有效支援下，突破德军滩头阵地，建立了稳固立足点；但并没能按计划占领卡昂。12日，各登陆地段连成一片，盟军快速发展进攻，于18日切断科唐坦半岛，26日占领瑟堡港，7月9日攻克卡昂，7月18日控制交通枢纽圣洛，分割了德军"B"集团军群。至此，盟军抵达卡昂、科蒙、圣洛、莱赛一线，形成正面150千米、纵深13～35千米的战略登陆场。7月24日，盟军地面总攻的准备工作全部完成，攻占法国的第一阶段诺曼底登陆战役胜利结束。

诺曼底登陆战役对美英盟军在西欧展开大规模进攻、加速纳粹德国的崩溃以及决定欧洲战后形势，起了重大作用。此役，盟军伤亡12.2万人，德军伤亡和被俘11.4万人。标志着盟军在第二次世界大战中对法西斯德国的全面反攻。

✠ 雅尔塔会议举行

1945年2月4日—11日，苏美英三国首脑斯大林、罗斯福、丘吉尔在他们的外长、参谋长和顾问的陪同下，在苏联克里米亚半岛的雅尔塔举行了8天会议，史称克里米亚会议或雅尔塔会议。会议就战争末期盟国作战计划和战后世界事务作出了有关决定。

会议首先讨论了对德作战东西两线的军事形势，接着讨论了战败德国后处置德国的原则。会议最后签署了《英美苏三国克里米亚会议公报》《克里米亚会议的议定书》和《苏美英三国关于日本的协定》，即通常所说的《雅尔塔协定》。

关于德国问题，会议商定：必须彻底击败、消灭法西斯主义和军国主义，惩办战犯，拆除一切军事设施以及战后实行民主化等。会议决定，德国投降后由盟国军队分区占领。关于赔偿问题，会议同意苏联提出的赔偿额定为200亿美元，其中50%归苏联的建议作为讨论的基础；并决定在莫斯科成立一个专门委员会来讨论。

关于波兰问题，会议进行了激烈的争论，一个是政府问题，另一个是边界问题。美英不承认在抗德战争中产生的由苏联支持的波兰共产党组成的临时政府，而要把在伦敦的"流亡政府"强加给波兰人民。最后协议对波临时政府进行改组，流亡政府的若干成员参加进去。至于边界，商定东界基本按照寇松线，在若干地区作调整；关于西疆的最后定界，苏联提出应以奥得河及西尼斯河为界，美英不同意，因此西部和西北部的边界没有商定。

关于苏联对日作战及其条件问题，会议签署了秘密协定。协定规定欧洲战争结束后2到3个月内苏联将参加同盟国方面对日作战，其条件为：（1）外蒙古的现状须予维持；（2）日本1904年背信弃义所破坏的俄国以前权益须予恢复，即库页岛南部及邻近一切岛屿归还苏联；大连商港须国际化，苏联在该港的优越权益须予保证，苏联租用旅顺为海军基地须予恢复；对担任通往大连之出路的中东铁路和南满铁路应设立一苏中合办的公司以共同经营；苏联的优越权益须予保证而中国须保持在满洲的全部主权；（3）千岛群岛须交予苏联。

协定还规定，有关外蒙古及上述港口铁路的协定尚须征得蒋介石委员长的同意。苏联的这些要求须在击败日本后予以实现。除了上述三个重大问题外，会议还就联合国安理会的表决程序和乌克兰、白俄罗斯列为"创始会员国"的问题达成协议。会议还讨论了南斯拉夫、伊朗和巴尔干等问题。

雅尔塔会议是同盟国协议如何最后击败德日法西斯的一次重要会议，但会议在没有中国代表参加的情况下作出有损中国主权和利益的决定，无疑是大国强权政治的表现。

图为1945年2月9日雅尔塔会议期间的"三巨头"，丘吉尔（左）、病中的罗斯福（中）和斯大林（右）。

柏林战役

1945年春天，法西斯德国内外交困。近50个国家宣布同德国处于战争状态；以南斯拉夫为代表的被占领国家的人民武装斗争激烈；苏美英部队从东西南三方面发动了对德国本土的围攻。德国经济崩溃，士气低落。

苏德战争末期，苏军为攻占法西斯德国首都柏林而发起了战略性进攻战役。1945年春，苏军已进抵奥得河和尼斯河，盟军先头部队也前进到易北河，东西两线相距仅150～200千米。此时希特勒调集了百万大军死守柏林，同时寄希望于同盟国内部发生分裂，以图东山再起。苏军于4月16日以三个方面军250万人对柏林发起总攻，至19日已突破奥得河、尼斯河防线上的所有三道防御地带，21日开始强攻柏林，25日完成对柏林的包围。斯大林亲自指挥各路苏军250万人于4月25日完成了对柏林的包围，并抵达易北河北岸，同美英联军会师。苏军在对柏林的强攻中采取多路向心突击方法，经激烈巷战于4月30日攻占柏林帝国大厦。

当天，希特勒在总理府地下室于下午三点半自杀身亡。海军上将邓尼兹被宣布为他的"继承人"。5月2日，柏林残余部队宣布投降。5月8日深夜，德国正式签署了无条件投降书，德意志第三帝国灭亡了。

此次战役，德军93个师被歼，约48万人被俘；苏军损失30.4万人。柏林战役结束，标志法西斯德国灭亡以及苏德战争和欧洲战争终结。欧洲的反法西斯战争胜利结束。

美军对日本投掷原子弹

美国希望加速战争进程，争取在苏联参战前迫使日本投降。

1945年8月6日凌晨，执行任务的6架美军B—29型飞机，从马里亚纳群岛中的提尼安岛起飞。8时15分，飞机在广岛上空1万米高度投下一颗原子弹。此当量为2万吨级的原子弹在666米高度上爆炸，爆心周围12平方千米内的建筑物被完全摧毁，全市房屋被毁掉了62.8%，炸死7.8万人，炸伤3.7万人，死伤人数占广岛当时实际人数的48%。9日，美国在长崎投下第二颗原子弹，造成2.37万人死亡，4.3万人受伤以及大量建筑物倒塌。15日，日本宣布无条件投降。美国对日本的核突击，对早日结束第二次世界大战起了一定作用，但给日本人民造成重大伤亡，从此揭开了核时代的序幕，对战后国际政治和各国军事战略影响深远。

1945年日本长崎原子弹爆炸后腾起的蘑菇云。

波茨坦会议

随着1945年5月8日德国的无条件投降，处置战后德国和欧洲的问题提到了议事日程。为此，1945年7月17日—8月2日，苏美英三国政府首脑和外长在柏林西南的波茨坦举行会议。出席这次会议的有苏联的斯大林、莫洛托夫；美国的杜鲁门、贝尔纳斯，英国的丘吉尔、艾登（后期是艾德礼和贝文），以及三国的参谋长和顾问。

会议对许多问题发生了激烈争论，但对若干基本问题仍达成了协议。8月1日，三国政府首脑在柏林签署了《柏林会议公报》和《柏林会议议定书》。议定书载明的三国首脑的主要协议是：举行苏美英中法五国外长会议进行缔结和约的准备工作，盟国管制德国的原则，德国赔偿和领土边界的划定，惩办战犯以及奥地利和波兰等问题。议定书重申"德国军国主义和纳粹主义将予根除"；奥得河和尼斯河以东的领土，以及东普鲁士的一部分和但泽归波兰，东普鲁士北部和哥尼斯堡"让予"苏联等等。会议期间，1945年7月26日，中美英三国发表了敦促日本投降的《波茨坦公告》。公告重申"开罗宣言之条件必须实施"。8月8日，苏联对日宣战，同时宣布在波茨坦公告上签字。

波茨坦会议维持了苏、美、英三大同盟国之间的关系，对大战结束时出现的一系列迫切问题基本上达成了协议，为建立战后世界的新秩序奠定了基础。

日本法西斯投降

1945年8月美国在日本投掷了两颗原子弹，使日本帝国主义受到沉重打击，日本统治集团中的大多数人面对国内外严峻的形势，决定接受波茨坦公告。

在8月9日上午的最高军事会议、下午的内阁会议和午夜的御前会议上，陆相阿南惟几、总参谋长梅津美治郎、军令部长丰田副武提出投降必须坚持四个条件：保证维持国体；战犯由日本自己审判；自动解除武装；盟军不占领日本本土。外相东乡茂德等主张只提一个条件，即维持国体。最后，天皇表示采纳东乡意见。接着，日本政府通过瑞士、瑞典政府，向中美英苏发出照会，表示接受波茨坦公告，但附了一条"谅解"，说"上述公告不包含变更天皇的国家统治大权的要求"。美国表示在美军占领

简明世界史

图为原子弹爆炸时花冠似的水以子弹的速度射向空中。

下，天皇制将予保留。8月15日，裕仁以广播"停战诏书"的形式，宣布投降。

美国垄断了受降和占领大权。8月13日，杜鲁门正式任命麦克阿瑟为盟军最高统帅。同一天，美国把准备发给日本政府的"总命令第一号"通知各盟国，其中规定：中国(包括台湾)和北纬16度以北的印度支那地区由蒋介石受降；中国东北、北纬38度以北的朝鲜和库页岛，由苏联远东武装部队总司令受降；东南亚、北纬16度以南的印度支那和从缅甸至所罗门群岛，由东南亚盟军最高统帅和澳大利亚司令官受降；日本、菲律宾以及北纬38度以南的朝鲜，由美国太平洋地区陆军总司令受降；太平洋的其他地区则由美国太平洋舰队司令受降。

1945年9月2日上午，在东京湾的美舰"密苏里"号上，举行了日本正式投降的签字仪式。日本方面的外相重光葵和总参谋长梅津美治郎，盟国方面的麦克阿瑟和美、中、英、苏、法、荷、澳、加、新的代表，分别在投降书上签字。9月22日，在中国战区，何应钦代表国民政府接受了冈村宁次递交的日军投降书。

日本法西斯的投降，标志着法西斯的第二次世界大战胜利结束。

联合国建立

联合国是由接受1945年在旧金山会议上签订的《联合国宪章》所载之义务的国家所组成的世界性组织，它是一个在集体安全原则基础上维持国际和平与安全的职能非常广泛的一般政治性组织，是一个当今最具普遍性、最有影响和最大的国际组织。

1945年4月25日旧金山会议开幕，它是国际关系史上一次非常盛大的国际会议。参加会议的共有50个国家。会议成立了一个由所有代表团团长组成的指挥委员会，负责决定有关的主要原则和政策事项。此外，会议还设立了其他委员会和专门委员会考虑各种问题。在整整两个月中代表们研究与讨论了橡树园建议案、雅尔塔表决方案和各国政府所提修正案。经过协商和争论，最后完成了宪章的起草工作。代表们于6月25日在旧金山歌剧院召开了全体会议，无保留地一致通过了《联合国宪章》。第二天，各国又在退伍军人纪念堂会议厅举行的签字仪式上签了字。《联合国宪章》按规定在中法英苏美以及其他签字国过半数交存批准书后，于1945年10月24日开始生效，联合国正式宣告成立。联合国总部设在纽约，日内瓦和维也纳设有联合国机构的常驻中心。

联合国是人类反法西斯战争结束前夕特定的国际关系的产物。中国是联合国的创始会员国，中国共产党及解放区的代表董必武，作为中国10人代表团的成员，参加了这次创建联合国的重要会议，并在宪章上签了字。

联合国大会第一届会议于1946年1月10日在伦敦举行，一个新型的普遍性的国际组织正式开始了它的活动。

纽伦堡审判

图为１９４６年纽伦堡战犯审判被告席上的纳粹头目。

于 1945年11月20日上午10时零3分，欧洲国际军事法庭在纽伦堡法院的正义宫开庭。开庭之日，审判长和各国起诉代表分别讲话，强调这次审判的严肃性与重要性，表示将公正无私地履行这次审判的义务。

11月21日，各国检察官宣读起诉书。受到起诉的德国首要战犯共24名，实际出庭者21名。法庭起诉书列举了24名被告的主要罪状。起诉书还对下列集团或组织提出了起诉：纳粹党政治领袖集团、秘密警察和保安勤务处、德国纳粹党党卫队、德国纳粹党冲锋队、德国内阁、参谋部和国防军最高统帅部。

纽伦堡欧洲国际军事法庭从1945年11月—1946年3月进行了错综复杂、旷日持久的审案工作。法庭共公开审判403次，多次传讯每一名被告。要在法庭上彻底战胜纳粹被告，并从法律的角度定下历史的铁案，就必须让被告在大量确凿的人证物证面前理

屈词穷，从根本上服罪。经过9个月的艰苦斗争，法庭基本达到了预期目的。1946年9月30日，纽伦堡欧洲国际军事法庭宣读了长达250页的判决书。其中判处绞刑的有：戈林、里宾特洛甫、罗森堡、凯特尔、施特莱歇尔、纳德尔、绍克尔、弗兰克、卡尔腾布龙纳、赛斯—英夸特、鲍曼（缺席）。判处无期徒刑3名：赫斯、冯克、雷德尔。判处 20年徒刑者2名：席勒赫、施佩尔。判处15年徒刑者1名：牛赖特。判处10年徒刑者1名：邓尼茨。被告巴本、沙赫特、弗里切被宣告无罪，予以释放。法庭还宣告德国政治领袖集团、秘密警察和保安勤务处、党卫队为犯罪组织。1946年10月1日下午，纽伦堡军事法庭正式闭庭。国际军事法庭1946年10月16日对死刑犯处以极刑。

纽伦堡审判是一次公正的、经得起历史考验的审判。它是世界反法西斯斗争的又一重大胜利，巩固了第二次世界大战的成果。

✠ 法兰西第四共和国成立

1944 年 8 月 24 日，戴高乐率领法军进入巴黎。他着手改组法兰西共和国临时政府，吸收共产党、社会党、激进社会党参加内阁。

1945 年 10 月，决定建立法兰西第四共和国。并举行了立宪会议选举，法国共产党获得 500 多万张选票，占有 152 个议席，成为第一大党。新议会推选戴高乐为法兰西共和国临时政府主席，在国家制度问题上，戴高乐同各政党的分歧日益严重。1946 年 1 月，议会一致通过社会党人提出的削减军事预算 20% 的提案，戴高乐愤然辞职。1 月 20 日，社会党人古安出任政府总理，多列士任副总理。

1946 年 6 月 2 日，举行第二届立宪会议选举，人民共和党成了议会第一大党，皮杜尔出任政府总理。新的立宪会议制定出基本符合人民共和党要求的宪法草案，10 月 13 日，法国举行公民投票通过了这一宪法草案。法兰西第四共和国建立起来了。第四共和国宪法仍然采用两院制议会制度。总统由两院（国民议会和参议院）联合选出，任期 7 年，不掌握实权。

图为 1944 年 6 月法国解放后，夏尔·戴高乐（1890 年—1970 年）将军凯旋回国。

东京审判

1946 年 5 月—1948 年 11 月，远东国际军事法庭开始进行"东京审判"。

1946 年 4 月 29 日，对东条英机等 28 名甲级战犯正式起诉。5 月 3 日—4 日，首席检察官宣读了长达 42 页的起诉书。起诉书列举出 55 条罪状，检察官根据各项罪状追究被告人的个人责任。但 5 月 6 日法庭开审之时，受审的全体被告 27 人竟然全部声称自己"无罪"。

审理期间共开庭 818 次，法官内部会议 131 次，有 419 位证人出庭作证，779 位证人提供供述书和宣誓口供，受理证据 4336 份，英文审判记录 48412 页。整个审判长达二年半之久，耗资 750 万美元。到 1948 年 4 月 16 日，法庭宣布休会，以作出判决。1948 年 11 月 4 日开始，法庭宣读长达 1231 页的判决书，到 12 日才读完。

审判结果只对 25 人进行了审判和判决。7 人处以绞刑：东条英机、广田弘毅、土肥原贤二、板垣征四郎、木村兵太郎、松井石根、武藤章，16 人处以无期徒刑：荒木贞夫、桥本欣五郎、畑俊六、平沼骐一郎、星野直树、贺屋兴宣、木户幸一、小矶国昭、南次郎、冈敬纯、大岛浩、佐藤贤了、岛田繁太郎、白鸟敏夫、梅津美治郎、铃木贞一，2 人有期徒刑：东乡茂德 20 年，重光葵 7 年。

由于美国的操纵和包庇，判决书对有些战犯的判词太轻，对有些史实解释失当。此外，判决书还极力强调日本军部在实行侵略计划方面的罪行，减轻日本政府和垄断资本集团的责任。

尽管存在诸多问题，东京法庭的判决总的说来还是严正的，受到了世界舆论的欢迎。1948 年 11 月 12 日，远东国际军事法庭宣告结束。

第七部分　世界新格局的形成

　　在世界人民的反法西斯战争取得胜利后，人类进入了现代史第二阶段。从全球范围看，这是世界史经济发展迅速、相对和平的阶段。二战后，由于第三次科技革命的推动，加上内外政策的调整，发达资本主义国家经济的发展经历了一个黄金时代。这说明资本主义还没有完全丧失自我更新的能力。社会主义国家努力探寻适合本国国情的发展道路，这其中既有失败的教训，又有成功的经验。

　　在这阶段里世界形成了美苏对抗的两极格局，1989年—1991年，东欧剧变、两德统一、苏联解体、两极格局瓦解，世界日益走向多元化。殖民主义的瓦解和第三世界的崛起是 20 世纪世界历史的一件大事。今天，第三世界已成为世界历史发展中的一支重要力量。

　　总之，20 世纪是一个伟大的世纪，但同时也是一个战乱频仍的世纪。20 世纪遗留下不少危及人类自身的大难题，诸如热核战争、"人口爆炸"、环境污染、自然资源被破坏和浪费、生态失去平衡等等。

　　当前，世界经济继续发展，国际格局走向多极。和平与发展是当代世界的两大潮流，也将是 21 世纪人类所要解决的最大课题。

专题一：　亚、非、拉和第三世界的发展

欧洲国家经济的恢复发展

　　第二次世界大战给欧洲带来的重大灾难，战后初期，无论是英法等战胜国，还是德意等战败国，到处一片瓦砾，经济恢复困难重重。

　　战后初期，欧洲各国的工业水平只相当于战前的1/3～1/2。

　　第二次世界大战后，美国为了对付苏联，对欧洲资本主义各国给予大量援助。欧洲资本主义国家利用美国的援助，发挥本国良好的经济技术基础优势，采用最新的科学技术成果，发奋图强。到20世纪50年代，各国的工业生产已经大体达到甚至超过了战前水平。此后，各国经济更是步入高速发展时期。其中，联邦德国的发展尤其迅速，成为欧洲经济实力最强的资本主义国家。

　　美国在基础和应用科学方面投入了巨额资金，成为60年代和70年代技术革命的先锋。照片上，一群工程师在研究一种石油钻探系统。

✖ 欧洲经济共同体成立

　　第二次世界大战结束后昔日欧洲的强国英、法、德、意都被削弱或被打败。为了摆脱美国的支配控制，抗衡苏联的威胁，维护自身利益，振兴欧洲，西欧国家选择了走欧洲联合的道路。

　　战后欧洲的联合最先是从经济领域开始的。1950年5月，法国外长罗贝尔·舒曼提出了崭新的一体化思想。

　　1952年7月，法国、联邦德国、意大利、比利时、荷兰和卢森堡6国成立了"欧洲煤钢联营"（又称欧洲煤钢共同体），从此迈出了西欧联合的第一步。

　　1953年，荷兰外长约翰·威廉·拜恩提出了把煤钢联营扩大到其他经济部门的经济联盟计划。1955年5月20日，以拜恩的计划为基础拟了一份荷比卢三国备忘录，递交煤钢联营6国外长会议讨论。备忘录的主要内容是6国实施电力、原子能、运输等部门的一体化，并成立全面关税同盟。同年6月2日，6国外长在意大利墨西拿召开会议。会议确定了建立欧洲经济共同体的基本设想和目标。会议决定成立由各国政府代表团和专家组成的筹备委员会，并任命比利时外长斯巴克主持筹备委员会的工作。

　　1955年7月，成立了由斯巴克领导的专家委员会，负责草拟欧洲经济共同体和欧洲原子能共同体计划。1956年4月，制订出了一份斯巴克报告，提交6国政府代表讨论。1957年2月，终于通过了斯巴克报告，制定了建立欧洲经济共同体的条约草案。1957年3月25日，法国、联邦德国、意大利、荷兰、比利时和卢森堡6国政府首脑和外长汇集意大利首都罗马，签署了《欧洲经济共同体条约》和《欧洲原子能条约》（后通称《罗马条约》）。《罗马条约》共有6大部分248条，并附有11份议定书和3个专约及若干清单。条约的内容极为广泛，其中心是建立关税同盟和农业共同市场，逐步协调经济政策和社会政策，实现商品、人员、劳务和资本的四大自由流通。《罗马条约》是无期限的，而且没有规定退出条约的程序，却有欢迎其他欧洲国家参加共同体的条文。

　　根据《罗马条约》，欧洲经济共同体设立的主要机构有：（1）部长理事会，共同体的决策机构，拥有共同体的

实际立法权。理事会由各成员国派一名部长级代表组成，主席由成员国按国名字母顺序轮流担任，每届任期半年。（2）执行委员会，共同体的常设执行机构。执委会成员由各国政府提名，经一致同意后任命。任期4年，可连任。成员只对共同体负责。执委会设主席1人，副主席3人，分工负责共同体各项事务。（3）议会，共同体的监督和咨询机构，无立法权。（4）法院，共同体的司法仲裁机构。此外，共同体还设有经济和社会委员会、经济政策委员会、预算委员会、审计院、欧洲投资银行等一系列附属机构和专门机构。

1957年7月9日—12月4日，6国议会先后批准了《罗马条约》。条约于1958年1月1日生效，欧洲经济共同体正式成立，总部设在比利时首都布鲁塞尔。1965年4月8日，6个成员国签订了《布鲁塞尔条约》，决定将欧洲煤钢共同体、欧洲原子能共同体和欧洲经济共同体的机构合并，统称为欧洲共同体。条约于1967年1月1日生效。

欧共体是西欧国家为适应生产国际化与资本国际化趋势建立的国际垄断联盟，同时又是西欧国家政治上联合的国家集团。

日本的崛起

图为1946年，日本裕仁天皇视察东京附近被美军轰炸毁坏的情况。

第二次世界大战结束时，日本经济陷于崩溃。日本在美军占领下实行非军事化政策，进行了土地改革。随着世界形势的变化，美国的对日政策发生变化，开始扶植日本。

此外，战后日本军费负担较小，政局稳定，重视培养人才，劳动力素质比较高以及有效的经营管理体制等，都有利于日本经济的发展

50年代中期，日本经济已经超过战前水平。日本政府利用有利的经济发展环境，引进最新的科学技术成就，促进了经济的迅速发展。20世纪50年代中期到70年代初期，日本经济持续高速增长。到70年代初，日本一跃成为仅次于美国的第二号资本主义经济大国。

左图为修建于50年代费城的潘恩中心，它包括高层办公大楼、宾馆和购物中心，是50年代费城复兴的标志。到了60年代，整个美国都在分享战后经济"奇迹"带来的利益。

战后初期的苏联

1946年，苏联开始执行第四个五年计划，集中精力恢复并发展经济。在此期间，苏联的工农业生产水平得到了恢复、发展，重工业和国防工业是苏联工业的发展重点。人民生活水平有所提高，教育文化事业也有较大的发展。

1950年，苏联提前完成了第四个五年计划。据官方统计，1950年，苏联的工业生产值比1940年增加了73%，播种面积也达到1940年的97%，农业产量达到1940年的99%。

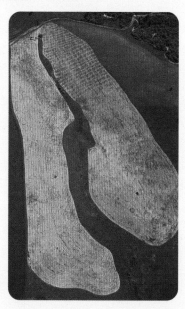

赫鲁晓夫试图改革苏联农业。1954年，他建议将上缴国库的农产品数量提高40%，为了达到这一目标，只有开垦那些在西伯利亚和哈萨克斯坦自然条件恶劣地区的荒地，使大量集体农庄在这些地区建立起来。这是一幅这种集体农庄的航空照片。

✖ 赫鲁晓夫工业大改组

1957年，苏联对工业和建筑业进行了改组，废弃部门管理体制，实行经济行政区管理体制。这一改组是苏联在50年代对经济体制实行改革的一个重大行动。

在苏共中央全会上，赫鲁晓夫提出一个供全民讨论的《关于进一步改进工业和建筑业的管理组织》的报告提纲，全会根据赫鲁晓夫的报告通过了一个同名的决议，决定从1957年起在全国范围内进行一次"彻底的改组"。在1957年5月，苏联最高苏维埃也作出决定，赞同对经济管理体制进行改组。这次改组的核心是要"把工业和建筑业的业务管理的重心转到地方上"，改变过去那种通过各专业部和主管部门进行管理的组织形式，使州（边疆区）和共和国的国民经济委员会成为管理工业和建筑业的"基本环节"，"使领导接近生产，使领导更具体和更有效，并吸收广大劳动群众来管理经济建设"。

苏联在这次改组中主要采取了以下措施：第一，撤销中央和加盟共和国绝大多数部，把其管理权移交给经济行政区国民经济委员会。

这次改组，撤销25个全联盟部、联盟兼共和国部，只保留了航空、造船、无线电、化工、重型机器制造和运输建筑6个工业与建筑部。加盟共和国撤销了110多个部。与此同时，把全国划分为105个经济行政区，每区建一个国民经济委员会。改组后的工业管理结构变为：苏联部长会议—加盟共和国部长会议—经济行政区国民经济委员会—管理局—企业。在这一管理体制中，经济行政区国民经济委员会是国家管理工业、建筑业的基本组织形式。它负责领导该经济区所属的一切工业和建筑业，具有进行经济和财政活动的一切权力，有权在国家计划范围内解决过去由部解决的各种重大问题。

第二，改组中央经济计划管理机构。在这次改组中，撤销了负责短期计划的国家经济委员会，将国家国民经济长期规划委员会改组为国家计划委员会，以负责全国的长短期计划的综合平衡工作。

赫鲁晓夫从1957年起对工业和建筑业实行的改组，对于发挥地方的积极性，促进同一地区不同部门企业之间的协作和该地区生产的合理布局，起到一定的积极作用。但由于这是一次"没有经过周密思考、没有仔细权衡、没有经过实际试验"的改组，它并没有解决原来部门管理体制存在的主要问题。

改组后如官僚主义、本位主义、科技和管理人员脱离生产部门、效率不高等不良现象依然存在，行政命令的管理方式依然没有改变。由于从部门管理体制改为经济行政区管理体制，即由"条条"管理体制变为"块块"管理体制，又产生了新的管理问题。首先，它削弱了中央的统一领导。这次改组把领导经济的集中与分散原则、部门与地区相统一的原则绝对地对立起来，取消了中央经济计划机关和各部对企业直接进行领导的职能作用，妨碍了部门性专业化和经济区之间的生产联系的发展。中央的计划机关和行政领导部门变成有职无权或无职无权，不能从全局出发对国民经济实行有效的指导。其次，打乱了生产的专业化协作，阻碍统一技术政策的执行。在改组后的管理体制中，计划不协调，工作不一致，壁垒森严，相互隔绝，由于企业和科研机构分散到各个经济行政区国民经济委员会，技术政策的统一也遭到破坏，产品类型、牌号繁杂达到了惊人的地步，根本谈不上任何设备的标准化和零部件的规格化。特别是通过数目众多的经济行政区实现对工业的领导，这本身就把集中的管理机构变为数目庞大的地区管理机构，再加上后来采取的补救措施，又不断增设新的垂直和平行的领导机构，使管理机构更加臃肿不堪。

列宁格勒案件

1949 年秋，苏联内务部长贝利亚和保安部长阿巴库莫夫掌握下的保安部门突然逮捕了苏共中央政治局委员、部长会议第一副主席、国家计划委员会主席沃兹涅辛斯基，苏共中央负责国家保安工作的苏共中央书记库兹涅佐夫，俄罗斯联邦部长会议主席罗吉昂诺夫，列宁格勒州委、列宁格勒市委书记波普科夫，列宁格勒市委副书记格布斯金等一大批党政军高级干部。接着，又在干部队伍中进行清洗。这批干部大多是日丹诺夫任列宁格勒州委、列宁格勒市委书记时提拔起来的，并且长期在日丹诺夫领导下的列宁格勒地区任职，故这一事件被称为"列宁格勒案件"。

贝利亚及阿巴库莫夫对被捕的干部进行残酷的刑讯逼供。1950 年 1 月，苏联最高苏维埃主席团颁布《关于对祖国叛徒、间谍和怠工破坏者施用死刑》的命令。同年 9 月 20 日，这一案件的主要人员被苏联最高法院军事法庭判处死刑，并于 9 月 30 日和 10 月 1 日先后枪决。

"列宁格勒案件"是以贝利亚为首的内务部在马林科夫的协助下制造出来的。斯大林逝世后，马林科夫接替了斯大林生前的职务，担任了苏联党和国家的最高领导职务。

1950 年一幅苏联的宣传海报表明，斯大林大力倡导"实现共产主义的列宁主义道路"。背景上的水坝意在显示苏联有能力生产全国所需的电力。尽管苏联表面上看来是强大繁荣的，但大多数苏联人在战后很长一段时期里，仍然过着贫困痛苦的生活。

苏联第一次原子弹爆炸成功

二战后期和战后初期，美国加紧扩大核武器生产，苏联等社会主义国家面临着现实的核威胁。

在这种形势下，战后头几年，苏联军事技术发展的重点就是制造和试验导弹核武器，并对一些最有效型号的导弹核武器组织生产。为此苏联采取了许多重大措施，培养掌握新技术的高级专家，增加科研经费的拨款，建立了很多新的研究所如物理研究所、放射物质研究所等，推动了科学技术的发展。由于科学技术发展的影响，苏联工业结构发生了深刻变化，动力、机械制造、化学工业、黑色金属和有色金属生产、建筑建材生产等主要工业部门迅速发展起来。这种变化对苏联国防工业发展和核武器研制起了重大推动作用，并为之提供了坚实的物质、技术基础。

早在1943年初，苏联的科学实验机构在科学院士库尔恰托夫的领导下就开始了原子能问题的研究工作。由于学者、发明家、工程师、技术人员等共同努力，1946年底苏联第一个铀一石墨反应堆开始运转。随后，又建立了强大的实验反应堆和工业反应堆，以便大量生产可分裂物质。著名的苏联学者阿利汉诺夫、亚历山德罗夫、布洛欣采夫等对解决原子问题作出了重大贡献。

1947年苏联政府声明，原子弹的秘密已不复存在。1949年8月23日，苏联进行了第一次原子弹爆炸成功，这一爆炸震动全球。9月25日，苏联塔斯社宣布苏联原子武器研究工作已取得成功，并且已经掌握原子武器的生产技术。美国的原子垄断被打破了。

图为苏联地球卫星"人造地球卫星一号"官方最早发来的照片之一。它的发射使美国政府在所谓的"太空竞争"中被击败。

✠ 苏联发射世界第一颗人造地球卫星

1957年10月4日，苏联发射世界上第一颗人造地球卫星，由此开始了利用人造天体有规律地研究和开拓宇宙空间的时代。

人造地球卫星是送入宇宙空间的航天器，旨在完成一定的任务并发现沿地心轨道（绕地球至少一周）的自由运动。苏联利用洲际弹道导弹将第一颗人造地球卫星"礼炮一号"发射上天，用以测量地球上空大气层的密度和温度。这颗人造卫星的仪器舱重83.5千克，轨道远地点为940千米，近地点为230千米，每96分钟绕地球一周。它于1958年初坠入地球大气层而陨落。

苏联发射第一颗人造地球卫星揭开了人类探索外层空间的新篇章，它说明苏联在开发利用太空的技术方面领先全世界。其历史意义在于给人类开辟了一条梦寐以求的开发利用太空为自己服务的光明道路。然而从此美苏开始展开太空军事争夺，人造地球卫星被广泛运用到军事领域。

此外，苏联发射第一颗人造地球卫星也有力地推动了世界民用航天事业的发展。目前，全世界的各种应用卫星和科学探测卫星普遍进入实用阶段，并朝着高性能、多用途、长寿命、低成本的方向发展。

✠ 匈牙利十月事件

在苏联的影响下，匈牙利总理伊姆雷·纳吉也对匈牙利的内外方针进行了改革，结果被开除出党。匈牙利一大批党员干部和知识分子在1956年3月17日成立了裴多菲俱乐部，要求纳吉重新回到党内来。

苏共领导为了缓和匈牙利内部矛盾，辞去了拉科西第一书记的职务，并由格罗·埃尔诺接任。10月22日，裴多菲俱乐部拟出了给党中央的十点要求。其主要内容为：建议召开由纳吉参加筹备的中央全会，恢复纳吉党内外职务，开除原党中央第一书记拉科西党籍，实行工人自治，在完全平等的条件下巩固同苏联的友谊等。

23日下午，学生进行游行，许多市民、群众也参加了游行。当天晚上，党的第一书记格罗发表广播讲话，下令禁止游行，而后又派军警镇压。为了平息事态，匈党中央决定改组政治局和书记处，任命纳吉为部长会议主席，并请苏军进驻市区协助治安。24日，格罗被撤职，卡达尔接任中央第一书记。此时纳吉宣布取消一党制，成立全民政府，释放政治犯，退出华约组织，还公开赞扬暴乱者并宣布解散国家保安队。

30日，武装分子攻打布达佩斯党委会大楼，杀害了市委第一书记麦泽，伊姆雷和2名国家保安队上校、25名保安队战士。全国各地也出现了大批党员干部惨遭杀害、党政机关遭袭击的事件。直到苏军再次进驻布达佩斯市区，持续10多天的暴乱终于平息。纳吉政府的主要成员和许多叛乱分子先后被捕，纳吉以反革命罪被处决。这场暴乱从10月23日开始至11月4日，历时13天，直接经济损失达200亿福林，死伤数万人。

匈牙利事件的发生，从根本上说还是由拉科西长期奉行"左"的错误政策所积累的矛盾而导致的。而纳吉右的错误政策和过激做法也起了推波助澜的作用，此时国内外反革命势力也趁机行事，妄图推翻社会主义政权。总之，由于"左"和右、内和外的各种因素交织，使匈牙利的变革成了一场悲剧。

右图为10月，在匈牙利首都布达佩斯，一些人起来反对撤换主张改革的伊姆雷·纳吉的总理职位，爆发了匈牙利动乱。

欧亚人民民主国家的诞生

第二次世界大战后，欧洲一些国家或是在本国无产阶级政党的领导下赶走了法西斯，或是在苏联的帮助下获得了解放。他们的民族解放斗争发展为人民民主革命，建立了人民民主政权。亚洲的蒙古人民共和国、越南民主共和国、朝鲜民主主义人民共和国和中华人民共和国也先后建立。1949年10月，欧亚共建立了12个人民民主国家。

20世纪50年代，除南斯拉夫以外，这些人民民主国家在苏联的领导下，形成了社会主义阵营。欧亚各国人民民主政权建立以后，借鉴苏联经验，走上了发展社会主义的道路。经过各国人民的艰苦努力，社会主义国家经济得到迅速的恢复和发展。但是由于照搬苏联模式，忽视本国的经济发展的客观规律，其消极影响日益显露。从50年代中期起，欧洲的社会主义国家试图通过改革，推动国家经济的发展，但收效不大，社会主义在曲折中发展。

印度、巴基斯坦分治

图为甘地1947年出席在伦敦举行的印度会议，会议最后宣布了印度独立的条款。

第二次世界大战以后，亚洲首先掀起了民族解放运动的高潮。中国、朝鲜和越南南北部相继走上社会主义道路。其他国家也先后走上资本主义道路。

巴基斯坦和印度本是一个国家。自1757年起，印度沦为英国的殖民地。印度人民多次爆发了大规模的反英运动和反英起义，要求推翻英帝国主义殖民统治，实现民族独立。在印度起义士兵和人民群众反英运动的冲击下，英帝国才不得不派使团就印度自治问题进行谈判。英殖民者为了达到"分而治之"的目的，提出将印度分为3个辖区，印度教一个，伊斯兰教2个。这3个辖区可自行选举制宪议会，制订联邦宪法方案等等。

1947年6月，英帝国主义又进一步公布了把英属印度按居民宗教信仰分为印度和巴基斯坦两个自治领的"蒙巴顿方案"。按照这个方案，印度被分成印度和巴基斯坦两个部分：印度人口为2.25亿；巴基斯坦人口为7000万。

巴基斯坦在1947年8月14日成立自治领后，把这一天定为独立日。1956年3月23日，巴第一部宪法颁布，巴基斯坦伊斯兰共和国宣告成立，并把这一天定为国庆日。1947年8月25日，印度与巴基斯坦正式分治。英军同日撤退，从而结束了在印度的殖民统治。

巴基斯坦伊斯兰共和国的成立，对于南亚次大陆的民族独立运动，对于改变巴基斯坦人民长期受殖民统治的地位，产生了极大的影响，并给第三世界的独立和发展以极大的鼓舞。

当然印度的独立对帝国主义殖民体系也是一次巨大的冲击。在印度独立前后，印度尼西亚、菲律宾、缅甸、锡兰、新加坡、以色列等先后独立。

✠ "七月革命"

　　1952年7月22日夜11点整，在纳赛尔领导下自由军官团发动了起义。起义部队出动了坦克、装甲车，使用了大炮和机枪，逮捕了忠于王室的高级军官，占领了军营区各兵种的重要据点，夺取了军队的控制权。接着，起义部队迅速占领了机场、重要桥梁、火车站、电报和电话局、广播电台。这样，在7月23日太阳升起之前，起义部队已顺利地控制了军队和首都开罗，早晨7点半，纳赛尔在广播电台中以埃及武装部队总司令纳吉布的名义发表了一个声明，宣布埃及军队已经起义，反对王室的专制暴政和国家的腐败统治。正在亚历山大避暑的法鲁克国王闻讯后，请求英美的援助，最终失败。7月26日下午6点，统治埃及16年的法鲁克国王带着他的妻子乘游艇逃往意大利。

　　自由军官团夺取政权后，于9月9日颁布《土地改革法》，宣布进行土改，1953年1月16日颁布了解散一切现存政党并没收其财产的决定；同年6月18日又宣布永远废除君主政体，成立埃及共和国。1956年6月23日埃及通过新宪法，7月7日纳赛尔正式当选为埃及共和国总统。

非洲统一运动兴起

　　20世纪初，泛非主义思想和非洲人民的斗争相结合，形成了泛非主义运动。第二次世界大战后，泛非运动的中心开始转移到非洲，与非洲独立运动紧密结合起来。

　　非洲人民在反殖反帝斗争中强烈希望团结起来，以实现非洲的独立和统一。七月革命使埃及实现了彻底的独立。1954年阿尔及利亚人民开始了反对法国100多年殖民统治的武装斗争，接着，苏丹、摩洛哥、突尼斯相继获得了独立。北非民族独立运动逐步蔓延到撒哈拉大沙漠以南的非洲地区。加纳和几内亚的独立，不仅促进了本国社会的发展，也有力地推动了撒哈拉以南非洲国家独立运动的迅猛发展。

　　1958年4月经恩克鲁玛倡导，在加纳首都阿克拉召开了第一届非洲独立国家会议，它标志着非洲统一运动的兴起。此后，非洲统一运动在非洲迅速发展起来。

　　1960年，非洲17个国家从殖民统治下独立出来。1960年和1961年先后在突尼斯和埃及召开了第二届和第三届全非人民大会。1963年5月，在埃塞俄比亚首都亚的斯亚贝巴召开了具有非洲统一运动里程碑意义的非洲国家首脑会议，有31个非洲国家首脑到会，会议通过了《非洲统一组织宪章》，宣布成立非洲统一组织。捍卫非洲独立的前提下，非洲统一组织将重点逐步转移到促进地区稳定、加强经济合作和实现非洲经济一体化方面。

　　左图为在1962年7月3日，庆祝自己的国家脱离法国独立的阿尔及利亚人。

非洲独立年

二战结束后，非洲迅速地掀起一股不可阻挡的革命洪流，"还我自由"、"还我独立"、"还我非洲"成为非洲革命斗争的主要目标。面对蓬勃发展的革命运动，帝国主义也只得调整政策，承认非洲民族"独立"。

1951年利比里亚根据联合国决议取得独立；1956年苏丹、摩洛哥、突尼斯取得独立，随后加纳、几内亚也相继独立。1960年，是非洲人民同殖民主义者长期斗争取得伟大胜利的一年。在这一年内，刚果、乍得、尼日利亚等17个非洲国家宣布独立，结束了政治上对帝国主义列强的依附，走上了发展民族经济、实行民族自决的道路。因此，人们称1960年为"非洲年"，又叫"独立年"，它标志着非洲大陆的崛起。到60年代末，非洲的独立国家共达41个。1974年，安哥拉、莫桑比克、几内亚比绍及圣多美和普林西比等宣布独立后，非洲整个殖民体系便宣告彻底瓦解。

独立的非洲日益成为世界政治舞台上的一支重要力量，发挥着越来越重要的作用。

✠ 苏伊士运河战争

1956年8月，美国由杜勒斯提出"四点计划"；9月提出成立"苏伊士运河使用国协会"，试图控制苏伊士运河。

英法则暗中与以色列策划，制定了配合侵略埃及的计划。10月29日第二次中东战争爆发。以色列出动4.5万名侵略军，分4路进犯埃及的西奈半岛。埃及总统纳赛尔下令全国总动员，抗击以色列的侵略。30日，英法借口"保护"苏伊士运河，向埃及发出最后通牒，要求埃以双方立即停火并后撤军队，由英法军队进驻运河区和塞得港。这些要求被埃及拒绝了。31日，英法宣布成立联合司令部，出动飞机对埃及进行狂轰滥炸，接着集中兵力围攻塞得港，企图强占运河区，进而逼纳赛尔下台。埃及人民在英法入侵后，进行了英勇抗击。埃及将兵力集中在西线，抵抗英法侵略者；用沉船封锁运河，使英法军舰无法通过；查封英法在埃及的银行，接管它们的石油企业。阿拉伯国家和世界各地掀起了反对英法以侵略埃及的浪潮，一些国家宣布同英法断交，实行禁运，阿拉伯国家不许英国使用它们的军事基地。叙利亚、约旦炸毁英伊（拉克）石油公司的油管，切断英国的石油供应。美国于11月1日带头在联合国大会上提出立即停火和撤军的提案，提案以压倒多数票通过。美国还以中断石油供应，不准使用美援武器迫使英法停火撤军。11月6日下午5点，英法宣布在午夜停火。经过历时8天的第二次中东战争，埃及人民收回了苏伊士运河，沉重打击了英法帝国主义在中东的势力。

图为1896年11月7日苏伊士运河通航首日驶过的首航船只。由于运河大大缩短了欧亚间航行的时间，它成为欧洲商业扩张的的基本通道和英帝国的生命线。

图为1914年15日，第一次通过巴拿马运河的船只"安肯"号。

✠ 古巴革命胜利

1952年，美国支持古巴反动军人巴蒂斯塔执政后，建立亲美独裁政权，实行恐怖统治，在经济上执行有利于美国垄断资本的政策，在国内镇压一切爱国进步人士。因此工人罢工和学生罢课此起彼伏。当时，在反对巴蒂斯塔独裁统治的斗争中影响较大的是菲德尔·卡斯特罗领导的游击队。1953年7月，卡斯特罗率领100余名青年攻打蒙卡达兵营，企图夺取武器装备自己，但遭到失败。1956年11月，卡斯特罗等81人乘坐游艇"格拉玛"号，在古巴奥连特省海岸登陆，遭到围剿，幸存的12人进入马埃斯特腊山区，建立了根据地，开展游击战争，游击队日益壮大。同时，广大工人、学生和市民也掀起了大规模的城市斗争。与此同时，卡斯特罗领导的起义军很快控制了古巴大部分地区。巴蒂斯塔于1959年元旦前夕仓皇逃往国外。翌日，起义军迅速进入首都哈瓦那，在工人和学生的配合下推翻了美国长期扶植的反动政府，建立了古巴共和国。卡斯特罗任武装部队总司令，兼任总理，新政府临时总统由从美国回来的前古巴司法官曼努埃尔·乌鲁蒂亚担任。

1959年1月7日，美国承认了古巴新政权。古巴革命胜利后，进行了一系列的改革，征收了本国和美国大庄园主的土地，废除一切租让地，把大批美资企业收归国有。

古巴革命的胜利，极大地鼓舞了拉美各国人民反美反独裁的斗争，沉重地打击了美帝国主义，美国在拉丁美洲的统治地位受到空前严重的挑战，拉美民族民主运动进入了新的阶段，而古巴则是这一斗争的旗帜。

美巴签署《巴拿马运河条约》

1936年和1955年，美国曾两次修改条约。1964年在巴拿马一月风暴的打击下，只得同意再次谈判，重订条约。而巴拿马政府一直坚持废除1903年的《美巴条约》，收回运河区的全部主权和管辖权。

1973年3月，在巴拿马城召开的联合国安理会特别会议上，许多拉美国家和第三世界国家代表纷纷发言，支持巴拿马的正义立场。9月，在阿尔及尔举行的第四次不结盟国家首脑会议通过的一项宣言中，表示"支持巴拿马政府和人民对运河区的主权要求"。1977年1月，哥伦比亚等11个拉美国家首脑致函卡特，再度强调巴拿马运河问题是"整个拉丁美洲的事业"，要求尽快废除不平等的《美巴条约》。

1977年9月7日，美国终于被迫和巴拿马签署了新的《巴拿马运河条约》，取消了美国对运河及运河区的"永久使用、占领和控制权"，并规定在1999年年底之前，巴拿马政府将逐步收回运河和运河区的全部主权。新条约的签署，是巴拿马人民和拉丁美洲人民反对美国霸权主义斗争的一个重大胜利。

图为菲德尔·卡斯特罗于1959年1月在哈瓦那出席记者招待会。

专题二：　美苏冷战

"马歇尔计划"

"马歇尔计划"是战后美国冷战政策中的一个重要招数，它又称"复兴欧洲计划"，对恢复战后西欧经济起了相当重要的作用。1947年3月，马歇尔率美国代表团参加在莫斯科召开的美、英、法、苏4国外长会议。4月，他组织了一个政策研究班子，在乔治·凯南指导下为援助西欧计划制定方针。

1947年6月5日，马歇尔在哈佛大学毕业典礼上发表演说，概述了美国援助计划的总方针。美国应尽其所能帮助世界恢复正常的经济状态，"使自由制度赖以存在的政治和社会条件能够出现"。他强调为了使美国的行动能收到应有的效果，欧洲必须首先提出倡议，然后美国在可能的范围内对这项欧洲计划"给予友好的协助"。这个演说被人们称作"马歇尔计划"。1948年4月，美国国会通过了"1948年对外国援助法"，正式开始执行。根据该法规定，美国将在头15个月拨款53亿美元，以后逐年审批援助额。马歇尔计划原定期限为5年（1948年—1952年），由于执行过程比较顺利，加上西欧政治经济局势发生了很大变化，1951年底美国宣布提前结束该计划。在执行计划的4年过程中，全部拨款额为130亿美元。

马歇尔计划的执行，使苏联采取了断然措施。苏联同保加利亚、捷克斯洛伐克、匈牙利、南斯拉夫、波兰、罗马尼亚签订了双边贸易协定，西方称之为"莫洛托夫计划"。又于1949年1月成立了苏联东欧经济互助委员会。从此，东欧各国70%以上的贸易额在经互会内部进行，东、西欧形成了壁垒分明的对立。这就是马歇尔计划的最终结果。

乔治·马歇尔（1880年—1959年）获得1952年诺贝尔和平奖。

✠ 杜鲁门主义

二战后英国衰落、经济陷入严重困难，便求助于美国杜鲁门政府代替它来承担对希腊和土耳其的经济负担。

1947年3月12日，杜鲁门总统在国会两院联席会议上宣读了一篇咨文，宣称：希腊受到共产党领导的"几千名武装人员恐怖主义活动的威胁"，希腊的邻国土耳其也需要美国的支持，希腊一旦"陷落"不仅将给欧洲一些国家带来影响，并且对全世界都具有"灾难性"。这篇咨文后来被称为"杜鲁门主义"。杜鲁门请求国会在1948年6月30日以前，向希腊和土耳其提供4亿美元的援助，并选派美国军事人员前去执行任务，利用一切经济和军事手段来控制希腊和土耳其。杜鲁门主义的目的是"美国决心干涉世界任何其他地方的共产主义以及可能被怀疑为共产主义性质的内部革命"。杜鲁门是代表整个资本主义向社会主义宣战，要在他能办到的一切地方遏制和铲除共产主义。因此是一个反共产主义的宣言。

杜鲁门主义的执行，使希腊沦为美国在南欧的一个据点。同时使土耳其完全受美国的控制，成为美国在黑海口威胁苏联的重要军事基地。杜鲁门主义的影响非常深远，它是战后美国冷战政策的指导思想和理论支柱。只要哪里有进步运动，美国就宣布这个地区或这个国家遭到了"共产主义威胁"，立即给那里的反动政府支持打气，提供经济和军事援助，直至派兵干预。

《北大西洋公约》签署

从1948年7月开始，美国和加拿大同《布鲁塞尔条约》5国举行会谈。9月9日，与会国通过了"华盛顿文件"。文件对即将成立的北大西洋公约组织的性质、范围、缔约国承担的义务及其与欧洲其他组织的关系等，作了详尽的规定。文件还对公约加入国作了初步规定。12月，美、加和《布鲁塞尔条约》组织各国再次集会华盛顿，讨论了条约文本。

1949年4月4日，美、加、英、法、比、荷、卢、丹、挪、冰、葡、意12国外长，在华盛顿的国务院会议大厅举行北约签字仪式。1949年8月24日，各缔约国均按照本国宪法程序完成了批准手续。至此，"北约"正式生效。《北大西洋条约》包括1个简短序言和14项条款。其中以规定协助受攻击缔约国的义务的第五条最重要，北约签字后，又由美英法包办筹建了北约组织机构。

北大西洋公约组织的建立，使美国有了一个向西欧扩张和遏制苏联的工具。它标志着美国全球战略计划基本完成。

"华沙条约组织"的建立

华沙条约组织是苏联为抗衡以美国为首的西方国家成立北约和批准《巴黎协定》、重新武装联邦德国而建立的一个政治军事组织。它由1955年5月14日苏联、波兰、罗马尼亚、保加利亚、匈牙利、捷克斯洛伐克、阿尔巴尼亚和德意志民主共和国在波兰首都华沙签订《友好合作互助条约》而得名。

1955年5月8日，苏联等8国总理在华沙召开第二次保障欧洲和平与安全会议，决定建立集体安全体系，签署了《友好合作互助条约》，通过成立武装部队联合司令部的决议，任命科涅夫为联合武装部队总司令。条约共十一条，其中第四条规定："如果在欧洲发生了任何国家或国家集团对一个或几个缔约国的武装进攻，每一个缔约国应根据联合国宪章第五十一条行使单独或集体自卫的权力，个别的或同其他缔约国协商，以一切它认为必要的方式，包括使用武装部队，立即对遭受这种进攻的某一国家或几个国家给予援助。"条约从6月4日起生效，有效期20年。

条约还决定建立各种相应的组织机构，"政治协商委员会"是华沙组织的最高决策机构；"联合武装部队司令部"是华约的最高军事机构。

华沙组织的成立标志着在欧洲正式出现了相互对立的两大武装集团，使东西方冷战达到高峰。

左图为联邦德国首相康纳德·阿登纳(1876年—1967年)(中排左起第二人)，1955年出席该届北约理事会的部长委员会成员。这次会议上联邦德国被正式承认，北大西洋公约组织具有了作为反共产主义堡垒的全部内涵。

右图为1972年10月，美国外交官、国家安全事务顾问亨利·基辛格和北越政治家黎德寿在进行了越南问题上的和平谈判后，离开巴黎的国际会议中心。次年，他们两人都获得了诺贝尔和平奖。

越南战争爆发

艾森·豪威尔在1954年4月提出"多米诺骨牌理论"，在法国人从越南撤退后，便很快成立了"东南亚组织"。1955年1月，组成了美驻南越军事援助顾问团。1955年10月，以吴庭艳为首的"越南共和国"成立了。他采取反动的"灭共"政策，逮捕和屠杀反美爱国人士，造成一片白色恐怖。

1960年12月，越南南方民族解放阵线宣告成立。1961年2月，民族解放阵线又把各地的人民武装统一起来，组成了越南南方人民解放武装力量。

1961年5月14日，肯尼迪政府下令派100名美国"特种部队"的官兵，进入越南南方，开始了对越南的侵略战争。越共中央就向全国发布了"全国人民直接抗美以保卫北方，解放南方，统一祖国"的号召，并确立了"发动全民和全面、长期的游击战争"的战略方针。越南人民联合起来，结成了大规模的反伪抗美同盟，开展全民游击战争。

美国从1964年8月开始，把"特种战争"升级为局部战争。1969年，尼克松总统改变了对越南的战略，实施了所谓越南战争"越南化"方案，让"当地人打当地人"。他们为南越伪政权提供各种装备，企图加强南越伪军的战斗能力，但最终还是失败了。

1975年，北方政府与美国实现停火。美军撤退后，越北方挥师南下，一举解放越南全境，统一了祖国。

朝鲜战争爆发

1948年，朝鲜半岛以北纬38度为分界线，南方成立大韩民国政府，北方成立朝鲜民主主义人民共和国政府。在1950年6月25日，朝鲜民主主义人民共和国的人民军和南朝鲜李承晚政权的部队终于爆发了大规模的军事冲突。

朝鲜战争起初是内战。但是美国却在6月25日的安理会上非法通过决议，谴责朝鲜民主主义人民共和国为"侵略者"。6月27日，杜鲁门总统宣布美军将直接参战。7月7日，安理会通过此决议，杜鲁门命麦克阿瑟为总司令，拉拢15个仆从国组成"联合国军"。9月15日，美国集结5万兵力，300多艘军舰，500多架飞机在朝鲜半岛西海岸仁川登陆，发动了侵朝战争，朝鲜战争发生根本变化。

10月4日，美军悍然越过三八线，疯狂北犯。到10月中旬，几乎占领朝鲜全境。10月21日，美军攻克平壤，严重地威胁了中国的安全。10月25日，以彭德怀为司令员的中国人民志愿军跨过鸭绿江，同朝鲜人民军共同打击美国侵略者，迅速扭转了战局。

在此后的3年里战火不断，直到1953年7月27日，战争双方才签订《关于朝鲜军事停战协定》，才最终实现停火。历时3年零32天的朝鲜战争，对世界政治、经济和军事等方面，都产生了深远影响。

朝中人民反侵略战争的胜利，打乱了美国企图称霸世界的战略部署。

⊠ 古巴导弹危机

　　1961 年 1 月 5 日，美国宣布同古巴断绝外交关系，并对其实行经济制裁，美古关系恶化。1962 年 7 月，古巴领导人应赫鲁晓夫的要求，双方达成秘密协议：苏联在古巴秘密布置针对美国的进攻型导弹发射系统。于是苏联货船频繁地往来于苏古之间，导弹发射基地建设得非常迅速。

　　然而美国中央情报局了解到：苏联船只频繁出入古巴，这一情报引起美国政府的高度重视，U—2 飞机马上被派往古巴进行侦察。间谍照片上清晰地显示出古巴人正在修建导弹发射基地，用于发射苏联萨姆地对空防空导弹，而且还发现苏联在古巴欲布置苏式中程轰炸机。

　　肯尼迪立即于 10 月 16 日召开紧急内阁会议，商讨对策，并组成国家安全委员会执行委员会，负责处理古巴导弹危机事件。执行委员会整整讨论了 3 天，会议决定：由肯尼迪在 22 日晚上发表演说，向美国和全世界宣布苏联在古巴部署进攻性导弹的事实和美国的对策。

　　10 月 22 日，美国各大新闻电视网都一齐中断了广播。肯尼迪向美国人公布：苏联在古巴针对美国秘密部署核导弹。他宣布美国处于战争状态，美国派军舰封锁近海，切断大西洋通往古巴的一切航线。美国人的封锁已经开始，苏联驶往古巴的货船受到美国舰队的拦截而返航。虽然双方没有发生什么冲突，但是在加勒比海岸的局势很严峻。10 月底苏联只好从古巴撤走导弹和战略轰炸机。

联合国通过《外层空间条约》

　　《外层空间条约》全称为《关于各国探索和利用包括在月球和其他天体在内的外层空间活动原则的条约》。该条约 1966 年 12 月 19 日在联合国大会上被通过。次年，有关国家分别在英国的伦敦、苏联的莫斯科和美国的华盛顿签字，并决定《条约》于 1967 年 10 月 10 日正式生效。

　　《外层空间条约》的部分原则规定是对联合国 1963 年《各国探索和利用外层空间活动法律原则宣言》的补充和发展。该《公约》经苏联和美国议定，有 62 个国家在《公约》上签了字。其主要内容为：世界各国均有权依照国际法自由进入外层空间；对外层空间的探索和利用应以促进全人类共同利益为目标；各国不得将外层空间据为己有，并保证对其利用完全出于和平的目的；禁止将载有核武器的物体放置在环地球的轨道上，或安置在天体或外层空间；不得在外层空间建立军事基地、军事设施和进行军事演习、武器试验，等等。《条约》还就外层空间活动的国际责任和发射物体所造成的损害担负赔偿责任问题和发射国对发射物体的管辖权、控制权及所有权和追索权，作出了一系列原则规定。

　　在 20 世纪 60 年代末和 70 年代初，联合国大会又通过了一系列有关外层空间探索利用的补充条约，建立了完整的对外层空间探索、利用的国际法律体系，从而保证人类在对外层空间的探索利用过程中不至于危及人类自身，维护世界人民的共同利益。

　　左图为 1953 年苏联冷战宣传画，嘲讽华盛顿的"和平鸽"。

✠ 加加林太空飞行成功

这两张图都是1961年4月苏联宇航员尤里里·加加林（1943年—1968年）乘"东方一号"绕地球运行。加加林此行证明了苏联在太空竞争中的领先地位，并且赢得国际荣誉，获得"苏联英雄"的称号。

加加林出生在莫斯科以西100千米的一个小镇农场里，先后进入技工学校、工业学院和苏联空军学院学习。1957年，他以优异的成绩毕业，进入空军服役。由于加加林知识丰富、技术突出、身体素质优秀，所以不久便被选拔为宇航员加以培养。

1961年4月12日清晨，加加林整装待命，坦然地登上宇宙飞船。9时7分，在一阵巨大的轰鸣声中，火箭的底部喷出橘黄色的火焰，火箭竖直升起，转眼间便消失在天空中。地面的指挥控制中心气氛十分紧张，电子计算机的屏幕上不断显示着火箭的运动轨迹，各种指示灯不断闪烁，打印机发出哗哗的响声，打印出各种数据，每个人都屏息关注着火箭的运行情况。9时22分，加加林报告：飞行正常，自我感觉良好。10时15分，报告一切正常，失重状态下没有异常现象。10时25分，加加林报告他已在离地面188千米的高空，以每小时17400千米的速度环绕地球飞行了一周，宇宙飞船的制动火箭已经发射。飞船在返回地球时，由于表面与大气摩擦时产生高温，船体表面已烧成白色，温度高达几千摄氏度。万一船体保护层经受不住高温，后果不堪设想。时间在一分一秒中流逝。10时55分，加加林安全返回地面，一向平静的指挥中心顿时爆发出阵阵欢呼："我们成功啦！成功啦！"苏联人为祖国所取得的这项巨大的科学成就而自豪。一夜间，加加林这个名字便传遍了世界的各个角落，它标志着从今天开始，人类不再被禁锢在地球上。

平安归来的加加林成了苏联人民心目中的英雄。15日，莫斯科举行了盛大的欢迎仪式，加加林在红场列宁墓前受到苏共领导人赫鲁晓夫的亲切接见，并接受了高举红旗的工人游行队伍的祝贺，20门礼炮齐鸣，纪念这一具有重大历史意义的事件。赫鲁晓夫高度评价了这次太空飞行的巨大成就。加加林当之无愧地获得了"苏联英雄"的称号和列宁勋章。

这在世界其他地区也同样引起轰动。英国的《每日镜报》称赞此事是"我们生平中最伟大的奇迹，是本世纪最伟大的经历"。美国新闻界对此事也详细报道，但更多的是对美国政府在航天事业上抓得不力的批评。

✠ "阿波罗"登月计划

    1961年5月，肯尼迪总统下令制定了美国的阿波罗登月计划。此计划以国家宇航局为主体，先后组织了40多万人，2万多个公司和研究机关，120多所大学，总共花费了250多亿美元。在计划执行的1961年—1969年中，美国先后发射了"徘徊者"系列探测器9个、"勘测者"系列探测器7个和月球轨道环行器5个，以研究人类究竟能否在月球安全着陆以及在何时何处着陆。1965年—1966年，美国还实验了载人宇宙飞行的水星计划和双子星计划，以了解人类在空间环境中能否长期生活、在失重条件下能否工作、在宇宙空间能否自由活动等。登月准备工作结束，美国决定正式实施"阿波罗11号"登月行动。

    "阿波罗11号"，长约25米，重约45吨，由上部的指挥舱、中部驾驶舱、底部登月舱三部分组成。发射"阿波罗11号"的是当时世界上最大的火箭"土星5号"，它长约85米，重约2700吨，有200万个工作零件，1个用于火箭自动导航的仪器系统和11个高功率的发动机。

    1969年7月16日，在美国佛罗里达州卡纳维拉尔肯尼迪航天发射中心，队长空军上校尼尔·阿姆斯特朗和埃德温·奥尔德林、迈克尔·柯林斯都已经准备就绪，登舱待命。当地时间上午9时半，"土星5号"点火起飞。经过50万千米的飞行，7月20日中午，"阿波罗11号"飞临月球上空，月球舱"鹰"带着阿姆斯特朗和奥尔德林脱离柯林斯驾驶的指挥舱"哥伦比亚"，下午4时17分43秒，"鹰"安全地降落在月球的宁静海地区。阿姆斯特朗打开月球舱舱门，代表人类踏上了月球的第一步。随后，奥尔德林也像阿姆斯特朗一样走了下来。他俩在月球上一共呆了21小时18分，其中2小时21分是在舱外活动的。他们在月球上插上了一块金属牌，上写："公元1969年7月，来自行星地球的人在此首次登上月球。我们是代表全人类和平地来到这里的。"在金属牌的附近他们竖起了坚硬的美国星条旗。他们还在月球上收集了一些岩石带上登月舱。22日，他们驾起登月舱离开月球，与围绕月球飞行的 柯林斯的指挥舱对接。24日，指挥舱带着三位宇航员重返大气层，安全降落在太平洋上，被停泊在太平洋上的航空母舰"大黄蜂"号打捞上海面，完成了人类的首次登月计划。

上图为在月球探索训练期间身穿宇航服的美国宇航员尼尔·阿姆斯特朗。

上图为世界各地千百万观众从电视上看到的1969年7月21日，人类初次登上月球的景象。

苏联入侵阿富汗

1979年9月，阿富汗阿明上台执政，阿苏关系明显恶化。但是阿富汗却努力改善或发展与其他国家的关系。同时，阿明还改组了原有的情报机构，委派自己的兄弟和侄子控制了中央和地方的情报系统。

12月12日，克里姆林宫的最高领导层终于作出最后决定：出兵阿富汗。1979年12月24日晚，苏联开始大举进攻阿富汗。25日、26日接连两天，苏联的安—22和安—12运输机往来穿梭、昼夜不停地进行了上百架次的空运，把四五千人和大批重型装备运进喀布尔。边境线上，苏联还集结了拥有5万人的部队，准备随时开进阿富汗。

1979年12月25日—26日，苏联的入侵行动正式开始。27日晚，一支苏军部队在克格勃头目、苏联内务部第一副部长帕普京中将的率领下，向阿明新近迁入的达拉蒙宫发起突然进攻。经过3个多小时的激战，打垮了阿明的部队。28日，苏联中亚境内一家电台以喀布尔电台的名义宣布：人民民主党旗帜派领导人卡尔迈勒已组成新内阁，取代了阿明政府。

在苏军先头部队占领喀布尔之后，苏军4个师约5万官兵随即越过苏阿边界，从东、西两路沿阿境内的战略公路长驱直入，在1周之内占领了马扎里沙里夫、普列胡姆里等大城市，并控制各交通干线。至此，苏军以突然袭击的方式，迅速占领了阿富汗全国。

苏联军事占领阿富汗的行动在全世界引起了广泛而强烈的抗议。

✠ "星球大战"计划

1983年3月23日晚，美国总统罗纳德·里根向全国发表了30分钟的电视讲话，核心内容是建立有效的战略防御系统，最终消除核武器的威胁。里根总统宣布：我已决定为实现这个目标迈出重要的一步，下令制定一个全面深入的研究计划。"我们将着手进行一项可以改变人类历史进程的重大事业。"战略防御倡议"就是为实现这一构想迈出的关键性一步。

里根的这次电视讲话后来被称之为"星球大战演说"。1983年10月，在总统国家安全顾问克拉克的主持下，美国国防部制订出一项"战略防御倡议"（SDI），即所谓"星球大战"计划。1984年1月6日，里根签署了第一百十六号国家安全决定指令，正式批准这一耗资惊人的庞大计划。在1984年3月27日，美国国家航空和宇航局（NASA）航天飞机计划的战略防御计划局局长，负责实施该计划。至此，"星球大战"计划正式步入了运行轨道。

"星球大战"计划是美国全面地夺取太空优势的战略措施。80年代以后，美苏更加紧了对航天技术的研究与开发，为各自的军事、政治、科学技术和经济目的而利用太

图为1989年苏联红军撤出阿富汗。在这场战争中，苏军死亡人数达1.5万人。苏军撤出阿富汗3年之后，阿富汗政权被穆斯林武装推翻。

里根和戈尔巴乔夫于１９８８年１１月签署《华盛顿条约》，结束了双方在中程核导弹上的竞赛。这意味着双方开始结束军备竞赛，并对切实解决某些地区冲突产生影响。

空优势创造条件。美国军事专家们酝酿的"高边疆"战略，主张抛弃"确保相互摧毁"战略理论，确立以空间战略为主体的新国家战略。其目的是要从军事、经济和科学技术诸方面综合开发利用宇宙空间，以期将来重建美国在全世界的霸权地位。"高边疆"的战略思想促成了"星球大战"计划的形成。

"星球大战"计划，需要美国以庞大的国防预算为支柱，以开发高技术为中心，来实现美国争夺军事优势的政治目标。但是它的提出确实扭转了美苏力量对比不利于美的势头，使美国有能力从战略守势转为战略攻势。著名核物理学家号称美国"氢弹之父"的爱德华·泰勒，他对空间武器的设想：将小型核弹设置在宇宙空间，利用核爆炸诱发强大的激光击毁来袭导弹，即用核武器来防御核武器。这就是后来发展成"星球大战"计划的雏型。

"星球大战"计划设想的前景虽然很乐观，但是要在２０世纪末以前达到这一目标似乎是不可能的，也许要花更长的时间。

１９９３年５月，美国宣布"星球大战时代"结束，克林顿政府放弃在空间部署武器目标。

美苏日内瓦首脑会晤

１９８５年１１月１９日—２０日，美国总统里根和苏共中央总书记戈尔巴乔夫在瑞士日内瓦举行会晤。这是美苏两国在紧张对峙了６年之后的首次首脑会晤，举世关注。

这次美苏首脑会晤，美苏争夺态势已有新的变化。到８０年代中期，美苏争夺态势演变成互有攻守，在军备竞赛的新领域太空武器方面，美国略占优势。并且在美苏首脑会晤前夕，两国展开了紧张的舆论和外交方面的准备。

在为期２天共９个小时的会晤中，美苏首脑都承认，谁也打不赢一场核战争，因此应该永远不打核战争。双方表示愿意在某些具体问题上进行合作，主要是削减核武器、防止核扩散、改进"热线"联系、销毁化学武器、促进东西方均衡削减核力量谈判和欧洲裁军会议，以及扩大文化教育科技交流、恢复民航关系、互设领事馆，等等。但是所有这些问题美苏只不过是借首脑会晤之机加以重申，双方关系的实质性没有什么进展。

会晤结束，美苏联合声明说，"在一些关键问题上还存在严重的分歧"。戈尔巴乔夫说，双方未能在军备竞赛和增加和平希望等最重大的问题上取得一致意见，在一些原则问题上还存在很大分歧。里根认为，真正改善美苏关系的任务还很艰巨。他对美国国会说："我还不能说我们的意见基本一致。"

日内瓦会晤使紧张的美苏关系出现了比较缓和、比较轻松的气氛。这说明，对抗中有对话，对话中有对抗，将在一定时期内主导国际形势。

专题三： 第三世界的兴起

亚非万隆会议召开

到1955年初，亚非新独立的国家和战前已经独立的国家共达30个。这些独立国家虽然推翻了殖民主义的直接统治，但在政治和经济上仍然受着原宗主国的控制和剥削，受以美国为首的"新殖民主义"的压迫。因此，维护民族独立、发展民族经济、加强新兴民族国家之间的团结和合作、反对帝国主义的侵略和干涉就成为他们的共同愿望和要求。在这样的形势下，印度尼西亚、印度、缅甸、锡兰（斯里兰卡）、巴基斯坦5国总理于1954年4月正式提出召开亚非会议的倡议，并得到很多国家的响应。

1955年4月18日—24日，亚非会议召开。包括中国在内的29个亚非国家出席了在万隆的独立宫隆重举行的开幕式。会议分成三个委员会就民族主权和反殖斗争、世界和平、与会国的经济和文化合作等一系列实质性问题进行讨论，取得了一致的看法。周恩来总理提出的五项原则对会议最后公报的起草和通过起了决定性的推动作用。《亚非会议最后公报》宣布"殖民主义及其一切表现是一种应当迅速予以根除的祸害"，倡议以万隆会议十项原则指导亚非国家间和平相处，友好合作。

万隆会议的成功，标志着殖民主义、帝国主义主宰亚非人民命运的时代已经一去不复返了，亚非国家作为一支新兴力量登上了国际政治舞台。它的成功，不仅鼓舞了正在为民族独立进行斗争的人民，而且为独立国家进行联合斗争和相互合作树立了榜样，为建立国际新秩序奠定了基础。40年来的历史证明，它不愧是一次具有深远历史意义的会议。

图为铁托于1953年在斯科普里对集会群众讲话。铁托一直努力在国际事务中奉行一种中立和不结盟的政策。

✠ 不结盟运动的兴起

在1960年第十五届联大期间，铁托、纳赛尔、尼赫鲁、恩克鲁玛和苏加诺协商召开不结盟会议。这5个国家的领导人成为"不结盟运动"的创始人。

1961年2月—6月，铁托访问了非洲9个国家，提出了关于举行不结盟国家首脑会议的建议。1961年6月在埃及召开了由20个国家的代表参加的不结盟国家首脑筹备会议。会上提出参加不结盟运动的五项标准。

1961年9月1日—6日，首届不结盟国家和政府首脑会议在南斯拉夫首都贝尔格莱德举行。25个国家作为正式成员参加会议，3个国家作为观察员列席。会议通过了《不结盟国家的国家和政府首脑宣言》。它宣布支持为争取和维护民族独立而斗争的各国人民，要求各大国签订全面彻底的裁军条约，以缓和国际紧张形势；要求消除殖民主义遗留下来的经济不平衡状态，废除国际贸易中的不等价交换，稳定原料和初级产品价格，并建立联合国基本发展基金。宣言还要求恢复中华人民共和国在联合国的合法权利。

首届不结盟国家和政府首脑会议的举行，标志着独立于美苏之外的第三种国际政治力量的形成。不结盟运动的兴起与国际斗争格局的演变同步进行，它推动了国际政治力量由美苏两极向多极化方向发展。不结盟运动受到越来越多的第三世界国家的承认和支持。

✠ "七十七国集团"成立

1964年3月23日—6月15日，第一届联合国贸易和发展会议在日内瓦召开。会上，77个发展中国家和地区联合起来，发表了《七十七国联合宣言》。从而形成了"七十七国集团"。

在1963年第十八届联合国大会上讨论召开贸易和发展会议的问题时，有75个亚非拉发展中国家提出联合宣言而形成了"七十五国集团"，可说是它的前身。七十七国集团后来不断壮大，发展到100多个国家。七十七国集团以部长会议的形式，在每次联合国举行贸易和发展会议之前，先协调集团内部各成员的立场，并一同研究对策。

七十七国集团已通过了一系列经济合作的文件，逐步确立了"南南合作"的行动纲领：按照"集体自力更生"的原则，在发展中国家之间进行密切有效的经济合作，加强政治经济独立和集体经济力量，以实现建立国际经济新秩序的目标。1974年4月1日，七十七国集团推动第六届特别联大通过了由他们起草的《建立新的国际经济秩序宣言》和《行动纲领》。这标志着发展中国家争取平等和公正的国际经济关系的斗争进入了一个新阶段。1975年3月，七十七国集团又提出了《关于工业发展和合作的利马宣言和行动计划》，1979年2月，在坦桑尼亚通过了《争取集体自力更生和关于谈判的纲要》，号召发展中国家继续反对一切形式的外国统治和剥削，发展本国经济。1980年，又通过了《新德里宣言和行动计划》。1983年4月，中国代表团应邀参加了七十七国集团第五届部长级会议，在会上通过了《七十七国集团布宜诺斯艾利斯纲领》《关于发展中国家经济合作的部长级声明》等文件，再次提出改革旧的国际经济关系的许多重要建议。中国虽然不是七十七国集团成员国，但完全支持他们的努力。

七十七国集团自成立以来，为促进南南合作，维护发展中国家的经济权益，推动南北对话，缓和和改善南北关系，建立国际经济新秩序作出了重要贡献。

埃及勒克苏的一处手工业市场。工业化国家为了保存文化传统，常常对地方性手工艺加以保护。在许多发展中国家，手工业仍然在国民经济中扮演主要角色，特别是在旅游业占重要地位的发展中国家。

发展中国家面临的经济困难

亚非拉美许多国家独立以后，在经济上并没有完全摆脱发达资本主义国家的控制。由于长期的殖民统治，这些国家的经济发展水平一般比较低。为了实现工业化，他们不得不输出农产品、原料等，以换取国外的先进工业设备。但是发达资本主义国家操纵国际市场，压低农产品、原料等价格，抬高工业品价格，通过种种办法，剥削广大发展中国家。

据统计，1951年—1973年间，发展中国家在同发达国家的不平等贸易中，损失了1300多亿美，为此他们不得不每年承担几百亿美元的利息负担。发达资本主义国家还通过资本输出进行剥削，使发展中国家背上沉重的债务负担，造成发展中国家经济发展缓慢。

亚洲经济的迅速发展

二次世界大战后，摆脱了殖民者统治的殖民国家，克服种种困难，走上了发展民族经济的道路。亚洲经济的发展，为世界经济注入了新的活力。但亚洲各地区情况不同，经济发展并不平衡。

在东亚和东南亚，20世纪60年代—70年代，新加坡、韩国、中国台湾和香港地区的经济高速发展，引起世界瞩目。过去，它们或以农业经济为主，或只从事港口的转口贸易，经济比较落后。但从60年代起，它们利用西方发达国家向发展中国家转移劳动密集型产业的机会，吸收外国资本和技术，适时调整经济发展战略，迅速走上工业化道路。

80年代，泰国、马来西亚等东南亚国家的经济增长速度加快。到80年代末，泰国的国民生产总值和人均国民收入分别比60年代增长了30多倍和8倍。但这些国家同新加坡、韩国相比，在经济上仍有一定的差距。

南亚的印度经过几十年的努力，建立起部门比较齐全的的工业体系，在科学技术方面取得教大成就，粮食基本自给。80年代末，它的国民生产总值居世界第12位，农业总产值居世界第四位。90年代，印度的经济和科技得到进一步发展。

前英国王室殖民地新加坡，在1959年建立了一个充满生机和活力的新自治政府。1963年新加坡加入了马来西亚联邦，但于1965年脱离该联邦，成为一个独立的共和国。

✠ 新加坡共和国成立

新加坡位于马来半岛的南端，面积585平方千米，人口180万，是连结欧、亚、澳三大洲的重要港口，以前是马来亚柔佛王国的一部分，1824年，沦为大英帝国殖民地体系的一个组成部分。

1956年3月18日，新加坡5万多人举行规模巨大的群众大会。1959年6月3日，英国政府宣布新加坡成立自治邦，并由普选产生了以人民行动党领导人李光耀为总理的新政府，实行"内部自治"。

此前，1957年8月1日，马来亚联合邦成立。1962年7月31日，新加坡自治领和马来亚联合邦政府在伦敦签订建立马来西亚联邦的协定，联邦包括马来亚、新加坡、沙捞越、英属婆罗洲等部分。1963年9月，马来西亚联邦正式成立。

由于新加坡民族工业的发展受到限制，于1965年8月，新加坡退出了马来西亚联邦。1965年9月21日，独立的新加坡共和国加入了联合国，经过100多年的独立运动，确立了其在国际上的独立主体地位。到70年代末，新加坡已成为一个独立富足的国家，成为亚洲的四小龙之一。

专题四： 东欧剧变

左图为1989年11月，东柏林人爬上已经拆毁的柏林墙。拆毁柏林墙后，随之而来的是德国的重新统一。

✠ 东欧剧变

东欧通常指位于欧洲中部的波兰、匈牙利、民主德国、捷克斯洛伐克和位于欧洲东南部的罗马尼亚、保加利亚、南斯拉夫和阿尔巴尼亚。这八国的宗教关系比较复杂。第二次世界大战期间，这些国家在反法西斯的战斗中，在苏联红军的帮助下获得了解放，并分别于1944年—1949年间，先后建立了人民政权，人民生活有了不同程度的改善。然而，由于国际、国内的各种复杂的因素，1989年—1990年，东欧政治局势发生了急剧的变化。

在短短两年的时间里。波兰、罗马尼亚、民主德国、南斯拉夫、捷克斯洛伐克等东欧社会主义国家，政权纷纷易手。执政40多年的共产党、工人党纷纷下野。伴随着共产党丧失执政地位，东欧各国的社会制度也发生了根本性的变化。1990年，南斯拉夫共产主义者联盟解体。1991年6月25日，斯洛文尼亚和克罗地亚宣布独立。9月8日，马其顿宣布独立。10月15日，波黑议会通过《关于波黑主权问题的备忘录》。1992年4月，塞尔维亚共和国和黑山共和国宣布成立南斯拉夫联盟共和国。至此，南斯拉夫社会主义联邦共和国彻底解体。

东欧国家的剧变并不是偶然的，它是各国长期积累起来的各种矛盾的总爆发，是各种因素综合作用的结果。

戈尔巴乔夫执政

戈尔巴乔夫于1962年开始担任党的领导工作，他在边疆区任职长达23年，特别在领导农业上颇有创造和建树，曾多次受奖，被誉为"有魄力的地方党组织领导人，得力的、富有灵感的组织家"。勃列日涅夫在1981年3月授予他列宁勋章，并晋升他为政治局委员兼中央书记。1984年4月，又当选为联盟院外交委员会主席，此后他连续率团出访意大利、保加利亚、英国，引起了西方的关注。

1985年3月11日，苏共中央召开了非常全会，选举54岁的米哈伊尔·谢尔盖耶维奇·戈尔巴乔夫为总书记。使得苏共中央实现了由第一、二代领导人向战后新一代的过渡。戈尔巴乔夫上台之前，就表述了他的思想：在经济上，主张深刻改革经济体制，提高人民的生活水平；强调发展社会主义民主和人民自治；强调在科技进步基础上提高效率；对外政策上一贯主张和平与缓和。

戈尔巴乔夫上台不久，他以苏联历史上不曾有过的速度，实现党政机构的大换班。到1985年底，戈尔巴乔夫在64个政府部里撤换了16位部长，地方一级党的官员均撤换了20％。重大的人事变动有：葛罗米柯被提升为名义上的国家主席，雷日科夫接替吉洪诺夫任总理，谢瓦尔德纳泽被任命为外长等。但是各种思潮对苏联社会形成猛烈的冲击。政治、经济、民族危机日益加剧，最终导致苏共下台，社会制度发生变化。

伊拉克出兵科威特

自1961年科威特宣布独立以来，伊拉克坚持认为科威特是其领土的一部分。直到1963年，伊拉克才正式承认科威特国，两国开始实现关系正常化。在1980年—1988年两伊战争期间，科威特支持伊拉克，两国边界争端暂时停息。伊拉克企图通过抢占出海口和掠夺石油资源，在海湾地区谋求霸主地位，科威特便是它选中的于伊朗之后的目标。

1990年8月2日凌晨，伊拉克出动了350辆坦克、几十架直升机和数万精兵侵入科威特北部边界，于当日占领了科威特首都大部分地区、国际机场和埃米尔王宫，并很快占领全境。一个星期后，伊拉克不顾国际社会的一致谴责，宣布对科威特实行"合并"。

伊拉克这一入侵行动震惊了整个国际社会，立刻引起了极为强烈的反应。联合国安理会于8月2日午夜紧急会议上通过决议，谴责伊拉克对科威特的入侵，要求伊拉克无条件撤军，以谈判解决与科威特的纷争。8月6日，安理会又通过了对伊拉克实行全面强制性经济制裁和武器禁运的决议。8月9日，安理会再次通过决议，宣布伊拉克对科威特的吞并无效。9月25日，安理会又通过决议，决定对伊拉克和被其占领的科威特实行空中封锁，以确保安理会有关决议的实施。世界上绝大多数国家都在谴责伊拉克对科威特占领事件。国际社会要求和平解决这一事件的呼声很高。特别是阿拉伯和其他第三世界国家都希望和平解决危机。随着海湾形势的发展和各国态度的明朗化，美国政府也在权衡利弊，慎重决策。

图为大势已去的赫鲁晓夫和风头正健的叶利钦。

✠ 苏联解体

1991年8月14日，苏联公布了《苏维埃主权共和国联盟条约》，条约将"苏维埃社会主义共和国联盟"改名为"苏维埃主权共和国联盟"。这一条约的签订，不仅意味着苏联国家体制将面临重大变化，而且意味着对民族分离活动的让步和认可、苏联瓦解的开始。一些试图维护苏联本来的联盟体制、避免苏联解体的苏联高级官员于8月19日发动事变。这是在悬崖边上挽救苏联的最后一次尝试，但仅为期3天就宣告失败。"八一九"事件后，叶利钦及其支持者迅速掌握了国家大权。苏共被排挤出政权机构，国家政权发生了根本的质变；各加盟共和国分离势力急剧增长，纷纷宣布独立。苏联解体的速度骤然加快。在1991年12月8日，俄罗斯、白俄罗斯、乌克兰等六国领导人签署明斯克协定，宣布成立"独立国家联合体"，同时宣称，苏维埃社会主义共和国联盟已"不复存在"。1991年12月21日，在哈萨克首都阿拉木图友谊宫，11个共和国首脑围桌而坐，签署了关于独立国家联合体的议定书，发表了《阿拉木图宣言》，宣布苏联不复存在，以独立国家联合体取而代之。

12月25日晚，19时32分，戈尔巴乔夫发表电视演说，宣布辞职。7时38分，印有锤子和镰刀的苏联国旗，在克里姆林宫上空飘扬了69个春秋之后徐徐落下。

✠ 海湾爆发战争

1991年1月17日凌晨2时35分，以美国为首的多国部队开始实施"沙漠风暴"军事行动，海湾战争在伊拉克首都巴格达拉开序幕。

海湾战争历时43天。第一阶段是空袭。美国、英国、法国、意大利、加拿大、沙特阿拉伯、科威特、巴林、卡塔尔和阿联酋等10国部队空袭了38天，出动109876架次飞机进行了"地毯式"轰炸，投弹量达88500吨，比越战10年投弹总量还多50%。多国部队的轰炸基本上实现了破坏伊拉克指挥控制系统，击毁了伊拉克飞机60余架和"飞毛腿"导弹固定发射架40余座，重创了大部分机场和核化工厂，破坏了通讯、交通枢纽等固定战略目标。战争期间，伊拉克共发射81枚"飞毛腿"导弹，其中向沙特发射41枚，向以色列发射38枚。

2月24日，多国部队结束战略轰炸，转入地面进攻。当地时间凌晨4时，多国部队的一些先头部队越过科威特、伊拉克、沙特阿拉伯3国边界，全线出击。在500千米的战线上，数路大军相继突破伊军多道防线，进入伊拉克和科威特境内，伊拉克2月26日下令全部撤出科威特。2月27日，多国部队对伊军5个共和国卫队师等精锐部队进行围歼，由科威特军首先开进科威特市，宣告科威特解放。

2月28日，美国总统布什宣布从当天早晨格林尼治时间5时停止进攻性作战行动。同一天，伊拉克军方也宣布：从当天上午11时开始停止军事行动。海湾战争以多国部队的胜利和伊拉克的失败而告结束。

波黑爆发内战

在近年政局的变动中，波黑3个主要民族的政治主张十分对立。在1991年的独立浪潮中，波黑共和国总统一穆斯林民主行动党主席伊泽特贝戈维奇不顾境内塞族人的强烈反对，坚持独立主张，并执意于2月29日和3月1日举行公民表决。但塞族人拒绝参加，并在暗地积极准备脱离波黑。3月3日，波黑议会在塞族议员抵制的情况下强行宣布波黑独立，三族间的矛盾骤然激化。

3月18日，三族代表在萨拉热窝就波黑前途达成原则性协议，同意维持波黑领土完整，承认现有边界，决定未来的波黑像瑞士那样按不同民族组成3个语区，采用西欧的民主制，实行民族平等、自治和政教分离。欧共体与美国分别于4月6日和7日相继承认波黑，塞族立即宣布将1991年秋天以来在波黑境内先后成立的5个塞族自治区合并为"塞尔维亚波黑共和国"，并脱离波黑独立。这当然为穆斯林族和克罗地亚族所不容。大规模的武装冲突从此开始。

塞族得到塞尔维亚共和国当局的支持，穆斯林和克族则得到克罗地亚共和国当局以及一些西方和伊斯兰国家的支持，于是波黑战火持续不断。据估计，内战已使12.8万人丧生，13.2万人受伤或致残，250万难民流离失所，还有80%的房屋和地面遭到破坏，造成直接经济损失1000多亿。

图为海湾战争期间，一名美国士兵从伊拉克军人的尸体旁走过。面对来自多个国家的为数近50万的联合国部队，形势很快明朗了，伊拉克军队没有获胜的希望。

专题五： 世界经济、政治的变化

世界经济的变化

二次世界大战后，在高科技的推动下，世界经济迅速发展，各国、地区之间的经济联系越来越密切，跨国公司成为世界经济增长的发动机，大批发展中国家的经济也融入国际经济之中，各国的经济相互渗透、相互依存，从总体上看，世界经济逐渐发展成了一个整体，这就是经济全球化的趋势。

进入20世纪90年代以来，经济全球化的步伐进一步加快。

从长远看来，经济全球化有利于世界经济的发展，为世界经济的不断增长带来新的活力和机遇。这对发达国家和发展中国家都有利。另一方面，经济全球化发展过快，也使得市场的破坏作用得到迅速膨胀。由于不合理的国际经济秩序存在，经济全球化也在世界范围扩大了贫富差距。

在经济全球化的过程中，跨国公司起着十分重要的作用。跨国公司的一般做法是：从原料最便宜的国家购买草料，在劳动力价格较为低廉的国家加工成产品，然后再把产品销往世界各地，以获得最大的利润。而有些发达国家的跨国公司却将本国不允许生产、容易产生环境污染的产品，转移到发展中国家生产，以达到把污染转移到国外，并利用发展中国家的廉价原料和劳动力赚钱的双重目的。

右图为美国安吉利斯港的木材加工厂，用原木生产木屑、木质纸浆和纸。北美洲是世界最大的木材和纸产品消费地区之一。公众意识到砍伐森林造成的环境代价，最近才导致了西方国家建立大规模的废纸回收利用工程。

✠ 欧洲联盟的诞生

1993年11月1日，由欧洲12国组成的欧洲联盟正式成立，一个联合欧洲12国、人口约3.4亿的欧洲联盟诞生了。

欧洲联盟主要有三大支柱：经济货币联盟、共同外交和安全政策、司法和社会问题方面的合作。此外，《欧洲联盟条约》还扩大了欧洲议会的权限。

经济货币联盟：建立欧洲中央银行以管理单一货币，该银行独立于政府，但是由各国政府官员确定综合经济目标指导。英国和丹麦享有例外权利；加快经济统一，特别是在利率、通货膨胀率、公共开支和政府债券方面的统一协调，敦促有关国家实行通货紧缩，设立联合基金以帮助较穷的国家。共同外交、安全及防务政策规定：在外交和安全政策上，政府间将进行更多的合作，但在一些较大问题上这种合作不受欧洲委员会的控制，各国将保留否决权。协调外交和安全政策的最终结果将导致产生共同防务政策和建立联军。

尽管欧洲联盟还会面临许多矛盾和现实问题，但欧洲联盟的诞生必将加快欧洲一体化的步伐。1994年初，奥地利、芬兰、瑞典和挪威申请加入欧洲联盟也已进入议会通过和公民投票批准的最后阶段。

左图为1997年一场洪水之后，筑路工人在加利福尼亚州的莫德斯托附近修复被洪水冲坏的防洪堤。近年来袭击了世界许多地方的异常气候，是全球变暖造成的。

美国联合碳化物公司泄毒事故

1969年，博帕尔的北郊建起了一座联合碳化物印度公司，这是美国的一家跨国公司。这家公司专门生产农药和杀虫剂。联合碳化物印度公司拥有45吨剧毒化学物异氰酸甲酯，是制造农药西维因和滴灭威的原料之一。它们被冷却后，贮存在一个巨大的地下不锈钢储藏罐中。

1984年12月2日的夜晚，11时左右，博帕尔农药厂的一位值班人员从控制室的仪表显示器上，发现异氰酸甲酯储存罐中的温度正在上升，已高达38℃。这表明毒液已经汽化（它的沸点是39℃～40℃），随着温度继续上升，毒液汽化的速度将加快，然而不锈钢罐的紧急阀失去了作用。12月3日凌晨，由于罐内气体压力太大，巨大的气压终于顶开了阀门。毒气随着当夜每小时5千米的风速，迅速向东南方向扩散而去，从1点钟到4点钟，这些致命的毒气笼罩了约40平方千米的地区，波及了11个居民区，造成2500多人死亡，20万人中毒，60万人受到严重伤害，其中有的人甚至终生致残。这是迄今以来人类历史上最惨重的工业事故。

1989年2月14日，印度最高法院要求美国联合碳化物公司为其在印度博帕尔市的子公司于1984年12月发生的毒气渗漏事故赔偿4.7亿美元的损失，作为事故的最后解决办法。美国这家公司的发言人表示接受印度法院的决定，并认为决定是"公平和合理的"。

✠ 温室效应的影响

1987年世界上绝大多数科学家接受了"温室效应"这一观点。这一年7月，人们开始严肃提出关于确保地球生态平衡的问题。大约33个国家派出代表赴加拿大蒙特利尔参加讨论"臭氧洞"影响的会议。会议制订了《关于消耗臭氧层的蒙特利尔议定书》，这33个国家以及其他37个国家一致同意限制氯氟烃的使用。

所谓"温室效应"是指：地球既是一个吸热体，又是一个散热体。它一方面吸收太阳的短波热辐射使地表变暖，另一方面又放射出长波热辐射散热。地球虽然经历了无数次冷冷暖暖的变化，但气温仍基本保持稳定靠的就是这一平衡。随着人类活动的增加，大气中温室气体（包括二氧化碳及其他微量气体如甲烷、氧化亚氮、臭氧及氯氟烃等）不断增加，浓度越来越高。这些气体具有保温作用，它们挡不住太阳的短波辐射，却能吸收地表发出的长波热辐射，并将其反射回地面。破坏了地球吸热散热的平衡，就会导致气候变暖。科学家把这效应称为"温室效应"。

1992年6月在联合国环境和发展大会期间，150多个国家和组织签署了《联合国气候变化框架公约》，这标志着人类在控制全球变暖问题上迈出了历史性的一步。

拯救自然

　　19世纪，人类对自然环境的影响迅速增加：几世纪以来未受影响的平原和峡谷的自然美景过去只带着农民的犁铧留下的痕迹，现在却越来越多地显露出工业发展造成的疮疤。随着威胁的严重化，很多人已开始关心所失去的东西，同时产生了保护现有资源的愿望。

　　对于有些人来说，未被征服的自然是一种精神的慰藉。他们宣称没有自然环境，人类的灵魂便会枯萎。然而对于其他人来说，自然环境的价值却在于它能提供人类文明发展所需要的木材、土壤和矿产。自从公元前3000年苏美尔人在美索不达米亚兴起以来，城市居民越来越意识到自然资源的有限和宝贵。然而，人类自寻毁灭的方法也是众所周知的，理想主义者和实用主义者所共同面临的挑战就是如何使世界不受人的破坏，这一宗旨也是为了保护人类自身的利益。

　　世界上第一个国家公园于1946年修建于加利福尼亚，到20世纪20年代，每个大陆都纷纷建起了这类的公园，保护这些地区的森林和草地便会保持住土地的再生能力，使城市水源充足。公园还可以体现出重要的休闲和审美价值，也会带来可观的旅游收入。但是也许它的最大益处在于为一些未知的动植物提供庇护，它们的新陈代谢和食物链对于所有生命形式—包括人类的持续存在都是至关重要的。

　　许多国家的专家学者从不同的领域提出了"可持续发展"的思想，并且这一思想的确立是帮助人类社会从工业化的弊端中摆脱出来，走向新文明的一个有效途径。

图一为象队正在穿过肯尼察沃国家公园的草地，它已成为记者镜头而不是偷猎者猎枪的捕捉对象。

图二为成群的山羊和牛在西非尼日尔的沙漠和草原接壤处觅食。

图三为巴西亚马逊热带雨林，这样的荒芜景象越来越常见。

☭ 联合国环境与发展大会

　　1992年6月3日—14日，世界各国代表团聚集巴西里约热内卢，参加联合国召开的环境与发展大会。这次会议的宗旨是协调各国在环境与发展问题上的立场，推进全球的环境保护运动。有178个国家的代表出席了这次为期12天的会议，其中有102个国家的国家元首和政府首脑出席。这次会议堪称为"20世纪的地球盛会"。

　　这次环发大会规定了跨世纪的环境与发展日程。会议通过了《地球宪章》和《有关森林保护原则的声明》；有135个国家签署了《气候变化框架条约》，148个国家签署了《保护生物多样性公约》，这是两项具有法律约束力的公约。此外，还通过了《21世纪行动议程》。这些文件详细规定了各国今后在环境与发展问题上的权利与义务，是人类今后长期行动的准则。

　　过去人们关心的重点是工业污染的治理小范围和局部的环境问题，现在环境保护的目光已延伸到酸雨、臭氧、温室效应及生态环境衰退等大范围的全球性的问题。进入80年代后，全球的环境恶化状况并没有被遏制住，在森林砍伐、土地沙漠化、大气污染造成全球变暖等方面更有增无减：在酸雨、臭氧层耗损、物种消失、水污染和水源短缺、水土流失以及海洋污染等方面，问题也很严重。现在，保护环境和发展经济的共识已经将全人类紧密地联系在一起。

　　图为美国一个大学校园里公开吸毒的场面，青年学生们正在传递和吸食大麻叶烟卷。

西方世界的社会危机

　　第二次世界大战以后，在西方发达的资本主义国家孕育着一场大的社会危机。

　　突出地表现在犯罪活动日益猖獗上，它已成为社会上的严重问题，使整个社会处于动荡不安之中。据美国联邦调查局公布的数字表明，在1980年，美国每隔26秒钟就发生一起严重的犯罪案件；10秒钟发生一起盗窃案；27秒钟发生一起暴力案；29秒钟出现一起偷车案；51秒钟发生一起人身袭击案；68秒钟一起抢劫案；7分钟一起强奸案以及每隔24分钟发生一起谋杀案。平均每年约有23万多人被杀害，82万名妇女被奸污，50万人遭到抢劫，人民的生命财产得不到保障。

　　西方世界的社会危机，还表现在吸毒方面。毒品泛滥已经成为突出的社会现象，其中尤以青年人最为严重。在美国，据1977年和1978年两年的统计，用过毒品的达1亿人，占全国人口的45%。由于吸毒者精神空虚，无所寄托，终日靠毒品来自我麻醉，使许多青少年颓废伤感，悲观厌世，走上了盗窃和卖淫的犯罪道路。

　　赌博成风，也是目前西方世界一个"社会病"。在资本主义世界，赌场林立，名目繁多。在美国50个州中，有26个州设有各色各样的赌场。坐落在内华达州南部的拉斯韦加斯，是世界上最出名的赌城，全市仅50万人口，但赌馆却星罗棋布，共开设了赌场250多家，有607万具"吃角子老虎"遍布各处。在美国，赌博已成为许多青年的主要生活内容，有的人成为名副其实的"赌鬼"。据统计1984年全美参加赌博的人数达1200多万人，全年的赌金达到了1770亿美元。

专题六：　　现代世界的科技文化

冯·诺伊曼开创计算机时代

电子计算机的诞生是20世纪最伟大的发明创造之一。它快捷的工作效率，引起社会经济结构、就业结构的深刻变化。并替代了人类部分脑力劳动。

冯·诺伊曼（1903年—1957年），匈牙利裔美籍数学家，被誉为"计算机之父"。他自小有着过人的天资，惊人的记忆力、理解力、心算能力和语言表达能力。10岁时，他已成为布达佩斯人人皆知的"神童"了。

冯·诺伊曼早期以算子理论、量子理论、集论和博弈论等研究闻名。在1925年获得了瑞士苏黎世联邦工业大学化学工程师的资格。1926年，他又获布达佩斯大学的博士学位。

1944年，他开始参与电子计算机的研究，他提出了研制EDVAC型机的设计报告，确定计算机采用二进制和存储程序。这份长达101页的EDVAC设计报告了计算机发展史上划时代的文献，奠定了电子计算机结构的基础。他在普林斯顿高等研究院进行了"完全自动通用数字电子计算机"研制工作，5年后获得成功。1951年，世界第一台通用机的原形，运算速度达到了百万次以上。在冯·诺伊曼的带动下，各种计算机如雨后春笋般出现，一个真正的计算机时代来临了。

在短短的几十年里，计算机工业愈来愈兴旺，计算机的技术更新换代十分迅速。70年代微型计算机出现后，计算机的运用更为广泛。目前，电子计算机正向多媒体化、网络化、智能化发展。如今，电子计算机已经被应用于各行各业，渗透到了每个人的生活中。

图为一架美国航天飞机于1991年7月发射。航天飞机虽然由火箭发射，但在返回地面时能够像飞机一样在跑道上降落。

✠ 第三次科技革命

20世纪40年代末，以原子能、电子计算机和空间技术为标志的新科技革命，是人类在科学技术上的第三次革命。

1941年德国科学家制造出世界上第一台全部采用电磁继电器的通用程序控制的计算机；1946年2月为了进行弹道的研究和计算，美国宾夕法尼亚大学研制出世界上第一台真正实用型的电子计算机"埃尼阿克"。它的研制成功，是计算机技术上的一个里程碑，从此电子计算机进入人类的各个生活领域，它与自动技术相结合，使脑力劳动与体力劳动的界线逐步消失，把人类从繁重的劳动中解放出来。计算机的问世，对科技和社会的进步产生了不可估量的影响。

这场科技革命影响和推动了其他领域的进步，从而呈现出全方位、多层次、大纵深地发展的浪潮。新技术革命在自然科学上取得长远进步，又进一步向广度上发展，把自然科学上的一些认识成果和方法论与社会科学相结合，从而产生了一系列的交叉学科、边缘学科和综合学科。如系统论、信息论、控制论、耗散结构论、协同学、超循环理论、突发论等。这些学科提出一系列的新思想、新方法、新观点。它们的发展，已经超出学科本身的范围，加上新科技革命的成果被广泛用于人类的社会生活，产生了生活方式上的变革，因而强烈地冲击人们固有的思想观念、伦理道德规范，它对人类的未来带来不可估量的影响。从20世纪下半叶起，科学技术呈加速发展的趋势。

✠ "硅谷"

　　1955 年，晶体管的发明人之一肖克莱。在加利福尼亚州的阿尔托成立"肖克莱半导体公司"这是当地的第一家半导体公司。到20世纪70年代美国加利福尼亚处于旧金山市和圣何塞市之间，这块50千米长、16千米宽的狭长地带也集中了数以千记的微电子工业和其他高新科技企业。这些电子工业和其他高新技术企业的产品都是用硅谷制作的半导体器件，因此人们称这一地区为"硅谷"，称肖克莱为"硅谷之父"。

　　图为亿万富翁，微软帝国的缔造者比尔·盖茨（右）和苹果公司的创始人史蒂夫·焦柏（左）。

比尔·盖茨

　　比尔·盖茨于1955年10月28日出生在西雅图一个显赫的家庭（他在家中三个孩子中排行第二）。他的父亲威廉·亨利·盖茨是当地一家最有名望的律师行的合伙人，他母亲玛莉则是一位著名的慈善基金筹集人，同时还是华盛顿大学的董事。

　　盖茨作为软件设计师的生涯可以说是从西雅图湖畔预备学校开始的。在13岁那年，他就尝试着在一台十分原始的ASR-33 Teletype电传打字机进行BASIC语言编程。在哈佛大学上学的两年间，盖茨的大部分时间都用在了编程序和打扑克上面。后来，他干脆退学，一心一意地编写适合于当时售价为400美元一台的Altair台式电脑。

　　不久盖茨和艾伦便迁往新墨西哥州中部格兰德河上游的一个城市阿尔伯克基发展，在那里他们于1975年成立了微软公司。他们之所以给新公司起了这么个名字，是考虑到今后公司的业务就是专门为微型计算机编写软件。盖茨坚信以后软件的作用要比硬件更加重要。

　　微软公司在开发商用互联网浏览器软件方面曾一度落后于竞争对手网景公司，但是在随后的一场激烈竞争当中，微软公司后来居上，击败了网景公司。正是从微软与网景的这一场竞争，许多人看到微软公司已具备垄断市场的力量。

　　微软目前正全力以赴开发一项全新的发展战略—.NET。它计划将互联网融入它所开发的一切新软件产品当中，把软件转变成为以订户为基础的服务，并且使这种服务不仅可以通过个人电脑实现，在手持计算机、手机和其他设备上同样能够实现。

克隆羊"多利"的诞生

"克隆",英文名称"Clone"。在生物学中指一个个体或生物繁殖成大量完全相同的个体或生物。

在英国爱丁堡的罗斯林研究所。克隆羊"多利"的诞生就是在这个研究所的伊恩·威尔莫特和基思·坎贝尔领导下进行的。

无性繁殖现象在低等植物中存在,而"多利"是标准的哺乳动物,它的出现打破了生物界中的自然规律。威尔莫特研究小组操纵了"多利"的胚胎发育过程。他们利用药物促使母羊排卵,然后将未受精的卵取出放到一个极细的试管底部,再用另外一种更细的试管将羊卵膜刺破,从中吸出所有的染色体,这样就制成了具有活性但无遗传物质的卵空壳。接着,他们从"多利"的母亲一只6岁的母羊乳腺中取出一个普通组织细胞,使乳腺细胞与没有遗传物质的卵细胞融合,通过电流刺激作用使两者结合成一个含有新的遗传物质的卵细胞。这一卵细胞在试管中开始分裂、繁殖、形成胚胞,当胚胎生长到一定程度时,研究人员再将其植入母羊子宫内,使母羊怀孕并于去年7月产下"多利"。

"多利"是世界上第一个"克隆"出来的哺乳动物,它的特点在于它与它的母亲,即那头6岁母羊具有完全相同的基因。"多利"的诞生意味着人们可以利用动物的一个组织细胞,像翻录磁带或复印文件一样,大量生产出完全相同的生命体。而哺乳动物界的自然规律是,动物的繁衍须由两性生殖细胞来为完成,且由于父体和母体的遗传物质在后代体内各占一半,因此后代绝对不是父母的复制品。

弗莱明发明青霉素

1929年,英国著名的细菌学家弗莱明发明了青霉素。弗莱明在圣玛丽医院当研究员,从事培养葡萄球菌的实验。研究的课题是:细菌的性质因一再的培养而渐渐变化的现象。有一天,一个被这样破坏的培养器吸引了他的注意力。那上面长着青霉菌,而青霉菌四周的葡萄球菌已溶解了。毫无疑问,那是因为青霉菌制造出溶解细菌的物质。于是,他动手培养这种青霉菌,并将它弄到种种细菌上。结果,葡萄球菌、肺炎球菌全都溶解了。弗莱明将青霉菌取名"青霉素"(Penicillin)。弗莱明将青霉素注射到健康的白鼠上,证实没有副作用。于是,他正式建议用它来治疗溃疡类的外部感染。1929年,他便发表了这篇论文。

但是,青霉菌培养液性能不稳定,当时应用并不广泛。10年之后,弗莱明的伟大发现终于被另一位著名的科学家福楼雷认识到,"盘尼西林"可溶解连磺胺类药剂也无效的葡萄球菌,而且没有副作用。他如获至宝,四处寻求支持,并开始与德国科学家钱恩共同致力于青霉素的研究。1940年5月,在动物实验上宣告成功。继而在美国大量生产,空运到英国伦敦,在各大医院临床使用,这一奇迹轰动世界。1945年,弗莱明、福楼雷、钱恩,一起登上了诺贝尔医学奖的领奖台。

图为克隆羊"多利",它成了全世界最引人注目的动物。

⚓ 高尔基

高尔基是前苏联无产阶级作家，社会主义现实主义文学的奠基人。他出身贫苦，贫民窟和码头成了他的"社会"大学的课堂。他与劳动人民同呼吸共命运，亲身经历了资本主义残酷的剥削与压迫。这对他的思想和创作发展具有重要影响。1892年发表处女作《马卡尔·楚德拉》，登上文坛，他的早期作品，杂存着现实主义与浪漫主义两种风格。浪漫主义作品如《马卡尔·楚德拉》《伊则吉尔老婆子》《鹰之歌》等，赞美了热爱自由、向往光明与英雄业绩的坚强个性，表现了渴望战斗的激情；现实主义作品如《契尔卡什》《沦落的人们》《柯诺瓦洛夫》等，描写了人民的苦难生活及他们的崇高品德，表达了他们的激愤与抗争。这些作品的主人公大多是努力探求新的生活道路、思考生活的意义并充满激烈内心冲突的人物。1901年他创作了著名的散文诗《海燕之歌》，受到列宁的热情称赞。

1905年革命前夕，高尔基的创作转向了戏剧，1901年—1905年，他先后写出了《小市民》《底层》《避暑客》《太阳的孩子们》和《野蛮人》等剧本。特别是《小市民》《底层》展现了现实生活中工人的新形象与新的精神面貌，表现了他们为自己权利而斗争的决心与乐观情绪，它们的上演，在当时俄国的剧坛上引起了轰动。1906年高尔基写成长篇小说《母亲》和剧本《敌人》两部最重要的作品——标志着其创作达到了新的高峰。

1905年革命失败后，高尔基赴美国及意大利写了一系列政论文章，抨击西方资本主义制度和充斥于思想、文学界的形形色色反动思潮。从理论上进行了许多探索，提出现实主义与浪漫主义相结合的观点。他在两次革命之间的创作成果颇丰，如《奥古洛夫镇》《夏天》《马特维·柯热米亚金的一生》《意大利童话》《俄罗斯童话》，以及稍后完成的自传体长篇小说三部曲的前两部《童年》和《在人间》（1913年—1916年）。

高尔基不仅是伟大的文学家，而且也是杰出的社会活动家。他组织成立了苏联作家协会，并主持召开了全苏第一次作家代表大会，培养文学新人，积极参加保卫世界和平的事业。

尼·奥斯特洛夫斯基

尼·奥斯特洛夫斯基（1904年—1936年）。

尼古拉·奥斯特洛夫斯基是苏联20世纪30年代的著名作家、坚强的共产党员。俄国十月革命胜利后，他积极投入保卫苏维埃政权的战斗。1924年，他加入了共产党。1927年，他因脊椎硬化开始瘫痪，眼睛看东西也不清楚了。1928年，他在半失明的状态里写出了一篇反映柯托夫斯基师团战斗生活的中篇小说。1929年起，奥斯特洛夫斯基双目失明，全身瘫痪，只能永远和病榻作伴了。就在这种情况下，他开始写作长篇小说《钢铁是怎样炼成的》。前后花去五年时间，完成了这部文学巨著。1932年起，《钢铁是怎样炼成的》陆续在《青年近卫军》杂志上发表。小说一问世，就立即受到苏联和各国读者的热烈欢迎。为了表彰作者的伟大贡献，苏联政府给奥斯特洛夫斯基一枚最高荣誉勋章—列宁勋章。

1934年底，奥斯特洛夫斯基又开始写作另一部长篇小说《暴风雨所诞生的》。就在1936年这部小说第一卷出版的那天，年仅32岁的奥斯特洛夫斯基与世长辞了。

法捷耶夫

法捷耶夫（1901年—1956年），前苏联作家，1924年后受党派遣，先后在库班、罗斯托夫、莫斯科担任党的工作，从1927年起，一直在莫斯科专门从事文学运动，担任俄罗斯无产阶级作家协会、全苏作协领导工作。

他早期作品如中篇小说《泛滥》《逆流》和长篇小说《毁灭》，是他亲身参加革命斗争实践的产物。它们都以共产党员的战斗生活为主要描写对象。《毁灭》生动再现1919年远东南乌苏里边区游击队斗争生活。30年代，法捷耶夫着手创作两部长篇小说《最后一个乌兑格人》和《黑色冶金业》，前者写一个不开化的民族在社会主义革命过程中的变化；后者写苏联工业战线的斗争。

1941年卫国战争爆发后，他任《真理报》和新闻通讯社记者，发表充满战斗激情的政论文章和特写，1944年出版特写集《封锁时期的列宁格勒》。1945年创作堪称其里程碑的长篇小说《青年近卫军》，无论思想内容和艺术技巧，都堪称是战后苏联文学中最优秀的作品之一。

✤ 罗曼·罗兰

罗曼·罗兰（1866年—1944年），19世纪末20世纪初法国著名的批判现实主义作家、音乐史学家、社会活动家。

罗曼·罗兰的创作大致可以20世纪30年代为界分为前后两个时期。前期作品，主要有取材于法国大革命的《革命戏剧集》，包括《群狼》《丹东》《七月十四日》等剧本8部；3部英雄传记：《贝多芬传》《米开朗琪罗传》《托尔斯泰传》；长篇巨著《约翰·克利斯朵夫》。中篇小说《哥拉·布勒尼翁》，以及一系列反映其反对战争、反对一切暴力、害怕集体主义制度妨害个人"精神独立"等思想的论文。后期作品有长篇小说《母与子》（旧译《欣悦的灵魂》）四部：《阿耐蒂和西勒维》《夏天》《母与子》《女预言家》和一系列散文、回忆录、论文等。特别是1931年，他发表了《向过去告别》一文，批判了自己过去所走过的道路，从此积极参加反对帝国主义战争、保卫和平的活动，成为进步的反帝反法西斯的文艺战士。

代表作《约翰·克利斯朵夫》被高尔基称为"长篇叙事诗"，被誉为20世纪最伟大的小说。这部巨著共10卷，以主人公约翰·克利斯朵夫的生平为主线，描述了这位音乐天才的成长、奋斗和终告失败，同时对德国、法国、瑞士、意大利等国家的社会现实，作了不同程度的真实写照，控诉了资本主义社会对艺术的摧残。全书犹如一部庞大的交响乐。每卷都是一个有着不同乐思、情绪和节奏的乐章。由《约翰·克利斯朵夫》始，罗曼·罗兰开创了一种独特的小说风格。该巨著获得1913年法兰西学士院文学奖，1915年获该年度诺贝尔文学奖。

此图为战争期间，罗曼·罗兰避居瑞士，他是一个热诚的和平主义者，于1916年得到诺贝尔文学奖。

✣ 德莱塞

德莱塞（1871年—1945年）美国小说家。曾任美国作家协会主席。1892年受聘为记者和编辑，走访了芝加哥和纽约等城市，广泛接触和了解社会生活，开始写些杂文，也为商业刊物写故事。1399年他转向小说创作，翌年完成长篇小说《嘉丽妹妹》，由作家弗兰克·诺里斯推荐，与出版商签订了合同。1911年又发表了《珍妮姑娘》，描写穷姑娘珍妮和富家子弟莱斯特相爱，后来孤独死去的惨状。作者又遭无端非难，打了几年官司，后来不了了之。另一部长篇小说《天才》于1923年出版。小说写出一个才华出众的画家的堕落，揭露了资本主义社会对艺术的毒害。

作者对社会环境有很深刻的认识，他坚持批判现实主义的创作道路，继续发表了许多优秀作品。影响较大的有《欲望三部曲》，包括三部长篇小说《金融家》《巨人》和《斯多葛》。1925年，《美国的悲剧》正式出版，获得了国内外的好评。1927年11月，应邀去苏联访问。1931年发表了观点鲜明的政论集《悲剧的美国》等，大胆地分析和抨击了美国寡头政治造成的种种危害。第二次大战中他积极参加了反法西斯斗争。1945年8月加入美国共产党，同年12月28日于加利福尼亚州的好莱坞病逝。

图为由约瑟夫·斯登堡执导，根据德莱塞同名小说改编的电影《美国的悲剧》（1931年）中的审判室场面。

小林多喜二

小林多喜二。

小林多喜二（1903年—1933年），日本小说家。1903年8月26日生于秋田县一贫农家庭。幼年随父母投奔北海道小樽市的伯父，并在伯父资助下从小学读到高等商业学校毕业。1924年入北海道开发高等银行供职。他从少年时期就参加劳动，爱好绘画，后从事文学活动。1929年发表《在外地主》，揭露银行勾结地主剥削农民的罪行，被银行开除。1930年迁居东京，成为职业作家和革命家。次年参加日本共产党，成为革命作家组织的主要领导人。1932年被迫转入地下。1933年2月20日与同志秘密接头时被捕，牺牲于敌人的残酷刑讯中。

小林多喜二的创作开始于十月革命后日本国内阶级斗争日趋尖锐的时期，大致可分为三个阶段。第一阶段，从1919年—1927年，为习作和初期阶段。主要作品有《泷子及其他》和《牢房》等，写工人和劳动妇女面对残酷的政治压迫和经济剥削而奋起反抗的自发行动。第二阶段，1928和1929两年，为深入探索和逐步提高的阶段，连续发表《一九二八年三月十五日》《东俱知安行》《蟹工船》和《在外地主》等小说，在当时的无产阶级文学运动的高潮中发出最强音。

乌兰诺娃

乌兰诺娃(1910年—1998年)苏联女芭蕾演员。1910年1月10日生于圣彼得堡,出身于舞蹈演员家庭。1919年—1928年在列宁格勒舞蹈学校学习,主要教师是她的母亲和瓦加诺娃。毕业后先后在基洛夫歌剧舞剧院芭蕾舞团(1928年—1943年)和莫斯科大剧院芭蕾舞团(1944年—1960年)任主要演员。1962年退休后,从事排练工作。她曾两次访问中国(1953年和1959年),享有很高的国际声誉。

乌兰诺娃的舞蹈艺术特色是:富于抒情诗意,刻画人物细腻,善于表现复杂的人物性格。在她的表演中,使舞蹈技艺、戏剧表演、造型姿态三者相互融合,又都服从于形象塑造的要求。

她反对为技术而技术,不单纯雕琢动作,而是追求表现人物内心的激情,即使难度很大的动作也显得自然、流畅,每个日常生活的简单动作则又表演得典雅而富有音乐感。她的舞蹈艺术,从一般的抒情逐渐发展成具有深刻的悲剧性,晚期表演的角色内心世界更为丰富复杂。她的代表剧目有:《巴赫切萨拉伊的泪泉》舞蹈表演,被公认为她悲剧艺术的顶峰。她的学生如马克西莫娃等已成为著名芭蕾演员。

由于乌兰诺娃对苏联芭蕾事业的卓越贡献,曾两次获得苏联社会主义劳动英雄称号,曾多次获得列宁奖金和苏联国家奖金。1951年,获苏联人民演员称号。她还曾担任第1届—第6届瓦尔纳国际芭蕾舞比赛和第1届莫斯科国际芭蕾舞比赛的评委会主席。

Galina Sergeevna Ulanova
(1910 - 1998)

图为苏联女芭蕾演员乌兰诺娃。

✠ 肖斯塔科维奇

肖斯塔科维奇是苏联最杰出的作曲家之一,生于圣彼得堡,从斯坦贝格学习作曲,从尼古拉耶夫学习钢琴。11岁开始创作,13岁入列宁格勒音乐学院。并创作了管弦乐《谐谑曲》,1925年以毕业作品《第一交响曲》引起国内外的注目。1926年第一部交响曲首演于列宁格勒。

其一生创作体裁广泛,数量极多。他留下了147首作品,他的笔触几乎遍及了音乐创作的各种体裁。1937年首演的《第五交响曲》显露出自己的创作风格:旋律剑拔弩张,节奏繁衍多变,情绪强烈,创造大胆,富有哲理性。其中的十五首交响曲更是为他带来了不朽的荣誉。不寻常的经历,使他的音乐形成了鲜明的风格和人性。在以艺术家的道义和良知去面对个人的荣辱和社会风云的变幻时,肖斯塔科维奇的音乐达到了感人至深的程度。

肖斯塔科维奇的不少作品带有某些现代派的特征,曾引起争议。他的主要作品《列宁格勒交响曲》、清唱剧《森林之歌》《易北河西岸》等电影配乐、歌剧《叶卡捷琳娜·伊兹梅洛娃》、舞剧《黄金时代》、声乐套曲《犹太民间诗歌选》等都影响较大。1960年后成为苏联作曲家协会领导人之一。

✠ "喜剧大师"卓别林

查理·卓别林（1889年—1977年）出生于英国伦敦兰倍斯区的一个贫困演员家庭。为了谋生，年仅10岁就参加了一个滑稽剧团四处流浪演出。1907年，卓别林17岁时，由伦敦丑剧班班主的推荐，参加了喜剧《足球赛》的演出，并且获得成功，成为这个剧团一名正式喜剧演员。

1912年，他被好莱坞喜剧片的创始人赛纳特看中，邀他到好莱坞拍电影。不久，卓别林又以无意中创造出来的流浪汉形象一炮打响，成为好莱坞炙手可热的大明星。

卓别林除了是一位演技超群的演员外，还具有多方面的才能。1919年他开始投资建立制片厂，成为好莱坞第一个真正独立制片的艺术家，并且创立了电影史上空前的先例，即集制片人、编剧、导演、演员、作曲于一身。卓别林在好莱坞的20年时间里，为美国喜剧片作出了卓越的贡献，给好莱坞喜剧片带来了空前的辉煌。他拍出了《淘金记》《城市之光》《摩登时代》《大独裁者》等许多脍炙人口的优秀影片。

世界人民对他的进步言辞及他所拍影片产生的社会积极影响以极高的荣誉：世界和平理事会授予他国际和平奖；1972年第44届奥斯卡颁奖大会授予他特别荣誉奖。

图为卓别林所扮演的《摩登时代》的剧照。

奥斯卡金像奖

奥斯卡金像奖是当今世界上影响最大、历史最长的电影奖，被公认为是电影界的诺贝尔奖。它象征着电影王国中的最高艺术成就和荣誉。

1927年5月4日，美国36位包括制片人、导演和演员在内的优秀电影人荟集一处，创立了"美国电影与艺术科学院"。学院为了促进电影艺术水平的不断提高，加强影界与文化、教育、科学技术等方面的经验交流，鼓励、奖赏优秀的从业人员，决定每年年初都对上一年的影片进行评选，并且对获胜者颁发金像奖。学院几经研究，决定把这项任务交给青年雕塑家乔治·斯坦利。经过许多日子的酝酿和精心制作：一尊高34厘米、近4千克重的金光闪闪镀金青铜人像一位体格健壮、勇武过人的男性斗士手握长剑，站在一盘电影胶片之上的塑像问世了，从此它就作为一项电影大奖由学院颁发至今。

奥斯卡金像奖全称是"电影艺术与科学院年度奖"，简称"学院奖"。奥斯卡金像雕成以后，学院决定在每年的7月31日颁发金像奖。所设立的奖项有：最佳影片奖，最佳男女主角、配角奖，最佳导演奖等共计28项。首届奥斯卡金像奖于1929年5月16日在好莱坞的罗斯福饭店颁发。由于当时该奖还没有什么知名度，因此颁奖大会的会场十分狭小，参加大会的人数也不多，只有250余人。随着金像奖的声誉日趋显赫，颁奖仪式也开始变得越来越隆重了。颁奖地点被迁至洛杉矶音乐中心庞大的桃乐丝陈德勒大厅。从1952年开始，电视台也对颁奖仪式进行现场转播。

美国第一部有声电影问世

　　1927年10月，一部由好莱坞华纳兄弟影片公司拍摄的这部《爵士歌手》，是世界上第一部有声电影。该片一时轰动全球。但这部影片并不能算是一部完全的有声电影，它只是在歌曲和部分台词中配进了声音。第二年上映的《纽约之灯》才是真正有声的电影。

　　在此之前，电影已发展了30多年，却一直处于"默默无闻"的无声时代。无声电影只能靠演员的动作、姿势和字幕来传达内容，大大减弱了环境的真实气氛。随着科学技术的不断发展，随着人们审美要求的提高，无声电影必然要向有声电影方向发展。有声电影早在10年前就曾试制过，但那时技术上没有解决录音还音的问题；而且因为耗资巨大，很少人肯投资制作。直到后来解决了录音还音等技术问题，华纳兄弟影片公司才摄制了这部《爵士歌手》。之后，好莱坞各电影制片厂纷纷仿效。从此，有声电影风行世界。

图为30年代早期，荷兰制造商菲利浦公司生产的"930A型"地方台无线电接收机曾取得了销售量超过20万台的业绩。

图为人们熟悉的迪斯尼游乐园。

✠ "迪斯尼"

　　迪斯尼于1901年12月5日生于芝加哥一个德国和爱尔兰血统的家庭，少年时当过送报员，曾作为红十字会人员去法国参加第一次世界大战。20年代，他开始拍摄动画片。第一部成套动画片《爱丽丝漫游记》并不怎么出色；后来迪斯尼采用了"米老鼠"这一形象。从此，"米老鼠"形象风靡世界，至今不衰。

　　"米老鼠"出世只是这位动画大师的成功的起点。除了米老鼠系列动画片外，迪斯尼还创作了《唐老鸭和普利托狗》《白雪公主》《木偶奇遇记》《三只小猪》《幻想曲》等名片。这些动画片使迪斯尼荣获了30项奥斯卡大奖。他不仅在美国独领风骚，其风格在1935年—1955年成为动画片的主流，而且深刻地影响了整个世界的动画界。

　　"米老鼠"的成功，也预示了迪斯尼在商业上的成功。"米老鼠"一出世，精明的商人大量制作其副产品，收入甚丰。迪斯尼动画片上映所得也令人瞠目，仅《白雪公主》在国内就获得了800万美元的收入。1955年，迪斯尼在加利福尼亚的洛杉矶东南的阿纳海姆建成了一座游乐园，并以自己的名字命名。这就是闻名于世的迪斯尼游乐园。这个游乐园重现了迪斯尼创作的动画世界。

✠ 毕加索

　　毕加索是 20 世纪世界画坛上最知名的画家，他在 70 余年的艺术生涯中，留下了无数的珍品。全世界售价最高的 10 件艺术品中，有一半是他的作品。他被尊称为 20 世纪艺术大师，一个永远站立的巨人。但也有人批评他的作品晦涩难懂，批评和否定之声仍不绝于耳。

　　1881 年 10 月，毕加索出生在西班牙马拉加一个图画教师家里。毕加索少年时代最有名的作品是《科学与博爱》，曾参加马德里国家艺术展览，显示了他极高的创作天赋。年少的毕加索在西班牙巴塞罗那和马德里的美术学院学画。1901 年他到达巴黎，并在那里举行了第一次画展。当时他刚满 21 岁。

　　毕加索的好奇心和创造性才能使他开创了多种绘画的新形式。在 20 世纪绘画中有影响的立体主义，就是毕加索与朋友勃拉克共同创造的。比如毕加索的雕塑作品"公牛头"，就代表了他的艺术风格。他用一个旧自行车座作为牛的面部，再装上一个旧自行车把作为牛的犄角，效果看上去比真牛还要生动。在他的绘画生涯中总是不断地变化艺术手法，常常在带给人们惊奇不解后，又展现出耳目一新的感觉。

　　1901 年—1904 年初，毕加索的绘画主要使用蓝色。这是他创作的"蓝色时期"，反映了他当时严肃深思和忧郁伤感的心情。代表作有《两个姐妹》和《独眼女人》等。1904 年他来到巴黎定居，开始从感伤的蓝色世界中苏醒过来，进入了他创作的"玫瑰红时期"，以表现江湖流浪艺人的生活为主。代表作有《养猴子的杂技演员之家》和《牵马的男孩》等。但毕加索不停地否定自我寻找新的表现方式。

　　1906 年—1907 年，受黑人雕刻的影响，他的绘画进入了"黑人艺术时期"。代表作有《亚威农的少女》。它标志着立体主义绘画的诞生。和传统的绘画形式不同，不做如实描绘，而是采取形体的简化。

　　1914 年以后，他又向传统方面变化，被称作"新古典主义时期"。代表作有《泉边三浴女》和《母与子》等。由此，毕加索赢得了"画坛变色龙"的雅号。

毕加索的照片。

毕加索的名画和平鸽。

专题七： 现代世界的局势

小布什当选美国新总统

2000年12月13日，美国共和党总统侯选人乔治·沃克·布什正式当选为美国第四十三任总统。切尼当选为副总统。

12月14日，布什已任命前运输部长卡德为白宫办公厅主任。12月16日，布什在得克萨斯州召开的记者招待会上宣布，前参谋长联席会议主席鲍威尔将军为国务卿。12月17日，布什在得州首府奥斯汀举行的记者招待会上宣布了，其首席对外政策顾问康多莉扎·赖斯为总统国家安全事务助理，得州最高法院法官阿尔韦托·冈萨雷斯为白宫首席律师，其发言人卡伦·休斯为总统顾问。12月28日，布什在华盛顿宣布，越战后担任过国防部长的唐纳德·拉姆斯菲尔德为新政府国防部长。2001年1月2日，布什宣布：现任商务部长诺曼·峰田为运输部长，前参议员斯潘塞·亚伯拉罕为能源部长，保守主义政治评论家琳达·查维斯为劳工部长。至此，布什完成了整个内阁的组建工作。

图为入主白宫的小布什和妻子劳拉。

强烈谴责以美国为首的北约对中国驻南大使馆的野蛮暴行！

1999年5月8日，以美国为首的北约悍然使用5枚导弹，袭击了中国驻南斯拉夫大使馆，造成馆舍严重毁坏、人员伤亡的惨剧。中国政府和人民对野蛮暴行表示愤慨和严厉谴责，并提出最强烈的抗议。

✠ 美国袭击中国驻南大使馆

于当地时间1999年5月7日午夜即北京时间8日早5时45分，以美国为首的北约悍然使用5枚导弹，从不同的角度袭击了中国驻南斯拉夫联盟共和国大使馆，造成馆舍严重毁坏，新华社和光明日报驻南记者邵云、许杏虎、朱颖3人死亡，20余人受伤。

当天，中国政府发表严正声明，强烈抗议以美国为首的北约悍然袭击中国驻南大使馆，指出以美国为首的北约必须对此承担全部责任。当天，外交部副部长王英凡紧急召见美国驻中国大使尚慕杰，奉命就我驻南斯拉夫联盟共和国大使馆遭北约导弹袭击一事向以美国为首的北约提出最强烈抗议。与此同时，全国人大外事委员会、全国政协外事委员会、中华全国新闻工作者协会、各民主党派全国工商联负责人及无党派人士代表、五大宗教组织、中国人权发展基金会和对外友协分别发表严正声明或召开座谈会，京、沪、穗、蓉高校学生举行示威游行，强烈抗议北约袭击我国驻南使馆的野蛮暴行。

美国"9·11"恐怖袭击事件

　　2001年9月美国东部时间11日上午8时45分（北京时间11日晚8时45分），一架被劫持的由波士顿飞往洛杉矶的波音767型飞机撞击了位于纽约曼哈顿区的世界贸易中心安装有电视天线的一号大厦。飞机把大楼撞了个大洞，在大约距地面20层的地方冒出滚滚浓烟，约10分钟之后，另一架被劫持的飞机拦腰撞入世界贸易中心的二号大厦，成千上万的美国人当时在电视直播中亲眼目睹了这第二次撞击。上午10时30分许，遭到撞击的世界贸易中心双子大厦相继坍塌。此后不久，距白宫不远的地方发生大火，位于华盛顿的美国国防部所在地五角大楼也发生了飞机撞击事件，导致建筑物浓烟滚滚，部分倒塌，美国国会山也发生爆炸并起火，整个美国处于极度的恐慌之中。

　　美国国防部发布了最高级别的国家安全警报。国会、白宫及政府各部均迅速将所有人员撤离。全国所有航班停飞，机场关闭，所有飞往美国的国际航班转停加拿大。美国总统布什在事发之后立即向全国发表了简短声明。他说，这起飞机撞击事件可能是恐怖分子所为，这是一个"全国悲剧"，并发誓捉拿和严惩肇事者。与此同时，美国展开了史无前例的大救援行动。

　　9月12日，美国总统布什与世界许多国家领导人进行广泛接触，努力寻求建立一个反对各种形式的恐怖主义的国际联盟。当天下午，布什视察了被袭的五角大楼。

　　9月13日上午11时起，美国重新开放领空，允许商业和私人飞机恢复飞行。同日，布什重申恐怖分子针对美国的袭击是"战争行为"。

　　9月14日，美国参众两院先后通过决议，授权布什动用武力对恐怖袭击事件进行报复。同日，参议院通过了紧急拨款法案，批准拨款400亿美元用于反恐怖行动。同日，布什正式宣布全国处于紧急状态。

　　右图为乌萨马·本·拉登的照片。1999年7月10日，阿富汗塔利班公开拒绝将本·拉登引渡到美国受审。美国与塔利班再度走向公然对抗。美国未排除再次空袭阿富汗的可能性。已失踪5个多月，被美国视为国际头号恐怖分子的沙特亿万富翁本·拉登再次掀起外交风波。

上图为2001年9月美国东部时间11日上午10时30分许，世界贸易中心双子大厦相继坍塌。

普京当选俄罗斯总统

普京1952年生于列宁格勒（今圣彼得堡），1975年毕业于国立列宁格勒大学，获经济学博士。他曾在苏联国家安全委员会对外情报局工作多年，后担任过圣彼得堡市第一副市长、俄联邦安全局长和联邦安全会议秘书等职务，1999年8月出任联邦政府总理。

2000年12月31日12时，俄罗斯总统叶利钦发表电视讲话说，他决定辞去总统职务，任命总理普京代总统。叶利钦声明："我现在辞职是因为我已经做了所能做的一切。我不是出于健康原因，而是出于对所有问题的综合考虑而辞职的。"他说："根据宪法，我在决定辞职时签署了的把俄罗斯总统职责交给政府总理普京的命令。"　叶利钦出人意料地宣布提前离任，总理普金成为俄联邦代总统。

2000年3月26日，俄罗斯进行总统大选，普京以超过52％的选票当选为俄联邦第三届总统。根据俄罗斯宪法，总统为国家元首兼武装力量最高统帅，任期为4年。5月7日中午，普京在大克里姆林宫宣誓就职。普京在就职演说中说，他要保护好俄罗斯，捍卫俄罗斯公民的利益，改善人民的生活。他将根据国家的利益规范自己的行为，将团结全体俄罗斯人民，把俄罗斯建成自由、繁荣、富强和文明的国家。普京讲话后，大厅里奏起了俄国国歌，克里姆林宫上空升起了总统旗帜，鸣礼炮30响。随后，普京和叶利钦在教堂广场共同检阅了总统警卫团。

右图为2002年1月1日，在德国法兰克福的欧洲中央银行总部，焰火与大厦前的巨型欧元标志交相辉映。

✠ 欧元在欧元区12国正式流通

欧元在1999年1月1日已经问世，但是在到2002年1月1日以前的过渡期内，欧元仅是金融和外汇市场上的账面货币，是一种史无前例的看不见的"无形货币"。在现金流通方面，欧元区国家在过去3年中仍然在使用成员国的货币。

2002年1月1日，欧元现金开始正式流通，从这天（欧洲人称作"E—day"，即欧元日）起，3亿多的欧洲公民开始使用同一种货币—欧元（英文是EURO）。经过两个月的欧元与原成员国货币的双币流通期后，从3月1日起，欧元纸币和硬币已经成为欧盟15个成员国中12国的法定货币，这12个国家是比利时、德国、希腊、西班牙、法国、爱尔兰、意大利、卢森堡、荷兰、奥地利、葡萄牙、芬兰，即欧元区国家；另外3个欧盟成员国（丹麦、英国、瑞典）出于本国各自不同的情况而暂不采用欧元。从此，12国的货币（比利时法郎、德国马克、西班牙比塞塔、法国法郎、爱尔兰镑、意大利里拉、卢森堡法郎、荷兰盾、奥地利先令、葡萄牙埃斯库多、芬兰马克、希腊德拉克马）全部结束其历史使命，彻底退出流通，欧元终于"一统天下"。

欧元启动对发展中国家有利有弊，它的建立可以减少国际贸易中数以百亿计的外汇交易费用；还能促使欧盟内部经济政策趋向稳定，其稳定资源优化配置也引发了产业结构变动。这将对发展中国家产生一定的影响。

美国攻打伊拉克

2003年3月20日，遭到攻击的伊拉克国家计划部陷入浓烟火海之中。

北京时间2003年3月20日上午11时15分，美国总统布什在白宫宣布解除伊拉克大规模杀伤性武装的第一阶段战斗正式开始。

美国的第一轮进攻于当地时间5时30分开始，持续了大约20分钟。在此期间，伊拉克反空袭部队也进行了反击。在第一轮空袭行动中，美军首先空袭的是巴格达市内和巴格达城南的目标，美军共向巴格达发射了45枚巡航导弹。本次行动的目标直指萨达姆，意图是根据掌握的可靠情报来"炸死萨达姆"或者其他一些高级领导人。美军于伊拉克当地时间早晨6时36分使用战机和巡航导弹对巴格达进行了第三轮空袭。

虽然美国还没有正式宣布伊拉克战争已经结束，但随着美军开进伊拉克政权的最后一个堡垒提克里特市，预示着伊拉克战争已到了最后阶段。美国总统布什于美东部时间5月1日晚9时在从海湾返航的"林肯"号航母上发表讲话，称伊拉克战争的"主要战斗行动"已经结束，联军在战斗中取得了胜利。美军2003年3月对伊拉克开战以来，共有260名士兵丧生，其中171人遇袭阵亡。

在巴格达时间12月13日上午10时50分，美军方情报机构得到了有关萨达姆躲藏地点的情报。派第四步兵师发动了"红色黎明行动"：派一支约600人的军队袭击了达瓦尔镇的这两个代号分别为"豹熊1号"和"豹熊2号"的农场。并开始对农场进行更加彻底的搜查。当晚8时26分，一名士兵发现羊圈旁一个单坡屋顶下面的地上有一条缝隙。一辆破旧的橙白色伊拉克出租车就停在羊圈旁。缝隙下面有一个隐藏的门。士兵们小心地拨去泥土，挪开砖头，打开了覆盖着一条毯子的聚苯乙烯泡沫塑料活板门。

于是，藏在这个六英尺深的洞里的萨达姆被抓捕，美军没费一枪一弹，而且没有人员伤亡。被俘者很快就被直升机带到了一个"秘密地点"——巴格达机场的拘留中心。

简明世界史 大事记 (4)

1919 年—2003 年

1919 年 1 月—6 月	巴黎和会
1921 年—1922 年	华盛顿会议
1929 年—1933 年	资本主义世界经济危机
1933 年	德国希特勒上台，美国总统罗斯福实行新政
20 世纪 30 年代	苏联成为强盛的社会主义工业国
1937 年 7 月 7 日	日本发动全面侵华战争
1938 年 9 月	《慕尼黑协定》
1939 年 9 月	第二次世界大战全面爆发
1941 年 6 月	德国突袭苏联
1941 年 12 月	日本偷袭珍珠港
1942 年 7 月—1943 年 2 月	斯大林格勒战役
1943 年冬	《开罗宣言》发表
1944 年 6 月	欧洲第二战场开辟
1945 年初	雅尔塔会议
1945 年 5 月 8 日	德国无条件投降
1945 年 8 月 15 日	日本宣布无条件投降
20 世纪四五十年代	第三次世界性的技术革命开始
1947 年	印度独立，巴基斯坦独立
1949 年	北大西洋公约组织成立
1949 年 10 月 1 日	中华人民共和国成立
1950 年—1953 年	朝鲜战争
1959 年	古巴革命胜利

1960 年——————————— 非洲有 17 个国家独立，这一年被称为"非洲独立年"

20 世纪 60 年代初———————————————— 不结盟运动形成

20 世纪 60 年代—1973 年————————————— 美国侵略越南的战争

20 世纪 80 年代末——————————————— 东欧剧变

1990 年————————————————— 纳米比亚独立

1991 年底——————————————— 苏维埃社会主义共和国联盟解体

1999 年 5 月 7 日——————————— 美国袭击中国驻南大使馆

2000 年 12 月 13 日————————— 小布什当选美国新总统

2000 年 12 月 31 日————————— 普京当选俄罗斯总统

2001 年 9 月 11 日—————————— 美国"9·11"恐怖袭击事件

2002 年 1 月 1 日——————————— 欧元在欧元区 12 国正式流通

2003 年——————————————— 美国攻打伊拉克

CONCISE HISTORY OF

简明世界史　简明世界史　简明世界史　简明世界史　简明世界史　简明世界史